Teaching Methods for Young Children

영유아교수방법론

고정곤 이영희 남은영 장지현 홍성희 한현지 공저

양성원

머리말

보육교사가 유아보육기관에서 수행해야 되는 과업 중에서 제일 핵심적인 과업은 교수-학습지도에 관한 일이다. 교수-학습지도에 관련하여 교사는 항상 유아들에게 무엇을 가르칠 것인가? 하는 교육내용과 선정된 교육내용을 어떻게 가르칠 것인가? 하는 교수-학습방법에 대하여 늘 고심해 오고 있다. 교수-학습방법에 대하여 부단히 노력하는 보육교사는 영유아보육에 충실을 기함으로써 주위 사람들로부터 존경을 받게 한다.

이러한 보육교사는 실력 있는 능력인으로 보육전문인이 될 수 있다.

이는 당해 유아보육기관에서 훌륭한 보육목표를 설정하고 설정된 보육목표 구현을 위한 보육내용이 아무리 적절하게 선정되었다 할지라도 이를 지도하기 위한 교사의 교수-학습지도기술이 졸렬하다면 당해 유아보육기관에서 기대하는 보육목표 구현은 어려울 수밖에 없다. 교수-학습지도는 보육교사가 유아보육기관에서 영유아를 대상으로 일상적으로 진행해오던 과업이면서도 늘 고민하고 부단히 연구를 해야 할 과업이다.

그 이유는 교수-학습지도방법에는 왕도가 없기 때문이다. 그리고 교수-학습지도는 예술로 표현하기도 한다. 이는 교수-학습지도방법이 하나의 최선의 방법이나 왕도가 없이 접근하는 방법이 아주 다양하기 때문이다. 교수-학습지도방법은 교재내용의 특질뿐만 아니라 영유아 변인으로 영유아의 발달특성, 기대와 요구, 과거 경험의 내용 및 질에 따라 거기에 적절한 교수-학습방법이 구안되어야 한다.

따라서 필자는 본서를 집필하면서 보육교사나 예비보육교사들에게 최선의 교수-학습지도방법을 제시하기보다 교재의 특질이나 영유아의 발달특성, 기대와 요구, 지역이나 보육기관, 학부모의 특성을 고려하여 교수-학습지도방법 모색에 대한 안목과 식견을 길러 주는 것이 더욱 중요하다고 보고 이러한 관점에서 본서에 수록해야 할 내용을 선정하였다.

본서의 구성내용을 보면

제Ⅰ부 영유아교수방법의 기초에서는 교수-학습에 대한 대략적 이해를 비롯하여 영유아 교수-학습지도방법의 이론적 배경과 기본적인 교수-학습모형을 제시하였다.

제Ⅱ부 영유아 상호작용 및 발문법에서는 보육교사의 역할, 상호작용전략과 발문기법에 대하여 제시하였다.

제Ⅲ부 영유아교수-학습 운영에서는 교수-학습활동계획안 작성의 원리, 지침과 실제작성의 '예', 하루일과지도 내용과 이에 따른 평가계획을 제시하고 수립된 계획에 따른 교수-학습활동의 실행방안과 교수-학습활동 실행 후의 절차에 대하여 다루었다.

제Ⅳ부 영유아교수-학습의 환경조성에서는 영유아교수-학습 환경에 대한 개략적인 이해와 실내·외 교수-학습 환경구성의 실제 방안에 대하여 다루었다.

제Ⅴ부 영아교수-학습활동의 실제에서는 제Ⅰ~Ⅳ부까지에서 제시된 내용을 기초로 하여 영아의 일상생활, 안전생활, 건강생활, 기본생활교육, 실내·외 자유선택활동 지도방안에 대하여 기술하였다.

제Ⅵ부 유아교수-학습활동의 실제에서도 제Ⅰ~Ⅳ부까지에서 제시된 내용을 기초로 하여 유아의 일상생활, 건강생활, 안전생활, 기본생활교육 그리고 자유선택활동 지도방안, 그리고 대·소집단활동지도로서 이야기 나누기와 전이기법에 대하여 다루었다.

현직보육교사와 예비보육교사들에게 교수-학습방법 구안 및 지도에 필요한 현명한 안목을 키워주기 위한 최적의 내용들을 선정하여 꾸미는 데 노력하였으나 의욕만큼 본서가 구성되었는지 의구심을 갖게 된다. 부족한 부분은 다음 기회에 보완하기로 미룬다. 본서를 발간하는 데 애써주신 양성원 강철원 대표님께 감사드린다.

2020년 2월

필자대표

차 례

제 Ⅴ 부 영아교수 – 학습활동의 실제

제 Ⅵ 부 유아교수 – 학습활동의 실제

제 I 부

영유아교수-학습방법의 기초

교사가 지녀야 하는 자질과 역할 중에서 가장 중요하게 생각되는 내용이 바로 교수-학습지도기술이다. 교사가 전문직이라 함은 바로 교사가 피교육자를 대상으로 하여 이루어지는 교수-학습지도기술의 전문화를 의미한다 해도 과언이 아니다. 교수-학습지도기술은 바로 당해 유아교육기관에서 설정한 교육목표를 실현하기 위한 도구이며 수단이기 때문이다. 따라서 유아교사가 훌륭한 교수-학습지도기술을 연마하기 위해서는 교수-학습지도에 관한 학문적 기초에 대한 탐색이 먼저 이루어져야 한다.

따라서 제I부에서는 영유아교수-학습방법의 기초로서

1. 교수-학습, 교수-학습과정의 개념, 원리, 특성, 그리고 영유아발달특성과 교수-학습방법과의 관계에 대하여 알아본다.
2. 영유아교수-학습방법의 이론적 배경으로서 성숙주의, 행동주의, 정신분석, 구성주의 이론에 대하여 알아본다.
3. 교수-학습의 주체로서 본 유아 중심, 교사 중심의 교수-학습모형에 대해 알아본다.

제 1 장 영유아교수-학습방법에 대한 이해

당해 유아교육기관에서 노리는 교육목표가 설정되면 설정된 교육목표 구현을 위하여 어떤 내용을 지도할 것인가? 그리고 지도내용이 선정되면 어떤 방법으로 지도할 것인가 하는 교수-학습방법에 대하여 순차적으로 생각한다. 따라서 본장에서는 교수-학습에 대한 바른 이해를 위하여 교수-학습, 교수-학습과정의 개념, 교수-학습방법의 특성, 교수-학습방법의 원리, 영유아발달특성에 따른 교수-학습방법에 대하여 생각해 보기로 한다.

1. 교수-학습, 교수-학습과정의 개념

1) 교수-학습의 개념

모든 교육기관의 교육활동 가운데 교수-학습활동이 가장 핵심적이고 중요한 활동이다. 왜냐하면 당해 유아교육기관에서 설정한 기관, 학급 경영목표는 교수-학습활동을 통하여 구현되기 때문이다. 또한 교수-학습활동은 교수와 학습의 합성어로서 서로 상대적인 입장을 취하면서 교육은 그 주체인 교사의 교수활동과 그 객체인 학습자의 학습활동이 상호 유기적인 관련성을 유지할 때 제대로 이루어진다. 먼저 교수란 영어의 'teaching'이나 'instruction'이 번역된 것이다. 또 어떤 때는 수업으로 번역되기도 하는데, 이는 학습자들이 무엇인가를 배울 수 있도록 도와주는 일련의 활동으로 정의됨으로써 교수와 수업을 같은 의미로 보는 경우가 많다.

(1) 교수의 개념

여러 학자들의 견해를 종합하여 오만록(2001)은 '학습능률(학습효과)을 극대화하기 위한 조건형성과정'으로 보면서 교수활동에는 첫째, 가르치기 위해서는 무엇을 가르칠 것인가에 대한 명확하고 분명한 의도가 전제되어야 하고, 둘째, 의도된 학습을 학습자가 성취할 수 있도록 그의 학습 환경을 계획적으로 조작해야 한다고 보았다. 또한 박상호 외(1995)는 '학습자로 하여금 知, 情, 意를 포함한 특정한 학습목표를 달성시키기 위한 환경을 계획적으로 조작하는 의도적이며 유목적적인 활동'으로 정의하고 있다.

(2) 학습의 개념

학습이란 새로운 지식, 기능, 행동을 습득하고 보유하여 인간다운 사회생활을 영위할 수 있도록 재체제화되어 가는 과정으로 새로운 지식 · 기능 · 행동의 반복 · 연습과정, 새로운 지식 · 기능 · 행동의 생활에의 활용 · 응용과정을 포함한다.

(3) 교수와 학습의 관계

첫째, 교수는 교사가 주체가 되어 특정한 학습목표를 구현시키기 위하여 교재를 학생에게 제시하거나 전달하는 등 환경을 계획적으로 조직하는 것이고, 학습은 일반적으로 학생이 주체가 되어 학생의 자발적인 행동에 의한 자신의 행동변화라고 할 수 있다. 둘째, 교수는 교사가 주체가 된 독립변인으로 학생에게 작용하는 기능을 가지나, 학습은 학생이 주체가 된 종속변인으로 교사의 작용을 받아 행동의 변화를 가져오게 된다. 따라서 교육에서는 학생이 학습을 통하여 바람직한 행동의 변화를 가져올 수 있도록 교사가 최적의 설계(학습 환경의 조작)를 하는 것이 중요하다. 셋째, 교수와 학습은 상호 밀접한 관계가 있어 교수가 학습의 극대화를 기하기 위한 처방적 활동이라면, 학습은 교수의 결과 얻어진 행동의 변화이며 또한 기술된 행동의 변화에 따라 교수, 즉 처방적 활동이 이루어지는 등 교수와 학습은 순환적 관계에 있다.

2) 교수-학습과정의 개념

교수학습이란, 가르치고 배우는 과정 중 '어떻게'에 해당하는 부분으로 '영유아를 어떻게 가르칠 것인가'와 '영유아들은 어떻게 배우는가'의 문제와 연결된다. 학생의 입장에서 보면 교수-학습과정은 교사의 조력 아래 정해진 학습과제를 학습해 나가는 과정이며 교사의 입장에서 보면 그것은 학생의 학습이 성공적으로 일어날 수 있도록 의도적으로 필요한 여러 가지 학습조건을 조정하고 학생과 상호작용하는 과정으로 정의될 수 있다. 그리고 다음과 같은 몇 가지 기본적인 특성이 있다.

(1) 교수-학습과정은 의도적 · 계획적 과정이다. 학생의 바람직한 효율적 학습을 달성하기 위하여 교수-학습과정은 적절한 학습과제가 제시되고 여러 가지 조건이 조성 · 정비되며 그러한 조건 아래에서 교사와 학생이 정해진 절차와 방법으로 의도적인 상호작용을 하는 과정인 것이다.

(2) 교수-학습과정은 일정한 학습과제의 성공적인 학습을 목적으로 계획되고 운영된다. 교수-학습과정은 그것을 학생의 입장에서 보든 교사의 입장에서 보든 그 목적은 학생의 성공적인 학습을 하는 데 노력이 집중되는 것이다.

(3) 교수-학습과정은 교사와 학생이 상호작용하는 과정이다. 학생의 입장에서 보면 교수-학습과정은 정해진 학습과제의 성공적인 학습을 위하여 교사의 조력 아래 직접 학습에 매진하는 과정이며, 교사의 입장에서 보면 학생의 학습을 조력하는 과정이다. 따라서 교수-학습과정은 일정한 학습과제를 중심으로 교사와 학생이 역동적으로 상호작용하는 장면인 것이다.

2. 영유아교수-학습방법의 원리

교수-학습이 효율적으로 이루어지기 위해서 많은 변인이 복합적으로 작용한다. 예를 들면, 교사변인으로는 교직에 대한 사명감을 근간으로 하여 인성, 소명의식, 유아에 대한 이해와 사랑, 학문적 소양 및 지도기술 등을 들 수 있고 유아변인으로는 유아의 발달적 특성과 흥미, 요구, 학습에 대한 호기심, 탐구의욕, 학습동기, 긍정적이고 적극적인 성향, 안정된 정서와 인내심 등이 있으며 유아교육기관의 변인으로는 심리적 · 물리적 환경이 있으며 심리적 환경으로는 기관의 분위기, 풍토, 전통 등을 들 수 있고 물리적 환경으로는 유아교육에 최적하고 풍부한 시설, 교재, 교구 등을 들 수 있다. 또한, 가정의 변인으로는 부모의 유아교육에 대한 관심과 이해, 바람직한 유아교육관, 부모의 온화한 인성 및 발달수준에 맞는 성취기대, 유아에 대한 배려와 사랑, 정서적 안정감 등이 상호 복합적으로 작용하여 교수-학습의 수준을 결정하게 한다. 따라서 교사는 교수-학습의 철학적 · 심리적 기초, 사회적 기초 외에도 앞에서 열거한 교수-학습에 영향을 주는 교사, 유아, 유아교육기관, 가정의 변인 등을 고려하여 모든 유아들에게 공통적으로 적용할 수 있는 학습의 원리를 구상해야 한다. 따라서 본 절에서는 이상의 다양한 변인을 충족시킬 수 있는 교수-학습의 원리로서 놀이 중심의 원리, 통합의 원리, 흥미의 원리, 생활 중심의 원리, 개별화의 원리, 균형의 원리, 탐구학습의 원리, 상호작용의 원리를 제시하고 이에 국한하여 기술하기로 한다.

1) 놀이 중심의 원리

영유아기 학습에서 놀이가 중심이 되어야 한다는 의미는 유아의 놀이는 삶 자체이고 다양한 놀이를 통하여 학습이 이루어지는 학습의 원천이 되기 때문이다. 유치원이나 어린이집은 재미있게 노는 곳이다. 이 말은 유치원이나 어린이집에서의 모든 학습은 놀이를 통하여 이루어지고 놀이를 통하지 않은 학습은 진정한 유아학습이 될 수 없다는 말이다. 유치원이나 어린이집에서 돌아온 유아에게 '오늘 유치원(어린이집)에서 무엇을 배웠느냐?'라고 묻는 대신 '오늘 유치원(어린이집)에서 무슨 놀이를 하고 재미있게 놀았느냐?'라고 묻는 말이 타당할 정도로 유아학습은 놀이를 통하여 이루어진다. 땅 빼앗기 놀이를 하면서 공간개념을 학습하고 소꿉놀이를 하면서 성 역할을 학습하고 수개념을 학습하며 다른 유아들과 사회적 관계를 맺는 방법을 형성시킨다. 공 던지기 놀이를 즐기는 유아에게 놀지만 말고 동화책을 읽으라고 놀이를 중단하는 부모는 유아에게 엄청난 우를 범하게 된다. 유아는 공 던지기 놀이를 통하여 각 신체기관 간의 협응능력을 길러 주고 측정하는 법을 터득시키는 등 훌륭한 학습이 진행되고 있기 때문이다.

2) 흥미의 원리

우리는 유아교육에서 교사 중심 교육을 배제하고 유아 중심 교육을 지향해야 한다고 한다. 모든 교수-학습계획을 교사가 주도적이며 일방적으로 수립하여 유아에게 제시하는 교사중심 교육보다 유아들이 주도적으로 교수-학습계획을 수립하여 활동하는 유아 중심 교육이 더욱 효율적인데, 이때 유아 중심 교육에서는 유아교육계획을 수립할 때에 유아들의 흥미, 요구, 관심, 발달수준 등이 모두 고려되어 있기 때문이다. 유아들은 자신이 흥미 있는 놀이에 몰입하고 놀이에 몰입할 때 학습이 효율적으로 이루어진다. 영유아교육활동은 영유아가 흥미를 가지는 것에서부터 시작해야 한다. 자신에게 흥미 있어 하는 활동이 제공되었을 때 영유아는 자신의 활동에 몰입하여 관람자가 아닌 적극적인 참여자가 되고 이를 통해 훌륭한 학습이 이루어진다.

3) 생활 중심의 원리

유아교육내용이 일시적이고 단편적이며 실제적인 것보다는 원리·원칙·이론 등 지식이나 학문을 교과내용으로 삼던 교과 중심 교육에서 학습자의 생활경험과 일상생활 속에서 관심을 가지고 해결을 원하는 생활과제 중심의 경험 중심 교육과정으로의 대전환은 유아교육이 생활 중심 교육이 되어야 한다는 절실한 필요성에서 기인한 것이다. 생활 중심의 원리란 교육의 주제가 유아들의 일상생활과 관련이 깊고 유아에게 친숙한 일상생활경험을 중심으로 교수-학습활동계획이 수립되어야 한다는 말이다. 교사가 일방적으로 계획한 바람이 일어나는 이유, 지구의 공전과 자전에 관한 교사의 설명보다는 바람이 불면 나뭇가지가 왜 움직일까?, 해는 왜 아침에 떠서 저녁 때에는 질까? 등 유아들이 호기심과 의문을 갖게 되는 생활경험을 학습주제로 선정해야 한다. 즉, 생활경험의 원리란 교수-학습계획이 유아의 생활경험 속에서 선정되고 모든 교수-학습할동도 유아가 경험한 생활경험 속 이야기를 중심으로 이루어져야 함을 의미한다.

4) 통합의 원리

초등학교 제5차 교육과정에서부터 초등학교 1, 2학년에서도 유아교육과 같이 2~3개의 교과와 생활경험을 통합한 통합교과가 출현되어 유아교육기관의 생활주제와 같이 초등학교 1, 2학년에서도 대주제로 통합교과가 편성되어 통합지도하고 있는 바 이것은 통합교육은 유아기 유아학습에 가장 적합한 교육방법이기 때문이다. 이것은 우연한 일이 아니고 통합이란 '유아의 전인적 발달과 효율적인 학습을 위하여 유아의 경험, 흥미 및 요구와 교육내용을 통합하고, 유아와 유아, 주변의 인적 및 물적 환경을 통합하며, 또한 교과목들을 통합적으로 재조직하여 가르치는 방법'으로 지식의 통합, 교과영역의 통합, 연령의 통합, 환경의 통합, 장애유아와 비장애유아의 통합 등 다양한데, 적어도 유아교육현장에서는 5대 영역 간의 통합, 교육활동 간의 통합은 필히 이루어져 하나의 주제를 중심으로 다양한 활동이 전개될 수 있도록 교수-학습활동을 계획해야 한다.

5) 개별화의 원리

오늘날 유아교육기관에서는 교수-학습 면에서 집단 교수체제를 취하는 일이 많다. 이러한 집단교수체제의 취약점은 유아 개개인의 개인차를 고려한 개별교수를 소홀히 한다는 점이다. 따라서 교수-학습지도에서는 집단지도와 개별지도 간에 역동적 관계를 유지하여 집단 지도 속에서 유아의 개별성이 강조되는 개별화 학습이 존중되어야 한다. 유아들은 가족배경으로 특정인종, 종교, 언어, 사회경제적 요인, 사회문화적 요인, 그리고 유아의 개인적 특성으로 월령, 기질, 성격, 흥미와 요구, 발달수준, 사전경험, 학습준비성, 상호작용 양식 등의 개인차가 있어 이러한 개인차를 고려한 개별학습이 집단지도체제 속에서 원활히 이루어져야 하는데, 이와 같이 유아 개개인의 개인차를 고려한 학습이 개별화의 원리이다.

이러한 개별화 학습은 유아 개개인의 개인차를 고려한 학습으로 유아의 인격이 존중되어 결과적으로는 유아 중심 교육을 실현하게 되는 것이다.

6) 균형성의 원리

교육과정의 정상화에 반한 용어가 교육과정의 편협화이다. 교육과정의 편합화는 교사가 즐겨하는 활동만을 지나치게 강조하거나 또는 유아들이 즐겨하는 활동만을 지나치게 강조하여 여타의 활동은 무시하거나 소홀히 하는 경우를 말한다. 유아교육현장에서는 유아교육과정에 제시된 각종 활동들을 균형적으로 운영하여 유아교육과정에 제시된 교육목표를 구현하고 더 나아가 유아 개개인의 전인적 성장을 도모해야 한다. 예를 들면, 교사가 일과 운영에서 본인이 즐겨하고 유아들이 즐겨한다고 이야기 나누기, 동화 들려주기, 동시 짓기 활동에만 치중한다면 유아 상호 간의 상호작용이 결여되어 사회적 기술, 탐구력 등을 학습하기가 어려워진다. 따라서 교사는 일과 운영에서 교육과정에 제시된 5대 영역, 실내 · 실외 활동, 동적 · 정적 활동, 대 · 소집단 활동 및 개별활동, 활동과 휴식, 신체활동과 안정감 등 모든 유아교육활동을 균형 있게 계획하고 실행해야 한다.

7) 탐구학습의 원리

각급 학교의 교육과정이 개정될 때마다 무엇을 가르칠 것인가? 즉, 교육내용은 다소 개정되어 왔으나 어떻게 가르칠 것인가? 즉, 지도방법은 일관되게 제시되어 왔는데 그것은 바로 탐구방법(inquiry method)이다. 이것은 탐구방법이 유아학습에서 가장 최적한 교육방법이기 때문이다. 가장 전형적인 탐구학습과정은 탐구문제가 들어 있는 실생활 상황을 제시하여 유아들이 스스로 탐구문제를 선정하도록 하고 선정된 탐구문제에 따른 탐구활동계획을 수립하는데, 특히 탐구문제에 대한 가설이나 예상을 세우게 한 후 가설이나 예상에 관한 여러 가지 관련 자료를 수집하고 토론하여 유아들이 수립한 가설이나 예상에 대한 타당성을 검토하고 탐구활동 결과를 근거로 하여 입법화한 후 탐구활동 전반에 대한 평가의 과정을 밟는다. 즉, 유아 자신이 능동적인 탐구활동을 통하여 유아 자신의 시각으로 현상을 통찰하여 문제를 해결하고 사실을 찾아내는 학습방법이다.

8) 상호작용의 원리

유아교육은 교사와 유아 간의 상호작용, 유아 상호 간의 상호작용, 유아와 교구와의 상호작용을 통하여 이루어진다. 그리고 하루의 일과 활동 중에서 위 3가지 유형의 상호작용이 적절히 안배되어 이루어져야 한다. 교사와 유아 간의 상호작용에 지나치게 시간을 많이 할애하면 교사 주도형의 학습으로 유아가 학습에 흥미를 잃게 되고 유아 상호 간의 상호작용에 지나치게 시간을 많이 할애하면 지나친 유아 주도형의 학습으로 학습활동이 산만해질 우려가 있으며 유아와 교구 간의 상호작용에 지나치게 많은 시간을 할애하면 방임형의 학습으로 진행될 우려가 있다. 따라서 3가지 유형의 상호작용이 적절히 이루어지도록 지도해야 한다.

3. 영유아교수-학습방법의 특성

이상에서 기술한 내용을 종합해서 볼 때, 유아교수-학습방법은 다음과 같은 특성이 있다.

1) 놀이 중심의 통합적 지도

영유아교육은 영유아의 발달과 흥미를 고려하여 유아가 중심이 되고 놀이가 살아나는 놀이 중심의 통합적인 교육활동으로 전개된다. 영유아교육에서 놀이는 학습의 수단이면서 또한 교사에게는 교수방법이 된다. 물론 영유아는 특별한 교수계획이 없이 자연스럽게 어린이집 일과 중에서 놀 수도 있다. 그러나 놀이 속에 제시되는 자료나 교구 등의 학습 환경과 게임이나 율동 등 놀이와 같은 형식으로 구성되는 교수활동은 분명한 교육적 목표를 가지고 편성·운영된다. 간혹 제시되는 환경이나 활동이 영유아의 흥미나 관심과 거리가 있고 영유아의 일상생활과 관련이 없는 맥락에서 제시되는 경우, 외형적으로는 영유아가 놀이를 하고 있는 것처럼 보이나 면밀하게 분석해 보면 영유아에게 '공부'를 시키는 경우가 많다. 놀이의 가장 중요한 조건은 영유아에게 즐거움을 주어야 하는 것이다. 재미가 있기에 영유아는 자신의 모든 능력을 동원하여 놀이에 참여한다. 놀이를 하는 가운데 신체를 움직이고 자신의 감정을 조절하며 다른 사람의 의견을 이해하고 존중하는 경험을 갖게 된다.

2) 흥미 중심 교육

영유아의 활동은 영유아가 흥미를 가지는 것에서 시작해야 한다. 흥미를 가진다는 것은 어떤 것에 주의를 기울이고 지속적으로 몰두하여 마음이 사로잡혀 있는 것이다. 자신이 흥미 있어 하는 활동이 제공되었을 때 영유아는 활동에 사로잡혀서 관람자가 아니라 적극적인 참여자가 되고 이를 통해 학습이 일어난다. 활동주제나 내용이 영유아의 관심 밖에 있거나 흥미가 없는 것일 때 영유아가 활동에 적극적으로 참여하여 몰입하기가 어려울 것이다. 따라서 교사는 세심한 관찰을 통하여 영유아의 관심이나 흥미가 무엇인지 파악하고 이에 적합한 행동을 제시한다. 영유아의 흥미가 지속적으로 유지되어 학습이 이루어지기 위해서는 여러 활동을 단편적으로 경험하기보다 흥미 있는 활동을 반복하고 자신이 한 경험에 대해 생각할 기회를 제공한다.

3) 1일 교육활동을 균형적으로 운영

유아교육에서 하루의 교육활동 운영은 동적인 활동과 정적인 활동, 실내활동과 실외활동, 개별활동과 대·소집단활동, 유아 주도 활동과 교사 주도 활동 등이 균형 있게 이루어지도록 한다. 즉, 하루의 일과는 정적 활동(예 : 이야기 나누기, 동화, 동시, 음악, 언어, 과학, 미술 등)과 동적 활동(예 : 동작, 게임, 신체 등)을 교대로 계획한다. 또한 실외활동(예 : 산책, 실외놀이, 게임 등)을 계획하여 유아가 에너지를 발산할 수 있는 기회를 가지도록 한다. 교사는 활동을 진행할 때 개별활동과 대·소집단활동의 비중을 고려해야 한다. 그리고 하루의 일과는 유아 주도 활동(예 : 대집단활동)의 균형 있는 안배가 필요하다. 이와 같이 유아교육은 하루의 교육활동을 균형 있게 운영하고 있다.

4) 주제 중심의 다양한 활동의 통합운영

0~1세, 2세 보육과정은 기본생활, 신체운동, 의사소통, 사회관계, 예술경험, 자연탐구 등의 6개 영역으로, 그리고 3~5세 보육과정은 유아의 발달과 생활경험을 통합하여 지도된다. 보육과정은 영유아의 주도적인 놀이, 흥미, 주변의 친근한 생활경험을 중심으로 자신에게 의미 있는 지식, 기술, 태도, 가치를 형성하는 데 중점을 둔다. 보육교사와 영유아 간의 신뢰로운 관계를 바탕으로 개별적인 놀이 및 활동과 교사·환경·또래와 능동적인 상호작용이 활발히 이루어지도록 하고 또한 여러 활동이 통합적으로 이루어지도록 한다. 주제 중심의 통합은 유아의 흥미와 발달·학습에 적합한 주제를 선정하여 이를 탐구하는 과정에서 누리과정의 5개 영역과의 관련되는 내용들을 통합하여 학습하는 것이다.

5) 학습결과보다 학습과정을 중시

보육현장에서 이루어지는 교육방법을 크게 보면 결과 중심의 교육(product centered education)과 과정 중심의 교육(process centered education)으로 나누어 생각할 수 있다. 결과 중심의 교육은 유아들이 주체적으로 탐구하고 궁리하여 어떠한 결론을 찾아내기보다 교사가 학습의 핵심이나 결과를 유아들에게 이해시키려고 노력하는 학습방법으로 교사는 유아들에게 학습의 핵심이나 결과를 쉽게 이해시키기 위하여 시청각 교구를 활용하고 적절한 발문을 제공하며 각종 다양한 보육활동을 전개한다. 반면, 과정 중심의 교육은 교사가 학습의 결과나 핵심을 지도하고 이해시키기보다 다양한 교수-학습활동을 통해 학습자인 유아가 주체적으로 학습의 결과나 핵심을 찾아내려고 노력하는 학습방법으로 학습의 결과보다는 학습의 결과를 찾아내기 위한 학습과정을 더 중시하는데, 이 과정을 탐구과정(inquiry method)이라고 하며 유아교육은 과정 중심의 교육으로 이루어진다.

6) 실생활과 관련된 내용, 방법의 통합

어린이집 보육과정에서는 영유아의 일상생활과 관련되는 보육활동을 강화하고 교수-학습과정이 영유아에게 실제적이고 의미 있는 경험이 된다. 영유아는 이를 통하여 지식, 기능, 태도 및 가치를 형성해 나간다. 영유아가 배워 나가는 지식, 기능, 태도 및 가치는 일상생활의 문제를 해결할 수 있는 실제적인 것이다. 따라서 영유아기 개인에게 의미 있고 실제적인 가치를 가지는 생활 속의 경험을 통해 이를 습득하도록 한다. 또한 영유아는 발달특성상 구체적이며 직접적인 경험을 토대로 학습을 한다. 영유아가 생활 속에서 하는 경험은 영유아에게 가깝고 친숙하며 구체적이고 직접적이다. 따라서 교사는 영유아와 직접적으로 관련된 가정과 어린이집의 일과, 친구관계 등에서 영유아가 하는 경험에 대해 잘 알고 있다.

7) 직접적이고 구체적인 경험 제공

주변의 다양한 자료와 자연물을 적극 활용하여 영유아들이 직접적이고 구체적인 경험을 할 수 있도록 한다. 사람·자연존중 세계관은 주변의 다양한 자료와 자연물을 적극 활용하여 유아들이 직접적이고 구체적인 경험을 할 수 있도록 한다. 영유아는 자신이 직접 주변을 탐색하고 자료를 구체적으로 조작하는 과정에서 지식을 구성해 나간다. 영유아의 발달단계에 맞는 교재나 교구, 특히 주변에서 쉽게 접할 수 있는 다양한 자료와 자연물은 영유아가 구체적으로 조작해 볼 수 있는 경험을 제공해 주기에 적합하다. 영유아에게 주어지는 구체적인 경험이란 단순히 실제사물을 보고 만지는 등 감각적 경험을 하는 것만을 의미하는 것은 아니다. 영유아가 감각기관을 사용하여 사물을 조작할 뿐만 아니라 동시에 자신이 경험한 바에 대한 정신적인 조작도 함께 이루어짐을 의미한다. 영유아는 주변의 다양한 사물을 통해서 자신을 표현하려는 욕구를 가지고 있다.

8) 학습방법의 개별화

유아교육은 영유아의 관심과 흥미, 발달이나 환경특성 등을 고려하여 개별 영유아에게 적합한 방식으로 학습한다. 영유아는 같은 연령이라도 각자 경험의 내용, 관심사, 학습능력,

발달수준, 가정의 문화 등에서 많은 개인차가 있다. 특히, 다문화가족이 증가하고 있는 현 상황에서 영유아 개개인의 독특성을 인정하고 개개인에게 적합한 학습방식을 적용하는 것은 필수적이다. 따라서 교사는 영유아의 연령뿐만 아니라 개별 영유아의 제반 특성을 고려하여 교수전략을 수립하는 것이 필요하다.

4. 영유아발달특성과 교수-학습방법

영유아발달특성과 교수-학습방법에서는 영유아의 발달단계별 특성에 따른 기본적인 교수-학습의 내용과 교사의 역할변화에 대하여 기술하기로 한다.

영유아는 성장하면서 자신의 요구에 변화가 올 뿐만 아니라 부모나 교사에 대한 요구도 변하게 된다. 특히, 자녀는 출생한 부모의 도움으로 성장하지만 일정기간이 지나면 부모를 떠난다. 자녀는 성장·발달하면서 특성과 요구, 발달과업이 끊임없이 변화하므로 부모나 교사는 자녀의 발달단계에 알맞게 그들의 요구를 충족시켜 주어야 한다.

1) 영아기(0~2세)의 발달특성과 교수-학습방법

다음에서 영아기의 발달특성에 따른 기본적인 교수-학습의 내용과 이에 따른 교사의 역할상의 강조점에 대하여 알아보기로 한다.

(1) 영아기(0~2세) 발달특성에 따른 교수-학습의 주요 내용

발달단계에 따른 교수-학습내용은 교육부나 보건복지부에서 법률로서 제정·공포된 누리과정이나 제3차 표준보육과정에 상세하게 제시되었는 바 본 항에서는 영아의 신체·운동·인지·언어·사회·정서발달에 따른 교수-학습의 주요 내용인 양육, 신뢰감 형성, 상호성 발달, 학습경험 제공 등이 중요한 교수-학습의 내용이 된다.

① 양육

ㄱ. 이 시기에는 영아 스스로 기본적 욕구를 해결할 수 없다. 따라서 부모가 양육자로서 영아가 살아가는 데 필요한 모든 것을 해결해 주어야 한다.

ㄴ. 영아가 걷기 시작하면 위험한 장소나 물건에 의해 안전사고가 발생하지 않도록 유의해야 한다.

ㄷ. 이 시기에는 양육자와 상호작용이 빈번히 일어나므로 양육은 양보다 질적인 면이 강조되어야 한다.

ㄹ. 영아는 모든 것을 부모에게 의존하기 때문에 부모는 영아에게 부단한 관심을 가져야 한다.

ㅁ. 생후 약 1년간은 급성장이 이루어지는 시기이므로, 영양 공급이 필수적이며 가급적이면 모유로 이루어져야 한다.

ㅂ. 부모의 역할이 어려운 경우 조부모, 친척, 형제, 보육사의 도움을 받을 수 있다.

ㅅ. 특히, 영양 공급뿐만 아니라 적절한 체온, 질병 예방 등에 주력해야 한다.

② 기본적인 신뢰감(basic trust) **형성**

ㄱ. 영아를 돌봐 주는 사람이 영아의 기본적인 욕구를 일관성 있고 민감하게 충족시켜 줄 때 신뢰감이 형성된다.

ㄴ. 영아를 양육하는 사람은 영아가 불편함을 느낄 때, 그 원인을 빨리 제거해 주고 일관성 있게 사랑, 관심, 놀이, 접촉, 자극 등을 통해 영아의 욕구를 충족시켜 준다.

ㄷ. 양육자가 일관성 없고 부적절한 행동으로 영아를 돌보면 영아는 세상에 대한 두려움과 불신감을 갖게 된다.

ㄹ. 영아는 자신의 의사를 전달하는 수단으로 울음을 이용한다. 따라서 부모는 영아의 우는 행위를 통해서 영아가 전달하고자 하는 내용을 알아야 한다.

ㅁ. 영아가 양육자에 대한 신뢰감이 형성되면 사물이나 사건의 구체적인 상황에서 해석하고 의미를 부여할 수 있는 예측능력이 발달한다.

③ 상호성(reciprocity) **발달**

부모는 영아의 최초 상호작용자로서 상호작용은 긍정적이든 부정적이든 서로 자극을 주고받는다. 영아는 부모에게 울음, 미소, 옹알이 등을 통하여 자신을 표현한다. 이에 대한 부모의 민감하고 적절한 반응을 통하여 영아는 다음과 같은 사실을 깨닫게 된다.

ㄱ. 생후 6개월 동안 엄마와의 상호작용을 통하여 영아는 자신이 다른 사람과 분리된 존재임을 안다.

ㄴ. 상호작용을 통하여 엄마와 다른 사람의 행동이 다르다는 것을 안다.

ㄷ. 엄마와의 상호작용을 통하여 자신이 다른 사람에게 영향을 줄 수 있음을 안다.

ㄹ. 엄마와 영아는 서로의 단서와 신호를 인식하는 법을 익힌다.

④ 학습경험 제공

영아는 부모가 제공하는 자극의 종류에 따라 영향을 받는다. 영아기에 학습되는 능력은 다음과 같다.

ㄱ. 자조능력 : 스스로 먹고 대소변을 가리고 옷을 입을 수 있는 능력으로, 영아기 후반부터 대소변을 가릴 수 있는 기회를 주고 격려해 주며, 혼자 옷을 입을 수 있도록 눈과 손의 협응 및 소근육발달의 기회를 제공해 준다.

ㄴ. 자율성 : 부모에게 완전히 의존하는 상태에서 벗어나 독립하고자 하는 능력으로, 이를 위해 부모가 영아의 요구를 인정하여 지나치게 행동을 제한하지 않고, 허용할 것은 허용해 주며 항상 일관성 있게 대한다.

(2) 영아기(0~2세) 교수-학습을 위한 교사의 역할

영아는 세상에 태어나자마자 각 가정에 자연스럽게 형성된 무릎학교(Mother's Knee School)에서 온 가족의 총애와 배려를 받으며 자기중심적으로 생활해오다가 인위적으로 형성된 최초의 학교인 어린이집을 만나게 되는데, 이것은 영아에게는 영아의 일생에서 가장 큰 충격적인 변화가 아닐 수 없다. 이러한 특수성이 있는 영아를 지도하는 보육교사는 교수-학습 과정에서 다음과 같은 사항을 고려하여 지도해야 한다.

① 영아에 대한 사랑

인간을 대상으로 하는 직업은 근본적으로 인간에 대한 사랑이 있어야 하며, 특히 교사의 정서적 신호에 민감하게 반응하는 어린 영아를 대상으로 하는 보육은 영아에 대한 사랑을 더욱더 절실하게 기대한다. 영아들이 바르게 성장하기 위해서는 교사로부터 사랑의 감정을 충분히 느끼도록 영아를 쓰다듬고 안아주는 등 다양한 스킨쉽을 통한 방법으로 사랑의 감정을 전달해 주어야 한다. 이를 위해 특히 고려할 점은

첫째, 따뜻하고 부드러운 피부 접촉을 통해서 쾌감과 만족감을 느끼게 한다.

둘째, 영아들의 느낌이나 생각에 민감하고 항상 그들의 말과 요구를 가급적 수용한다.

셋째, 말로써 사랑을 고백하고 칭찬과 감사를 표현하며 늘 이름을 불러준다.

넷째, 사랑이 담긴 인자한 눈으로 영아의 마음을 부드럽고 평안하게 해준다.

다섯째, 머리를 쓰다듬고 손을 잡으며 안아주기를 통하여 촉각적인 효과를 준다.

여섯째, 영아들이 필요로 할 때는 즉시 뛰어갈 준비를 하고 있어야 한다.

일곱째, 사랑이 깃든 선물을 자주 전달한다. 크고 작음은 개의치 않는다.

여덟째, 사랑을 전달하는 최선의 방법은 영아들과 즐겁게 놀아주는 것이다.

아홉째, 영아는 무한한 가치와 존엄성을 지닌 인간으로서 존경해 준다.

② 온정적인 자세

교사의 온정적인 성품은 따뜻하고 포근하며 배려적이고 이해심이 강하며 수용적이고 또한 유머스러우면서도 친절한 성품이다.

영아들이 각 가정에서 영아 중심적으로 온 가족의 귀여움을 받고 생활하다가 갑자기 모든 것이 생소하며 낯설고 조직적으로 이루어지는 집단생활에 잘 적응할 수 있도록 하는 동인은 바로 보육교사의 온정적인 태도이다. 온정적인 태도는 영아들의 정서적인 불안감을 해소해 주고 안정감을 주며 집단생활에 잘 적응할 수 있도록 하고 영아의 지지자, 격려자, 애정표현자, 불안제거자로서 영아의 어린이집 적응에 긍정적인 영향을 준다.

③ 영아 중심적 교육의 실천

영아 중심적 교육은 아무리 강조해도 부족할 정도로 영아 본위로 모든 보육활동이 이루어져야 한다. 0~2세 영아에게 최대한 영아 중심성이 보장되도록 특히 고려할 사항은

첫째, 영아 주도적 놀이를 시킨다. 교사는 3~5세 유아에게는 놀이를 학습의 수단으로 놀이 중심의 통합지도(integrated learning)를 시도한다면, 0~2세 영아에게는 어린이집의 원활한 생활적응을 위해 놀이를 시킨다. 따라서 교사는 영아들이 자신의 흥미와 요구, 기대 그리고 발달상황을 고려하여 놀이를 선택 · 제공해 주어 자기주도적으로 이끌어가도록 한다.

둘째, 영아 개인별 맞춤식 프로그램을 적용한다. 3~5세 유아지도는 대집단, 중 · 소집단 활동의 균형적인 통합지도를 통하여 학습은 물론 집단규범과 의식을 자연스럽게 형성시켜줌에 반하여 0~2세 영아에게는 집단규범과 의식배양교육은 가급적 배제되어야 한다. 가정교육의 연계선상에서 영아 개인의 발달수준, 특성, 흥미, 요구는 물론, 사전경험을 반영하여 해당 영아에게 알맞는 맞춤식 개별 프로그램을 편성 지도한다.

④ 어머니와의 연계교육 실천

어머니는 가정교육의 대표자, 정보 제공자로서 교사와 가장 쉽게 접할 수 있는 사람이다. 어머니와의 연계교육은 부모교육의 차원이 아닌 자녀교육을 위한 참여교사 또는 보조교사로서의 기능이다. 부모는 해당 자녀지도를 위한 각종 지식과 기술을 지니고 있는 자녀교육에 관한 정보의 보고이다. 어머니를 통하여 가정에서의 교육방법은 물론, 놀이 성향, 식생활 습관, 배변, 휴식 등 일상생활에 관한 모든 정보를 제공받아 가정생활의 연속선상에서 어린이집교육이 이루어져야 한다. 예를 들면, 자녀가 가정에서 즐겨 사용하는 기구를 활동실 자유선택영역에 비치하여 가정과 같은 분위기를 조성하는 등 가정과의 연계교육을 위해 부모의 역할을 강화하는 것이다.

2) 유아기(3~5세)의 발달특성과 교수-학습방법

다음에서 유아기의 발달특성에 따른 기본적인 교수-학습의 내용과 이에 따른 교사의 역할상의 강조점에 대하여 알아보기로 한다.

(1) 유아기(3~5세) 발달특성에 따른 교수-학습의 주요 내용

이 시기는 표상적 사고능력에 기초하여 어떤 물체를 이용하여 다른 무엇인가를 나타낼 수 있다. 언어 사용이 가능하고 본격적인 사고는 할 수 있으나 논리적이지 못하고 자기중심적이다. 이 시기의 주요 교수-학습내용은 다음과 같다.

① 양육과 훈육

양육이란 애정과 관심을 갖고 더 나은 발달을 도모하고 보호하는 것이다. 부모는 먹이고, 입히고, 위험에서 보호하는 차원을 넘어 유아가 건전하고 건강하게 자랄 수 있도록 안전한 기본 환경과 분위기를 조성해 주어야 한다.

② 자아개념 형성

ㄱ. 자아개념은 영아기에 환경과의 상호작용을 통해 자신이 분리된 존재라는 자아인식을 가지고 있으므로 유아기에 더 따뜻하고 부드럽게 대해 주어 확실한 자아개념이 형성되도록 지도해야 한다.

ㄴ. 자아개념을 형성하기 위해서 자녀를 수용하고 존중하며 민주적으로 양육하고 온정적인 사랑을 많이 주어야 한다.

ㄷ. 자아개념이 잘 형성된 유아는 학업성취가 높고 행복감을 느끼며 비교적 불안을 덜 느낀다. 따라서 자아개념 형성에 더욱 노력해야 한다.

③ 주도성 발달

ㄱ. 주도성은 유아가 계획을 세우고, 목표를 설정하며 이를 달성하고자 하는 노력으로 부모가 유아의 주도적 행동을 지지하고 도움을 주면 주도성이 훨씬 빨리 발달한다.

ㄴ. 부모는 유아가 불안을 느끼지 않으면서 새로운 환경을 주도적으로 탐색할 수 있도록 환경을 조성해 준다. 그러나 부모가 유아의 탐색행동을 제한하고 질문을 귀찮아하면 죄의식이 발달한다.

ㄷ. 부모는 유아가 환경을 탐색하도록 허용하고 격려하여 탐색활동을 주도하지만 과잉보호하거나 벌을 주면 탐색활동을 기피하게 된다.

④ 학습경험 제공

ㄱ. 유아는 환경과의 상호작용을 통하여 학습한다. 따라서 유아의 인지발달을 위해서는 다양한 학습환경을 제공해 주어야 한다.

ㄴ. 부모는 유아의 호기심을 자극하고 학습경험을 확장하기 위하여 풍부한 학습환경을 조성해 주어야 한다.

ㄷ. 놀잇감은 유아기 발달을 위한 중요한 환경 자극으로서 유아의 놀이를 위한 도구이므로 놀잇감은 유아수준에 맞고 호기심을 유발하는 것으로 융통성, 내구성, 안전성을 갖춘 것이 좋다.

(2) 3~5세 유아의 교수-학습을 위한 교사의 역할

유아기에는 0~2세 영아를 위한 교사의 역할, 즉 사랑, 온정적인 자세, 유아 중심의 교육 실천, 어머니와의 연계교육 등은 당연한 역할이나 유아는 영아에 비해 신체·운동, 인지, 언어, 사회성, 정서적인 면에서 급진적인 발달이 이루어진 상황이므로 이에 따른 교사의 역할이 필요하다.

① 유아 주도적인 학습활동 유도

유아 주도적인 학습이란, 유아 중심 교육을 말한다. 교사가 주도권을 가지고 학습을 이끌어가는 것이 아니라 변화의 주체인 유아, 유아의 변화를 간절하게 바라는 학부모가 함께 참여하면서도 유아에게 학습의 주도권을 부여하여 유아의 올바른 선택과 자발적인 동기에 의해서 스스로 행동을 변화시켜 나가는 유아 중심 교육이 되도록 해야 한다.

유아 주도적인 학습은 교사 중심 교육이 지니는 통제, 지시, 명령 등 교사 주도성을 탈피하여 유아의 흥미, 요구, 개별성이 강조되는 교육이다.

따라서 0~2세 영아 보육이 비교적 보호, 배려 위주의 교사 주도적인 학습으로 영아가 피동적이고 수동적인 보육활동에서 유아기에는 완전 유아 주도적 학습활동으로 전환시켜야 한다.

② 탐구적인 교수-학습과정 중시

영아기에는 교사의 일방적인 보호·배려 위주의 보육이 이루어져 영아들에게 주도적이며 탐구적인 과정을 통하여 모든 유아활동이 이루어지기를 기대할 수 없다. 그러나 3~5세의 유아들은 다른 사람들의 간섭과 지배에서 벗어나 주도적으로 활동하기를 원한다.

따라서 교사는 교수-학습과정에서 유아들에게 주도권을 부여해야 하며 이를 위해서는 일차적으로 탐구적인 교수-학습과정으로 이끌어 가도록 유도해야 한다. 탐구학습은 결론을 중시하는 결과 중심의 교수-학습방법이 아니고 유아들이 직접 교수-학습활동과정에 주체적이며 능동적으로 참여하여 결론을 도출해나가는 과정 중심의 학습으로 학습의 결과보다 학습의 과정을 더 중시한다.

따라서 유아기에는 주도적이고 탐구적인 유아활동이 이루어지도록 교수-학습활동을 유도해야 한다.

③ 집단 교수-학습체제

영아기에는 대부분의 교육활동이 개별적으로 이루어지다가 유아기에 접하면서 집단 교수-학습체계에 돌입한다. 원래, 유아들의 교수-학습체계는 역동적이다. 즉, 개별활동, 중·소집단활동, 대집단활동이 상황적으로 이루어진다. 이것은 학습활동내용이나 성격에 따라서 이야기 나누기, 동화 듣기, 노래 부르기, 게임, 휴식시간과 낮잠, 간식과 점심시간, 전이활동, 정리활동, 평가와 귀가활동은 대집단활동으로, 신체활동, 동시, 관찰활동, 동극, 작업(협동놀이) 요리하기 등은 중·소집단활동으로, 등원, 자유활동, 화장실 가기 등은 개별활동으로 이루어지는 등 대집단활동, 중·소집단활동, 개별활동이 학습활동의 성격이나 내용에 따라 상황적으로 이루어지나 유아기에는 집단교수-학습체제가 더욱 강화된다.

④ 집단의 규율, 질서 강조

영아기에는 영아 중심의 주도적 놀이를 시키고 또한 영아 개인별 맞춤식 프로그램을 운영함으로써, 영아 중심의 보육에 치중한다. 그러나 유아기에 접어들면서 지나친 영아 중심적 보육에 의한 역기능을 해소시키기 위한 교사 주도의 교사 중심의 교수-학습지도를 통하여 0~2세 영아보육에서 지극히 소홀했던 집단생활 의식배양을 통하여 집단성원으로서의 규율, 질서, 통제, 규범을 지도해야 한다.

제 2 장 발달단계에 따른 영유아교수-학습이론의 이해

영유아의 발달과정을 과학적으로 연구하는 분야가 심리적 기초이다. 영유아를 효율적으로 지도하기 위해서는 영유아들이 어떤 과정을 밟아 발달하며 연령 발달단계에 따라 그들의 흥미나 요구, 발달과업 등이 무엇인가를 파악하여 거기에 알맞은 유아교육과정을 편성·운영해야 한다.

1920~1960년대에 걸쳐 영유아의 발달상황에 대한 체계적인 연구가 많이 이루어지면서 발달심리학자들이 대거 등장하였다. 유아교육과정의 편성 및 운영에 많은 영향을 미친 심리학의 발달이론에는 성숙주의이론, 행동주의이론, 정신분석이론, 구성주의이론 등이 있다. 이들 이론들은 인간에 대한 철학적·심리적 관점이 다르고 또한 발달을 보는 견해가 달라 자연히 교육의 내용과 교수-학습방법에 다른 영향을 준다. 다음에서 관련 학자들의 주장을 중심으로 발달이론에 대하여 기술하기로 한다.

1. 성숙주의이론

1) 이론의 근거

성숙주의이론은 철학적으로는 내적으로 통제되는 일련의 계열적 발달단계에 따라 모든 발달이 이루어진다고 주장한 루소(Rousseau)의 사상에 근거를 두고 심리학적으로는 인간발달이 예정된 패턴대로 전개되어 나간다는 다윈(Darwin), 홀(Hall), 그리고 게젤(Gesell)의 이론에 근거를 두고 있다. 특히, 루소는 인간의 발달은 내부의 생물학적 시간표에 의해 스스로 성장하고 학습할 수 있는 존재이므로 과도한 환경적 자극은 유아의 자연스런 성장을 저해한다고 보았다.

2) 아동관

루소의 아동관은 처음에는 순진하고 선하며 자연성, 천부적 특성, 내적 가능성을 가진 존재로 태어나 스스로 환경을 통제할 수 있는 능동적이며 독립적인 인격체로 보고 성인들이 영유아의 타고난 자연성을 방해하지 않는 한 긍정적으로 성장할 수 있는 본성을 가지고 있다고 보았다.

(1) 자연적 교육 : 루소는 영유아가 자연으로부터 타고난 것은 선한데, 인간이 그것을 악하게 만든다고 말한다. 따라서 이들의 교육은 타고난 성장 가능성을 성인에 의해 인위적으로 조작하거나 변경시키는 성인 중심 교육을 해서는 안 된다고 하였다. 루소는 영유아교육에서 '자연으로 돌아가라'라고 말한다. 즉, 영유아들은 무한한 잠재 가능성을 지닌 능동적인 존재로서 성인의 안내만 있으면 자연적인 성장이나 발달을 할 수 있기 때문에 현재의 환경을 원래의 모습인 자연으로 되돌리는 것이 중요하다고 본다. 자연적 교육에서는 영유아의 자유, 인격, 독창성, 자발성, 신체적 · 정신적 발달을 위해 자연적인 환경과 허용적인 기회를 제공해야 한다고 주장한다.

(2) 소극적인 교육 : 모든 교육이 성인의 규준에 의해 결정되고 성인의 관점이나 사고를 주입하는 등 교사가 영유아교육에 적극적으로 개입하지 말고 최소한의 개입을 통하여 영유아가 본래 가지고 있는 본성이나 자연성을 유지하면서 영유아가 스스로 성장하고 발달하도록 교사는 필요시에 최소한의 개입을 해야 한다고 주장한다. 따라서 영유아의 성장은 영유아의 내부에 있기 때문에 성인에 의해 개입되는 주입식 교육을 피하고 선천적으로 주어진 성장방향과 순서에 따라 발달할 수 있도록 영유아의 흥미, 요구에 따른 자유로운 활동을 권장해야 한다.

(3) 아동 중심 교육 : 루소는 어린이의 본성을 고려한 아동 중심 교육사상의 기초를 구축하였다. 이때부터 성인 중심 교육에서 아동 중심 교육으로 전환하는 계기가 마련된다. 당시 영유아는 성인의 축소판으로 인식되어 미완성의 존재로서 성숙한 성인이 미숙한 영유아에게 성인 주도적으로 하나하나를 체계적으로 지도하는 성인 중심 교육이 주류를 이룸으로써 영유아들은 성인 중심 문화에 억압당하고 말았다. 이에 루소는 영유아의 자연성, 잠재 가능성, 요구, 흥미, 주도성이 무시되는 성인 중심 교육을 비판하고 영유아들이 가지고 있는 내적 발달 가능성을 자연적인 발달 순서에 따라 계발될 수 있도록 유아가 주체적이며 능동적으로 학습이 이루어지도록 영유아의 자연적 욕구, 흥미, 관심에 기초한 아동 중심 교육으로 전환되어야 한다고 강조하였다.

(4) 서머힐 학교 : 루소의 교육사상은 페스탈로치, 프뢰벨과 같은 교육실천가로 이어졌으

며 영국 닐의 서머힐 학교는 루소의 교육철학을 실천한 학교로서 루소의 교육철학이 이론이 아닌 실천력을 동반한 현실적인 이론으로 검증받게 된다.

3) 이론의 의미

유아의 행동을 종단적 연구로 설명하려는 게젤을 중심으로 한 성숙론적 접근으로 인간의 성장과 발달은 거의 전적으로 생득적 요인에 의해 좌우된다는 결정론적 입장을 취하고 있다. 또한 성숙론자들은 성숙이란 인간행동이 주로 타고난 내적인 힘과 예정된 계획에 의해서 발달되어 가는 과정을 뜻한다고 보며 인간발달도 예정된 계획에 따라 형성된다고 본다. 그리고 모든 성장의 분화나 형태의 기본 방향이 사전에 결정된 유전적 요소로 구성된 성숙의 틀을 가지고 있으며 환경적 요인은 단지 이를 지지해 주거나 수정할 뿐 발달의 진전을 유발시키지 못한다. 이는 유아들 간의 발달속도, 행동의 차이는 환경이나 경험이 아니라 유전적 형질이 다르기 때문이며 학습동기는 성숙적 준비도 수준과 조화를 이룬다고 본다. 따라서 유아의 행동에 관한 연구는 그 행동이 나타나는 정확한 시기와 과정을 밝혀야 한다는 것이다. 다시 말해서 인간의 성숙과정이 연구의 초점이 된다. 예컨대, 어떤 특정한 연령에서 유아들이 반항적인 행동을 보일 때 성숙론적 입장에서는 이 연령 유아들은 반항기에 있다고 말한다.

또한, 게젤은 유기체가 환경과 어떻게 상호작용하여 행동하게 되는가를 밝히는 것보다는 환경요인이 중요하지 않다는 점을 강조하는 데 더 신경을 쓴다. 그러나 최근에 교육심리학자들은 인간과 환경 간의 상호작용에 대한 연구에 관심을 갖기 시작했다. 즉, 성숙이 성장의 매 단계에서 특정한 행동을 결정하는 데 환경요인과 어떻게 상호작용을 하는지에 대해 연구를 집중시키고 있는 것이다. 물론 이 경우도 성숙요인의 영향이 가장 크다는 것을 전제로 한다.

4) 교육방법

성숙론적 접근에서는 각 연령별 발달기준을 만들어 놓고 이 기준에 비추어서 유아의 발달상황을 평가하고 있다. 이 접근법에서는 발달과정을 유아양육의 실제와 관련지어서 미리 만들어 놓은 연령에 따른 중요한 발달기준을 부모들에게 알려주고 양육의 방법을 자문해 주는 것을 주된 임무로 삼는다. 유아발달과정도 역시 본질적으로 이러한 자녀양육의 실제와 관련지어서 지도된다. 또한 게젤의 이론에 의하면 유아의 발달에서 바람직하지 않은 단계는 계통발생적 유전으로 인해 불가피한 것이라고 믿는다. 성숙주의이론에서는 교육은 성취를 강요하거나 성숙을 재촉하지 않는다. 교사는 유아의 자발적인 성장을 유도하고 교사의 교육적 개입이 필요한 경우에만 필요한 환경을 제공해야 한다. 따라서 교사는 허용적인 분위기를 조성해 주고 유아의 흥미와 요구를 충분히 보장해 주며 부모는 허용과 인내를, 유아는 자아통제와 자기훈육을 통하여 불균형상태에서 균형상태로 발달할 수 있게 지도해야 한다는 것이다.

5) 비판

이 접근법은 미리 정해 놓은 연령별 행동기준이 개인차가 심한 유아 개개인에게 모두 부합될 수는 없으며, 유아 개개인이 나타내 보이는 유아발달의 이유나 원인을 파악할 수 없다는 비판을 받고 있다. 또한 이 접근법은 오늘날 아동심리학의 주류를 이루지 못한다. 유아가 2세경에 반항적이 됨을 아는 것과 반항적으로 되는 이유를 이해하는 것 사이에는 상당한 거리가 있다. 오늘날의 아동심리학자들은 게젤식으로 유아의 양육을 조언하는 일보다는 행동의 발생 원인을 설명해 줄 수 있는 이론을 개발하고 검증하는 일에 훨씬 더 관심을 가진다. 이러한 비판에도 불구하고 유아의 흥미와 요구를 존중하는 교육, 교사의 허용적 분위기 조성, 자연적인 내적 성장 도모, 준비된 환경, 교사의 소극적 개입 등 유아 중심 교육 실현에 공헌하고 있다.

2. 행동주의이론

1) 이론의 근거

행동주의이론은 사회화 과정에서 큰 주류를 이루고 있으며 여기에는 손다이크(Thorndike)를 효시로 하는 학습이론이 그 뿌리이며 이 행동주의이론을 '자극-반응이론(S-R theory)'이라고 부르기도 한다. 또한 이 분야의 대표적인 학자로는 학습에서 외적 강화를 중시한 헐(Hull), 사회적 학습이론을 주장한 반두라(Bandura), 강화이론을 주장한 스키너(Skinner) 등이 있다. 특히, 반두라의 이론은 사회적 맥락이나 실제 생활 속에서 학습의 원리가 적용된다는 점에서 사회학습이론이라 부른다. 그리고 반두라는 모방학습, 관찰학습, 또는 대리학습에 의해 학습이 이루어지는데, 유아는 직접적인 강화가 없이 관찰하는 것만으로도 학습이 가능하다고 본다. 즉, 유아들이 또래의 어떤 행동이 교사에 의해 칭찬, 보상, 지지를 보일 때 또래의 행동을 학습한다는 것이다. 또한 반두라는 보보인형 공격성 실험에 의하여 자신의 이론을 설명하였는데, 공격성 행동을 본 유아는 그렇지 않는 유아보다 공격적 행동을 더 많이 하였다고 보고하고 있다. 그리고 그런 경우 관찰을 통해 행동이 학습된다는 것은 그 학습에 인지적 요소가 포함되었기 때문이라고 본다.

또한 스키너는 인간이 말을 하거나 어떤 도구를 사용하는 것과 같은 복잡한 기능과 기술을 어떻게 습득하는가에 대하여 스키너 상자(Skinner box)에 의해 설명하였다. 스키너 상자는 쥐가 마음대로 돌아다닐 수 있고 그 안에는 지렛대가 설비되어 있다. 이 스키너 상자에 배고픈 쥐를 넣어준다. 이때 배고픈 쥐는 이리저리 돌아다니다가 우연히 지렛대를 밟으니 물과 음식이 나온다. 이것이 바로 새로운 행동의 학습이다.

이와 같은 행동을 수회 반복하다가 이번에는 지렛대를 밟으니 물과 음식이 나오지 않고 전류가 흘러 고통을 준다. 그러니까 쥐는 지렛대를 밟는 것을 중지하였다. 여기에서 행동의 빈도를 증가시키는 것을 강화라고 하고 행동의 빈도를 줄이는 것을 벌이라고 한다. 결국, 유기체의 행동은 그 행동의 결과에 의하여 결정되는 것이다.

2) 이론의 의미

발달과정에 대한 행동주의이론 연구는 크게 세 주류로 분류된다(행동과학연구소, 1984).

첫째, 헐(Hull)을 효시로 하는 입장이다. 이는 발달을 자극과 반응의 관계에서 분석하려는 입장으로 외적 강화를 중요시한다. 어머니가 유아의 행동을 강화하는 과정에서 유아 자신이 받은 보상의 이유를 유아가 인지하게 되면 강화의 효과가 보다 높아진다는 것을 알 수 있다.

둘째, 반두라(Bandura)를 중심으로 한 사회적 학습이론이다. 이 입장에서도 외적 강화의 중요성을 인정하되 모델링, 모방, 간접강화 등 주로 관찰에 의한 학습을 더 강조한다. 전통적인 학습이론가들은 유아의 행동 습득이나 유지 또는 수정에 강화를 필수적인 조건으로 여긴다. 그러나 사회적 학습이론가들은 강화보다는 관찰학습에 의한 모방을 더 중요시한다.

셋째, 스키너(Skinner)의 입장이다. 이 입장은 사회화 과정에서의 다양한 행동은 전적으로 강화에 의해서 형성된다는 것이다.

위의 입장들은 그 관점이 각각 다르게 나타나지만, 공통점은 세 입장이 모두 환경론적인 접근방법으로, 인간에게 적절한 자극을 주고 적절한 강화를 통하여 인간행동을 변화시킬 수 있다고 보고 있다.

행동주의이론에서는 인간의 행동은 적절한 자극 또는 강화를 통해서 변화시킬 수 있고, 또한 인간의 행동은 다른 사람들의 행동을 관찰하고 이를 모방함으로써 새로운 행동을 학습할 수 있다고 본다. 즉, 인간의 학습은 직접적인 행동이나 경험뿐만 아니라 관찰이나 모방을 통한 간접적인 경험 속에서 일어나는 인지과정을 통해서도 학습이 이루어진다는 것을 강조하고 있다.

3) 학습모형

대표적인 학습모형으로 모방학습과 관찰학습에 대해 설명하기로 한다.

(1) 모방학습

밀러(Miller) 등이 주장하는 모방학습은 모방의 역할을 강조한다. 모방에는 동일학습(same behavior), 모사(copying), 일치의존행동(matched dependent behavior)의 3종류가 있다. 일치의존행동은 어떤 행동을 언제, 어디서 행동해야 되는지를 모르는 추종자가 적절한 환경상의 단서를 터득해 리더나 모델에 의존하여 일치되는 행동을 취함으로써 리더나 모델로부터 보상을 받고 모방하는 반응을 보이는 경우를 말한다. 모사는 모방자가 모델의 행동과 자신의 행동 차이를 파악하고 서서히 모델의 행동에 접근해 가는 경우를 말한다. 이러한 모방행동을 지지하는 것은 모방자가 가진 동인, 단서, 반응, 보상 등 직접적 강화에 의한다고 하였다.

(2) 관찰학습

반두라(Bandura)는 모델이 어떤 상황에서 어떤 행동을 하고 그 결과 상을 받거나 벌을 받거나 하는 것을 관찰하는 것만으로도 학습이 성립되기 때문에 관찰학습(observational learning)이라고 불렀다. 그리고 명백한 시행을 수반하지 않고 성립되는 학습이기 때문에 비시행적 학습(non trial learning)이라고 했고, 사회적 학습의 전형적인 모델로 간주하였다. 또 그 과정에서 학습자 자신은 직접적인 상이나 벌(강화)을 받지 않고 모델이 자기를 대신하여 강화를 받으므로 대리적 강화(vicarious reinforcement)라고 하였다. 관찰학습이 모방학습과 다른 점은 관찰자에게 직접적인 강화를 필요로 하지 않는다는 점이다.

4) 비판

행동주의이론의 문제점은 다음과 같다.

① 발달적 관점이 부족하다는 점이다. 모델의 관찰이나 언어화 또는 대리적 강화효과가 모든 발달단계에서 동일하다고 보아도 좋을 것인가 하는 점이다. 즉, 연령단계가 다름으로써 그 영향이 각각 다른 것은 아닌가 하는 점에서 의문을 가질 수 있다.

② 연구가 더욱 거듭되면 해결할 수 있는 문제도 있겠지만 모델과 관찰자 간의 사이에 관한 문제이다. 사회적 학습에서 가장 효과적인 모델과 관찰자 간의 관계는 어떠한 형태이어야 하는가가 명확하지 않은 점이다.

③ 유전적 영향에 의한 개인차가 발달에 기여하는 점을 무시하고 또한 다양한 사회 또는

자연 환경과 개인이 상호작용하는 복잡한 발달과정을 다만 실험실 연구로만 설명하려 했다는 점에서 비판을 받는다. 이러한 비판에도 불구하고 유아의 교수－학습방법에 주는 영향이 아주 크다. 그들은 지식은 유아 내부의 성숙에 의해 형성되는 것이 아니라 외부 환경에 의해 복잡한 개념이 유아에게 체계적이고 연속적으로 전달되기 때문에 학습은 작은 단계로 미리 치밀하게 계획되어야 한다고 주장한다. 따라서 유아의 행동변화를 위해서는 부단한 반복과 연습이 필요하며 강화의 방법으로 칭찬, 미소, 끌어안기, 토큰의 방법을 제시한다.

3. 정신분석이론

1) 이론의 근거

유아의 사회 · 정서 · 심리발달과정에서 무의식의 기제를 강조하는 정신분석이론은 프로이트(Freud)의 심리 · 성적 이론(psycho sexual theory)과 에릭슨(Erikson)의 심리 · 사회적 이론(psycho social theory)이 두 축을 이룬다.

2) 이론의 의미

(1) 프로이트의 심리 · 성적 이론

프로이트는 리비도(libido)가 집중적으로 모이는 부위를 성감대라고 하고 리비도는 일정한 순서에 따라 여러 신체 부위로 옮겨 다니는데, 리비도의 이동에 따라 성격이 발달하며 부모의 양육습관도 자녀의 성격발달에 많은 영향을 미친다고 하였다.

① **제1단계 : 구강기**(기본적 신뢰감 : 불신의 단계, 0~1.5세)

출생에서 1.5세까지의 시기로 리비도(성감대)가 입 주위에 몰려 있기 때문에 유아는 젖을 빨고 음식을 씹으면서 성적 욕구를 충족한다. 즉, 유아는 입술 자극에 의해서 쾌감이나 만족감을 얻기 위하여 젖을 빨고 삼키는 일련의 섭취활동에 전념하게 된다. 쾌감의 주요 원천이 입을 중심으로 촉각적 자극과 깨무는 행위로써 일어난다. 깨무는 행위는 구강활동에서 공격적 쾌감을 일으키고 촉각적인 자극은 성적 쾌감을 일으킨다. 이러한 행위 중에서 입을 꼭 다무는 것은 거부와 부정에 대한 최초의 틀이 되며, 받아들이는 것은 획득욕을, 뱉어내는 것은 배척과 경멸을, 놓치지 않으려고 노력하는 것은 끈기와 결단력 형성의 최초 기틀이 된다.

② **제2단계 : 항문기**(자율성 : 수치감 · 의혹의 단계, 1.5~3, 4세)

이 시기는 항문 부위가 성감대가 되고 항문 부위의 자극이 유아에게 큰 쾌감을 가져다준다. 유아는 배설하면서 쾌감을 느끼게 되고 점차 자기 의지대로 배설물을 체내에 보유하거나 내보내는 등 수시로 배설을 조절할 수 있게 된다. 어머니가 사용하는 배변훈련방법이나 배설물을 대하는 느낌에 따라 특정한 성격이나 가치관이 형성된다. 예를 들면, 유아가 엄격한 배변훈련을 경험한 경우, 이에 반항하는 행동으로서 무질서한 생활태도를 보이거나, 후에 소심하고 결벽증이 있는 인색한 사람으로 성장한다. 배설을 참는 데서 쾌감을 느끼고 그것에 집착하게 되면 편집광적인 성격이 되고, 그 반대의 경우, 소유하고 있는 것을 없애야 안도감을 느껴 낭비하는 행동을 하는 사람으로 성장한다. 유아가 겪는 갈등, 좌절감의 정도는 어머니의 유아에 대한 배변훈련 태도나 부모-자녀관계에 의해서 결정된다고 할 수 있다.

③ **제3단계 : 남근기**(자발성 : 죄의식의 단계, 3, 4~5, 6세)

이 시기의 성감대는 성기이다. 성에 대한 관심이 증대되고 성기 부분의 감각이 현저하게 발달하여 성적 쾌감을 추구하고, 성기 접촉을 적극적으로 하는(유아 자위) 경우도 있다. 남아는 어머니에 대한 사랑이 아버지에 대하여 질투를 느끼게 되는 오이디푸스 콤플렉스(Oedipus complex)가 형성된다. 뿐만 아니라 거세불안이 생겨 어머니에 대한 성적 감정을 억제하는 한편, 아버지에 대한 적대감정을 품고 있지만 아버지와 같은 사람이 되고자 하는 동일시 현상이 나타난다. 여아도 남아와 같은 기제에 의해 엘렉트라 콤플렉스(Electra complex)가 형성되어 어머니의 사랑을 잃을까 봐 아버지에 대한 성적 욕구를 억제하고 어머니에 대한 동일시가 일어난다.

④ **제4단계 : 잠재기**(생산성 : 열등감의 단계, 6, 7~12, 13세)

이 시기는 유아의 성적 욕구는 억압되고, 동성 부모에 대한 동일시를 통해 부모가 인정하는 가치나 태도를 내면화한다. 그리고 부모의 생각이 옳다고 믿기 때문에 부모가 원하는 대로 행동한다. 유아는 자기를 둘러싼 사회적인 면에 관심이 확대되고 또래 집단으로 관심이 크게 향상된다. 이 시기에 사회생활을 위한 기초가 형성되는데, 사회적으로 기대되고 용납되는 행동을 습득하는 데 실패했을 때 열등감이 형성된다.

⑤ **제5단계 : 생식기**(정체감 : 역할 혼란의 단계, 12, 13세 이상)

이상에서 살펴본 바와 같이 프로이트의 정신분석이론은 출생에서 성인기에 이르는 발달에 초점을 맞추고 있으며 이 발달과정을 사회화 과정으로 보고 있다. 심리 · 성적 이론은 주요 개념인 리비도, 고착, 오이디푸스 콤플렉스, 엘렉트라 콤플렉스 등은 가족 안에서의 인간관계의 발달에 초점을 맞춘 것으로 결국 양육태도 및 가족 간의 차이가 개인의 사회화와 성격 형성에 주요 요인이 된다는 점을 시사하고 있다.

(2) 에릭슨(Erikson)의 심리·사회적 이론

에릭슨은 프로이트의 이론을 근간으로 심리·사회적 이론을 발전시켰다. 프로이트가 성격발달의 기초로 리비도를 강조한 것과 달리 에릭슨은 사회적 에너지를 강조하였다. 에릭슨은 발달을 전 생에에 걸쳐 이루어지는 것으로 보고 출생에서 노년기까지 각 단계마다 거쳐야 하는 발달과업과 대칭적 개념인 발달위기를 함께 제시하면서 각 단계마다 두 개념이 균형을 이루면서 발달해야 한다고 하면서 사회화 및 사회성 발달과정을 8단계로 구분하였다(윤혜영, 2003).

① 1단계 : 기본적 신뢰감 대 불신감(basic trust vs. mistrust, 구강기, 0~1.5세)

출생에서 약 1세까지는 기본적 신뢰감이나 기본적 불신감이 발달하는 시기이다. 이 시기의 영아는 최초의 사회적 관계인 어머니와의 사회적 상호작용을 통해 이후 맺게 되는 다른 사람들과의 사회적 관계의 기초를 형성한다. 영아의 신체적·심리적 욕구나 필요에 대해 어머니가 민감하고 반응적이며 일관성 있게 충족시켜 주면 영아는 어머니를 주된 양육자로서 신뢰하며, 기본적 신뢰감을 발달시킨다. 기본적 신뢰감을 형성한 영아는 자기가 필요하면 어머니는 언제라도 자기를 돌보아줄 사람이라고 믿기 때문에 어머니가 자기 곁을 잠시 비워도 울거나 불안해하지 않는다. 그러나 어머니와의 관계에서 기본적 불신감이 형성되면 영아는 어머니가 곁에 있어서 잘 보살펴주는 때에도 언제 어머니가 자기를 버리고 떠날지도 모른다는 불신감 때문에 불안해한다.

에릭슨은 이 시기에 형성되는 기본적 신뢰감이나 불신감이 이 시기 이후 맺어지는 다양한 사회적 관계에서도 계속 영향을 미치기 때문에, 성공적인 사회적 적응을 위해서는 이 시기에 기본적인 신뢰감이 형성되어야 한다고 보았다.

② 2단계 : 자율감 대 수치감(autonomy vs. shame and doubt, 항문기, 1.5~3, 4세)

1세 이후에서 약 3세까지 시기의 유아는 괄약근의 발달에 따라 대소변을 통제할 수 있다. 또한 기타의 근육도 발달되어 두 발로 걸을 수 있으며, 타인의 도움 없이 혼자서 음식을 먹거나 주변 환경을 탐색할 수도 있다. 뿐만 아니라 말문이 트일 정도의 언어발달을 통해, 간단한 언어표현이지만 자기 주장을 할 수도 있다. 이와 같이 이 시기의 유아는 자기 자신의 문제를 스스로 해결하려 하고, 언어를 통해 자신이 독립적인 존재임을 적극적으로 표현하고자 하는 의지를 통해 자신의 자율성을 발달시킨다. 한편, 자율성에 따라 행동하는 과정에서 자신의 행동이 사회적 기대에 부합되지 않았을 경우, 유아는 수치감이나 회의감을 형성시킨다.

③ **3단계 : 주도성 대 죄책감**(initiative vs. guilt, 남근기, 3, 4~5, 6세)

3세에서 5~6세까지의 유아는 더욱 발달된 신체능력과 언어·인지발달을 토대로 스스로 어떤 목표나 계획을 세워 자신의 일에서 성공하려고 노력한다. 따라서 이 시기 유아는 행동을 주도하는 데 있어 자율적일 뿐 아니라 책임감을 갖는다. 그런데 이 시기 유아가 주도하는 행동은 간혹 자신의 역량을 넘어서는 경우가 많기 때문에 사회에서 받아들여지기 어려운 행동일 가능성이 크다. 이 때문에 유아가 주도한 행동은 때로는 부모로부터 제재를 받기 쉽다. 이때 부모의 제재가 온화한 가운데 일관적이라면, 자신의 행동을 사회적 규범에 맞게 조절하면서 자신의 주도적 행동을 계속 발달시킨다. 반면, 부모의 제재가 가혹하고 일관적이지 못하면, 유아는 자신의 행동을 주도하는 데 자신감을 잃고 자신의 행동에 대해 죄책감(guilt)을 갖게 된다.

④ **4단계 : 근면성 대 열등감**(industry vs. inferiority, 잠재기, 5, 6~11, 12세)

5~6세부터 11~12세까지의 시기로 유아는 유아교육기관이나 초등학교 입학을 통해 읽기, 쓰기, 셈하기 등과 같은 기초적인 인지기능을 개발시키거나 또래와의 접촉을 통해 차례 지키기, 도와주기 등과 같은 사회적 기능을 습득하면서, 사회에서 지향하는 다양한 지식, 기능이나 규범 또는 가치관을 획득하고 이를 내면화하거나 숙달시키고자 한다. 이러한 유아의 노력이 순조롭게 이루어지고, 순조로운 적응이 이루어지면 유아는 근면성이나 성취감을 발달시킬 수 있다.

⑤ **5단계 : 정체감 대 정체감 혼미**(industry vs. role confusion, 생식기, 12~13세 이상)

이 시기에는 지금까지 아무런 회의감 없이 수용해 왔던 자기 존재에 대하여 새로운 의문과 탐색이 시작된다. "나라는 존재는 무엇인가?"라는 의문과 함께 자신의 존재 의미를 탐색하려는 자아 추구 노력이 나타난다. 자아 추구 노력을 통해 자기의 위치나 능력 또는 역할과 책임 등에 대해 인식하며 이를 확신할 때 비로소 자아정체감을 획득할 수 있지만, 이를 획득하는 것은 쉽지 않다. 따라서 이 시기 청소년은 자기 자신에 대해 고민하고, 갈등하며, 방황하는 등 정체감 혼미를 경험한다.

이상과 같이 에릭슨의 이론은 전생애의 발달에서 매우 의미 있는 이론이다. 마지막 단계인 정체감을 이룩하기 위해서는 생후 초기에 신뢰감을 반드시 형성시켜주어야 한다고 생각한다.

3) 비판

프로이트의 심리 · 성적 이론은 이론의 형성과정에서 과학적인 정확성이 결여되고 여러 부문에서 통계화되지 못하여 타당성에 의문이 제기되고 있다. 그가 중요시했던 성적 갈등(오이디푸스 콤플렉스, 엘렉트라 콤플렉스)은 발달의 보편적인 현상이라기보다는 그 당시 유럽의 지배적인 문화를 반영한 것으로 문화적 보편성이 없다. 또한 불명확한 개념체계로 인해 실증적 연구가 부족하고 발달의 원인을 설명하기보다는 발달과정을 기술하는 데 그치고 있다는 점을 들 수 있다(보복희 외, 1997; Crain, 1980; Schaffer, 2000).

에릭슨의 심리 · 사회적 이론은 인간이 출생에서 사망에 이르는 전 과정의 특징을 어느 정도 타당하게 기술하고는 있으나 연령의 구분은 현실적으로 많은 차이가 있다. 이러한 비판에도 불구하고 프로이트나 에릭슨의 이론은 우리에게 어렸을 때 발달의 중요성을 깨닫게 해주고 순차적인 단계를 밟아 발달이 이루어짐은 단계적 지도, 과정적 지도, 순차적 지도의 필요성을 일깨워주고 있다.

4. 구성주의이론

1) 이론의 근거

구성주의이론에서 가장 대표적인 것은 피아제(Piaget)의 인지적 구성주의이론과 비고츠키(Vygotsky)의 사회문화적 구성주의이론의 두 주류가 있는데, 본 절에서는 피아제의 인지적 구성주의이론을 중심으로 기술한다.

2) 이론의 의미

(1) 피아제(Piaget)

피아제는 인지(지능)의 발달과정에 초점을 맞추고 인지(지능)를 유기체가 환경에 적응하는 능력으로 보았으며 인지발달과정은 유아가 성숙해 감에 따라 자신의 환경에 잘 적응하도록 도와주는 인지구조(cognitive structure)를 끊임없이 재구성해 나가는 과정으로 보았다. 또한 인지발달을 기능적인 측면과 구조적인 측면으로 나누어 설명하고 있다. 기능적인 측면에서의 인지발달이란 유기체가 환경과 상호작용해서 이루어지는 순응과정으로서, 동화와 조절의 상호교호적인 과정으로 이루어지는데, 실제 상황에서는 분리하기 어려운 하나의 전체 과정 속에 내포되어 있는 것이다. 구조적인 측면에서의 인지발달은 유기체가 환경과의 접촉에서 반복되는 행동과 경험에서 형성되는 것으로 점차 분화되고 또 통합되어 수많은 도식과 복합적인 고차원의 도식이 획득되는 데 4단계의 과정을 거친다.

① **감각운동기**(sensory-motor period, 0~2세)

이 단계의 행동은 근본적으로 감각운동적이며 관찰대상의 행동을 즉석에서 모방하는 것이 아니라 시간이 흐른 후 재연하는 지연모방과 어떤 대상이 눈앞에 없어도 계속 존재한다는 것을 인식하는 대상영속성(object permanence) 개념 등과 같은 인지능력이 획득되기는 하지만 상징적 사고활동이라기보다 동작적 활동이다. 종래의 학자들은 상징적인 언어 구사가 있기 이전에 어떤 지적 활동이 없다고 믿었는데, 피아제의 감각운동기는 바로 이러한 신념의 허구성을 지적하였다. 감각운동기는 급속한 성장과 발달의 시기로서 이 시기에 일어나는 사건의 중요성을 인정하고 이 단계가 지적 발달을 전개하는 과정에서 절대적이라고 믿고 있다(Piaget, 1962, 1964).

② **전조작기**(pre-operational period, 2~7세)

이 단계는 상징적 사고가 가능한 2세부터 시작되며, 현존하지 않는 대상들에 대한 정신적 표상이 가능해지는 시기이다. 피아제가 이 단계를 '전조작적'이라고 명명한 이유는 논리적 조작의 출현 직전의 단계라는 점에서 연유하였다고 볼 수 있다. 전조작적 사고의 특징은 한 행동이 다른 행동에 미치는 영향을 예상할 수 있는 새 능력의 획득으로 볼 수 있다. 이 시기 유아의 사고는 자기중심적이고 직관적이기 때문에, 논리적이고 인과적이지 못하다. 한편, 외적인 모양은 변화했지만 그와 상관없이 기본속성은 변화하지 않는다는 보존개념을 이해하지 못한다. 보존개념이 없기 때문에 여자아이는 자신의 긴 머리를 짧게 자르면 남자아이가 된다고 생각한다.

③ **구체적 조작기**(concrete operational period, 7~11세)

6~7세경에 시작되는 단계로 아동들은 이전 단계와는 달리 사건들 간의 변화를 이해하는 능력이 두드러지게 발달한다. 이 시기의 대표적인 용어에 해당하는 '구체적'의 의미는 이 단계의 아동이 이전 단계의 아동들과 마찬가지로 여전히 구체적 형태의 자료들은 다룰 수 있으나 추상적 형태의 자료들을 다룰 수 없음을 뜻하기도 한다.

이 시기에는 논리적 사고뿐 아니라, 상징적 체계를 사용할 수 있다. 논리적 규칙을 이해하는 시기이기 때문에 '조작기'라 했지만, 관찰이 가능한 구체적 사건이나 사물에 한정하여 논리적 규칙을 적용할 수 있다. 이 시기에는 보존개념을 획득함으로써, 전조작기에서 해결하지 못했던 불변의 법칙을 해결할 수 있다.

④ **형식적 조작기**(formal operational period, 11세 이후)

이 단계에는 추상적이며 논리적인 사고뿐만 아니라 가설·연역적 사고를 할 수 있다. 또한 구체적인 사건이나 사물뿐만 아니라 눈에 보이지 않는 관념에 논리적 규칙을 적용할 수 있다. 피아제는 이 시기의 아동의 인지적 구조는 완숙한 수준에 도달했다고 본다. 즉, 형식적 가설·연역적 사고구조가 발달함으로써 아동이 갖는 인지발달은 최고점에 이르렀다고 말할 수 있다. 다시 말하면, 형식적 조작기의 청소년은 성인과 유사한 인지구조를 갖추었다고 말할 수 있다. 그의 각 발달단계에서 보이는 인지구조는 그 단계에 고유한 것으로 이는 저절로 얻어진다기보다 특정한 단계에 이르러서 비로소 획득된다고 주장하고 있다.

(2) 비고츠키(Vygotsky)

비고츠키이론은 피아제의 인지발달이론이 유아 개인이 성숙해 감에 따라 자신의 환경에 잘 적응하도록 도와주는 인지구조를 끊임없이 재구성해 나가는 과정으로 보아 행동의 습득이 유아 자신의 능동적인 노력을 강조하면서 유아가 지식구성의 능동적인 주체로 봄에 비하여 비고츠키이론은 인지발달에서 개인 아동의 노력뿐만 아니라 성인이나 유능한 또래의 역할을 강조한다.

즉, 비고츠키는 지식구성의 원천을 아동과 그 아동이 놓인 사회·문화적 환경과 통합에서 찾고 맥락의존적인 지식습득의 과정을 강조하였다(김수영 외, 2003).

비고츠키가 제시한 중요한 개념은 '근접발달지역(zone of proximal development)'인데, 이 개념은 아동이 스스로의 힘으로 문제를 해결할 수 있는 수준인 실제적 발달수준과 성인이나 유능한 동료 유아들의 협조를 얻어 지식을 성취할 수 있는 잠재적 발달수준과의 차이로 설명할 수 있다. 근접발달지역에서 효과적인 교수-학습방법은 비계설정(Scaffolding)으로 이것은 성인이나 유능한 동료 유아에게 도움을 요구할 때 아동의 요구와 기대수준에 알맞게 조절하여 조력을 지원하는 체계로서 도움의 양을 조절하는 것을 말한다. 이것을 발판화(스캐폴딩)라고도 하는데, 근접발달지대와 발판화의 개념은 교육에 시사하는 바가 크다. 따라서 유아가 근접발달지대에 머물게 하기 위해서는 유아에게 주어진 과제가 도전적인 수준이 되도록 구성해 주는 것이 중요하며 유아의 현재의 요구와 능력에 맞도록 유능한 동료 유아들의 개입의 양을 조절하는 것이 필요하다.

3) 비판

피아제의 인지발달이론은

첫째, 인지발달에서 문화적·경험적 측면이 비교적 무시되고 있다는 점이다.

둘째, 인지발달이론에서 주장하는 것처럼 인지발달은 반드시 4단계를 거친다고 보는 것에 대하여 비판적으로 생각하고 있다. 특히, 사회적 학습이론에서는 인간행동이 고정된 단계를 밟으면서 발달한다고 보지 않는다.

셋째, 연구방법 측면에서 4단계의 진행이나 주요 개념들의 과학적 검증이 어렵다는 것이다.

그러나 연령발달단계에 따른 교수-학습지도에 주는 시사점은 전조작기적 사고의 특성을 가지고 있는 유아들은 적응과 인지적 발달이 기본적으로 인지적 갈등에서 출발하고 단순히 지식의 전달적인 수동적인 교수-학습방법에서 벗어나 유아 스스로 사고할 수 있는 기틀을 마련해 주는 것이 필요하다는 점이다.

또한 비고츠키는 언어발달이 사고발달에 중요한 역할을 한다고 하였다. 즉, 유아는 언어를 사용하여 사회구성원과 상호작용을 하게 되고 이를 통해 고등 정신기능의 체득이 가능하므로 교수-학습과정에서는 비계설정과 언어 사용을 적극 장려해야 한다. 특히, 구성주의이론을 적용할 때는 유아활동에서는 충분한 시간과 자유선택활동시간을 제공하고 유아 또래집단에서 사회적 상호작용을 강조하고 교사는 환경 제공자로서의 역할이 중요하다.

제 3 장 영유아교수-학습방법의 유형

교수-학습방법은 학습자인 유아의 발달상황, 학습준비도, 흥미, 요구, 기관의 특수성, 교구 및 자료 등의 성격에 따라 달라지는데, 크게 유아 중심 학습모형과 교사 중심 학습모형으로 대별된다. 유아가 학습의 주도권을 가지고 직접 학습을 주도해 나가는 유아 중심 학습모형에는 탐구학습, 가설실험학습, 문제해결학습, 협동학습, 발견학습, 자기주도적 학습, 프로젝트 접근법이 있고 또한 교사가 학습의 주도권을 가지고 전개하는 교사학습모형에는 개념학습과 발문법이 대표적이다.

1. 유아 중심 학습모형

1) 탐구학습

유아교육과정은 어떤 내용을 어떻게 편성하고 어떤 방법으로 가르칠 것인가에 관한 내용을 담고 있는데, 7차에 걸쳐 유아교육과정이 개정되었으며 지도내용은 개정될 때마다 바뀌어 왔으나 지도방법은 탐구학습(inquiry Method)을 일관되게 강조하여 왔다. 이것은 모든 교육활동에서 탐구적 방법을 통하여 지도함이 효과적임을 시사해준다.

(1) 탐구와 탐구학습

탐구란 '신념이나 지식에 근거하여 적극적이고 끈기 있고 세밀하게 고찰하는 것이며 신념이나 지식이 추구하는 여러 가지 결론에 관하여 고찰하는 것'(Dewey, 1933), 또는 '현재 당면하고 있는 중요한 가치와 문제에 대한 검토'(Massialas & cox, 1966)라고 보고 여기에는 '여러 가지 결론에 관한 고찰', '문제에 대한 검토' 등 학습자의 학습에 대한 발견적이며 가설 검증적인 활동이 강조되고 있다. 따라서 탐구학습이란 '유아 자신이 발견과 가설 검증적인 탐구 과정에 따라서 아이디어를 만들어 내고 그것을 실험 검증하는 유아 주도적인 학습방법'이라고 정의할 수 있다.

(2) 탐구학습의 필요성

① 교사가 학습문제에 대하여 언어적으로 설명하면서 결론을 제시해 주는 결과 중심의 교육으로는 과제해결력을 길러주지 못했다.

② 교사의 주도적인 학습진행으로 유아들은 피동적으로 학습에 참여함으로써 학습의 주도성을 배양할 수 없었다.

③ 암기 위주의 학습으로 단편적인 지식의 전수에 국한되어 논리적이고 체계적인 창의적 사고력을 체득시킬 수 없었다.

(3) 탐구학습의 특징

① 탐구학습은 유아가 학습과정에서 얻어지는 결론을 중시하는 결과 중심의 학습방법(Learning centered conclusion)보다 유아들이 직접 학습활동과정에 주체적이며 능동적으로 참여하여 결론을 도출해나가는 과정 중심의 학습(Learning centered process)으로 학습의 결과보다 학습의 과정을 더 중시한다.

② 탐구학습은 유아의 주도성을 최대한 존중하는 학습방법으로 단순 암기를 통한 학습이나 교사가 일방적으로 주도하는 학습이 아니라 유아 자신의 주변을 비판적으로 바라보고 결론을 스스로 찾아내도록 하는 유아 중심 교육이다.

③ 탐구학습은 유아 자신이 능동적인 탐구활동을 통하여 문제를 해결해 나가는 학습방법으로 교사가 언어적으로 설명하거나 결론을 가르쳐 주는 것이 아니라 유아의 유연한 사고와 다양한 활동을 통하여 결론을 이끌어 낸다.

④ 탐구학습은 교재의 특질, 학습 주제, 유아의 발달상황, 흥미, 요구 등에 따른 다양한 활동이 전개되므로 탐구학습은 흥미롭다.

⑤ 탐구학습은 유아들의 학습활동을 강조하는 유아 주도적인 학습방법으로 여기에는 발견학습, 가설실험학습, 문제해결학습, 귀납적 방법 등이 있다.

(4) 탐구학습의 장 · 단점

탐구학습이 과정 중심 학습, 유아 중심적 학습, 유아 주도적 학습, 활동 중심 학습, 다양성을 존중하는 학습으로 '학습하는 방법'에 치중하는 탐구학습의 장단점은 다음과 같다.

① **장점**

ㄱ. 행동함으로써 배운다(Learning by doing)를 강조하는 학습으로 유아들이 능동적, 주도적으로 학습을 이끌어 감으로써 유아들의 주체성이 배양된다.

ㄴ. 다양한 탐구활동을 통하여 논리적이고 합리적인 사고를 촉진하여 의사결정력, 사회적 책임감 등 사회성 배양에 도움이 된다.

ㄷ. 교사의 주도성이 배제되고 유아 중심적 교육으로 주체적인 탐구능력이 배양되고 학습이 흥미롭다.

② **단점**

ㄱ. 모든 학습주제를 유아들이 주도하는 과정 중심의 탐구적인 방법으로 학습을 전개하는 데에는 시간이 너무 많이 소요된다.

ㄴ. 과정 중심의 유아 중심 교육은 자칫 잘못하면 방임적인 학습으로 전락하여 학습이 무질서해질 우려가 있다.

2) 탐구학습모형

(1) 탐구학습 기본모형

탐구학습은 학습활동의 전과정에서 탐구적인 방법과 절차를 중시하는 학습방법이다.

〈표 I-1〉 탐구학습 기본모형

과정	주요활동
탐구문제 선정	• 탐구문제상황 제시 • 탐구문제상황 분석 • 탐구문제 정리
탐구활동계획 수립	• 탐구 주제에 따른 탐구 집단 조직 • 탐구 하위 주제 선정 • 탐구 하위 주제에 따른 자료·정보 수집 • 탐구 하위 주제 해결을 위한 역할 분담
탐구활동 전개	• 유아 각자가 맡은 하위 주제에 따른 탐구활동 전개 • 교사의 역할 수행 : 안내자, 중재자, 촉진자의 역할 • 활발한 탐구활동 격려 • 계획대로 진행하는가 확인 점검 • 유아 상호 간의 원활한 협조

탐구활동결과 정리	• 탐구결과의 요약, 해석, 결론 • 탐구결과 정리 : 만화, 글, 그림, 포스터 등의 형식으로 정리
탐구결과의 평가	• 탐구결과 재확인 : 이법화 • 탐구활동과정 평가

(2) 발견학습(discovery method) 기본모형

발견학습은 유아 스스로 교사의 개입 없이 학습과제를 선정하고 해결방법을 모색하여 학습활동을 유아 주도적으로 이끌어 가는 고도의 지적 기술학습방법이다.

〈표 Ⅰ-2〉 발견학습 기본모형

과정	주요 활동
1. 문제의식단계	• 유아들이 학습문제를 공유 • 학습문제에 대한 해결방안 모색
2. 자료 제시	• 학습문제 해결에 도움을 주는 자료 제시(교사) • 학습문제와 관련하여 제시된 자료 관찰
3. 보충자료 제시	• 학습문제 해결을 돕는 보충자료 제시(교사) • 학습문제와 관련하여 제시된 보충자료 관찰 • 개념을 발견하기 위해 관련 자료 분석
4. 추리단계	• 개념 발견을 위한 본격적인 추리
5. 정리단계	• 발견된 개념 정리 • 발견된 개념에 대해 발표, 토의
6. 응용단계	• 발견된 개념의 적용방안 협의 • 활동과정 평가

(3) 가설실험학습(Hypothesis experimental method) 기본모형

학습문제에 대하여 유아 각자가 가설(Hypothesis)을 세우고 수립된 가설을 자료를 관찰, 분석, 종합하고 유아 상호 간의 토론을 통하여 유아 각자가 세운 가설을 검증하여 개념이나 원리를 정리해 가는 탐구학습방법이다.

〈표 I-3〉 가설실험학습 기본모형

과정	주요 활동
문제의식	• 문제상황 제시 • 공통문제의식 갖기
학습문제 확인	• 학습문제 선정 • 학습문제 초점화
가설 설정	• 학습문제에 대한 가설 수립 • 가설 설정의 근거 정리
자료 분석 및 토론	• 각 가설에 대한 근거 및 의견 발표 • 관련 자료 분석, 종합 • 발표된 의견에 대한 토론 • 1차 가설 수정
가설 검증	• 가설에 대한 타당성 확인 • 가설 검증
이법화(개념화)	• 이법화, 개념화 • 개념의 적용방안 협의

3) 탐구학습을 위한 교사의 역할

탐구학습에서 교사는 교수자, 촉진자, 격려자의 역할을 효율적으로 수행해야 한다.

① 유아들의 탐구활동 전 과정에서 가치를 인정해 주고 허용적인 태도와 인내심을 가지고 유아를 대해야 한다.

② 다양하고 많은 자료와 정보를 제공하여 유아들의 적극적이고 활발한 탐구활동을 조장해 주어야 한다.

③ 질문록을 사전에 치밀하게 만들어 확산적 질문을 취해야 하고, 특히 지적 갈등이나 동기유발을 돕는 질문을 많이 한다.

④ 시간, 장소, 방법, 형식, 계획 등이 비구조적으로 일과의 모든 활동에서 이루어질 수 있게 한다.

⑤ 유아 상호 간 또는 유아와 교구(자료) 간의 상호작용이 주요 활동으로 이들의 효율화를 돕는 방안을 강구해야 한다.

⑥ 교사의 개입은 최소화하고 개입하더라도 문제를 해결하는 동료자, 탐구활동방법의 안내자가 되어야 한다.

2. 교사 중심 학습모형

교사 중심 학습은 학교교육에 가장 전통적인 학습형태로서 끊임없는 찬·반의 여론 속에서도 지금까지 현장 교육기관에서 많이 활용되고 있다. 교사 중심 학습은 교사의 주도성이 강한 학습으로 대표적인 개념학습과 강의법에 국한하여 기술하기로 한다.

1) 개념학습

개념학습은 교사 중심 학습의 한 유형으로 교육현장에서 오랜 역사성을 가지고 있다. 특히, 개념학습은 브루너(Bruner)에 의해 고안되면서 웨일(Weil)이 구체화시킨 학습방법으로 당시 주류를 이루었던 강의법이 갖는 산만한 지식의 주입이 유아들에게 무익하다는 현실적 문제점을 타개하기 위해 구안되었다.

(1) 개념과 개념학습

개념이란 '사상이 가지고 있는 공통점을 정리하고 추상화하거나 공통점을 근거하여 같은 집단으로 분류 정리하여 범주화한 것, 즉 범주집합'이다. 또한 개념은 상위개념과 하위개념 간의 관계를 포함하기도 한다.

예를 들면, 동물의 하위개념에는 포유류, 조류, 파충류, 어류 등이 있고 조류의 하위개념에는 닭, 비둘기, 참새, 독수리 등이 있다. 또한 동물의 상위개념에는 생물이나 자연을 들 수 있다. 또한 개념학습이란 '영유아가 사물이나 사건의 공통점에 근거하여 유목화하는 과정을 통해 분석적으로 사고할 수 있도록 돕는 교수-학습방법'이다. 예를 들면, 강아지, 고양이, 호랑이, 토끼 등의 다리가 네 개이고 털이 있다는 공통점을 유아들로 하여금 발견하게 함으로써 네 발 동물이라는 개념을 습득시키는 학습방법이다. 개념학습에는 구체적 개념학습과 정의적 개념학습 두 종류가 있다. 구체적 개념학습은 눈으로 직접보고 관찰을 통해 유목화하여 개념을 학습하는 방법이다. 예를 들면, '나무', '돌'과 같은 딱딱한 물체, '빨강', '초록'과 같은 색상, '동그라미', '사각형'과 같은 형태를 유목화하는 학습방법이다. 또한 정의적 개념학습을 추상적인 사고의 과정이나 정의를 통하여 유목화하여 개념을 학습하는 방법이다. 예를 들면, '정의', '희망', '사랑'과 같은 개념들을 학습할 때 활용한다.

(2) 개념학습의 필요성

① 인간의 사고와 의사소통은 어휘, 단어, 낱말, 용어, 상징, 명명, 명칭 등의 학습된 개념

을 통하여 이루어지므로 명확한 개념을 이해하고 있어야 활발한 사고나 의사소통이 가능하다.

② 개념학습으로 터득한 방법이나 기술은 일상생활 속에서 당면하는 다양한 문제를 해결하여 합리적인 생활을 영위할 수 있게 한다.

③ 개념학습은 귀납적 교수법의 하나로서 유아의 개념이해를 돕고 귀납적 사고와 연역적 사고는 유아들이 자기의 의견을 조리 있게 전달해 주는 데 공헌한다.

④ 개념학습을 통하여 학습된 어휘, 단어, 낱말, 용어, 상징, 명명, 명칭 등은 모든 교과학습의 기본이 된다.

(3) 개념학습의 장 · 단점

① 장점

개념학습은 다양한 지식과 상식을 습득시키고 또한 다양한 지식과 상식 등은 의사소통 과정을 촉진시켜 원활한 사회생활을 영위하도록 한다. 또한 다양한 지식과 상식은 사고과정을 확장시켜 모든 교과에서 폭넓은 학습을 할 수 있도록 돕는다.

② 단점

개념학습과정에 따른 개념습득은 교사의 강의에 의하여 개념을 이해시키는 것보다 시간이 많이 소요되고 개념학습이 자칫 암기학습으로 치우쳐 학습에 흥미를 잃을 우려가 있다.

(4) 개념학습방법

개념학습으로는 크게 외형적 특성에 기초한 접근법과 논리적 특성에 기초한 접근법으로 나누어 볼 수 있다(신혜은 외, 2015).

① 외형적 특성에 기초한 접근법

외형적 특성에 기초한 접근법에는 핵심적 특질을 사용한 개념학습과 범주전형성을 사용한 개념학습 두 유형이 있다.

ㄱ. 핵심적 특질을 사용한 개념학습 : 꽃이라는 개념에는 꽃잎, 줄기, 나뭇잎, 가시, 뿌리로 이루어져 있고 향기가 난다는 특질을 가지고 있다는 것을 영유아가 알게 되는 것이다.

ㄴ. 범주전형성을 사용한 개념학습 : 범주전형성이란 범주를 가장 잘 대표하고 그 범주의 대상이 되는 원형에 가까운 정도의 지표를 의미한다(Bjorklund, 2000). 예를 들어, 개나 고양이는 포유류의 전형이라고 할 수 있다. 이때 개나 고양이가 포유류라는 것

을 알게 되면서 영유아는 포유류의 개념을 학습하게 된다.

② 논리적 특성에 근거한 접근법

논리적 특성에 근거한 접근법에는 연역적 접근법과 귀납적 접근법이 있다.

ㄱ. 연역적 접근법을 이용한 개념학습 : 개념의 정의를 먼저 제시하고 개념에 관한 특징들에 대해 나열하는 방식으로 개념을 학습하게 되는 것이다. 예를 들면, 곤충에 대하여 학습할 때 '곤충이란 몸이 마디로 이루어져 있고, 머리, 가슴, 배로 나누어진 벌레들'이라는 정의를 먼저 내려준 다음 곤충의 특징(날개, 눈, 모양, 육지에서 살고 탈바꿈을 하는 것 등)에 대해 나열하는 방법이다.

ㄴ. 귀납적 접근을 이용한 개념학습 : 전형적인 예들을 먼저 제시해 주어 비교하게 한 다음, 영유아가 범주의 본질에 대한 가설을 수립하고 좋은 예들을 찾아보게 한 후 어떻게 그런 생각을 하게 되었는지 설명하게 하는 방법이다. 예를 들면, 망치, 가위, 드릴, 의자와 같은 것은 우리의 일상생활을 돕는다는 공통점을 발견하고, 사람들이 만든 것들이 우리의 일상생활을 돕는 것들은 도구라고 명명하며 다른 도구들도 톱, 자, 청소기와 같은 것들이 있다는 것을 알게 되는 것이 개념의 획득과정이다.

2) 발문법

발문법은 소크라테스(Socrates)의 대화법에서 연유되었으며 여러 학자들은 한결같이 질문을 사고와 동일한 개념으로 생각하고 질문에 대하여 체계적인 연구를 시도하였으며 학교교육에서 가장 많이 그리고 가장 오래된 전통적인 교수-학습방법으로 교육현장에서 오랫동안 찬·반의 의견이 대두되었던 학습방법이다.

(1) 발문과 발문법

발문이란 학습 도중에 학습목표를 달성하기 위하여 교사가 유아에게 던지는 질문도 발문의 한 유형이다.

또한 발문법이란 교사가 질문에 의하여 유아의 학습활동을 자극하고 발전시키는 방법, 필문필답(筆問筆答)을 포함하여 말할 때도 있지만 보통은 일연의 구두 문답에 의한 것을 말한다. 또한 평가의 방법으로 유아의 학습성과를 확인할 때에도 사용되는 등 활용의 범위가 넓다.

(2) 교수－학습 면에서의 가치

문답법은 원래 강의법이나 시례법(示例法) 혹은 암송법 등의 주입식 교수법 등에 대하여 문제를 제기하고 학생들의 자발적 사고활동을 활발히 유도하며 수업에 활기를 불어넣어 주려는 데에서 시작된 교수법이다. 실제로는 역시 형식화되어 교과서를 중심으로 무가치한 문답이 반복되어 있다. 그러나 이와 같은 문답법은 극단적인 아동 중심 교육의 입장도 극복되고 교사의 역할이 정당하게 인식되어 교사질문의 의의도 다시 새로운 각도에서 음미하게 되었다. 오늘날에는 많은 교수법이 개발되고 있으나 문답법은 이러한 교수법에 의해 전개되는 학습활동을 효과적으로 전개시키기 위한 필수적인 교육방법으로 활용되고 있다.

(3) 발문의 필요성

① 학습하려는 주제나 교재에 대한 학생의 관심, 경험의 수준을 이해하기 위하여
② 중요한 학습상황을 강조하고 흥미를 자극하며 동기를 부여하기 위하여
③ 학습내용에 관하여 학생의 사고활동을 활발히 하고 또 사고의 방법을 지도하기 위하여
④ 학습내용의 이해를 확인하고 착오를 정정하기 위하여
⑤ 연습이나 훈련을 시켜서 학습을 정확히 정착시키기 위하여
⑥ 학습의 성과를 평가하기 위하여

(4) 발문학습의 장 · 단점

플랜더즈(Flanders, 1970)에 의하면 교사는 수업시간 중 교사활동이 3/4을 차지하고 그중 1/3이 교사의 언어활동이 차지하는 등 교사의 언어가 대부분이다.

① 장점

ㄱ. 교사의 발문은 수업과정 중 유아의 사고활동을 촉진시켜주고 유아의 정서에 호소하는 감정이입적인 작용을 하여 유아의 친사회적 행동과 추론능력에 효과적이다.

ㄴ. 모든 학습형태는 각 학습형태에 따른 독자적인 교수－학습과정을 가지고 있다. 예를 들면, 발견학습은 문제의식단계, 자료제시단계, 보충자료제시단계, 추리단계, 정리단계, 응용단계 등 7개 단계를 거치는데, 발견학습을 성공적으로 이끌기 위해서는 각 단계에 최적한 교사 발문기술이 적용되어야 한다. 따라서 모든 학습형태의 효율성을 제고시키기 위해서는 훌륭한 문답기술이 적용되어야 한다.

② 단점

ㄱ. 발문학습은 교사 주도성이 강한 학습으로 유아들이 학습활동에서 수동적일 수가 있다.

ㄴ. 발문학습은 교사의 발문기술 여하에 따라 교수-학습의 성과에 차이가 생긴다.
ㄷ. 발문학습은 유아들의 흥미와 요구가 무시되고 암기 위주의 학습으로 흐를 우려가 있다.

(5) 발문학습의 전개

발문학습은 모든 학습방법에서 적용하고 있고 해당 학습방법의 성공 여부는 당해 교수-학습과정별로 거기에 최적한 발문기술을 적용할 때 해당 학습방법은 성공할 수 있다. 따라서 발문학습의 전개에서는 효율적인 발문요령과 발문 시 유의해야 할 점에 국한해서 기술하기로 한다.

① 허용적이고 탐구적인 분위기를 조성해 주어야 한다.
② 유아의 능력수준에 맞는 용어나 어휘를 사용해야 한다.
③ 교사는 유아능력에 따른 발문록을 사전에 작성하여 활용해야 한다.
④ 발문내용에 적합한 학습자료를 사용하여 질문내용을 구체화시켜 주어야 한다.
⑤ 수렴적 질문보다 확산적 질문을 사용해야 한다.
⑥ 발문한 후에는 충분히 생각할 시간(wate time)을 주어야 한다.
⑦ 발문은 정확한 발음으로 언어 전달이 되어야 한다.
⑧ 발문은 완성된 문장으로 한 번에 한 가지씩만 표현하여야 한다.
⑨ 보통 회화에서와 같이 자연스럽게 발문을 하여야 한다.
⑩ 발문은 요점이 명백하고 간결하게 제시해야 한다.
⑪ 전체 유아에게 발문을 던져서 전원의 사고활동을 유도해야 한다.
⑫ 유아의 개인차나 능력을 고려한 발문이어야 한다.
⑬ 유아의 말이 다양성이 없다 할지라도 유아의 말을 끝까지 들어주어야 한다.
⑭ 침묵시간을 제공하여 생각하는 능력과 의미 있는 말을 만들도록 도와주어야 한다.
⑮ 유아가 말을 할 때 주의 깊게 경청하고 듣고 있다는 느낌을 갖게 해야 한다.
⑯ 유아가 무언가 말하려고 할 때 그 신호를 빨리 감지하고 처리해 주어야 한다.
⑰ 유아들의 말은 끝까지 들어주고 끝나기 전에 대답하거나 평가하지 말아야 한다.
⑱ 유아의 질문에 대답이 준비되지 않았을 때는 솔직하게 모른다고 말해야 한다.
⑲ 경우에 따라 유아의 질문에 거꾸로 되묻는다.

제 II 부

영유아 상호작용 및 발문법

교수-학습은 교수와 학습의 합성어로서 교수의 주체는 교사이고 학습의 주체는 학생으로서 교수는 학생이 주체가 된 학습이 효과적으로 이루어지도록 조력하는 과정으로 교수와 학습은 성격상의 차이가 있음에도 불구하고 아무런 모순과 갈등이 없이 원활하게 동시적으로 이루어진다. 그리고 이와 같은 교수와 학습이 보다 더 밀접한 관계를 가지고 효율적으로 이루어지기 위해서는 교사와 영유아 간에 상호작용이 활발하게 이루어져야 하고 또 하나의 교수 전략으로 발문법이 효율적으로 이루어져야 한다. 이러한 맥락에서 제II부에서는 다음과 같은 내용을 다룬다.

1. 보육교사의 역할을 다각적인 측면에서 알아본다.

2. 보육교사의 바람직한 상호작용 전략을 알아본다.

3. 보육교사의 효율적인 발문기법에 대하여 알아본다.

제 1 장 보육교사의 역할

역할(role)이란 사전적 의미로는 '자기가 마땅히 해야 할 직책이나 의무'로서 역할은 개개인이 처한 사회적 지위에 따라 달라진다. 또한, 역할은 사회의 어느 한 직위에 있는 사람에게 사회인으로부터 일반적으로 기대되는 행동 유형인 반면, 어느 지위에 있는 사람이 자기 직업에 관련하여 전문적으로 행사하는 행동 유형으로 사회적으로 승인되는 보편성을 띤다. 이렇게 볼 때 보육교사의 역할이란 '교사가 보육현장에서 담당해야 할 행동특성인 반면에 사회인들이 보편적으로 보육교사에게 기대하는 행동특성'으로서 교사가 지각한 보육교사의 역할과 사회인이 보육교사에게 기대하는 역할 간에 차이가 있을 때 해당 보육교사는 사회적으로 규탄을 받게 된다. 따라서 보육교사는 보육교사의 역할과 자질에 대해 잘 이해하고 있어야 한다. 영유아보육법에서 보육교사는 '보호자의 위탁을 받아 6세 미만 영유아를 보육하는 자로 어린이집에서 영유아보육, 건강관리 및 부모와의 상담, 어린이집 관리 . 운영 등의 업무를 담당하는 자'라고 정의한다. 그러므로 영유아보육교사는 이러한 역할을 수행하기 위해 끊임없는 노력과 연구를 해야 한다. 다음에서 교원의 일반적인 역할과 보육교사의 역할 그리고 유아발달에 따른 보육 교사의 역할에 대하여 생각해 보기로 한다.

1. 교원의 역할

특정 지위에 대한 역할이 무엇인가를 이해하는 일이 그리 쉬운 일이 아니다. 왜냐하면 사회 · 문화 · 제도에 따라 역할은 달리 규정되어 왔기 때문이다. 교원의 역할에 대한 이해가 전제되는 것은 보육교사의 역할도 교원의 역할이 무엇인가에서부터 기초되어야 하기 때문이다. 리들(F. Reedle)과 바르텐베르크(W. W. Wartenberg)는 교원의 역할을 다음과 같이 제시하였다.

1) 사회 대표자로서의 역할 : 교사는 학생들에게 도덕적인 교훈을 전달한다. 즉, 학생이 사회화되어 가는 과정에서 사회의 가치규범 그리고 생활양식을 대표하는 위치에 있음을 의미한다.
2) 판단자로서의 역할 : 학생들의 성적을 매기고 석차를 정하는 일, 행동평가와 기록, 급제와 낙제를 정하는 일, 수상대상자를 결정하는 일 등 교사가 학교상황에서 수행하는 많은 일 가운데 학생에 관한 올바른 판단을 요구하는 일은 대단히 많다.
3) 지식 자원으로서의 역할 : 교사는 학생을 교육하는 데 필요한 지식과 기술을 가지고 있는 살아 있는 교과서로서의 구실을 한다. 학생들에게 필요한 지식과 기술을 교수하는 것은 교사의 1차적인 임무이다.
4) 학습의 조력자로서의 역할 : 학생들이 중요한 지식을 이해하고, 새로운 지식을 찾아내고 배운 지식을 적용하여 새로운 문제를 해결하는 등의 학습활동에서 교사는 유능한 조력자의 역할을 하여야 하며 학생문제에 대하여 상담을 한다.
5) 심판관으로서의 역할 : 학교나 학급 내에서 학생들의 의견이 일치하지 않거나 대립, 갈등과 같은 현상이 발생할 때 공정하게 시비를 가려낼 수 있는 유일한 심판관은 교사이다. 이때는 공정성과 타당성이 필요하다.
6) 훈육자로서의 역할 : 학생집단의 질서를 유지하기 위해서는 규칙 위반자를 찾아 적절한 훈육을 할 필요가 있다. 이것은 교장이나 학부모나 학생 자신들도 교사에게 기대하는 일이다.
7) 동일시 대상으로서의 역할 : 학생들이 어떤 갈등이나 난관에 부딪쳤을 때, 학생들이 쉽게 취하는 행동이 동일시 현상이다. 학생의 동일시 대상은 교사이다. 교사의 여러 가지 행동특성은 학생들에 의해서 모방됨으로써 교사의 솔선수범이 요구된다.
8) 불안 제거자로서의 역할 : 학생들은 성장과정에서 여러 가지 불안을 겪게 된다. 현실에 대한 이해 부족과 자신의 능력 부족에서 오는 불안은 성인의 도움을 필요로 한다. 이때 교사는 현실상황에 대한 적절한 설명, 학생들에게 불필요한 불안을 주지 않도록 상황을 통제하는 일이 필요하다.
9) 자아옹호자로서의 역할 : 성장과정에서 학습자들은 자신감을 잃는 일, 자기 부족을 느끼는 일, 열등감 등을 느끼게 된다. 이때 교사는 학생들에게 성공감을 느끼게 하고 성취에 대한 주위로부터 인정을 받도록 기회를 제공함으로써 자아를 형성하여 자긍심을

갖게 한다.

10) 집단옹호자로서의 역할 : 학교교육은 대부분 집단적으로 이루어진다. 교사는 그 집단이 학습집단이든 그 밖의 소집단이든 집단의 사기를 높이고 응집력을 향상시키기 위한 역할을 해야 한다.

11) 부모 대리자로서의 역할 : 초등학교 저학년 학생은 교사의 행동을 부모의 행동과 같은 것으로 여긴다. 교사들도 학생을 대할 때 부모의 감정으로 대하는 경향이 있다. 또 어떤 학생은 부모에게서 받을 수 없는 심리적 만족을 구하는 경우도 있다.

12) 적대 감정 표적의 역할 : 성장과정에 있는 학생들은 일상생활에서 적지 않은 좌절을 겪게 된다. 학생은 이럴 경우, 교사를 좌절감으로 생긴 적대감과 공격의 대상으로 삼기도 한다.

13) 친구로서의 역할 : 교사들은 때때로 학생들의 친구가 되기도 한다. 학생들 중에는 교사를 다정한 친구로 대하기를 원하는 학생이 많다. 교사와 학생과의 관계는 형식적인 관계만이 아니라 친구로서 언제나 속마음을 털어놓을 수 있는 비형식적인 관계도 형성하여야 한다.

14) 애정 대상자로서의 역할 : 교사들은 때로는 학생의 애정상대가 되는 경우도 있다. 이때 교사는 학생의 감정을 합법한 방법으로 처리할 수 있도록 도와주어야 할 책임이 있다.

2. 보육교사의 역할

보육교사의 역할은 시대적 변천 및 사회적 요구와 기대는 물론, 보육기관의 유형, 적용되는 프로그램의 특질, 영유아의 특성, 영유아 부모의 요구에 따라 달라지기 마련이다. 따라서 보편적인 보육교사의 역할을 제시하기 위해서는 먼저 여러 학자들이 제시한 보육교사의 역할에 대하여 알아보기로 하자.

〈표 Ⅱ-1〉 보육교사의 역할

학자명	보육교사의 역할	
교육과학기술부 (2009)	• 교육과정 설계자 • 일과계획 및 운영자 • 현장연구자 • 의사결정자	• 상담자 및 조언자 • 생활지도자 • 행정업무 및 관리자 • 동료와의 협력자

권영례 외(2015)	• 발달이론 : 관찰자, 평가자, 양육자, 관리자, 정보 제공자, 혼합된 역할 • 학습상황 : -상호작용자로서의 역할 -양육자로서의 역할 -스트레스를 관리하는 역할 -촉진자로서의 역할 -환경관리자로서의 역할 -활동 제공자로서의 역할 -문제해결자로서의 역할 -지지자로서의 역할
이순형 외(2015)	• 대리양육자의 역할 • 교수자의 역할 • 본보기의 역할
오천식(2002)	• 정원사 • 안내자 • 벽돌을 쌓는 자 • 창조자
이은화(1985)	• 환경 제공자 • 관찰자 • 프로그램 계획자 • 연구가 • 부모교육담당자 • 평가자
정혜영(2002)	• 예술가로서의 교사 • 임상의학자로서의 교사 • 전문가로서의 교사 • 설득자로서의 교사 • 연구자로서의 교사 • 대화자로서의 교사 • 도덕적 귀감자로서의 교사
황해익 외(2015)	• 부모로서의 역할 • 훈육자로서의 역할 • 의사결정자로서의 역할 • 환경조성자로서의 역할 • 학습조력자로서의 역할 • 상호협력자로서의 역할 • 부모와의 교류자로서의 역할
Kazz(1972)	• 모성적 역할 • 치료적 역할 • 교수적 역할
spodek(1985)	• 양육자의 역할 • 교수의 역할 • 관련적 역할
saracho(1988)	• 교육과정설계자 • 교수조직자 • 진단자 • 상담자 및 조언자
schickedanzetal(1990)	• 지식전달자 • 계획자 : 조직자, 평가자 • 훈육자 • 의사결정자

위와 같이 여러 학자들이 제시한 보육교사에 대한 역할을 보면

첫째, 교사의 역할이 현장에서 영유아, 학부모들에게 무엇을 해야 할 것인가?에 관하여 착안되어 있다.

둘째, 일부 학자가 제시한 보육교사의 역할은 일부 영역에 편중되어 있는 감이 있다.

셋째, 위에 제시된 보육교사의 역할들이 현장에서 처리되는 업무의 명칭이나 성격과 직결되지 않는 부분이 있어 역할만 보고서는 보육교사가 업무처리나 활동의 방향을 추측하기 어려운 정의를 내린 학자도 더러 있다. 따라서 본 서에서는 위에 제시된 여러 학자들의 의견을 종합하고 다년간의 교사경험과 교사 총괄 · 관리경험을 중심으로 현장감이 있는 용어를 구사하고 현장업무를 중심으로 보육교사의 역할을 다음과 같이 정리한다.

1) 보육과정 설계자(계획자)로서의 역할

(1) 보육과정 운영계획 수립
(2) 연간, 월간, 주간, 일간 보육계획 수립
(3) 기타 보육활동계획 수립

2) 보육과정 운영자로서의 역할

(1) 일일 일과계획 및 운영
(2) 보육 관련 행사 운영

3) 교수-학습지도자로서의 역할

(1) 보육과정지도자
(2) 학습조력자
(3) 상호작용자
(4) 활동 제공자
(5) 상호학습협력자

4) 생활지도자로서의 역할

(1) 부모의 역할
(2) 본보기
(3) 상담 및 조언자
(4) 훈육
(5) 대리양육자
(6) 대화자
(7) 도덕적 귀감자
(8) 지지자
(9) 촉진자
(10) 스트레스 관리자
(11) 문제해결자
(12) 설득자

5) 보육환경 조성자로서의 역할

(1) 흥미영역 관리
(2) 공간구성 관리

6) 교수-학습자료 제작·관리·활용자로서의 역할

(1) 교수-학습자료 제작
(2) 교수-학습자료 관리
(3) 교수-학습자료 활용

7) 상호교류자로서의 역할

(1) 학부모와의 교류　　(2) 지역사회와의 교류
(3) 보육행정가와의 교류　　(4) 동료교사와의 교류

8) 보육활동 평가자로서의 역할

(1) 관찰자
(2) 평가자

3. 발달단계에 따른 보육교사의 역할

다음은 영유아의 발달단계에 따른 교사의 역할을 영아반과 유아반으로 구분하여 발달단계별 특성에 따른 교사의 역할에 대하여 생각해 보기로 한다. 유안진(1998)은 발달연령에 따른 교사의 역할을 [그림 Ⅱ-1]과 같이 나타내었다. 그림에서 보는 바와 같이 연령이 높아질수록 교육의 역할이 강화되는 반면 양육의 역할이 약화된다.

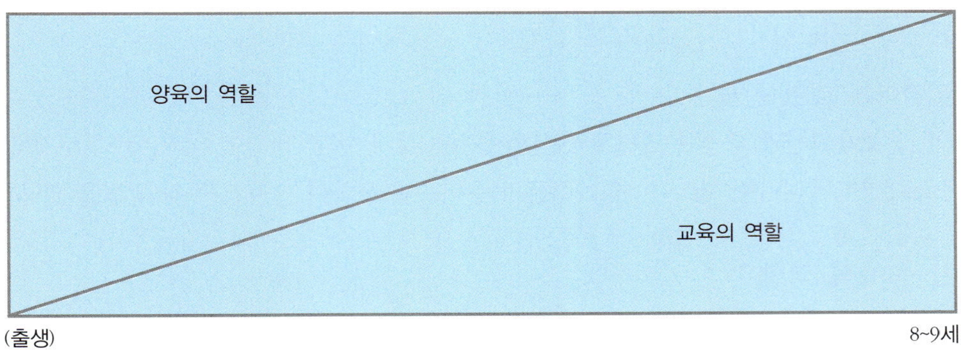

[그림 Ⅱ-1] 영유아의 연령에 따른 보육교사의 역할변화

1) 영아반의 교사역할

전항에서 밝힌 보육교사의 일반적인 역할과 영아의 발달특성에 따라 영아반에 대한 교사의 역할을 종합하여 정리하면 다음과 같다.

(1) 지지적 역할

① 가정적 분위기 조성

어린이집을 가정과 같이 꾸며 영아들이 어머니의 따뜻한 품속과 같이 편안함, 안락함, 안정감을 느끼게 조성해준다.

② 따뜻한 스킨십

따뜻한 스킨십(신체적 접촉)을 통하여 영아가 심리적 안정감을 갖게 한다. 영아를 안아주고, 만져주고, 머리 쓰다듬어주기 등을 들 수 있다.

③ 영아의 요구에 민첩한 반응

영아의 요구에는 민첩한 반응을 하여 보육교사와 신뢰감을 갖고 지지자라는 인식을 영아 스스로가 느끼게 한다.

④ 애착 형성

영아에게 신체적 접촉, 민첩하고 일관된 반응, 가정과 같은 따뜻한 분위기 조성, 수용적인 상호작용 등으로 영아와 애착형성에 노력한다.

⑤ 신뢰감 형성

영아의 요구를 수용하고 민감하게 반응해 주는 존재라는 신뢰감을 쌓게 하는 등 영아와 애정적 · 긍정적 상호작용을 강화한다.

⑥ 영아에 대한 존중

영아가 보육교사와 대등한 인격체라는 존중감을 갖게 한다. 바닥에 앉기, 눈 맞추기 등 물리적으로 영아의 수준에 맞추기, 영아수준의 용어를 사용하여 말하기 등의 방법을 활용한다.

(2) 육아적 역할

① 개별화 교육

영아를 위한 보육계획을 세웠다 할지라도 영아는 모두 같은 방법으로 같은 단계를 거치지 않는 개성 있는 존재로 영아의 개별성, 다양성을 존중하고 인정해 주어야 한다. 학기 초에 영아를 위해 수립한 보육계획이라 할지라도 영아의 흥미와 수준에 맞지 않으면 수정하여 운영해야 한다.

② 충분한 양육

영아는 신체성장의 급등기이다. 정상적인 성장을 할 수 있도록 수유, 수면, 배설, 안전, 위생, 질병 예방에 주력하고 신체적 요구를 충분히 해결해 주어야 한다.

③ 가족에 대한 존중

영아가족에 관한 모든 것을 존중하며, 특히 가정에서 부모의 육아방식을 존중해서 영아를 지도해야 한다. 영아의 하루일과에 대해 부모와 늘 협의하고 영아지도를 위한 다양한 정보와 자료를 제공받는다.

④ 안전한 육아환경 조성하기

안전한 시설, 놀이기구, 식사시설, 배변시설, 수유시설, 휴면 · 휴식시설을 정비, 관리한다.

(3) 발달·계발적 역할

① 개인의 발달과 학습조장

영아에게는 양육뿐만 아니라 신체 · 언어 · 인지 · 정서 · 사회성 발달을 도모할 수 있도록 발달과 학습에 직결되는 교육적 자극을 제공해 주어야 한다.

② 언어적 자극 제공, 비언어적 의사소통

영아기는 수용언어가 급속도로 발달하는 시기이다. 따라서 영아들이 언어로 자기의사를 표현하지 못하더라도 행동이나 표정 등 신체적 표현을 통해 의사를 전달하므로 이러한 신호에 민감하게 대처하는 등 언어적 자극을 해결해 주고 또한 교사도 신체적 표현을 통한 비언어적 의사소통을 강화하여 영아와의 신뢰감을 쌓는다.

③ 기본생활습관 지도

영아의 기본생활습관 지도내용으로는 배변훈련, 초기 식습관, 말하기, 사회적 놀이하기, 낮잠 자기 등 바른 기본생활습관 형성지도에 힘쓴다.

④ 사회적 기술형성 돕기

영아기의 사회적 기술은 영아의 요구를 충족시켜 주었을 때 미소 짓기, 성인이 묻는 말에 간단히 말하기, 고개 끄덕이기, 또래에게 놀이기구 양보하기 등의 사회적 기술이 나타난다. 이러한 사회적 기술이 나타날 때 교사는 다양한 방법으로 강화하고 격려한다.

⑤ 특수아 발달에 대한 지식

일반아는 물론 특별한 지원이 필요한 영아들을 위해 발달특성과 그에 맞는 지도방법을 익혀 특수아 발달지도를 돕는다.

2) 유아반의 교사역할

전항에서 밝힌 보육교사의 일반적인 역할과 여러 학자들이 제시한 유아반 교사의 역할을 참고하여 특히 강조해야 하는 유아반에 대한 교사의 역할을 정리하면 다음과 같다.

(1) 보육과정 영역별 핵심내용 강조지도

3세부터는 영아에 비하여 적극적인 교육활동이 이루어지는 시기로서, 특히 3~5세 누리과정 5개 영역에서 기대되는 핵심적인 능력을 배양하는 데 노력하여야 한다.

① 호기심, 탐구력, 창의적 사고력 배양

유아기에는 유아 스스로 학습할 수 있도록 주위의 모든 사물이나 현상에 대하여 호기심을 가지고 탐구하고 창의적으로 사고할 수 있도록 한다.

② 인지발달 촉진

유아들은 상징놀이를 통하여 표상능력이 발달되고 인지발달을 촉진시키므로 유아의 발달 특성에 따른 다양한 활동을 준비한다.

③ 의사소통능력 발달 촉진

유아기는 언어발달의 결정적 시기로서 빠르게 어휘를 습득하고 문법규칙을 이해하면서 의사소통능력이 빠르게 발달하는 시기이다. 따라서 교사는 의사소통능력 발달을 촉진시키는 올바른 언어지도가 필요하다.

④ 대 · 소근육발달

유아기는 활동성이 강화되면서 신체놀이를 즐긴다. 특히, 공 던지고 받기, 공 차기, 미끄럼틀 타기, 사다리 오르내리기, 시소 타기 등을 통해 신체 각 부분의 근육이 발달한다. 이뿐만 아니라 유아들의 소근육발달을 위해서 퍼즐 맞추기, 가위로 오리기, 점토 만들기, 조립형 장난감 맞추기, 크레파스 잡기 등의 활동을 체계적으로 지도한다.

⑤ 기본생활습관, 집단의식, 또래관계 지도

유아기는 유아들의 활동이 활발해지면서 또래관계가 형성되고 소그룹을 형성하면서 집단의식이 생기고 집단생활을 영위하면서 집단생활에 필요한 기본생활습관과 단체생활 태도를 형성시켜 주어야 한다. 특히, 기본생활습관은 스스로 옷 입고 벗기, 단추 채우기, 양말이나 신발 신기, 장갑 끼기 등이며 단체생활규범으로는 바르게 화장실 사용하기, 순서대로 수돗물 사용하기, 순서대로 놀잇감 이용하기 등을 들 수 있다. 그리고 바람직한 또래관계가 형성되도록 지도해야 한다.

⑥ 잠재능력 계발

영아기에는 보통 양육 위주의 보육활동에서 유아기에는 유아의 잠재력을 계발하는 적극적 교육으로 전환시키는 데 따른 교사의 역할이 필요하다. 유아의 잠재력은 교사가 주도적으로 계발시켜 주는 것이 아니라 유아가 자기주도적인 방법으로 계발하도록 격려해 주어야 한다.

(2) 학습환경 조성 및 관리

3~5세의 유아반은 월별 또는 주별 활동주제와 관련하여 조사, 발견, 탐색, 탐구활동을 조장하여 효율적이며 유아 주도적인 학습을 주도할 수 있도록 구성하고 실내의 벽면과 천장도 정서적인 가치 외에도 학습을 도울 수 있도록 구성한다.

① 흥미영역 설치

실내흥미영역의 수도 영아반에 비하여 많고 교구나 자료도 다양하게 준비한다. 실내흥미영역 외에 실외흥미영역도 설치한다.

② 보육실 내 공간 구성

영아반 보육실에서는 영아발달의 특성을 반영한 일상생활과 대근육발달 위주의 공간 구성이라면 유아반 보육실의 공간구성은 정서감을 배양하고 유아들의 학습활동을 자극하는 좋은 학습경험을 제공할 수 있도록 구성한다.

(3) 다양한 교수-학습방법 적용

영아반의 교사역할이 보육 위주로 이루어진다면 유아반의 교사역할은 교육 위주로 이루어진다. 특히, 교육 위주의 교사활동 중 가장 중요한 역할이 교수-학습활동이다.

교수-학습활동에서는 다음과 같은 내용이 고려되어야 한다.

① 3~5세 누리과정 교수-학습방법 지침 준수

3~5세 누리과정 교수-학습지침은 표준보육과정에서 제시하는 내용을 기반으로 어린이집에서 보육활동계획 운영 시 놀이 중심, 흥미 중심, 생활 속 경험 중심, 능동적 상호작용 중심, 통합적 지도, 균형적 지도, 개별 유아의 흥미와 요구에 따른 방식으로 지도하도록 되어 있다.

② 다양한 교수－학습방법 적용

교수－학습방법은 각 영역별 활동주제의 성격에 따라 적합한 교수－학습방법을 계획 · 적용한다. 따라서 교사는 다양한 교수－학습방법을 계획하고 실제 지도 시에도 활동주제의 성격에 따라 최적한 교수－학습방법을 계획 · 적용한다.

③ 교수－학습방법의 개별화

유아는 같은 연령이라도 각자 경험의 내용과 범위, 관심사, 학습능력, 발달수준 등 많은 부분에서 서로 차이가 있다. 따라서 유아의 개인별 특성을 고려하여 유아 개개인에게 적합한 교수－학습방법을 계획 · 적용해야 한다.

④ 보육과정의 개별화

전항에서 교수－학습방법의 개별화를 강조하였는데, 이에 못지않게 보육과정의 개별화가 이루어져야 한다. 일반적으로 각 보육기관에서는 연령을 고려한 보육과정을 수립하고 있으나 각 유아의 특성과 생활경험수준이 서로 다르기 때문에 유아 개인별로 그들의 특성, 생활경험 등을 고려한 개인별 보육과정이나 프로그램을 계획하여 활용해야 한다.

⑤ 집단 교수－학습체제 구축

집단 교수－학습체제 구축을 통해 협동과 질서 외에 남을 배려하고 양보하고 준법정신을 기르는 등 좋은 효과를 높일 수 있다. 따라서 영유아 보육현장에서 집단지도와 개별지도 간에 역동적인 관계를 유지하면서 균형적으로 지도해야 한다.

⑥ 예술가로서의 역할

교사의 역할을 몇 가지로 한정지어 설명하기란 지극히 어려운 일이다. 예술가로서의 역할이란 예술이 다양하듯이, 예를 들면 유아들이 '가을 동산'을 그림으로 표현하더라도 각기 다른 표현기법을 사용하듯이 교사의 역할도 아주 다양하여 유아의 특성이나 성격, 개인차 등 유아의 현 상황에 알맞은 역할을 수행하여야 한다. 예술가로서의 역할에는 교수자, 격려자, 양육자, 지지자, 애정표현자의 역할 등 수없이 많다.

제 2 장 보육교사의 바람직한 상호작용 전략

유아교육에서의 핵심적인 활동은 교수-학습지도기술이다. 이는 유아교육기관에서 기대하는 교육목표는 교사의 교수-학습지도에 의해서 성취되기 때문이다. 또한 교사의 교수-학습지도기술 중에서 가장 중요한 활동이 상호작용기술이다. 다음에서 상호작용의 개념, 유형, 의의, 전략에 대하여 알아보기로 한다.

1. 상호작용의 개념

상호작용이란 사전적 의미로는 둘 이상의 물체나 대상이 서로 영향을 주고받는 일종의 행동 또는 둘 이상의 구성원이나 집단 등이 서로 영향을 주고받는 과정으로, 사회구성원들은 상호작용을 통해 서로 이해하고 반응하게 되는 것을 의미한다. 상호작용을 유아교육에 관련하여 보면 상호작용은 '유치원이나 어린이집 생활 속에서 만나게 되는 영유아, 교사, 교재·교구 간에 서로 영향을 주고받는 원활한 교류 또는 유아의 내적인 힘과 교사의 의도적인 노력의 교류'를 말한다.

2. 상호작용의 유형

상호작용은 인과관계와는 다르다. 인과관계는 일방적으로 영향을 주는 것인 데 반하여 유아교육에서의 상호작용은 둘 이상의 물체나 대상 간에 이루어지며 쌍방향적이고 유아의 내면적인 힘과 교사의 의도적인 노력이 서로 교류하면서 이루어진다. 이와 같은 상호작용에는 유아와 교사 간의 상호작용, 유아 간의 상호작용, 유아와 교재·교구 간의 상호작용이 있다. 위에 제시된 3가지 유형의 상호작용의 질은 일차적으로 교사와 유아 간의 상호작용의 질에 달려 있다. 다시 말하면 교사가 위에 제시한 3가지 유형의 상호작용의 질을 이끌어 간다.

3. 상호작용의 중요성

유아교육활동에서 유아와 교사가 상호작용을 하지 않는다면 어떤 결과를 가져올까? 즉, 교사는 현재 유아가 하는 행동에 대하여 전혀 관심을 갖지 않고 유아 현재의 행동에 대하여 어떠한 반응도 보이지 않으며, 또한 유아 자신도 교사에게 어떠한 기대나 요구가 없이 교사와의 상호교류가 전혀 이루어지지 않는다면 현재의 유아 행동이 고착되고 더 이상의 발전을 기대할 수 없을 것이다. 물론 이 시간에 동료 유아나 교재·교구와의 상호작용이 이루어지지 않는다는 전제에서 말이다. 훌륭한 교사는 유아가 어떠한 상황일 때 유아의 활동에 개입할 것인가? 그리고 어떤 방법으로 개입할 것인가? 동료 유아나 교재·교구와 상호작용을 어떻게 유도할 것인가?에 늘 관심을 갖고 상호작용을 이끌어 나간다. 또한, 이때 개입하는 상호작용의 전략은 교사 자신의 교육철학, 개인적 교수형태 및 교수기법에 따라 달라진다.

따라서 교사가 훌륭한 교수-학습지도기술을 소지하고 있다 함은 바로 유아와의 상호작용 기술이 탁월하다는 의미로서 유아교육의 질은 교사의 상호작용 기술에 달려 있다고 해도 과언이 아니다. 교사가 유아와의 상호작용으로 교사는 유아에 대하여 부단히 언어적·비언어적 활동을 가하고 유아의 행동에 대하여 적절한 반응을 해줌으로써, 유아의 성장·발달을 지원하고 있다. 유아에 대한 훌륭한 교수-학습지도가 이루어지기 위해서는 유아와 교사 간에 상호작용이 활발히 이루어져야 한다. 따라서 상호작용은 교수-학습지도기술의 질을 좌우한다.

4. 상호작용의 전략

유아교육은 상호작용을 통하여 이루어지고 그중 교사 대 유아, 유아 대 유아, 유아 대 교재·교구 간의 상호작용을 통하여 이루어진다. 그리고 3개 유형의 상호작용 속에서는 교사, 유아, 교재·교구라는 3개의 주체가 있으며 이 3개의 주체들 간의 상호적 관계를 통하여

3가지 유형의 상호작용이 이루어진다. 그러나 3가지 유형의 상호작용은 상호작용의 주체 면에서 볼 때 교사의 영향이 가장 크다. 다시 말하면 교수-학습활동 속에서 교사가 어떻게 하느냐에 따라 3가지 유형의 상호작용의 질적 수준이 달리 나타난다.

교사가 유아교육의 진행과정에서 개입할 수 있는 상호작용 전략은 아주 다양한데, 그중 유아교수-학습지도에 절실한 상호작용 전략은 주도성(자율성) 키우기, 인정하기(칭찬, 격려, 꾸중), 주의집중, 정보 및 모델 제공하기, 전이 등이 특히 중요하다. 따라서 본 절에서는 주도성(자율성)키우기와 정보 및 모델 제공하기에 국한하여 기술하기로 한다.

1) 주도성(자율성) 키우기

(1) 주도성의 개념 및 필요성

주도성이란 자율성, 자발성, 주도적, 주체성과 유사개념으로 반대되는 개념은 죄책감이다. 어학사전에서는 주도성을 '주도적 입장에서의 성질이나 특성'으로 모든 교육기관에서 최우선적으로 형성시켜 주어야 할 학습력이다. 고기를 잡아주는 것이 아니라 고기를 잡는 법을 길러 주어야 한다. 주도성이 있는 유아는 그들의 일상생활에서 당면하는 과제를 스스로 판단하고 판단에 따라 행동하는 등 미래지향적이며 진취적이고 책임감이 강한 성향을 가진다. 유아교육활동에서 유아들에게 주도성(자율성)을 갖도록 지도하는 일이 중요하다. 유아들은 일정기간 동안 성인으로부터 보호를 받아야 하는 피동적인 존재이지만 머지않아 학교교육기관이나 사회생활과정에서 모든 일을 자기 스스로 계획하고 실천하며 나타난 성과에 대해 본인 스스로 수용하고 책임지는 등 독자적이며 자립적인 인격체나 자립인으로 살아가게 된다. 이것이 바로 민주시민으로서의 자질이며 능력으로 어려서부터 유아들에게 이러한 주도성이나 자립심을 길러주어 유아들이 훗날 미래사회에서 살아나가는 데 필요한 민주시민으로서의 능력과 자질을 연마하게 된다.

(2) 주도성(자율성)과 유아 중심 교육

유아교육기관에서 유아들에게 주도성이나 자율성을 길러주기 위해서는 몇 가지만의 유아교육활동으로 이루어지는 것이 아니고 모든 유아교육활동을 유아들이 주도적으로 이끌어 가는 기회와 활동이 제공될 때 배양된다. 따라서 교사는 유아들이 모든 유아교육활동에서 그들이 주도적으로 학습과 생활을 이끌어 가는 기회와 활동이 제공되도록 노력해야 한다. 이러한 교육이 바로 유아 중심 교육이다. 다시 말하면 유아교육활동에서 교사가 주도권을 가지고 학습과 생활을 이끌어 가는 교사 중심 교육으로는 유아의 주도성이나 자율성을 기대할 수 없다.

유아 중심 교육은 교사 중심 교육이 지니는 통제, 일방적 지시, 명령, 교사 주도성 등을 탈피하여 유아의 흥미, 요구, 개별성을 중시하는 교육으로 루소(Rousseau)의 자연주의 교육사상이나 게젤(Gesell)의 성숙이론에 근거하는 교육으로 이러한 교육은 유아교육기관에서 아무리 강조해도 부족하다.

유아의 주도성과 자율성을 배양하기 위한 유아 중심 교육을 지향하기 위하여 교사가 고려하여야 할 점은 다음과 같다.

첫째, 유아를 존중하고 신뢰하여야 한다.

유아는 귀중한 존재로 스스로 학습할 수 있는 능력이 있으며, 자기에게 의미 있는 학습을 선택하여 학습할 권리가 있다는 신뢰와 존경심이 있어야 한다.

유아를 존중하고 능력을 인정하는 교사라면 유아를 발달할 수 있게 하는 자료와 상황, 사건을 제시하고, 유아 스스로 흥미 있는 일을 탐색하여 실험한 후 분석해 배울 수 있는 자율적인 학습이 이루어지도록 해야 한다.

둘째, 학습은 흥미에 기초하여야 한다.

유아들은 즐거움을 느낄 때, 효과적으로 배울 수 있어 사물이나 사건이 무엇인가를 알아보려는 동기유발을 일으키게 하여야 하고 동기유발은 환경과 유아들과의 상호작용에 의하여 만들어지는 것으로 배우는 것에 흥미를 느끼게 한다.

셋째, 학습은 개별화되어야 한다.

유아가 활동하기를 원하는 자유선택놀이영역을 선택하여 활동과제나 활동자료를 선택·활동하게 되면 유아교육은 개별화되고 개인에게 의미 있는 학습이 이루어지게 될 것이다. 따라서 교사 주도형의 대집단활동을 최소화하고 개별활동을 강화하여 유아와 유아, 유아와 교사 간의 상호작용이 활발하게 이루어지도록 해야 한다.

넷째, 책임감을 기르는 기회가 제공되어야 한다.

지나친 유아 중심 교육은 유아들로 하여금 사회적 규범을 무시하거나 마음대로 행동하게 할 가능성이 있고, 성인의 기준에 맞추어서 책임감을 강조하게 되면 유아들의 활동을 제약하여, 반항적인 행동을 할 수도 있다. 따라서 교사는 유아들의 능력과 발달수준에 벗어나는 지나친 기대는 삼가는 등 유아들이 즐겁고 자연스럽게 책임감을 느낄 수 있게 하여야 한다.

다섯째, 유아들이 학습을 선택할 기회를 준다.

유아들은 교실에서 자기 스스로 의사를 결정하고 활동하는 과정에서 자율적인 태도와 정신을 기르게 된다.

자유선택놀이영역을 선택할 때, 특별히 좋아하는 영역만을 선택하는 경향이 있지만 유아 개개인이 좋아하는 영역이 있다는 것은 자연스러운 일로써 유아들이 흥미 있어야 하는 활동을 중심으로 어떤 개념을 통합적으로 표현할 수 있도록 기회를 부여하는 일이 더욱 중요하다.

여섯째, 학습과정에서 유아들에게 적절한 중재를 한다.

교사는 학습활동 중에 유아 개개인의 활동을 부단히 관찰하여 창의적인 개별활동이 조장될 수 있도록 적절한 안내와 정보 제공이 필요하다. 그러나 교사는 안내나 정보를 제공하는 과정에서 유아들의 자주성과 자발성을 강조하며 유아들이 자기활동 방향을 선택하도록 중재자의 역할을 해야 한다.

(3) 주도성과 자기주도적 학습능력

유아들에게 주도성(자율성)을 길러주기 위해서는 자기주도적 학습(생활)능력을 길러주어 자신이 자신의 학습이나 생활을 자율적이며 주도적으로 이끌어 가는 경험과 기회를 갖게 해야 한다.

자기주도적 학습의 개념이 나타나게 된 계기는 1960년대 초, 시카고대학의 호울(Houle)이 성인교육을 위한 책인 『탐구정신(inquiring mind)』을 출간하면서 부터이다. 우리나라에서도 1980년대부터 교육개혁의 차원에서 자기주도적 학습을 도입하였으며 또한 자기주도적 학습은 학생들에게 성공적인 학습을 위해 습득시켜 주어야 할 학습력으로 인식되었다.

당시 교과부에서는 자기주도적 학습능력 배양을 위해 시 · 도 교육청 평가지표로 설정함은 물론, 각종 교육정책의 일환으로 추진되었다. 자기주도적 학습에 대한 정의 가운데 널리 인용되고 있는 노울스 1세(ouols, 1975)의 정의에 의하면 '개별학습자가 스스로 자신의 학습에서 주도권을 갖고 자신의 학습요구를 진단하며, 학습목표를 설정하고, 학습에 필요한 인적 · 물적 자원을 확보하며 적합한 학습 전략을 선택, 실행하여 성취한 학습결과를 스스로 평가하는 과정과 활동'이라고 정의하였다. 또한 롱(Long, 1987)은 '심리적 자유와 통제가 자기주도적 학습을 규정하는 기준'이라고 보면서 자기주도적 학습을 '개별적으로 주도하는 유목적적 지적 과정으로 필요한 정보를 밝혀내고 찾아내는 인지적 행동이 수반되는 과정'이라고 정의하고 있다. 유아들에게 주도성을 길러주기 위해서는 필수적으로 자기주도적 학습능력을 길러주어야 한다.

(4) 주도성(자율성)을 기르기 위한 전략

주도성(자율성)을 배양하기 위한 자기주도적 학습능력 배양, 탐구 중심의 교수-학습방법 적용, 개별화 교육방안에 대하여 기술한다.

① 학습방법 길잡이를 통한 자기주도적 학습능력 배양

유아들이 주도적으로 학습을 진행할 수 있도록 하기 위해서는 각 활동영역이나 내용에 따른 학습방법의 지침이나 길잡이를 이해시켜야 한다. 학습지침이나 학습 길잡이는 해당영역이나 내용에 따른 '학습하는 학습방법'을 말한다. 또한 '학습하는 학습방법'이란, '유아들에게 각 영역이나 내용에 대한 학습요령을 터득시켜 유아들 스스로 주체적인 사고와 활동을 조장하고 주체적이며 자율적인 학습을 진행하도록 하는 것'이다. 이는 유아들에게 '물고기를 잡아주는 것이 아니라 물고기 잡는 법을 가르쳐주는 것'으로 유아들 스스로 창의적이며 논리적인 사고과정을 기반으로 하여 모든 유아교육활동을 유아 중심적으로 진행시키는 것을 말한다.

기본 길잡이는 모든 유아교육활동영역마다 제시되어야 하나 다음에서 몇 가지 사례를 제시한다.

ㄱ. 대화방법 길잡이

대화방법 길잡이에서는 유아질문, 대답, 경청 길잡이, 유아 자가 질문, 응답 훈련 길잡이, 유아발문 응답처리 길잡이에 국한하여 그 '예'를 기술하기로 한다.

가. 질문, 대답, 경청학습 길잡이

㉠ 질문 길잡이

㉮ 질문할 대상을 똑바로 보고 질문한다.

㉯ 큰소리로 똑똑하게 질문한다.

㉰ 질문은 '입니까? 할까요? 말씀해 주세요' 등 어미를 분명히 하도록 한다.

㉱ 이해가 안 가는 말에는 재질문을 한다.

㉲ 고운 말 바른말을 사용하고 예절을 갖추어 질문한다.

㉳ 선생님이나 친구들의 말을 잘 듣고 질문한다.

㉴ 일이 일어난 차례를 생각하며 질문한다.

㉵ 지금 이루어지고 있는 활동에 관련하여 질문한다.

㉡ 대답 길잡이

㉮ 큰 소리로 똑똑하게 말한다.

㉯ 머릿속으로 이야기할 내용의 순서를 정한 후 정해진 순서대로 말한다.

㉰ 대답할 때는 질문할 대상을 똑바로 보고 말한다.

㉱ 듣는 유아를 고려하여 자신의 기분이나 느낌을 말로 표현한다.

㉲ 질문대상 외에 듣는 유아를 가끔 바라보며 똑똑하게 말한다.

㉳ 일이 일어난 차례를 생각하며 말한다.

㉴ 고운 말 바른말을 사용하며 예절을 갖추어 말한다.

㉵ 선생님이나 동료 유아들의 말을 잘 듣고 말한다.

㉶ 대답할 내용의 요지나 순서를 정하여 차례대로 말한다.

㉢ 경청 길잡이

㉮ 상대방의 말에 귀를 기울여 주의 깊게 들으면서 그 말의 의미까지 파악하며 듣는다.

㉯ 상황에 맞는 얼굴표정을 지으면서 듣는다. 예를 들면, 재미있으면 미소 짓기, 의견이 다르면 고개를 약간 갸우뚱하기 등이다.

㉰ 말하는 교사나 유아에게 주목하며 진지하게 듣는다.

㉱ 이해가 안 되는 내용은 질문할 준비를 하면서 듣는다.

㉲ 말하는 태도와 기술에서 좋은 점과 고쳐야 할 점도 생각하면서 듣는다.

ㄴ. 유아 자가 질문, 응답 훈련 길잡이

대화란 질문과 응답으로 이루어진다. 교사의 유아에 대한 질문과 응답 그리고 유아의 교사에 대한 질문과 응답이 바로 그것이다.

교사의 유아에 대한 질문과 응답은 오랜 현직 교육활동을 통하여 숙련하여 왔다.

한편, 교사와 유아 간의 원활한 대화를 위해서는 유아의 질문과 응답기술을 향상시켜야 하는데 그 이유를 들면 다음과 같다.

첫째, 유아의 질문과 응답기술은 대화의 질적 수준을 높이며 종국적으로는 교수-학습의 효율성을 제고시키기 위함이다.

둘째, 질문과 응답은 고도의 사고활동을 동반함으로써 유아들의 논리적 사고력과 창의적 사고력을 배양시킬 수 있다.

셋째, 유아의 질문과 응답기술의 향상은 유아 스스로 질문과 응답기술을 주체적이며 자발적인 노력으로 향상시켜야 한다.

그 방법으로 유아가 자기 자신에게 질문하고 유아 자기 자신이 응답하는 과정을 반복적으로 시행함으로써 질문과 응답의 질적 수준을 향상시키고 또한 질문과 응답의 내용을 궁리하는 과정을 통해 논리적 사고력과 창의적 사고력을 계발시켜주는 것이다. 이것이 바로 자가 질문, 응답훈련이다. 자가 질문, 응답훈련의 '예'를 들면 다음과 같다.

예
- 자가 질문 : 여름에는 왜 더울까?
- 자가 응답 : 공기가 뜨거우니까.
- 자가 대답 : 해와 우리가 사는 지구와의 거리가 가까우니까, 해의 열을 더 많이 받으니까.
- 자가 질문 : 왜 지구와 해의 거리가 가까워졌을까?
- 자가 대답 : 모르겠네, 내일 선생님께 물어봐야지.

위와 같이 자기가 한 질문에 대하여 응답하고 응답한 내용 중에서 또 질문하고 대답하는 활동을 통하여 질문과 응답의 기술을 향상시킨다.

ㄷ. 유아 발문, 응답처리 길잡이

교사의 발문은 본시 학습목표를 달성하기 위한 목표지향적인 활동이다.

그러므로 학습목표를 비롯하여 활동과정, 활동내용, 유아의 경험, 유아의 발달이나 이해수준, 학습흐름과 내용 등 다양한 상황에 따른 최적한 발문을 해야 하며 또한 교사는 유아들의 발표내용에 대하여 적절하게 응답처리를 해주어야 한다. 응답처리를 잘못하면 유아가 더 발표하려는 내용을 중단할 수도 있고 질문이나 발표에 대한 공포감을 조성하여 유아의 논리적 사고력과 창의적 사고의 싹을 아예 잘라버리게 될 수도 있다. 교사의 유아 발표내용에 대한 응답처리의 목표는 다음과 같다.

첫째, 유아들이 가급적 많은 내용을 발표하도록 격려하고

둘째, 유아들이 본시 학습목표 구현에 접근하도록 유아활동을 이끌어야 하며

셋째, 학습활동을 통하여 논리적 사고력과 창의적 사고력 계발을 촉진할 수 있도록 유아의 응답을 처리해야 한다.

다음에서 잘못된 응답, 잘 된 응답처리의 '예'를 들어본다.

가. 잘못된 응답처리

- 유아 : 선생님, 가을이 되니 하늘이 파래졌어요.
- 교사 : 그래, 가을이 되니 하늘이 훨씬 파래졌구나.

나. 잘된 응답처리

- 유아 : 선생님, 가을이 되니 하늘이 파래졌어요.
- 교사 : 좋은 걸 발견했구나, 가을이 되니 하늘이 파래졌는데 파래진 원인은 또 있을 것 같구나, 잘 생각해 보렴 등이다.

ㄹ. 관찰방법 길잡이 안내

유아들에게 나팔꽃에 대하여 관찰해보라고 막연히 안내하면 무엇을 관찰할지를 몰라 결국 관찰을 포기하고 만다.

그러므로 유아들이 주체적으로 관찰을 할 수 있도록 하기 위해서는 관찰의 관점을 제시한 관찰방법 길잡이를 안내해 주어야 한다.

관찰방법 길잡이는 예를 들면 식물의 관찰, 동물의 관찰, 승용차의 관찰 등 관찰대상의 속성에 따라 관찰 길잡이를 다양하게 안내해 주어야 한다.

가. 식물관찰 길잡이의 '예'
- 줄기는 어떤 모양인가?
- 잎은 어떤 모양인가?
- 잎은 어떤 색깔인가?
- 잎은 줄기에 어떻게 매달려 있는가? 등

나. 동물관찰 길잡이의 '예'
- 다리는 몇 개인가?
- 털의 모양과 색은 어떠한가?
- 어떻게 걸어다니는가?
- 어떻게 음식을 먹는가? 등

다. 사물관찰 길잡이의 '예'
- 얼음을 손에 올려놓고 녹는 모양을 관찰해 보자.
- 여러 가지 물건을 자석에 붙여 보고 자석에 붙은 물건과 붙지 않는 물건을 찾아보자.
- 확대경을 사용하여 손가락 지문의 모양을 그려보자 등

② 탐구학습방법(유아 중심 학습방법) 적용을 통한 자기주도성 배양

유아들에게 주도성(자율성)을 배양시키기 위해서는 모든 유아교육활동에서 탐구학습방법을 적용해서 유아가 주도적으로 탐구 · 탐색하는 학습을 이끌어 가도록 해야 한다.

교수-학습방법 모형을 대별하면 학습의 주도권을 유아에게 전적으로 부여하여 유아가 학습의 주도권을 가지고 직접학습을 주도해 나가는 유아 중심 학습모형이 있는데, 여기에는 탐구학습, 가설실험학습, 문제해결학습, 협동학습, 발견학습, 프로젝트 접근법이 있고 이들 교수-학습모형의 공통점은 유아들 자신이 주체적으로 학습과제에 대하여 탐구, 탐색, 조사, 분석, 검증의 과정을 중시하므로 자연스럽게 주도성이 배양된다. 또한, 교사가 학습의 주도권을 가지고 학습을 이끌어 가는 교사 중심 학습모형에는 개념학습과 발문법 등이 있는데, 이들 교수-학습모형은 유아들에게 피동적이며 수동적인 학습태도를 형성시켜 줄 우려가 있다. 각 교수-학습모형에서 유아가 어떻게 주도성을 가지고 학습을 이끌어 가는가에 대하여는 제Ⅰ부 제3장을 참고하기 바란다.

③ 개별화 교육(자유선택활동)을 통한 유아 주도성(자율성) 배양

개별활동은 유아 자신의 요구, 필요, 흥미, 기대에 따라 유아 자신이 스스로 수립한 활동 계획에 따라 활동을 진행시키고 활동이 종료된 후에도 자기 자신이 제작한 평가기준이나 척

도에 따라 평가하는 등 계획 수립에서부터 평가에 이르기까지 전 교육활동을 교사나 동료 유아의 간섭이나 도움이 없이 자신의 주도성에 따라 이루어진다. 또한, 진행시킨 활동에 대한 성과 또한 유아 자신의 책임으로 여긴다. 이렇게 함으로써 유아 주도성이 더욱 배양된다.

그리고 유아교육기관에서 이루어지는 개별활동 가운데 유아 주도성 배양에 가장 효율적인 활동이 자유선택활동이다.

자유선택활동은 유아교육기관에서 이루어지는 유아교육활동 가운데 대표적인 개별활동으로 유아의 주도성을 길러 주는 데 가장 효율적인 활동이다.

유아교육기관에서 이루어지는 모든 활동은 놀이 중심으로 이루어지는데, 그중 가장 많은 시간 동안 이루어지는 놀이활동이 자유선택활동이다.

자유선택활동은 일반적으로 하루에 2~3시간 정도로 이루어지는데, 유아교육기관에서 이루어지는 모든 일과활동 중에서 가장 핵심이 되는 활동으로 이 놀이활동은 유아들의 개별적인 요구나 필요에 따라 시간이나 동료 유아들로부터 구애 받음이 없이 자유스럽게 선택하여 이루어지는 활동으로 자유놀이에 가깝다.

ㄱ. 자유선택활동과 유아 주도성 배양

자유선택활동이 유아 주도성 배양에 효과적인 이유를 들면 다음과 같다.

첫째, 자유선택활동은 유아활동실 내에 설비된 흥미영역에서 유아가 자발적으로 하고 싶은 흥미영역에서 놀이를 선택하여 이루어지는 자유놀이로서 교사나 동료 유아들로부터 어떠한 개입이나 장려를 받지 않는 자율적인 활동으로 진행됨으로써 유아의 주도성이 배양된다.

둘째, 유아와 유아, 유아와 교사, 유아와 교구와의 상호작용을 할 때 많은 동료 유아 중에서 자신의 취향과 요구에 알맞은 유아를 선택하고 자유선택활동 진행과정에서 교사의 도움이 필요한 경우에만 교사와 상호적 관계를 선택적으로 맺고 또한 흥미영역 내에 설비된 많은 교재·교구 가운데 유아 자신이 설정한 목표 구현에 직결되거나 자신의 흥미와 기대에 맞는 교구만을 선정하는 등 동료 유아, 교사, 교구와의 상호작용을 유아가 주도적으로 이끌어 감으로써 상호작용의 질이 유아의 주도성을 배양시켜주는 데 효과적이다.

셋째, 유아가 자유선택놀이영역을 선정하는 순간, 자유선택놀이를 통하여 기대하는 목표 그리고 목표 구현을 위한 활동방향, 그리고 활동방향에 따른 다양한 활동의 진행과정 등을 유아 스스로 단독적이며 자발적으로 결정하고 시행함으로써 목표지향적 활동이 이루어져 자연스럽게 유아 주도성이 배양된다.

넷째, 자유선택활동은 유아교육기관에서 이루어지는 다양한 유아교육 활동 중에서 교사의 일방적인 지시나 개입이 가장 최소화된 유아 중심의 탐구활동으로 이루어짐으로써 교사의 적극적인 주도성이 배제됨은 물론 상대적으로 유아의 주도성이 최대한으로 발휘된다.

다섯째, 자유선택활동은 유아교육기관에서 이루어지는 유아교육활동 중 핵심적인 활동으로 매일 2~3시간 정도의 시간이 할애되므로 교사가 적절히 활용한다면 유아의 주도성과 자발성을 배양할 수 있는 가장 효율적인 활동이다.

ㄴ. 자유선택활동영역 및 활동방법

자유선택활동영역 및 활동방법은 제Ⅴ부 제6장과 제Ⅵ부 제6장을 참고하기 바란다.

2) 정보 및 모델 제공하기

교사는 현재 유아들에게 학습되기를 기대하는 행동 유형에 대한 바람직한 행동 모델을 유아들에게 제공해 줌으로써 기대하는 행동 유형을 학습시킬 수 있다. 또한, 반대로 현재 유아들의 바람직하지 못한 행동 유형을 수정하여 교사가 기대하는 행동 유형으로 학습시키기 위하여 교사가 행동모델을 유아들에게 제공함으로써 바람직하지 못한 행동을 바람직한 행동으로 교체할 수도 있다. 이와 같이 교사의 행동모델을 유아들에게 제공하여 유아의 행동을 학습시키는 것 외에도 유아들은 동료 유아들의 다양한 상황에서 보여 주는 모델이나 정보를 제공받아 바람직한 행동을 학습할 수 있다.

(1) 정보 및 모델에 의한 학습 유형

교사나 동료 유아가 유아들에게 적절한 정보와 모델을 제공하여 바람직한 행동을 형성시켜 주기 위한 학습모델은 다음의 3가지 유형이다.

① 모델로서의 또래기능

또래란 행동의 복합성이 거의 같은 수준에서 상호작용하는 연령이 같거나 비슷한 친구 유아를 말한다. 또래는 교사나 부모들이 하는 방식, 즉 상을 주고, 벌을 주며, 모범을 보이는 것과 똑같은 기본방식으로 사회화가 이루어진다.

따라서 유아는 또래집단 속에서 가정이나 유아교육기관의 어머니나 교사로부터는 도저히 배울 수 없는 특유의 학습이 이루어진다. 즉, 유아교육기관에 새로 등원한 유아는 동료 유아의 관찰을 통해 선생님에게 어떻게 인사를 하고 어떻게 대화하며, 교실에서 뛰어다니거나 시끄럽게 굴면 어떻게 된다는 것을 재빨리 몸에 익히게 된다. 유아들이 또래에게서 배우는 것 중에는 긍정적인 행동, 즉 바람직한 도덕적 판단, 협동하여 작업하는 것, 친구를 배려하는 것 등 다양하다. 뿐만 아니라 부정적인 행동, 즉 싸움이나 공격적인 행동, 이기심, 불복종 등도 배우게 된다.

② 모방학습

사회학습이론에서 밀러(Miller) 등이 주장하는 모방학습은 모방의 역할을 강조한다. 모방에는 동일학습(same behavior), 모사(copying), 일치의존행동(matched dependent behavior)의 3종류가 있고, 그중에서 일치의존행동과 모사가 특히 중요하다고 하였다. 일치의존행동은 어떤 행동을 언제, 어디서 해야 되는지 모르는 추종자가 적절한 환경상의 단서를 터득해 리더나 모델에 의존하여 일치되는 행동을 취함으로써 리더나 모델로부터 보상을 받고 모방하는 반응을 갖는 경우를 말한다. 모사는 모방자가 모델의 행동과 자신의 행동 차이를 파악하고 서서히 모델의 행동에 접근해 가는 경우를 말한다. 이러한 모방행동을 지지하는 것은 모방자가 가진 동인, 단서, 반응, 보상 등 직접 강화에 의한다고 하였다. 예를 들어, 일치 의존에 의한 모방행동의 성립과정을 두 사람의 어린 형제에 대해 설명하면 다음과 같다. 형제가 집에서 사이좋게 놀고 있던 중 집에 들어오시는 아버지의 발소리를 들었다. 아버지는 항상 두 아이를 위하여 캔디를 사가지고 돌아오신다. 형은 아버지가 캔디를 사가지고 오신다는 것을 알고 있었기 때문에 아버지의 발소리를 듣고 현관으로 달려갔다. 동생은 형이 달려가는 것을 보기만하면 형을 따라 달리는 경우가 많아졌다.

사회생활을 함에 있어 이와 같은 사례는 도처에서 많이 발견할 수 있는 일이다. 한쪽 유아가 다른 한편 유아보다 연장이거나 지식이 풍부하고 기능과 기술이 뛰어나거나 하여 리더인 경우에 다른 한편은 이에 의존하려는 행동을 보인다.

③ 관찰학습

타인의 행동이나 그 결과를 보는 것만으로도 새로운 행동양식을 획득하거나 자기의 행동양식을 변화시키는 경우도 일상생활에는 수없이 많은데, 이것이 관찰학습이다.

그리하여 반두라(Bandura)는 밀러 등이 말하는 모방학습과는 다른 현상이 있음을 지적하여, 그는 모델이 어떤 상황하에서 어떤 하나의 행동을 하고 그 결과 상을 받거나 벌을 받거나 하는 것을 관찰하는 것만으로도 성립되는 학습이기 때문에 관찰학습(observational learning)이라고 불렀다. 그리고 명백한 시행을 수반하지 않고 성립되는 학습이기 때문에 비시행적 학습(non trial learning)이라고 했고, 사회적 학습의 전형적인 모델로 간주하였다. 또 그 과정에서 학습자 자신은 직접적인 상이나 벌(강화)을 받지 않고 모델이 자기를 대신하여 강화를 받으므로 대리적 강화(vicarious reinforcement)라고 하였다. 관찰학습이 모방학습과 다른 점은 관찰자에게 직접적인 강화를 필요로 하지 않는다는 점이다.

(2) 정보 및 모델 제공방법

유아들에게 형성시켜주려는 행동 유형에 따른 정보와 모델을 적절하게 제공해줌으로써 유아들에게 바람직한 행동을 학습시킬 수 있는데, 이에 따른 방법에 대하여 기술하기로 한다.

① 명시적 모델 보이기와 암시적 모델 보이기

플랜더즈(Flanders)는 교수 유형을 지시적 교수 유형과 비지시적 교수 유형의 2가지 유형으로 구분한다. 여기에서 명시적 모델 보이기는 지시적 교수 유형으로 암시적 모델 보이기는 비지시적 교수 유형에 속한다.

명시적 모델 보이기란 유아에게 학습시키고자 하는 행동에 대한 정보와 모델을 직접적이며 구체적으로 제시하는 방법으로 교사의 주도성이 강한 한편 유아는 피동적인 학습형태를 취한다. 예를 들면, 수도장에서 수돗물을 이용할 때 줄을 서서 기다리기, 수돗물을 낭비하지 않기 시범을 보이고 직접적으로 시연해 보도록 하는 방법이다. 반면, 암시적 모델 보이기는 비지시적 방법으로 행동에 대한 구체적인 정보나 행동모델을 유아들에게 주입하거나 직접적으로 지도하는 대신 교사가 암시나 자극 또는 모델만을 제시함으로써 유아들로 하여금 자신의 그릇된 행동을 교사가 제시된 행동으로 교정하는 방법이다.

예를 들면, 유아들에게 활동실 내에서 큰소리를 지르지 않게 하기 위해서는 교사가 유아들과 대화 시에 소곤소곤, 조용조용하게 말하기를 실천한다.

② 관찰학습

유아가 동료 유아나 교사의 행동을 관찰하여 바람직한 행동을 취하는 학습방법이다. 관찰학습과정은 다음과 같다.

ㄱ. 동료 유아행동 관찰하기

관찰학습은 동료 유아의 행동 관찰하기로부터 시작된다. 일반적으로 관찰대상이 되어 주목하게 되는 동료 유아의 특성은 다음과 같다.

가. 교사로부터 칭찬을 많이 받는 동료 유아

나. 리더십이 강하여 동료 유아의 활동을 이끌어 가는 인기 유아이다. 인기 유아는 인기가 있고 유아들과 상호작용이 많은 유아로서 이들의 행동, 특히 교사로부터 칭찬을 받는 순간의 행동에 대하여 주목하여 관찰한다.

ㄴ. 행동특성 파악하기

동료 유아행동의 특성을 파악한다. 특히, 교사로부터 칭찬을 받는 행동을 파악한다.

예를 들면, '영수가 공작품을 만들고 나서 나온 골판지 부스러기를 주어 쓰레기통에 버리니 영수 주위가 깨끗해져서 선생님 기분이 아주 좋네' 등인데, 이런 경우 교사의 의중에는 주위를 깨끗이 정리정돈시키려는 교육적 의도가 들어 있다.

ㄷ. 나의 행동과 비교하기

전항의 행동특성 파악하기 과정을 통하여 나의 행동과 비교한다.

예를 들면, 나는 공작품을 만들고 난 후 생산된 부스러기를 그대로 놓아두거나, 대강만 치웠는데 동료 유아는 비를 가지고 깨끗이 치운다는 것을 이해한다.

ㄹ. 본받을 행동 선정하기

전항의 나의 행동비교하기를 통해 내가 본 받아 실천할 행동목표를 선정한다. 예를 들면, 공작품을 만들고 나면 비로 깨끗이 쓸어 부스러기를 쓰레기통에 버린다는 행동이 선정된다.

ㅁ. 본받을 행동의 실천 결의하기

본받을 행동을 실천할 수 있게 마음다짐을 한다. 예를 들면, 지금까지는 친구들과 빨리 놀려고 공작품을 만들고 난 후 생산된 부스러기를 치우지 않았지만 이제부터는 좀 참고 주위를 깨끗이 정리한 후 친구들과 같이 놀도록 해야겠다고 실천방안을 정리한다.

(3) 교사의 산교육적 환경으로서의 역할

교사는 유아들에게 바람직한 학습을 위한 정보와 모델을 제공하기 위해서 산교육적 환경으로서의 역할과 태도를 유지하는 데 노력해야 한다. 특히, 유아들과 상호작용이 활발하게 이루어지는 활동실을 비롯한 유아교육기관 내에서의 역할과 태도는 중요한데, 특히 다음과 같은 사항에 대한 고려가 있어야 한다.

① 언어

② 복장

③ 예절

④ 교사 상호 간, 교사-부모 간의 상호작용

⑤ 유아-교사 간의 상호작용

(4) 유아행동에 대한 교사의 칭찬, 격려 등 인정하기의 적절성

교사가 칭찬, 격려 등 인정해준 유아행동은 바로 유아들의 표적행동이므로 특정 유아가 어떤 바람직한 행동을 할 때, 언제, 어떤 방법으로 인정할 것인가에 대한 연구가 부단히 이루어져 바람직한 행동에 대하여 최적한 기회에, 최적한 방법으로 인정해주어야 한다.

제 3 장 교사의 발문기법

플랜더즈(Flanders)의 언어 상호작용 분석법에서는 교수-학습할동 중에 언어활동이 차지하는 비중이 3/4이고 그중 3/4이 교사의 언어활동이며 또한 교사의 언어활동 중 발문이 차지하는 비중이 대부분으로 밝혀졌다. 이는 교사가 효율적인 교수-학습지도를 이끌어 가기 위해서는 발문기술이 절대적으로 필요함을 암시한다.

즉, 발문이란 교사가 유아들의 학습활동을 조장하기 위하여 던지는 문제제기를 가리키는 말로써 훌륭한 유아교육활동을 전개하고 유아들이 의식하지 않았던 것에 대하여 문제의식을 갖게 한다든지 논리적 사고력이나 창의적 사고력을 유발하기 위해서는 훌륭한 발문기법이 전제되어야 한다.

1. 발문기법에 대한 이해

1) 개념

발문이란 교수-학습에서 언어 상호작용 과정의 한 형태인 문답법에서 제기되는 의문을 가리키는 것으로, 질문과 같이 사용되고 있다. 질문이란 주로 모르는 입장에 있는 사람이 알고 있는 사람을 향하여 던지는 물음을 가리키는 것으로 일상생활에서 많이 사용되고 있는데 반하여, 발문은 교사가 학습자들의 학습활동을 조성해 나가기 위하여 던지는 문제제기를 가리키는 것으로, 주로 교수-학습과정에서 사용되고 있다. 질문의 경우에는 하나의 정답을 얻으면 그것으로 족하지만 발문의 경우에는 하나의 정답으로 족한 경우도 있으나, 더 나아가 학습자에게 어떤 사고활동이 일어났는지가 문제가 되는 것이다. 발문에 의해 학습자가

의식하고 있지 않았던 것에 대하여 문제의식을 갖게 된다든가, 사고활동을 유발한다든가, 놀이활동을 추구하는 데 그 본질이 있는 것이다. 따라서 이상을 정리하면 발문이란 '교사가 학습자들의 사고활동을 유발시켜주기 위한 문제 제기'를 말한다.

2) 유형

발문은 교수 전략의 중심적 요소이자 교수목표를 달성하기 위한 수단이며, 언어적 교수방법의 핵심적 요소라고 볼 때, 발문의 유형에 대하여 이해하는 일은 매우 중요하다. 발문을 의미 있게 분류하기 위한 준거는 세 가지가 있다.

첫째, 발문의 목적과 밀접한 연관을 가지고 이루어져야 한다.

둘째, 실리성이 있으며 사용하기 쉬운 것이어야 한다.

셋째, 사용하기에 적합해야 한다는 것이다.

이 세 가지 준거에 따른 발문 유형은 다음과 같다.

(1) 인지과정에 따른 발문

문제를 해결하기 위하여 영유아가 거쳐야 하는 인지과정에 따른 발문 유형으로 다음과 같은 4가지로 분류할 수 있다. 이와 같은 분류방법은 벨락(Bellack), 크리바드(Kliebard), 하이먼(Hyman), 스미스(Smith) 등의 연구자들이 사용하였고, 윌슨(John Wilson)이 기술한 분류체계를 따른 것이다.

① 정의적(definitional) 발문

어떠한 하나의 사물이나 단어, 용어에 대하여 정의를 내리려는 발문이다. 예컨대, '네가 가지고 노는 이 물건을 무엇이라고 하니?' 답 : '장난감', 또는 '인형' 등이다.

② 경험적(empirical) 발문

응답자가 자신의 감각적 지각에 근거하여 응답하는 것으로, 사실, 사실의 비교와 대조, 사건의 설명, 사실에 근거한 결론 등을 요구한다. 예컨대, '코끼리는 어떻게 생겼니?', '토끼는 어떻게 생겼니?', '캥거루 주머니는 무슨 역할을 하니?' 등이다.

③ 평가적(evaluative) 발문

응답자가 자신의 개인적인 가치 판단을 요구하는 것으로, 칭찬, 비난, 권장, 비판, 평가를 의미한다. 예컨대, '일곱 마리 아기 토끼와 늑대에서 누가 착한 일을 하였니?'

④ **형이상학적**(metaphysical) **발문**

응답자가 자신이 가지고 있는 형이상학적 신념을 진술하게 하는 것으로, 신 또는 신학적 신념을 답하며, 내세의 삶과 관계를 맺는다. 예컨대, '신은 정말로 있는가?', '착한 사람은 죽은 후에 어디로 가는가?' 등이다.

(2) 미니스와 쉬라블에 의한 분류

미니스(Minnis)와 쉬라블(Shrable)은 인지적 수준 분석 상호작용모형(Cognitice Levels Analysis lnteraction Model : CLAIL)에서 교사의 발문을 발문수준적인 입장에서 세 가지로 나누었다. 수준 1은 재생적 수준(data recall)이고, 수준 2는 추론적 수준(infering)이며, 수준 3은 적용적 수준(application)이다.

① **재생적 발문**

이미 학습한 내용을 교사가 발문함으로써 영유아가 반응하도록 하는 발문이다. 이 경우 누가, 언제, 어디서, 무엇을, 어떻게, 얼마나, 어떤 종류 등의 단순 지식의 재생을 요구하는 용어가 쓰인다. 예컨대, '아파서 병원에 가면 누가 치료해 주니?', '의사선생님을 도와주는 사람은 누구니?'

② **추론적 발문**

추론적 발문은 단순지식의 재생에 대한 발문이 아니라, 생각을 해서 답변해야 하는 일종의 문제해결수준의 문답활동이다. 이 경우 왜, 어떻게 비교한다 등이다. 예컨대, '우리가 먹는 달걀은 누가 주니?', '병아리는 어디서 나오니?' 등이다.

③ **적용적 발문**

적용적 발문은 영유아가 예언하고, 새로운 사태에 적용시키는 답변을 할 수 있도록 하는 발문이며, 발산적 반응과 관련이 있다. 또한, 그 반응은 사전에 예측할 수 없고, 정답, 오답으로 평가하지 않아야 한다. 예컨대, '만일 자동차가 없었다면 추석 명절에 할머니댁에 빨리 갈 수 있을까?', '만약 코끼리가 코를 크게 다쳤다면 먹이를 어떻게 먹을까? 등이다. 적용적 수준은 재생적 수준과 추론적 수준의 기초가 튼튼히 마련되었을 때 전개될 수 있는 문답활동이다.

발문의 유형에는 이 외에도, 톰슨과 바워(Thompson & Bower, 1968)의 수렴적 발문과 확산적 발문을 비롯하여, 샌더스(Sanders, 1966)의 분류, 갤러거와 아슈너(Gallagher & Aschner, 1962)의 분류, 카미와 데브리스(Kamii & Devries, 1978)의 분류 등이 있다.

3) 발문기법의 최적화 방안

교사 발문기법의 최적화 방안으로서, 첫째 발문 시의 분위기, 둘째, 발문의 적시성과 사고의 여유, 셋째, 발문의 정확한 표현 등에 대하여 설명한다.

(1) 발문 시의 분위기

발문 시의 교실 분위기는 허용적 분위기를 조성하여야 한다.

① 코간(Cogan, 1958)**의 연구**

교사의 행동을 용인적(inclusive), 배재적(preclusive), 연결적(conjunctive)의 세 가지 유형으로 분류하여 교사의 활동이 학생들에게 미치는 효과를 평가한 연구결과, 교사의 따뜻하고 친절한 태도가 학생들의 독창적인 시나 미술품을 많이 내어 놓게 하는 데 도움을 준다는 결과를 보고하였다.

② 플랜더즈(Flanders, 1967)**의 연구**

교사의 수업행동을 지시적 영향과 비지시적 영향으로 나누고 10가지 분류항목의 모형을 만들어 수학 및 사회과수업에 적용해 본 결과 비지시적 수업을 한 학급의 성적이 유의한 차로 높았다. 국내에서 적용한 유한구(1992)의 연구에서도 의의 있는 결과를 보고하였다.

이와 같이 발문 시 분위기는 교사가 학습자의 자유를 제한하는 경우로써 지배적, 전제적, 교사 중심적, 폐쇄적, 제한적, 지시적인 분위기와 허용의 한도를 넓히는 경우로써 통합적, 민주적, 학생 중심적, 개방적, 권장적, 비지시적인 분위기로 나눌 수 있는데, 비지시적 분위기가 학업성취에 효과적임이 입증되었다.

(2) 권위주의적 발문

교사는 흔히 권위주의적인 자세로 미리 준비한 답에 의해 일문일답식으로 전개해나가면서, 그 답을 유도해 내려고 한다. 만일 준비된 답이 나오지 않으면 그 학습자는 상대도 하지 않고, 합당한 대답에 대해서만 반가움을 표시한다. 이와 같은 수업은 퀴즈식 수업에 불과하며, 창조적인 수업이 될 수 없다.

(3) 허용적 발문 분위기와 언어의 지각성

일문다답형의 창조적 발문이 활발하게 전개되도록 하려면, 학급 분위기가 따뜻하고, 사랑이 넘치는 허용적 분위기를 조성해 주어야 한다. 차갑고 사랑이 메마른 억압적인 분위기 속에서는 창조성이 억제되기 마련이다.

언어의 지각성은 생각은 있으나, 교사의 지명이 있자마자 말이 나오지 않아서 한참 망설임 끝에 겨우 말하게 되거나, 다른 사람이 발표하니까 비로소 생각이 나는 경우 등을 말한다. 창조적 발문에 의한 수업이 원활하게 이루어지려면, 억제되고 긴장된 분위기가 아닌 허용적이고 개방적인 분위기가 조성되어야 한다.

(4) 발문의 적시성과 사고의 여유

① 발문의 적시성

발문은 영유아의 사고활동이 충분한 동기유발과 문제의식이 이루어진 가운데 타이밍을 맞추어 발문을 하여야 한다. 아무리 좋은 발문이라도 이를 맞추지 못하면 영유아들의 사고활동에 메아리를 일으키지 못한다. '왜 그럴까?' 등 영유아 스스로가 탐구하려는 자세가 되었을 때 타이밍을 맞추어 발문이 이루어지면 그들의 사고활동이 활발해진다.

② 발문과 사고의 여유

발문에서 적절한 타이밍을 맞추는 일도 중요하나, 더 중요한 것은 그 발문에 대하여 학습자들이 사고할 수 있는 충분한 시간적(최소한 3~4초) 여유를 주어야 한다. 발문으로부터 호명에 이르기까지는 발문→사고의 여유→손들기(반응)→호명의 과정을 거친다. 따라서 대부분의 영유아가 스스로 사고하여 답변할 수 있도록 충분한 시간을 주어 여유 있는 문답활동이 이루어지도록 한다.

(5) 발문의 표현

발문은 발문의 취지나 내용이 학습자들에게 충분히 전달되고, 학습자들의 사고를 촉구할 수 있도록 다음과 같이 적절한 표현기술을 사용하여야 한다. 박병학(1986)은 교사가 갖추어야 할 발문의 표현기술을 다음과 같이 제시하였다.

① 간단명료하고 정확한 발문

발문은 우선 간단명료한 말이나 문장으로 해야 한다. 첫째, 설명 부분과 물음의 부분이 분명해야 하고, 둘째, 쉬운 언어를 사용하여 정확하게 표현되어야 하며, 셋째, 하나의 발문 속에 두 가지 이상의 물음이 끼어들지 않도록 해야 하고, 넷째, 발문은 학습자가 쉽게 파악할 수 있도록 물어야 할 내용을 분명하고 완전한 문장으로 표현되어야 한다.

② 영유아의 능력수준에 맞는 발문

발문은 학습자의 능력, 즉 그들의 경험이나 이해수준의 범위 내에서 이루어져야 한다.

즉, 발문의 내용수준은 물론 용어의 사용도 적절해야 한다.

③ 발문과 표현

ㄱ. 정확한 발음과 정확한 고저, 강약 및 장단 요소에 따라 언어가 통할 수 있게 한다.

ㄴ. 학습자의 응답을 격려하는 음성으로 발문해야 한다.

ㄷ. 적절한 빠르기를 조절해야 한다.

ㄹ. 발문의 간격은 영유아의 사고활동을 환기하기 위하여 충분한 시간적 여유를 두고 발문의 속도를 맞추어 진행한다. 또한 낱말과 낱말 사이에 적절한 간격을 주면서 발문해야 한다.

④ 발문의 반복

발문의 취지와 내용을 적절히 이해시키기 위해서 같은 발문을 반복하는 경우가 있는데, 불가피한 경우를 제외하고는 삼가야 한다. 같은 발문을 되풀이하는 동안, 영유아들의 사고작용을 방해할 뿐만 아니라 듣는 태도가 나빠질 수도 있다.

⑤ 발문과 온정적 표현

교사가 발문과 동시에 영유아에게 보이는 미소, 웃음, 끄덕임, 쓰다듬기, 눈의 움직임, 얼굴표정 등을 온정적으로 표현할 때에 교수-학습의 효율성과 높은 상관관계가 있다는 헤링턴(Harrington, 1995)의 연구, 크리스텐슨(Christensen, 1960)의 연구 등은 교수-학습에서 발문과 온정적인 교사의 표현기술은 매우 중요하며 우수한 교사의 발문기술이라고 하였다(박병학, 1986).

2. 논리 · 창의 · 논술력을 기르기 위한 발문의 실제

논리 · 창의 · 논술력을 기르기 위한 발문의 실제에서는 인지수준에 따른 발문기법, 비판적 사고력 개발을 위한 발문기법, 논리적 사고력과 창의력을 개발하는 확산적 발문기법 등 3가지 유형에 대하여 기술하기로 한다.

먼저 이들 3가지 유형에 따른 주요 기법을 표로 나타내면 〈표 Ⅱ-2〉와 같다.

〈표 Ⅱ-2〉 대화 유형에 따른 주요 기법

유형	주요 기법
1. 인지수준에 따른 발문	1) 지식기억수준의 발문
	2) 이해수준의 발문
	3) 적용수준의 발문
	4) 분석수준의 발문
	5) 종합수준의 발문
	6) 평가수준의 발문
2. 비판적 사고력 개발을 위한 발문	1) 생각을 명료화하는 발문
	2) 전제 혹은 가정을 탐색하는 발문
	3) 이유, 증거, 원인을 탐색하는 발문
	4) 관점이나 시각의 다양성을 탐색하는 발문
	5) 함축된 의미와 결과를 탐색하는 발문
	6) 알게 된 방법이나 정보원을 탐색하는 발문
3. 논리적 사고력과 창의력 개발을 위한 확산적 발문	1) 예측하기 상황
	2) 비교하기 상황
	3) 문제해결하기
	4) 평가하기
	5) 상상하기
	6) 지식 적용하기
	7) 일반화하기
	8) 대안 제시하기

1) 인지수준에 따른 발문기법

(1) 인지수준에 따른 발문기법의 개념

교사는 교수-학습활동과정에서 수많은 발문을 통하여 본시 학습활동목표를 구현시키고 있는데, 이 과정에서 발문방법이 적절해야 한다. 또한, 학습활동 중에서 훌륭한 발문 유형은 정해져 있는 것이 아니라 학습의 흐름에 따라 유아들의 학습활동에 관련된 경험의 유무 그리고 학습활동의 전개과정에 따른 유아의 이해수준, 유아의 학습준비도, 유아의 학습동기 등을 고려한 발문이어야 한다.

그중 본시 학습활동 내용에 대한 이해수준에 맞게 발문이 이루어져야 하는 바 이것이 인지수준에 따른 발문이다.

(2) 인지수준에 따른 발문 유형별 발문의 실제

① 지식이나 기억수준의 발문

ㄱ. 개요

가. 지식은 학습자가 정보를 생각해 내거나 회상하는 것을 필요로 한다.

나. 정보는 조작하는 것이 아니라 배운 것을 단순히 기억해 내기만 하는 수준이다.

다. 학습자는 이전에 학습한 것, 관찰한 것, 정의 내린 것을 단순하게 기억해 내기만 하면 된다.

라. 교수과정 : 반복, 기억(한은숙, 2014)

ㄴ. 발문수준

과거에 학습한 시설, 개념, 일반화된 것 등을 회상하도록 하는 수준이다.

ㄷ. 발문동사의 '예'

정의하다, 기술하다, 찾아내다, 이름 짓다, 열거하다, 짝짓다, 이름 대다, 요약하다, 재생하다, 가려내다, 진술하다.

ㄹ. 발문의 '예'

가. 봄에는 무슨 꽃이 피는가?

나. (책을 읽고 난 후) 두 어린이가 싸운 이유는 무엇일까?

ㅁ. 기타

가. 유아들이 새로운 정보를 습득하거나 습득된 정보를 확실히 정착시키는 데 활용한다.

나. 학습자는 이해한 바를 설명하고 자신의 말로 묘사한다.

다. 이해한 내용을 묻는 발문에 대답하기 위해 필수적인 정보들이 학습자들에게 제공되어야 한다.

라. 교수과정 : 설명, 예증

② 이해수준의 발문

ㄱ. 개요

가. 자료를 조직하고 배열하기 위해 학습자로 하여금 이해한 바를 설명하도록 요구한다.

나. 학습자는 이해한 바를 설명하고 자신의 말로 묘사한다.

다. 이해한 내용을 묻는 발문에 대답하기 위해 필수적인 정보들이 학습자들에게 제공되어야 한다.

라. 교수과정 : 설명, 예증

ㄴ. 발문수준

이미 알고 있는 어떤 정보나 개념을 설명하도록 하는 수준

ㄷ. 발문동사의 '예'

전환하다, 주장하다, 구별하다, 설명하다, 부인하다, 예를 들다, 추론하다, 예측하다 등

ㄹ. 발문의 '예'

가. '매미와 개미'의 동화는 우리에게 무엇을 말해 주고 있는 것 같니?

나. 개와 고양이를 비교해서 말해 주겠니?

다. 오늘 배운 내용을 말해 주겠니?

ㅁ. 기타

가. 유아가 암기하거나 기억했던 내용을 활용하여 설명하거나 요약하도록 한다.

나. 어떤 발문은 유아들에게 예전에 접하지 않았던 새로운 정보 사용을 요구하기도 한다.

③ 적용수준의 발문

ㄱ. 개요

가. 정보를 응용할 수 있어야 한다.

나. 유아들에게 문제와 관련된 법칙과 과정을 응용하게 하고 그것에 의해 유일한 정답을 결정할 것을 요구한다.

ㄴ. 발문수준

어떤 정보나 개념의 활용을 요구하며 유아들이 지닌 지식이나 이해를 새로운 상황에 적용하거나 문제해결을 하도록 하는 수준

ㄷ. 발문동사의 '예'

사용한다, 계산한다, 변화시킨다, 구분(분류)한다, 문제를 해결한다, 발견한다, 예측한다, 관계짓다, 나타내다, 풀어내다, 사용한다, 작성한다.

ㄹ. 발문의 '예'

가. 환경을 파괴하지 않으려면 어떻게 하여야 할까?

나. 농촌에서 비가 오지 않는 경우를 위해 어떻게 해야 할까?

다. 우리가 배운 동물들을 다리 수에 따라 묶어본다면?

ㅁ. **기타**

가. 유아가 학습한 사실과 정보를 다른 상황에 활용해 보도록 한다.

나. 유아가 학습한 사실과 정보를 우리 생활에 적용해 보도록 한다.

④ 분석수준의 발문

ㄱ. **개요**

가. 유아들이 비판적이며 심도 있게 사고할 것을 요구한다. 유아는 이유나 드러난 증거를 증명하고 결론에 도달할 수 있다.

나. 유아는 분석을 통해 어떤 특별한 사건에 대한 동기, 이유, 원인을 밝혀야 한다.

다. 유아는 이용 가능한 정보를 고찰하고 분석하여 결론, 추론, 일반화에 도달할 수 있다.

마. 교수과정 : 귀납법, 연역법

ㄴ. **발문수준**

개념이나 자료 등을 부분으로 나누거나 서로의 관련성을 찾도록 하는 수준

ㄷ. **발문동사의 '예'**

세분화하다, 변별하다, 구분하다, 식별하다, 찾아내다, 추론하다, 지적하다, 분리하다, 세별하다, 도식하다, 확인하다, 분류하다, 비교하다, 배열하다, 조사하다, 요약하다.

ㄹ. **발문의 '예'**

가. 경찰차, 소방차, 구급차들의 공통점은 무엇일까?

나. 유아들이 학습한 정보 뒤에 숨어 있는 이유를 발견하는 데 활용한다.

다. 유아들이 답을 이야기할 때 증거를 가지고 이야기하고 자기의견을 주장한다.

⑤ 종합수준의 발문

ㄱ. **개요**

가. 유아들로 하여금 독창적이고 창의적으로 사고할 것을 요구한다.

나. 적용적 발문에서의 문제해결은 유일한 정답만을 요구하나, 종합적 발문은 다양하면서도 창의적인 답을 요구한다.

다. 종합적 발문은 자료의 완전한 이해를 요구하며, 유아들은 종합적 발문에 대한 답을 만들어 내기 위하여 함부로 추측해서는 안 된다.

ㄴ. 발문수준

여러 개의 아이디어나 요소들을 결합하여 독특하고 새로운 것을 창조하도록 하는 수준

ㄷ. 발문동사의 '예'

분류하다, 구성하다, 고안하다, 설계하다, 지어내다, 재정리하다, 재구성하다, 요약하다, 예언하다, 가정하다, 상상하다, 만들다.

ㄹ. 발문의 '예'

가. 만약, 낮이 없고 밤만 계속된다면 어떤 일이 일어날까?

나. 만약 우리 사람이 2개의 팔이 없다면 어떤 일이 일어날까?

다. 만약 유치원이 없다면 우리 유아들은 지금 무엇을 하고 있을까?

ㅁ. 기타

가. 유아들로 하여금 새롭게 독창적인 산출을 하도록 하는 질문이다.

나. 과거에 유아들이 전혀 생각해보지 않은 문제에 대한 창의적인 아이디어를 산출할 수 있도록 한다.

다. 지금까지 알고 있는 정보나 지식, 기술을 종합하여 새로운 아이디어나 정보를 산출해 나간다.

⑥ 평가수준의 발문

ㄱ. 개요

가. 평가적 발문은 종합이나 분석과 비슷해 보이지만 더 높은 수준의 정신적 과정을 포함한다.

나. 평가적 발문은 단 하나의 옳은 답을 가질 필요가 없으며 유아들은 아이디어, 가치, 문제해결력, 심미적 측면에 대해 판단하면 된다. 또한, 유아는 이슈에 대한 의견을 말할 수 있다.

다. 이슈에 관한 자기 의견을 표시할 때, 판단에 대해 비판적 기준들을 활용해야 한다.

라. 교수과정 : 판별, 추정, 결론

ㄴ. 발문수준

어떤 기준을 이용하여 사물에 대한 판단을 내리도록 하는 수준

ㄷ. 발문동사의 '예'

구별하다, 선택한다, 생각해 본다, 중지한다.

ㄹ. **발문의 '예'**

가. 고양이와 개의 같은 점과 다른 점은?

나. 이 작품을 보고 이 작품에 가장 잘 어울리는 제목을 골라보아라.

다. 오늘 배운 내용을 우리의 일상생활에 활용하는 방안에 대하여 생각해 보자.

ㄹ. **기타**

가. 오늘 학습하여 이해한 내용을 가지고 유아 나름의 판단과 의사결정을 하는 데 활용한다.

나. 유아들에게 제시된 자료나 정보를 기초로 새로운 결론을 내릴 수 있다.

다. 논리적 사고력이 형성될 수 있도록 질문을 한다.

2) 비판적 사고력 개발을 위한 발문기법

(1) 개념

유아들은 항상 성인들에게 '왜'라는 질문을 하면서 그들이 필요로 하는 지식과 정보를 얻어 그들이 당면하는 문제를 해결하면서 살아간다. 유아들은 지금은 성인들의 보호를 받고 살아가야 하는 미약하고 피동적인 존재이지만 훗날 성인이 되어 위대한 과업을 수행할 수 있는 잠재성을 키워가고 있는데, 그중 하나가 '왜'라는 질문을 통하여 비판적 사고력을 키워간다는 사실로서 이에 대한 기법을 총칭하여 '비판적 사고력 개발을 위한 발문기법'이라고 한다.

(2) 비판적 사고력을 기르기 위한 발문의 실제

유아들에게 비판적 사고력을 기르기 위한 발문기법은 다음과 같이 6가지 유형으로 범주화하였다(조선희 외, 1998; 김혜린 외, 2014).

① **제1유형**(생각을 명료화하는 질문)

ㄱ. **개념**

유아가 자신의 추상적 개념들을 쉽게 명료하게 표현할 수 있도록 하기 위한 질문

ㄴ. **사고활동**

자신이 한 말을 한 번 더 생각해 보며 자신의 생각이 정확하게 무엇인지를 알게 한다.

ㄷ. **질문의 '예'**

가. '쉽게 말해 주겠니?'

나. '그 말이 무슨 뜻이니?'

다. '좀 더 자세히 말해줄래?'

라. '예를 들어 말해봐.'

마. '누구 철수처럼 생각하는 사람이 있니?'

② **제2유형**(전제 혹은 가정을 탐색하는 질문)

ㄱ. **개념**

유아 자신이 한 말이나 어떤 상황에 대한 전제를 생각해 보도록 하는 질문

ㄴ. **사고활동**

유아는 자신의 말에 대한 전제를 더 확고히 할 수 있고, 그 전제가 달라졌을 때는 자신의 생각이 어떻게 달라질 것인지에 대한 고려를 할 수 있게 한다.

ㄷ. **질문의 '예'**

가. '너는 ~를 ~라고 생각하고 그 말을 한 것이니?'

나. '만약 내 생각이 틀렸다고 생각하면 왜 그렇게 생각하는지 말해 볼래?'

③ **제3유형**(이유, 증거, 원인을 탐색하는 질문)

ㄱ. **개념**

유아 자신의 행동이나 사고 또는 어떠한 상황에 대한 이유와 증거 및 원인을 생각해 보도록 하는 질문

ㄴ. **사고활동**

유아는 자신의 말에 대한 근거를 정확하게 제시할 수 있게 된다.

ㄷ. **질문의 '예'**

가. '왜 그렇게 생각하니?'

나. '그 이유가 무엇이니?'

다. '무엇이 그렇게 되도록 했다고 생각하니?'

④ **제4유형**(관점이나 시각의 다양성을 탐색하는 질문)

ㄱ. **개념**

유아가 자신만의 관점이 아닌 타인의 입장에서 어떤 상황을 생각해 보도록 하는 질문

ㄴ. 사고활동

질문을 통해 유아는 모든 사람이 동일한 시각을 지니고 있는 것이 아니고 다른 사람의 입장과 나의 입장이 다를 수 있다는 것을 알 수 있게 한다.

ㄷ. 질문의 '예'

가. '너와 다른 생각을 할 수도 있을까?'
나. '다른 사람은 어떻게 생각할까?'
다. '만약 이렇게 말하는 사람이 있다고 해 봐, 너는 뭐라고 말할래?'

⑤ **제5유형**(함축된 의미와 결과를 탐색하는 질문)

ㄱ. 개념

유아가 직접 겪지 못한 상황의 결과를 예측해 보도록 하거나 어떤 상황의 함축된 의미를 생각해 보도록 하는 질문

ㄴ. 사고활동

질문을 통해 유아는 자신의 생각이나 표현을 보다 풍부화시킬 수 있고 창의적으로 상징적인 사고를 발달시킬 수 있다.

ㄷ. 질문의 '예'

가. '네 말대로 하면 어떻게 될까?'
나. '네 말대로 하면 ~될 텐데 그래도 괜찮을까?'
다. '나중에는 어떻게 될 것 같니?'

⑥ **제6유형**(알게 된 방법이나 정보원을 탐색하는 질문)

ㄱ. 개념

유아가 알고 있는 사실이나 당연하게 여기고 있는 것을 알게 된 방법이나 경로를 생각해 보도록 하는 질문

ㄴ. 사고활동

질문을 통해 유아는 자신이 알고 있는 지식에 대한 신뢰성을 생각해 볼 수 있다.

ㄷ. 질문의 '예'

가. '어떻게 그걸 알았니?'
나. '그건 확실한 것이니?'
다. '다른 사람들은 그것을 어떻게 알게 되었을까?'

3) 논리적 사고력과 창의성 개발을 위한 확산적 발문기법

(1) 개념

발문 유형을 구분하는 기준 중에 세부적으로 다소 차이가 있겠지만 이들의 유형을 종합하면 학습자의 사고를 자극 유발하여 새로운 사실을 발견하거나 또는 사고를 확대시키기 위한 발문과 이미 학습자 내부에 구성되어 있는 지식을 상기, 요약, 추출하기 위한 발문의 두 가지 유형으로 대별된다.

전자의 발문이 개방형의 발문으로 확산적 발문이며 또한 후자의 발문이 폐쇄적 발문인데, 그 대표적인 발문 유형이 수렴적 발문이다.

블룸(Bloom)의 인지단계에 따른 사고형태 중 확산적 사고를 시키는 발문(적용, 분석, 추리, 종합)은 창의성을 자극하며 평가적 · 판단적 사고를 자극하는 발문은 논리적 사고력을 길러준다는 사실이 많은 연구에서 지지받고 있다.

(2) 논리적 사고력과 창의성을 개발하는 확산적 발문의 실제

유아들의 논리적 사고력과 창의적 사고력을 개발하는 데는 수렴적 발문이 확산적 발문을 지원하여 유아들의 사고를 더욱 자극하게 된다.

인지적 단계에 따른 확산적 사고는 창의성을 자극하며 평가적 · 판단적 사고를 자극하는 확산적 사고는 유아의 논리적 사고력과 창의적 사고력을 증진시켜주는 바 교사는 학습의 흐름에서 각 상황에 맞는 확산적 발문을 해야 한다.

① 예측하기 상황

ㄱ. '네가 우주에 갔다면 그곳에서 어떤 일이 벌어질까?'

ㄴ. '다음에는 어떤 일이 생길 것 같니?'

② 비교하기 상황

ㄱ. '철수의 신발은 영수의 신발과 어떻게 같니?'

ㄴ. '철수의 신발은 영수의 신발과 어떻게 다르니?'

③ 문제해결하기

ㄱ. '토라진 친구와 화해할 수 있는 방법에는 어떤 것들이 있을까?'

ㄴ. '시장에서 길을 잃었을 때 가족들을 찾을 수 있는 방법은 무엇이 있을까?

④ 평가하기

ㄱ. '친구가 그린 그림의 어떤 점을 칭찬해 주고 싶니?'

ㄴ. '동극에서 잘된 점은 무엇이니? 다음에 동극할 때 고쳐야 할 부분은 무엇이니?'

⑤ 상상하기

ㄱ. '만일 검은색이 모두 없어진다면 어떻게 될까?'

ㄴ. '만약 네가 솜사탕 위를 걷는다면 어떤 기분일까?'

ㄷ. '네 몸이 개미만큼 작아진다면 무엇을 하고 싶니?'

⑥ 지식 적용하기

ㄱ. '밤송이와 같은 느낌의 물건을 찾아볼까? 왜 밤송이와 느낌이 같다고 생각하니?'

ㄴ. '달걀과 프라이팬, 기름을 사용해서 요리를 한다면, 어떤 요리들을 할 수 있을까?'

⑦ 일반화하기

ㄱ. '까마귀와 여우의 이야기를 알고 있니? 까마귀가 부리가 있어서 좋은 점이 있을까?'

ㄴ. '보호색이 무엇인지 알고 있니? 곤충들은 언제 보호색을 띨까? 보호색이 있어서 유리한 점은 무엇일까?'

⑧ 대안 제시하기

ㄱ. '고래 뱃속에서 나올 수 있는 다른 방법은 무엇일까?'

ㄴ. '놀이시간에 네가 하고 싶었던 퍼즐 맞추기를 할 수 없게 된다면 너는 어떤 놀이를 할 거니?'(박찬옥 외, 2013)

제 III 부

영유아교수–학습 운영

교수–학습지도는 당해 유아교육기관에서 설정한 교육목표나 운영목표를 효율적으로 구현하기 위한 수단적 역할을 한다.

모든 교육활동이 효율적으로 운영되기 위해서는 계획, 실행, 평가의 순환적 과정을 밟아 운영된다. 또한, 계획, 실행, 평가는 서로 동일한 연계선상에서 깊은 관계와 맥락을 유지하면서 진행해야 하며, 만일 서로가 상치된다면 목표와 과정과 결과가 서로 상충되어 교육활동이 비효율적이거나 원활한 운영을 저해하게 된다. 따라서 영유아교수–학습 운영의 효율화를 돕기 위한 계획·실행·평가계획 수립을 위한 방안이 합리적이어야 한다. 따라서 제Ⅲ부에서는

1. 교수–학습활동계획으로 보육계획안, 하루일과지도 및 평가계획을 수립하는 방안을 알아본다(계획).

2. 교수–학습활동의 실행으로 하루 일상생활지도, 대·소집단활동지도 운영방안과 실내·외 환경 설비 원리 및 지침에 대하여 알아본다(실행).

3. 교수–학습활동의 마지막 성과를 확인하기 위한 평가의 단계로서 교수–학습활동의 평가에 대한 성격과 평가 유형별 실시방안에 대하여 알아본다(평가).

제 1 장 교수-학습활동 및 평가계획 수립

교육활동은 일반적으로 계획을 수립하고 수립된 계획에 따라 실행하고 실행한 결과에 대하여 평가하는 수순을 밟는다. 따라서 영유아교수-학습의 운영에서도 교수-학습활동계획 수립, 교수-학습활동 실행, 교수-학습활동 평가 등이 합리적으로 진행되어야 한다.

따라서 영유아교수-학습이 원활하게 운영되기 위해서는 우선적으로 당해 유아교육기관의 보육과정을 근거로 한 교수-학습활동계획(보육활동안)과 교수-학습활동계획에 따른 교수-학습 평가계획(보육활동평가계획)이 합리적으로 수립되어야 한다. 다음에서 보육계획안(교수-학습활동계획안)과 보육활동평가안 수립과정 및 절차, 내용에 대하여 기술하기로 한다.

1. 교수-학습활동계획안(보육계획안) 작성

1) 교수-학습활동계획안(보육계획안)에 대한 이해

(1) 의미

교육과정이나 보육과정은 영유아들의 바람직한 성장·발달을 도모하기 위하여 편성된 총체적인 계획이며 또한 교육과정이나 보육과정은 영유아를 대상으로 하여 실제적으로 지도해야만 영유아들에게 바람직한 성장·발달을 도모할 수 있다.

따라서 교육과정이나 보육과정을 영유아들에게 합리적이며 효율적으로 지도하기 위해서는 연간, 월간, 주간, 일별로 계획을 수립하여 실제적으로 지도하게 되는데, 이러한 세부적인 계획을 교수-학습활동계획안(보육계획안)이라고 한다.

따라서 교수-학습활동안(보육계획안)이란 '당해 유아교육기관이 설정한 교육이나 보육목표 구현을 위해 구체화된 계획 또는 영유아들에게 교육 또는 보육목표 구현을 위해 제공하기 위한 구체적인 경험을 연간, 월간, 주간, 일간 등 어떤 기준에 의해 수립된 다양한 계획'을 말한다.

(2) 필요성

첫째, 교육이나 보육의 효율성을 높이기 위함이다.

교육이나 보육은 당해 유아교육기관에서 설정한 교육이나 보육목표 구현을 위해 편성된 교육과정이나 보육과정을 유아들에게 지도해야 되는데, 편성된 교육과정이나 보육과정을 합리적이며 효율적으로 지도하기 위해서는 교육과정이나 보육과정을 유아들에게 지도하기에 적절하게 연간, 월간, 주간, 일일 교수-학습활동계획안(보육계획안)으로 재구성해야 한다.

둘째, 학급의 특수성, 유아, 유아모의 기대와 요구를 고려하여 지도하기 위함이다.

지역이나 유아교육기관의 특수성, 유아나 유아모의 기대와 요구를 반영하기 위해서는 교육과정이나 보육과정을 연간, 월간, 주간, 일일 교수-학습활동안으로 재구성하여 지도해야 한다.

셋째, 지도교사의 철학과 소신을 반영하여 지도하기 위함이다. 지도교사의 철학과 소신은 연간, 월간, 주간, 일간 교수-학습활동안에 반영할 수 있기 때문이다.

2) 교수-학습활동계획안(보육계획안) 작성지침

교수-학습활동계획안이 합리적으로 편성되지 않는다면 당해 유아교육기관에서 설정한 교육 또는 보육목표 구현과는 무관하고 불필요한 교육활동이 전개되기 마련이다.

따라서 합리적인 교수-학습활동계획안 작성 시 고려할 지침은 다음과 같다.

첫째, 교수-학습활동계획안은 연간, 월간 주간, 일일계획안으로 구분하여 수립하되 각종 계획안은 당해 유아교육기관에서 편성한 교육과정이나 보육과정을 근간으로 하여 수립되어야 한다.

둘째, 연간, 월간, 주간, 일별 교육계획안은 서로 연계성을 유지해야 한다. 월간 교육계획안은 연간교육계획안 내의 해당 월에 지도할 내용이 되며 또한 주간 교육계획안은 해당 월의 각 주에 지도할 내용이 되고 일간계획안은 각 주의 요일별 지도내용이 되는 등 연간, 월간, 주간, 일별 교육계획안은 서로 연계성을 유지해야 한다.

셋째, 연간, 월간, 주간, 일별 교육계획안은 누리과정이나 제3차 표준보육과정 내의 각 영역별 내용, 즉 3~5세 유아교수-학습계획안에는 신체·운동건강, 의사소통, 사회관계, 예술경험, 자연탐구영역 등 5개 영역을, 0~2세 영아는 기본생활, 신체운동, 의사소통, 사회관계, 예술경험, 자연탐구영역 등 6개 영역 내용을 균형적이며 통합적으로 포함시켜 계획하여 특정 영역에 치우치지 않도록 한다.

넷째, 연간, 월간, 주간, 일별 교육계획안은 주제 중심으로 여러 활동이 통합적으로 이루어지도록 한다. 주제 중심의 통합은 유아의 흥미와 발달, 학습에 적합한 주제를 선정하여 이를 탐구하는 과정에서 누리과정의 5개 영역 내의 관계되는 내용들을 통합하여 학습하도록 계획한다.

다섯째, 연간, 월간, 주간, 일별 교육계획안은 보육시설의 유형, 연간 수업일수, 일일 보육시간을 고려하여 계획한다.

여섯째, 연간, 월간, 주간, 일별 교육계획안은 유아의 연령 및 발달단계, 흥미와 요구, 각 유아의 능력에 맞게 계획한다.

일곱째, 연간, 월간, 주간, 일별 교육계획안은 계절, 전통예절, 지역의 문화적 행사, 유아교육기관의 연중행사나 기념일 등을 고려하여 계획한다.

여덟째, 연간, 월간, 주간, 일별 교육계획안은 유아의 흥미와 요구, 학부모의 의견을 반영하며, 특히 유아의 발달수준에 따라 수준별 교육계획안을 작성할 수도 있다.

3) 교수-학습계획안(보육계획안) 작성의 실제

연간 교육계획안과 월간 교육계획안은 간략하고 융통성 있게 수립하고 주간 교육계획안과 일일 교육계획안은 구체적으로 수립한다.

(1) 연간 보육계획안

연간 교육계획안은 1년 동안 이루어지는 전체 프로그램에 대한 포괄적인 교육계획이다. 연간 교육계획안은 유아교육기관의 전체 교육에 대한 윤곽을 보여 주는 것으로, 작성할 때 고려해야 할 점은

첫째, 연간 교육계획안은 새 학년이 시작되기 전인 2월 중순경에 전체 교사회의에서 결정한다.

둘째, 연간 교육계획안에 관련지어 월간 교육계획안과 주간 교육계획안을 작성한다.

셋째, 연간 교육계획안은 당해 유아교육기관 교육활동지도 자료에 제시되어 있는 연간 생활주제 및 활동주제를 중심으로 작성한다.

넷째, 생활주제를 배열할 때에는 유아들이 친숙하게 접하고 있는 환경에서 구체적인 것을 선정하여 교육활동으로 구성하여 제공하고, 점차 멀리 떨어져 있는 환경 및 추상적인 개념으로 확대해 나간다.

다섯째, 유아들의 연령, 발달 정도, 유아교육기관 경험의 유무 등 유아들의 특성을 고려하여 적용기간을 가늠하고, 이를 연간 교육계획안에 반영한다.

여섯째, 국가나 지역사회에서 이루어지는 각종 행사의 교육적 가치를 평가하여 생활주제로 선정, 연간 교육계획안에 포함시킨다.

일곱째, 생활주제와 관련하여 견학, 부모 참여 등의 특별활동을 연계성 있게 계획하도록 한다. 또한, 생활주제와 관련하여 참관 또는 견학 시기를 결정하여 연간 교육계획안에 반영한다. 연간 교육계획안의 '예'를 제시하면 〈표 Ⅲ-1〉과 같다.

〈표 Ⅲ-1〉 연간 교육계획안의 예(4세)

굵은 글씨는 행사, ✿는 과학 표상활동 주제

월	생활주제	주제	주	일	소주제
3월	유치원과 친구	유치원의 환경	2	5	**입학식**
				6	우리반 이름과 교실 알아보기
				7	유치원 돌아보기
				8	유치원에서 함께 지내는 사람들 알아보기
		유치원에서의 하루	3	11	등·하원하기
				12	화장실 사용법
				13	놀잇감의 올바른 사용
				14	바른 자세로 급식(간식) 먹기
				15	우리 반의 약속
		유치원에서 만난 친구	4	18	나와 친구 소개하기
				19	친구와 다른 점 알아보기
				20	친구와 사이좋게 놀이하기
				21	
				22	친구 간의 예의 지키기
	봄	봄의 날씨	5	25	봄 날씨 알기
				26	
				27	봄 풍경 즐기기
				28	
				29	따뜻한 봄 즐기기
4월		✿봄의 식물 진달래	1	1	진달래를 보았나요
				2	진달래의 종류
				3	진달래를 찾아봐요
				4	진달래의 생김새
				5	진달래의 성장과정
	동식물과 자연	동물과 우리의 생활	2	8	동물과 함께 하는 즐거움 느끼기
				9	동물이 주는 이로움 알기
				10	동물을 대하는 바른 태도
				11	사라져 가는 동물에 관심 가지기
				12	자연과 더불어 살아가기

		식물과 우리의 생활	3	15	식물과 함께 하는 즐거움 느끼기
				16	식물이 주는 이로움 알기
				17	식물과 함께 지내는 방법
				18	사라져 가는 식물에 관심 가지기
				19	**현장체험학습**
		공룡	4	22	지금은 살지 않는 동물
				23	육식 공룡이 있어요
				24	초식 공룡이 있어요
				25	**반별 테마학습**
				26	내가 좋아하는 공룡은
5월	나와 가족	나의 몸과 마음	1	29	나의 탄생
				30	신기한 나의 몸
				1	나의 감정
				2	나의 마음과 생각
				3	나에 대해 알아봐요
		소중한 나	2	6	내가 좋아하는 것
				7	내가 할 수 있는 일
				8	나의 꿈
				9	소중한 내 몸
				10	**브레인 올림피아드 가족 한마당**
		소중한 가족	3	13	**교육자 대회의 날**
				14	가족이 하는 일 알기
				15	가족에 대한 예절 지키기
				16	행복한 우리 가족
				17	**석가탄신일**
		가족의 생활과 문화	4	20	가족의 생활 알기
				21	
				22	가족의 문화 알기
				23	
				24	다양한 가족에 관심 가지기

(2) 월간 교육계획안

월간 교육계획안은 별도로 작성하지 않고 연간 교육계획안에 포함시키거나 주간 교육계획안으로 대체하는 경우가 많으나, 월간 교육계획 중에서 행사 등과 관계되는 중요한 일들을 중심으로 월간 교육계획안을 작성할 수도 있다. 월간 교육계획안에는 유아의 생일, 견학일, 공휴일 등을 구체적으로 표시하여 둔다. 따라서 월간 교육계획안은 학급 간에 공통점과 차이점이 다소 있을 수 있다.

〈표 Ⅲ-2〉는 월간 교육계획안의 한 예로서, 명절이나 행사를 중심으로 계획한 것이다.

〈표 Ⅲ-2〉 월간 교육계획안의 예

1주	1	2	3	4 소풍 어린이 대공원	5	6
2주	8 어버이날	9	10	11 석가탄신일	12	13
3주	15 생일 : 이진수	16	17 참관일	18	19	20
4주	22	23	24	25	26	27 자체연구수업 나비반
5주	29	30 생일 : 김희연	31			

(3) 주간 교육계획안

주간 교육계획안은 1주 동안에 이루어지는 모든 교육활동들을 한눈에 조명하여 볼 수 있도록 세부적인 내용까지 포함한 교육계획이다. 교사는 주간 교육계획안을 수립함으로써 다음 주간에 해야 할 모든 활동에 대하여 구체적으로 생각하고 미리 준비할 수 있다. 주간 교육계획안을 작성할 때에 고려해야 할 점은

① 주간 교육계획안은 매주 금요일에 전체 교사회의를 거쳐 작성한다.

② 주간 교육계획안은 월간 교육계획안에 기초하여 작성한다.

③ 당해 유아교육기관의 교육활동지도자료에 제시되어 있는 연간 생활주제 및 활동주제를 중심으로 통합적인 주간 교육계획안을 작성하고 실행함으로써 유아의 전인적 발달을 도모한다.

④ 주간 교육계획안 작성 시 유아의 특성과 능력, 유아교육기관 및 지역사회의 요구에 따라 필요한 생활주제를 선정하고 다양한 활동을 골고루 안배한다.

⑤ 주간 교육계획안에는 요일별로 자유선택활동시간에 각 흥미영역에서 이루어지는 활동, 하루일과 중에 이루어지는 집단활동 등을 구체적으로 명시한다.

⑥ 주간 교육계획안에는 교육활동뿐 아니라, 교사나 보조교사(교직원, 부모 자원자)의 이름과 임무를 구체적으로 적어 놓을 수도 있다.

주간 교육계획안의 예를 제시하면 〈표 Ⅲ-3〉과 같다.

〈표 Ⅲ-3〉 주간 교육활동계획(4세)

소주제		주변의 생활도구 알아보기	편리해진 생활도구	유치원에서 사용하는 생활도구	안전하게 사용해요	생활도구의 변천과정
자유선택활동	언어	생활 속의 ㄱㄴㄷ/글자를 만드는 노트북				
	수·조작		생활도구 패턴		지킬 수 있어요	
	쌓기	내 책상을 만들어요				
	역할		부엌놀이를 해요			
	음률		가위 안전송			
	미술				사진기를 만들어요 / 연필 접기	
	과학	편리한 깔때기			드라이버 사용하기	
함께하는 활동	이야기 나누기	도구가 필요해요	점점 편리해져요	여러 가지 가방	아차! 조심해요	생활도구의 발전
	☆동화 ♧동시 ♤동극	♧ 맛있는 소리	☆ 신기한 요술 냄비	☆ 요술 연필	☆ 내가 제일 멋진 도구야	☆ 먹이를 가져왔어
	음악	무엇이 필요할까요?			주전자	
	미술		생활도구 본뜨기	가방 만들기		
	신체			풍선 놀이		
	게임	힘 센 보자기			안전 장갑 끼고 나르기	
	현장 체험					우리 동네 마트 가요
	바깥 놀이	받아라 바톤	편리한 도구 찾기	모래놀이 도구 이용하기	뚝딱뚝딱 길을 내자	훌라후프 놀이
간식		우유/아몬드	우유/멸치	우유	우유/피스타치오	우유/아몬드
점심식단		친환경클로렐라잡곡밥 친환경콩나물국 돈육메추리알장조림 미역줄기게맛살볶음 배추김치 한입붕어빵	친환경찰보리잡곡밥 오색떡국 국산콩두부조림 실파김무침 배추김치 무농약딸기주스	짜장면 & 작은밥 맑은미역국 피자군만두 도토리묵상추무침 배추김치	친환경토마코펜밥 한우미역국 달걀찜 애호박볶음 배추김치 키위	친환경검정쌀밥 청국장찌개 춘천닭갈비 가지볶음 배추김치 단호박편

가정과의 연계활동	새노래	동시
	무엇이 필요할까요? 주르륵 주르륵 비가 오는 날 무엇이 무엇이 필요할까요 그건 바로 우산 비를 막아주는 고마운 우산 우산	맛있는 소리 꼬르륵 꼬르륵 배꼽시계 울린다 송송송송 탁탁탁탁 도마 소리 보글보글 부글부글 냄비 우는 소리 지글지글 자글자글 프라이팬 소리 꿀꺽꿀꺽 냠냠쩝쩝 즐거운 식사시간

(4) 일일 교육계획안

일일 교육계획안은 주간 교육계획안에 기초하여 수립된다. 일일 교육계획안에는 생활주제, 교육목표, 활동명과 활동에 관한 각종 정보(소요시간, 준비물, 전개방법, 유의사항 등) 및 평가내용을 기록한다. 일일 교육계획안 작성 시 고려할 점은

① 일일 활동 운영에 영향을 주는 요인들을 고려하여, 일일 생활에 적합한 계획을 세운다. 요인들은 〈표 Ⅲ-4〉에 나타난 바와 같이 프로그램의 유형, 인적 · 물적 환경요인, 활동 시기 등으로 구체적인 내용은 다음과 같다.

〈표 Ⅲ-4〉 일일 활동 운영에 영향을 주는 요인

요인	유치원 현황
수업시간	반일제 프로그램, 시간 연장제 프로그램, 종일제 프로그램
인적 환경 요인	교사, 보조교사, 교육실습생, 부모 자원자, 요원(관리인, 기사 등)
물적 환경 요인	교실(흥미 영역 종류, 놀잇감, 교재 · 교구), 강당, 운동장, 화장실
활동시기	학기 초, 학기 중간, 학기 말

② 일관성이 있어야 한다. 예를 들어, 일반적으로 등원하면 놀이를 하고 정리정돈을 하며, 일정한 장소에 함께 모여 앉아 동화를 듣거나 이야기를 나눈 뒤 간식을 먹고, 다시 함께 모여서 노래를 부르거나 게임을 한 뒤 집으로 가는 등의 활동이 매일 같이 유사하게 반복되는 것이다.

③ 유아의 신체적 욕구나 리듬을 반영해야 한다. 일일 활동계획에는 간식, 배변, 휴식 등 유아의 신체적 · 생리적 욕구를 해결하는 시간을 적절하게 계획해야 한다.

④ 유아의 흥미와 요구를 반영한다. 교사는 자신이 세운 계획에 유아들이 따라가도록 하기보다는 유아의 흥미와 요구를 반영할 수 있는 기회를 제공하여 유아의 능동적 참여를 유도해 낼 수 있어야 한다.

⑤ 활동 간 균형을 맞추어 계획한다. 일과 안에 동적 활동과 정적 활동, 실내활동과 실외활동, 개별활동과 대 · 소집단활동, 교사활동과 유아선택활동을 골고루 계획한다.

⑥ 여러 유형의 상호작용이 일어날 수 있도록 계획한다. 즉, 교사와 개별 유아의 상호작용, 대 · 소집단 유아와의 상호작용, 유아와 유아 간의 상호작용, 유아와 교구와의 상호작용 등의 기회가 골고루 제시될 수 있어야 한다.

⑦ 융통성 있게 재구성할 수 있어야 한다. 일일 교육계획안은 주간 교육계획안에 기초하여 작성되나, 유아들의 흥미나 요구, 우발적인 사건 등을 간과해서는 안 된다.

⑧ 활동의 계획과 실행에 대한 평가가 계획되어야 한다. 교사는 활동목표가 어느 정도 성취되었는지, 계획대로 실행되었는지, 차질이 있었다면 무엇 때문인지, 문제점은 무엇인지 등 일일 일과 및 활동에 대한 평가를 해야 한다. 일일 교육계획안의 예를 제시하면 〈표 Ⅲ-5〉와 같다.

〈표 Ⅲ-5〉 일일 교육계획안의 예

일시	2019년 6월 3일 월요일
주제	주말과 휴일을 어떻게 지냈나요?
목표	1. 주말과 휴일 동안 있었던 이야기를 발표해 본다. 2. 생활 주변의 여러 가지 일들에 대해 관심을 갖고 알아본다.

<table>
<tr><th rowspan="2">활동시간 및 활동주제</th><th colspan="2">활동내용</th><th rowspan="2">자료</th></tr>
<tr><th>Ⅰ수준</th><th>Ⅱ수준</th></tr>
<tr><td>09:00
등원 및
언어놀이</td><td>• 등원하여 선생님께 인사한다.
• 소지품을 제자리에 바르게 정리한다.
• 출석카드의 2일 자리에 스티커를 붙인다.
• 언어놀이영역에서 놀이를 한다.</td><td>• 등원하여 선생님과 친구들에게 인사를 나눈다.
• 소지품을 제자리에 바르게 정리한다.
• 출석카드의 3일 자리에 월요일 도장을 찍는다.
• 언어놀이영역에서 놀이를 한다.</td><td>소지품 정리장,
출석카드, 바구니,
요일도장, 스탬프,
스티커, 달력,
언어놀이 교구</td></tr>
<tr><td>09:00~09:10
애국조회
일과계획 및
놀이계획</td><td colspan="2">• 9시가 되면 놀던 것을 정리하고 모여 앉는다.
- 오늘의 날짜, 요일, 날씨 알아보기(시제에 맞추어 어제와 내일의 요일도 알아보기)
• 애국조회(애국가, 국기에 대한 맹세)
• 이번 주의 약속 정하기, 도우미 정하기
• 출석 확인하기 및 새 소식 전하기
• 위인동화 듣기(동화를 듣고 느낌에 대해 이야기를 나눈다)
• 오늘의 활동순서 알아보기
- 새 교구 소개
- 여러 가지 작업 퍼즐
- 작업 소개
- 면봉그림, 손가락 인형
• 놀이계획(어떤 놀이를 할 것인지 생각해 보고, 계획지에 계획 한다)</td><td>시계, 달력, 이름카드,
녹음기, 테이프,
그림 카드, 동화책,
놀이계획지, 필기도구,
퍼즐, 면봉, 물감,
붓, 종이</td></tr>
<tr><td>09:10~10:00
자유선택활동</td><td colspan="2">• 계획지에 계획한 대로 놀이를 한다.
• 놀이할 때 영역에 이름을 표시하고 놀이한다.
• 여러 영역을 고루 돌면서 놀이한다.
• 놀이 중에 자유롭게 화장실에 다녀온다.</td><td>흥미영역 이름표,
각 영역 교재·교구,
칫솔, 컵</td></tr>
</table>

10:00~10:20 정리 · 정돈	• 악기 소리가 나면 정리를 한다. • 정리 · 정돈이 끝나면 놀이 평가를 한다. • 화장실에 다녀온 후 언어영역에 모여 앉는다.	소고, 놀이, 평가지, 필기도구
10:20~11:40 이야기 나누기	• 이번 주의 활동주제를 알아본다. – 여자와 남자 • 오늘의 이야깃거리를 소개한다(주말에 지낸 이야기 발표). • 내가 알아온 이야깃거리를 발표한다. • 궁금한 것들을 서로 토론해 본다. • 오늘의 이야기를 통해 알게 된 것을 종합한다.	이야깃거리, 융판, 화이트 칠판, 필기도구, 그림자료

4) 교육계획안 수립 시 고려할 점

다음에서 조순옥 외(2003)와 고정곤(2003)의 의견을 종합하여 고려할 점을 기술한다.

첫째, 유아에게 발달적으로 의미 있는 내용이어야 한다. 학습내용이 유아의 인지 · 정서 · 사회 · 신체발달에 적합할 뿐만 아니라 특히 유아의 성장 · 발달에 직결되어야 한다.

둘째, 교수-학습지도원리를 반드시 고려하여야 한다. 유아교육과정을 편성함에 있어서 효율적인 교육방법의 기준이 되는 자발성의 원리, 개별화의 원리, 사회화의 원리, 직관의 원리, 통합화의 원리 등 교수-학습지도의 원리가 반드시 종합적으로 고려되어야 한다.

셋째, 유아의 흥미와 관심을 끌 수 있도록 해야 한다. 유아의 흥미와 관심은 의미 있는 학습으로 이끄는 동기를 제공한다. 따라서 유아의 직접적인 경험, 놀이, 자발적인 활동을 중시해야 한다.

넷째, 교육목표 구현에 직결된 내용과 방법이어야 한다. 활동실에서 이루어지는 교수-학습활동이 단순히 그 시간에 학습되는 교재에 대한 유아들의 흥미만을 강조하여 새로운 경험을 제공하거나 주제활동의 전개만으로 생각한다면 당해 유아교육기관에서 설정한 교육목표 구현에 직결된 활동이 될 수 없다. 그러므로 교육과정 편성 시 당해 유아교육기관에서 구현하려고 하는 교육목적이나 교육목표가 구체적으로 반영되어야 한다.

다섯째, 유아의 문화적 배경, 개인적 경험에 근거하고 유아들의 가족 및 지역사회와 통합되어야 한다. 이는 유아교육활동이 유아 개인의 문화적 배경 및 유아의 가정, 이웃, 유아교육기관의 맥락 안에서 통합되어야 함을 의미한다.

여섯째, 과학적이고 합리적으로 수립되어야 한다. 현장 실정을 고려하여 현장성과 적용 가능성이 있는 계획이어야 한다. 또한 계획들이 교사에 의해서 일방적으로 책상 위에서 입안되거나 전시용, 제출용, 장부용, 실적용으로 입안되어 현장성이 결여되어서는 안 된다.

일곱째, 지역사회 내의 다양한 자원을 조사하여 활용하도록 계획한다. 지역사회 내의 다양한 자원의 활용은 물론, 학부모를 자원봉사자로 참여시키는 등 지역사회 및 학부모 자원활용의 다양화를 기해야 한다.

여덟째, 계획 수립 절차와 내용이 일관성이 있어야 한다. 일관성이란 질서 있는 상호 관련성을 의미한다. 본시 학습활동목표가 구현되어 자연스럽게 일일, 주간, 월간, 연간 목표가 구현될 수 있어야 한다.

아홉째, 교사, 유아, 부모, 지역사회 인사 등이 상호 역동적인 관계 속에서 이들의 의견과 요구를 계획 수립에 반영하는 것은 물론 야기되는 문제에 대한 공동 협의가 이루어져 그 결과가 계획 수립에 반영되어야 한다.

열째, 교사의 교육적 소양에 기초해야 한다. 교사의 역할, 유아학습심리, 유아발달특성, 학습 자체에 대한 특성과 원리, 교육에 대한 사회적 요구, 지역사회의 특수성, 학습이론과 교수-학습방법, 학습에 필요한 자료 등 교육에 직·간접적으로 영향을 주는 제 요인이 교육과정 편성 시 반드시 고려되어야 한다.

열한째, 유아교육활동은 다른 여러 영역 활동과 통합되어야 한다. 예를 들면, 유아들에게 언어를 사용하도록 다른 사람과의 의사소통을 격려하고 미술, 음악, 율동을 통해 아이디어를 표현하도록 격려한다.

2. 하루일과 활동지도 평가

하루일과는 유아교육기관의 보육활동에서 기본이 되는 1일 단위보육활동으로 등원해서 하원까지 하루 동안에 이루어지는 보육의 통합이다. 하루일과활동은 연간 보육활동계획, 월간 보육활동계획, 주간 보육활동계획이 서로 연계되어 계획되어야 한다.

따라서 합리적이며 효율적인 보육활동이 이루어지게 하기 위해서는 연간, 월간, 주간 보육활동계획을 근간으로 하여 하루일과 지도계획과 평가계획이 치밀하게 사전에 수립되어 시행해야 한다.

1) 하루일과 활동내용 선정

하루일과란 1일 동안 진행되는 다양한 활동내용의 통합을 말한다. 하루일과는 어떤 활동으로 하루 생활이 통합되느냐에 따라 하루일과활동의 성격이 달라진다. 하루일과활동은 유아교육기관의 운영철학이나 특수성, 학부모나 유아의 요구나 기대에 따라 달라지지만 각 유아교육기관에서 어떠한 유형의 교육, 보육목표를 설정하든 또는 어떠한 유형의 교육, 보육 프로그램을 적용하든 간에 보편적으로 편성되는 공통일과가 있는데, 이것을 일반적으로 하루일과활동 또는 일상생활활동이라고 한다. 여기에 포함되는 일상생활활동, 즉 하루일과활동에서는 대체적으로 등원, 간단한 신체검사, 기저귀 갈이, 배변지도, 휴식, 낮잠, 간식, 점심, 점심식사 전 손 씻기, 점심식사 후 손 씻기, 점심식사 후 이 닦기, 정리 정돈, 화장실 가기, 주의집중, 전이, 실내선택놀이, 실외선택놀이, 자유선택활동 평가, 귀가(하원), 귀가 중 대기활동 등을 들 수 있다.

2) 하루일과활동 평가계획

하루일과활동 평가계획은 보육계획안 중에는 주간 보육계획안에 근거하여 지도목표를 선정하고 지도목표 구현을 위한 지도계획을 수립한 후에 이 지도계획에 의거 평가계획을 세우게 된다. 다음 〈표 Ⅲ-6〉에서 하루일과활동 평가계획의 '예'를 제시한다.

〈표 Ⅲ-6〉 하루일과활동 평가계획

하루일과	일과목표	지도내용	평가요소 및 내용	적용 연령
1. 등원	1) 하루일과를 효율적으로 운영하기 위한 준비 2) 학부모로부터 유아지도에 필요한 정보 수집 3) 바른생활 정착	(1) 유아들이 하루일과 진행에 따른 즐거운 마음 갖기 지도 (2) 하루일과 진행에 따른 유아 건강, 정서상태 점검 (1) 가정에서 유아 동태, 건강에 따른 정보 제공 받기 (1) 바른 생활습관 정착을 위한 다양한 현장경험 제공 및 확인, 평가	(1) 유아 개인별 동태 확인 : 유아 개인별 특이사항을 적절히 이해하는가? (2) 생활규칙 준수상황 확인 : 등원 후 현관이나 활동실에서 지켜야 할 생활규범이나 수칙을 잘 이행하는가?	0~5세
2. 간이 신체 검사	1) 하루일과를 효율적으로 운영하기 위한 신체·정서상황 및 조건 확인 2) 교사와 친밀관계 유지	(1) 유아의 건강상태 확인 • 안색, 거동 상태 • 전염병 감염 여부 • 발열상황 • 부모의 의견 청취 • 기타 건강상황 (1) 유아 몸 어루만지기, 등 두드려주기, 머리 쓰다듬기, 미소 짓기 등으로 교사와 친밀관계 형성	(1) 유아의 건강상태 확인 : 유아들의 안색을 비롯하여 안면, 거동상태를 적절한 방법으로 확인하는가? (2) 친밀관계 형성 : 친밀관계 형성을 위하여 유아를 대하는 방법은 적절한가?	0~5세

3. 수유 및 이유 지도	1) 적절한 영양 공급으로 유아의 건강증진 2) 수유와 이유과정을 통한 교사와 친밀성 유지 3) 이유시기의 적정	(1) 영양식을 위한 수유 • 유아 개인별 음식의 종류와 양 (2) 수유를 위한 설비 및 청결관리 • 수유기구 개인별 관리 (1) 개인별 수유방법의 적정 (2) 수유 시 교사의 역할과 태도 (1) 수유에서 이유로 변경시키는 방법과 절차의 바른 이해 • 변경시키는 시기 • 유동식에서 고형식 음식으로의 변화과정	(1) 수유 · 이유 장소의 적절성 : 수유 · 이유 장소는 기저귀 갈이 화장실에서 떨어지고 청결관리에 주력하는가? (2) 수유 · 이유방법의 적절성 : 수유 · 이유시 교사와 유아 간에 스킨십이 적절히 이루어지는가? (3) 수유 · 이유기구의 보관상황 : 수유 · 이유기구가 유아 개별적이며 청결하게 관리되고 있는가?	0~1세
4. 귀저귀 갈기	1) 유아의 안전하고 즐거운 위생생활 도모 2) 교사와 영아 간의 상호작용으로 친밀성 도모	(1) 기저귀 갈이 영역 배치의 적절성 • 수유 · 이유 및 간식영역에서 떨어짐 • 기저귀 갈기 기구의 비치상자 및 기구의 정리 · 보관방법 (2) 영아의 개인적 특성과 요구를 고려한 기저귀 갈이 (3) 기저귀 갈이방법의 적절성 • 기저귀 갈이 후 손 씻기 • 기저귀 가는 시간 동료 영아의 안전성 살피기 (1) 영아와의 스킨십을 통한 친밀성 배양방법 및 태도	(1) 개인차를 고려한 배변 실시 상황 : 영아 개개인의 발달 특성을 고려한 배변지도가 이루어지고 있는가? (2) 배변 시설 · 기구의 관리상황 : 배변 시설 · 기구설비 및 위생적 관리상황은 적절한가?	0~1세
5. 배변 지도	1) 개인별 개인차를 고려한 배변지도를 통하여 유아의 편안한 심리적 안전 도모	(1) 연령에 따른 영아 배변지도시기의 적절성 • 대변 : 13~15개월 • 소변 : 20개월 • 유아 개인적 특성과 요구존중 (2) 연령에 따른 영아 배변지도방법의 적절성 • 강요하거나 성급하게 지도하지 않음 • 불안감 제거 : 부정적 성격형성 우려 (3) 화장실 설비 및 위생적 관리 • 영아 크기의 변기, 세면대 • 이동식 아가용 변기	(1) 개인차를 고려한 배변 실시 상황 : 유아 개개인의 발달 특성이나 요구에 따라 배변지도가 이루어지고 있는가? (2) 화장실 설비의 적절성 : 화장실 내 영아용 배변기구 설비 및 위생적 관리상황은 적절한가? (3) 올바른 배변습관 정착 : 영아들에게 올바른 배변습관 정착을 위한 방안은 적절한가?	0~5세

6. 휴식, 낮잠	1) 영유아들에게 피로를 회복해 줌으로써 활기찬 일상생활 도모 (2) 피로 회복을 통한 영유아의 건강 증진 및 학습의 효율성 도모	(1) 피로감을 적게 느끼게 하는 일과 편성 방안 • 동적 활동과 정적 활동의 균형적인 배치 • 실내외 활동의 균형적 배치 (2) 휴식, 낮잠지도의 효율화 • 유아개인특성에 따른 휴식 낮잠지도 • 조용한 음악, 적절한 조명 유지 • 낮잠을 자지 않는 유아에 대한 지도 • 온도의 적정 유지 (1) 낮잠 휴식에 필요한 시설·설비 • 낮잠 장소 • 요, 이불 • 기타 기구나 설비	(1) 영유아의 특성을 고려한 휴식·낮잠지도 : 영유아의 개인적 특성이나 요구를 고려하여 휴식·낮잠지도가 개별화되었는가? (2) 낮잠·휴식을 위한 여건 조성 : 낮잠·휴식을 우한 시설·기구의 설비 및 여건이 합리적으로 조성되어 있는가?	0~5세
7. 점심	1) 양질의 영양 공급을 통한 신체적, 정서적, 사회적, 정신적 성장·발달 도모	(1) 연령에 따른 급식방법 지도 • 0~1세 : 개별 급식 • 1세 이상 : 동료 유아와 공동 급식 (2) 영양식 • 연령별 소요 영양 칼로리 파악 • 연령별 소요 열량에 따라 급식 제공 (3) 점심식사를 통해 교사-유아 간, 유아 상호 간의 친밀성 도모 (4) 식사에 따른 다양한 식사예법 지도 (5) 식사를 하기까지 관여한 분들에 대한 감사하기 (6) 식재료의 위생적 보관관리	(1) 식생활습관 정착 : 연령별로 식생활습관 정착을 위한 방안이 적절한가? (2) 상호작용의 효율화 : 유아 상호 간 또는 유아-교사 간에 친밀성 강화를 위한 상호작용에 주력하고 있는가? (3) 식단계획의 합리성 : 양질의 영양 공급을 위한 식단계획이 합리적으로 이루어지고 있는가? (4) 식사지도의 개별화 : 연령발달, 유아의 특성 및 요구에 따른 식사지도의 개별화가 이루어지고 있는가? (5) 식사 후 뒤처리 : 식사 후 뒤처리가 적절한가?	0~5세
8. 간식	1) 부족 영양소 공급을 통한 유아 건강관리 2) 동료 유아 간, 교사-유아 간의 원활한 상호작용을 통한 친밀감 조성	(1) 간식의 필요성 (2) 음식별 영양 칼로리 및 유아 건강과의 관계성 이해 (3) 유아개인별 특성 및 요구에 따른 간식의 개별화 (4) 간식과 집단 간식의 시행 시기 및 방법 (5) 간식의 시기 및 소요시간 (6) 간식 시 지도하는 식사예법 선정 지도	(1) 간식시간의 적절성 : 하루일과시간에 간식시간이 적절히 편성되어 있는가? (2) 영유아특성을 고려한 간식지도 : 영유아의 개인적 특성과 요구를 고려하여 간식이 이루어지는가? (3) 유아 상호 간의 친밀성 도모 : 간식시간을 이용하여 유아 상호 간에 친밀성 도모를 위해 노력하는가? (4) 체계적인 간식 예절지도 : 간식시간을 이용하여 간식 예절지도가 이루어지는가?	0~5세

9. 점심 식사 전후 손 씻기, 이 닦기	1) 위생습관의 생활화를 통하여 질병을 예방하여 유아 건강생활 도모	(1) 음식물과 세균전염과의 관계 (2) 세균이 유아의 몸에 전염되는 경로에 대한 이해 (3) 세균과 유아의 몸에 전염을 예방하는 방법 (4) 손 씻기의 필요성과 손 씻기 방법 이해 (5) 이 닦기의 필요성과 이 닦기 방법의 이해 (6) 손 씻기가 어려운 경우에 대한 이해 (7) 손 씻기, 이 닦기 방법 그림으로 제시하기	(1) 식사 전후 위생생활 : 식사 전후 손 씻기, 이 닦기를 합리적인 방법으로 실천하는가? (2) 음식물에 의한 세균 감염성 : 유아들이 음식을 통해 감염될 수 있는 감염병의 종류와 예방법에 대하여 이해하고 있는가?	0~5세
10. 정리 정돈	1) 활동에 따른 정리정돈할 내용 이해능력 배양 2) 정리정돈의 생활화	(1) 정리정돈의 필요성에 대한 이해 (2) 일과활동별, 장소별 정리정돈 활동내용 이해하기 (3) 유아연령에 따른 정리정돈방법 익히기 (4) 정리정돈 안내방법 이해 (5) 정리정돈을 할 수 있는 방법 안내 • 교재·교구 위치 표시해 두기 (6) 개별 정리정돈과 집단 정리정돈 방법 익히기 (7) 완성하지 못한 작품에 대한 처리방법 이해 (8) 정리정돈 결과보다 정리정돈 과정을 중시	(1) 개별 정리정돈방법의 적합성 : 일과활동 후에 개별 정리정돈의 기회가 발생했을 때 처리하는 방법은 적절한가? (2) 집단 정리정돈방법의 적합성 : 집단 정리정돈의 기회가 발생했을 때 처리하는 방법은 적절한가? (3) 정리정돈 시기와 신호의 적합성 : 정리정돈의 시기, 정리정돈 안내 신호는 활동내용의 성격에 따라 적절한가?	3~5세
11. 화장실 가기	1) 생리적 욕구 충족을 통한 심리적 안정 도모	(1) 연령발달에 따른 화장실 사용방법 지도 (2) 유아 개인별 특성 및 요구에 따른 화장실 사용방법 지도 (3) 화장실에서 지켜야 할 생활습관 내용별 실천방안 이해 (4) 화장실 이용과정에서 유아들의 성교육 실시 (5) 화장실 내의 각종 비품 및 기구 사용법에 대한 이해 (6) 화장실 내의 청결방법 이해	(1) 화장실 사용예절에 대한 평가의 적절성 : 화장실에서 지켜야 할 예절을 잘 선정하고 이를 지도하기 위한 계획은 적절한가? (2) 화장실 내 시설·설비·기구의 적합성 : 화장실 내 시설·설비·기구가 적절하게 설비·배치되어 있는가? (3) 화장실 가기의 연령적 적합성 : 유아연령에 따른 화장실 가기 및 화장실 사용하는 방법의 지도가 적절한가?	3~5세

12. 주의집중	1) 학습목표나 학습활동에 초점화시키어 학습의 효율성 도모 2) 다양한 자극 중에서 자기에게 필요한 자극선별방법 이해	(1) 주의집중의 개념과 주의집중의 필요성에 대한 이해 (2) 학습활동 중 주의집중기법에 대하여 이해시키고 실천하도록 한다. • 교사자료 제시를 통한 주의집중 • 구체적인 예시자료를 통한 주의집중 • 특이한 자극 제시 • 수수께끼, 노래, 짧은 게임, 손유희 등 (3) 주의집중 게임의 적절성에 대한 이해 (4) 주의집중시간의 적절성에 대한 이해 (5) 활동 간 주의집중기법 적용 방법의 적절성	(1) 주의집중시기의 적합성 : 학습활동 중 주의집중시기가 학습상황에 따라 적절하게 이루어지는가? (2) 주의집중방법의 적절성 : 학습활동 중 학습활동 진행상황에 따른 주의집중방법은 적절한가?	3~5세
13. 전이	1) 학습활동의 단절이 없이 연속적으로 이루어지게 함 2) 불필요한 대기시간을 단축시키어 학습의 효율성 도모	(1) 학습활동 전개과정에서 전이활동 시 필요한 이유 이해 (2) 끝나는 활동과 다음에 이어지는 활동 간의 성격에 따른 전이 기법의 유형 이해 (3) 활동상황에 따른 다양한 기법 적용방법 이해 (4) 전이활동 적용 시 교사의 역할 이해 (5) 전이시간이 길어지는 경우 일찍 준비가 완료된 유아에 대한 대책 (6) 전이시간을 최소화시키는 방안	(1) 전이기법 적용의 적시성 : 유아교육활동 상황에 따라 전이기법이 적절하게 적용되는가? (2) 전이기법 적용의 적합성 : 활동상황에 따라 적용되는 전이기법은 적절한가?	3~5세
14. 평가	1) 하루생활 평가를 통한 1일 교육목표 도달도 확인 2) 하루일과 운영상의 문제점 및 이에 대한 대책 강구	(1) 하루생활에 대한 종합적인 평가 (2) 일과 내용별 평가 (3) 유아 개인별 평가 (4) 문제점 및 문제점에 대한 대책 강구	(1) 하루일과 평가방법의 적정성 : 하루일과 평가에 대한 방법과 절차는 적절한가? (2) 일과내용별 평가방법의 적절성 : 일과내용별 평가방법과 절차는 적절한가? (3) 개인별 평가방법의 적절성 : 유아 개개인이 실시하는 하루일과 평가에 대한 방법과 절차는 적절한가?	3~5세

15. 하원	1) 안전귀가를 통한 교사의 책무 이행 2) 귀가 시 자기소지품을 정리하는 습관 장착 3) 부모를 통한 유아에 대한 교육 정보 수집	(1) 안전귀가를 위한 제반 조직 및 계획 수립 (2) 귀가 시 유아 각자가 집에 가져가야 할 소지품, 교육자료는 스스로 챙기기 (3) 영유아의 하루생활 중 부모에게 알려줘야 할 내용 정리하기 (4) 유아의 하루생활 중 특기 사항에 대하여 부모에게 전달하기 (5) 유아, 유아모에게 다음날 이루어지는 일과내용에 대하여 이해시키기	(1) 귀가계획 수립상황 : 당일 안전귀가를 위한 대책이 사전에 치밀하게 수립되었는가? (2) 귀가 시 필요한 용품 정리 : 귀가 시 자기 소지품이나 유아 교육기관에서 가정에 보내는 교육자료를 잘 정리하는가? (3) 부모를 통한 교육정보 교환상황 : 부모를 통하여 교육적 정보를 얻는 데 노력하는가?	3~5세
16. 잔류 유아에 대한 하원 지도	1) 잔류 유아에 대한 안전한 하원 지도로 교사의 책무 이행	(1) 잔류 유아에 대한 효율적인 추가 지도 ① 잔류 유아 대기 공간 확보 ② 잔류 유아 프로그램 개발 ③ 잔류 유아지도를 위한 교재·교구 확보 ④ 잔류 유아에 대한 개별화 교육	(1) 통합보육공간 확보 : 잔류유아를 위한 공간 확보는 적절한가? (2) 통합보육 프로그램의 적절성 : 잔류유아를 위한 프로그램, 교재·교구 확보상황은 적절한가?	3~5세

제 2 장 교수-학습활동의 실행

당해 유아교육기관에서 설정한 교육 또는 보육목표를 구현하기 위해서는 교수-학습활동 계획, 즉 보육활동계획안을 수립하고 수립된 보육활동계획안에 의거 영유아들에게 직접적으로 보육활동을 유도하는 교수-학습활동 실행으로 이어진다. 아무리 훌륭한 교수-학습활동 계획의 방법이나 절차가 합리적으로 수립되었다 할지라도 영유아를 대상으로 직접적으로 지도하는 교수-학습활동 실행이 합당하게 진행되지 않는다면 교육 또는 보육목표 구현이 제대로 이루어지지 못하므로 전절에서 이루어진 교수-학습활동계획안(보육활동계획안) 수립 못지않게 교수-학습활동을 실행하는 일 또한 중요하다.

교수-학습활동 가운데 대표적인 활동으로 일상생활활동운영과, 일상생활활동운영의 효율화를 돕기 위한 실내외환경설비, 실내외 자유놀이지도의 방법과 절차에 대하여 다음에서 기술한다.

1. 하루 일상생활활동의 이해

하루 일상생활활동이란 유아교육기관에서 하루 동안에 통상적으로 이루어지는 활동으로 유아들이 유아교육기관의 일상생활에 잘 적응하기 위해서는 일상생활활동지도가 체계적으로 이루어져야 한다.

1) 하루 일상생활활동의 개념

유아교육기관에서 이루어지는 하루 일상생활활동(하루생활활동)이란 '유아교육기관에서 매일과 같이 이루어지는 하루의 일상생활활동 중에서 거의 매일과 같이 반복적이고 규칙적이며 연속적으로 이루어지는 활동'을 말한다. 이러한 하루 일상생활활동은 당해 유아교육기관에서 어떠한 유형의 보육과정이나 프로그램을 적용하든 간에 대부분의 유아교육기관에서 통상적으로 이루어지는 1일 일과활동이다.

2) 하루 일상생활활동의 필요성

유아교육기관에 갓 입원한 영아들이 유아교육기관에 처음에 잘 적응하지 못하는 이유는 가정생활이 비교적 유아 중심적이며 단조로운 데 반해 유아교육기관의 하루 일상생활은 집단성이 강하여 영유아의 요구나 기대가 상당부분 유보되며 또한 다양한 일과로 편성되어 유아들에게 흥미로우면서도 한편으로 수시로 변화하는 다양한 활동에 적응하기에 피곤함을 느끼기 때문이다.

이러한 유아교육기관에서 이루어지는 일상생활활동에 잘 적응할 때 당해 유아교육기관에서 설정한 보육목표가 합리적으로 구현되는 것이다.

3) 하루 일상생활활동의 특수성

(1) 하루 일상생활활동은 대부분의 유아교육기관에서 통상적이며 공통적으로 이루어진다.
(2) 하루 일상생활활동이 정상적으로 이루어지지 않는다면 해당 유아교육기관의 질서가 파괴되며 혼란을 가져온다.
(3) 하루 일상생활활동은 유아가 바람직하게 참여해야 되는 유아교육기관에 대한 유아의 적응교육이다.
(4) 바람직한 유아교육활동이 정상화되기 위해서는 우선적으로 하루 일상생활활동이 바르게 정착되어야 한다.

4) 하루 일상생활활동 내용

하루 일상생활활동이 선정되면 다음에는 연령별로 지도해야 되는 연령별 하루 일상생활활동 내용을 선정하여 해당 연령에서 철저하게 지도해야 한다.

대부분의 유아교육기관에서 통상적으로 이루어지는 하루 일상생활활동 내용을 영역별로 분류하면 〈표 Ⅲ-7〉과 같다.

〈표 Ⅲ-7〉 하루 일상생활활동 내용

영역	하루 일상생활활동	계
섭식	수유 및 이유, 간식, 점심	3
건강 · 위생관리	간단한 신체검사, 점심 전 손 씻기, 점심 후 이 닦기, 휴식, 낮잠	5
배설	기저귀 갈이, 배변활동, 화장실 가기	3
등 · 하원	등원, 하원, 하원 대기지도	3
학습활동 지원	정리정돈, 주의집중, 전이, 실내외놀이, 자유선택활동 평가	5

위 표에서 보는 바와 같이 일반적으로 하루 일상생활활동 내용은 섭식 등 5개 영역에 걸쳐 총 19개 활동으로 대별할 수 있다.

5) 연령별 하루 일상생활활동 지도내용

위에 제시된 하루 일상생활활동은 대상 유아의 연령이나 유아의 발달상황에 따라 거기에 알맞게 활동내용을 선정하여 지도하여야 한다. 유아 개개인의 연령이나 발달수준에 알맞지 않은 내용이나 방법으로 지도할 때 해당 유아는 교육기관에 적응이 더욱 어려워져 등원을 거부하기도 한다.

연령별 하루 일상생활활동 지도내용은 다음과 같다.

〈표 Ⅲ-8〉 연령별 하루 일상생활활동 지도내용

순	일상생활활동 내용	적용연령						비고
		0	1	2	3	4	5	
1	등원	O	O	O	O	O	O	
2	간단한 신체검사	O	O	O	O	O	O	
3	수유 및 이유	O						
4	기저귀 갈이	O	O					
5	배변활동		O	O				
6	휴식	O	O	O	O	O	O	
7	낮잠	O	O	O	O	O	O	
8	간식		O	O	O	O	O	
9	점심		O	O	O	O	O	
10	점심식사 전 손 씻기				O	O	O	

11	점심식사 후 이 닦기				○	○	○	
12	정리정돈				○	○	○	
13	화장실 가기				○	○	○	
14	주의집중				○	○	○	
15	전이				○	○	○	
16	실내외 자유놀이			○	○	○	○	
17	자유선택놀이활동			○	○	○	○	
18	하원 대기 유아지도	○	○	○	○	○	○	
19	평가			○	○	○	○	
20	하원지도	○	○	○	○	○	○	

2. 하루 일상생활활동(일일 일과활동)의 유형 · 지도 운영

다음에서 하루 일상생활(일일 일과활동)의 유형과 운영요령에 대하여 알아본다.

1) 일일 일과활동의 유형

일일 교육계획안은 주간 교육계획안에 준하여 작성된다. 주간 교육계획안은 이미 생활주제와 활동주제를 중심으로 환경 구성, 자유선택활동, 집단활동 등이 통합적으로 구성되어 있기 때문에 일일 교육계획안의 각 활동들은 서로 분리된 활동이 아니라, 생활주제를 중심으로 상호 관련이 있는 활동들로 통합적으로 연결되어 있다.

유아교육기관 일일 일과활동 유형별 활동내용은 대체적으로 〈표 Ⅲ-9〉와 같다.

〈표 Ⅲ-9〉 유치원 일일 일과활동 유형별 지도내용

유형 1 (반일제)		유형 2 (반일제)		유형 3 (종일제)	
8:45~9:00	등원	8:45~9:00	등원	8:00~9:00	등원
9:00~10:30	놀이계획 및 자유선택활동, 자유 간식	9:00~9:50	놀이계획 및 자유선택활동	9:00~11:00	놀이계획 및 자유선택활동, 자유 간식
10:30~10:40	정리정돈	9:50~10:00	정리정돈	11:00~11:10	정리정돈

<table>
<tr><td>10:40~10:55</td><td>대집단활동
(이야기 나누기, 평가)</td><td>10:00~10:30</td><td>대집단활동
(이야기 나누기, 평가)</td><td>11:10~12:00</td><td>실외놀이</td></tr>
<tr><td>10:55~11:30</td><td>실외놀이</td><td>10:30~10:50</td><td>간식</td><td>12:00~12:15</td><td>대집단활동
(이야기 나누기)</td></tr>
<tr><td>11:30~11:50</td><td>대 · 중 · 소집단 활동(동화, 게임, 음악 등)</td><td>10:50~11:20</td><td>대 · 중 · 소집단 활동(동화, 게임, 음악 등)</td><td>12:15~12:25</td><td>점심 준비</td></tr>
<tr><td rowspan="6">11:50~12:00</td><td rowspan="6">평가 및 귀가</td><td>11:20~11:50</td><td>실외놀이</td><td>12:25~13:30</td><td>점심/이 닦기
조용한 활동</td></tr>
<tr><td rowspan="5">11:50~12:00</td><td rowspan="5">평가 및 귀가</td><td>13:30~15:00</td><td>낮잠 및 휴식</td></tr>
<tr><td>15:00~16:30</td><td>자유선택활동
및 자유 간식</td></tr>
<tr><td>16:30~16:45</td><td>정리정돈</td></tr>
<tr><td>16:45~17:00</td><td>평가 및 귀가</td></tr>
<tr><td>17:00~18:00</td><td>개별 귀가</td></tr>
</table>

〈표 Ⅲ-9〉에서는 유아교육기관 하루일과의 세 가지 유형을 제시하고 있다. 유형 1과 유형 2는 반일제 프로그램의 하루일과이며, 유형 3은 종일제 프로그램의 하루일과이다. 각 유형들의 공통점은 모두 집단(대 · 중 · 소)활동과 개별활동, 교사 주도활동과 유아 주도활동, 선택활동과 필수활동, 실내활동과 실외활동이 균형 있게 안배된 것이다. 일과에 중 · 소집단 크기와 수는 유아교육기관 교사 대 유아의 비율에 따라 달라질 것이다. 일반적으로 만 3, 4세 학급에서는 유형 1과 같이 유아들에게 자유선택활동시간을 많이 주고, 대집단활동보다는 개별활동과 중 · 소집단활동을 많이 하도록 계획한다.

2) 일일 일과활동의 운영방법

하루일과는 크게 자유선택활동과 대 · 중 · 소집단활동으로 나뉜다. 자유선택활동은 실내활동과 실외활동으로 나누어지며, 대집단활동에는 이야기 나누기, 동화 듣기, 노래 부르기, 게임, 휴식시간과 낮잠, 간식과 점심시간, 전이활동, 정리정돈활동, 평가와 귀가지도가 있으며, 중 · 소집단활동에는 신체활동, 동시, 관찰활동, 동극, 작업(협동놀이), 요리하기 등이 있고, 개별활동에는 등원, 자유선택활동, 화장실 가기 등이 있다. 다음에서 대집단활동, 중 · 소집단활동, 개별활동의 전개방안에 대하여 기술한다.

(1) 대집단활동

① 이야기 나누기

이야기 나누기는 하루의 교육활동 중에서 가장 중심이 되는 활동으로 교사와 유아가 함께 모여 앉아 교사가 유아에게 어떤 가치판단의 기회가 될 만한 상황을 제시하고 그 장면에 대하여 유아와 이야기를 나누는 활동으로 교사에게는 특히 이야기 나누기 기술이 있어야 한다.

ㄱ. 활동내용

이야기 나누기 시간에서는 다음과 같이 일상생활에서 경험했던 일부터 주제와 관련된 활동, 또 교사가 전하고 싶은 개념이나 설명이 필요한 내용 등을 다룬다.

- 정보 전달하기
- 유아의 경험(봄나들이, 견학, 극기훈련 등) 발표하기
- 활동실 내의 주요 사항(새로운 규칙 결정하기, 하루일과 프로그램 계획하기 등) 해결하기
- 주제 선정과 전개를 위한 질문목록과 조사방법의 토의
- 주제에 따른 실물, 그림 자료 제시
- 특정 주제에 대해 토의하기
- 자유선택활동이나 일과 운영을 위한 계획 수립
- 자유선택활동시간의 활동결과 발표 및 평가 등

ㄴ. 교사의 역할

- 쉽고, 명랑하며 유머 있는 말을 하고, 유아의 경험을 중심으로 문답식 질문을 한다.
- 이야기 도중에 유아들의 의견을 무시하지 않으며 유아들이 말을 많이 하도록 동기유발을 한다.
- 가르치고자 하는 것은 반드시 자료를 준비하고 실험을 할 경우에는 하루 전에 자료를 준비하도록 한다.
- 이야기 내용을 극화하여 효과를 극대화할 수도 있다.
- 모든 유아가 참여할 수 있도록 배려하고 발표 시 수줍음을 타는 유아에 대한 배려가 있어야 한다(손가락 인형, 손 인형, 막대 인형 활용).
- 이야기 나누기 시간을 반드시 매일 하거나 전체 학급의 유아가 동시에 참여해야 한다는 생각을 바꾸어야 한다.
- 유아들에게 주의를 집중시키는 다양한 기술을 강구한다.
- 유아들에게 수렴적 질문과 확산적 질문을 적절히 사용하며 질문의 개별화로 유아수

준에 맞는 질문을 해야 한다.

- 유아들에게 질문을 한 후에는 반드시 생각할 수 있는 시간(wait time)을 주어야 한다.

② 동화 듣기

유아들은 구수한 옛날 이야기나 꿈과 희망을 주는 동화 등 모든 이야기 듣기를 좋아한다. 동화책은 가격이 저렴하고 언제 어디서나 유아들이 쉽게 접할 수 있으며 활용성이 높기 때문에 모든 유아교육기관에서 많이 활용하고 있다.

ㄱ. 동화책 읽어주기

- 교사는 동화책을 읽어주기 전에 이야기의 내용을 충분히 파악하고 있어야 한다.
- 유아로 하여금 편안한 마음으로 감상할 수 있도록 환경을 배려한다. 즉, 동화책이 잘 보이도록 뒤에 앉은 유아들은 의자에 앉게 하는 것이 좋다.
- 동화책은 교사의 왼쪽(오른쪽)으로 들고 보여 준다. 이때 동화책의 높이는 유아의 눈 높이가 좋다.
- 이야기의 내용에 맞춰 감정을 넣어 적당한 속도로 읽어주며, 유아에게 시선을 골고루 보낸다.
- 교사는 이야기책을 다 읽어준 후 함께 토의할 수 있는 몇 가지 질문을 던진다.
- 동화책을 읽는 도중 유아가 질문할 경우, 적절히 판단하여 처리하는 것이 좋다.

ㄴ. 동화 구연하기

- 교사는 이야기의 내용을 이해하여 구연할 수 있도록 연습을 충분히 해야 한다.
- 이야기의 내용에 따라 구체적인 제스처를 생각해 보아야 한다.
- 이야기는 너무 오랫동안 진행되어서는 안 된다.
- 유아가 싫증을 내지 않도록 간단한 소품이나 배경 그림을 사용한다.
- 내용 중간에 유아가 적당한 말이나 행동으로 참여할 수 있는 기회를 주는 것이 좋다.
- 전체 유아들을 골고루 바라보면서 천천히 이야기한다.
- 너무 과장된 제스처나 얼굴 표정을 지어서는 안 된다.

③ 노래 부르기

유아교육기관에서 교사들은 하루에 10여 회까지 노래 부르기를 지도하는 등 유아교육활동에서 많이 활용하고 있다. 따라서 교사는 유아들에게 적절한 노래를 많이 지도해 주어 유아들이 유아활동뿐만 아니라 일상생활에서 느낌에 맞는 노래를 부르도록 지도해야 한다. 효율적인 지도방안은

ㄱ. **노래의 단계적 지도방법**

- 동기유발
- 교사의 시범 창
- 이미 알고 있는 유아들이 노래 불러주기
- '라라'와 같은 말을 넣어 멜로디 부르기
- 노랫말 붙여 부르기의 과정을 밟아 지도한다.

ㄴ. **노래지도 시 유의할 점**

- 유아 노래는 중앙도(C)에서 다(A)까지의 6도 이내 음역을 가진 노래로서 노랫말, 리듬 형태가 반복적이며 리듬, 멜로디가 명확하고 기억하기 쉬워야 한다.
- 노랫말을 소개할 때는 이야기 들려주기 형식으로 융판 막대자료를 이용하여 흥미를 끌게 하고 노랫말을 적어 함께 읽어 보게 하는 등 이야기 형식을 취한다.
- 노래를 지도할 때에 반주는 꼭 필요한 것은 아니지만 활용 시에는 조용히 작은 소리로 한다.
- 노래를 부를 때 교사는 유아와 서로 눈을 마주쳐 즐겁고 따뜻한 분위기를 갖게 한다.
- 유아 노래는 비교적 짧고 반복적이므로 새 노래를 지도할 때는 전체를 익히는 것이 좋으나 한 번에 다 익히려고 계속 부르게 되면 흥미를 잃을 우려가 있다.

④ 게임

게임은 유아교육기관에서 장소, 기구, 시간에 구애됨이 없이 자유스럽게 이루어질 수 있는 활동으로 게임 자체가 즐겁게 놀 수 있는 것이어야 하며 반복하는 중에 즐거움이 증대된다. 게임의 효율적인 지도방안은

- 게임의 내용에 따라 대집단 또는 중·소집단으로 나누어 실시한다.
- 학기 초에는 단순한 내용이나 규칙, 지시가 적은 원 게임을 계획하고, 유아들이 게임의 규칙을 이해하고 이를 지킬 수 있는 능력이 발달하면 편 게임을 지도한다.
- 게임의 방법이나 규칙은 교사가 설명하여 줄 수도 있으나, 유아들과 함께 정하는 것이 좋으며 이때 유아들의 의견을 더욱 수렴하고 게임 실시 후에 문제점을 찾아 유아들 스스로 게임방법이나 규칙을 수정·보완하도록 한다.
- 게임이 끝난 후에는 반드시 평가시간을 가져 게임의 결과보다 과정에 관심을 가지도록 함으로써 유아들이 협동하고 규칙을 잘 지킬 수 있는 능력 배양에 주력한다.

⑤ 휴식시간과 낮잠

일과시간 동안 유아들은 활동량이 많아 피곤해지기 쉽다. 특히, 종일제 프로그램을 운영하는 경우나 놀이를 한 후 여름에 날씨가 더울 때는 휴식이나 낮잠시간을 가짐으로써 유아들이 피로와 긴장을 풀고, 다음에 이어지는 활동에 새로운 힘과 여유를 가지도록 해야 한다. 효율적인 지도방안은

- 동적인 활동과 정적인 활동을 적절히 안배하여 휴식시간을 대신해 준다.
- 더운 여름철이나 과격한 행동 뒤에는 15~20분 정도, 휴식시간을 가지는 것이 좋다.
- 낮잠시간의 길이는 3세 유아의 경우, 점심식사 후 1~2시간, 4, 5세 유아는 30분~1시간 정도가 적당하다.
- 동시나 조용한 음악을 감상하거나 조용히 동화를 들려주면서 피로감을 풀고 심미감을 맛볼 수 있도록 해준다.
- 적절한 장소와 준비물을 마련해 준다. 조용하고 아늑한 곳에 쿠션, 깔개를 준비해 두어 유아들이 원하는 자세로 쉬도록 해준다. 조명은 너무 밝지 않게 한다.
- 유아 개개인의 다른 생리적 욕구를 인정한다. 휴식이나 낮잠을 원하지 않는 유아는 좋아하는 활동을 제공하여 조용히 하도록 해준다(예 : 동화 읽기, 만들기, 그리기, 음악 듣기 등).

⑥ 간식과 점심시간

유아기는 신체나 정신발달이 급속히 이루어지는 시기이므로, 정상 체위와 체격, 건강한 체질과 올바른 식생활 습관을 형성하는 기초 단계로서 이 시기에는 균형 잡힌 식사와 간식이 제공되어야 한다. 효율적인 지도방안은

ㄱ. 간식

- 유아들은 음식물이 위에서 오래 머물지 못하므로 오전 10시 30분, 오후 3시 두 차례 제공한다.
- 적은 양으로 식사와 식사 중간에 제공한다.
- 간식이 끝나면 조용히 밖에 나가 놀든지 책을 보게 한다.
- 간식을 고정시간이 아닌 유아들의 입장에 따라 개별적으로 제공하는 것이 좋다(아침 결식 유아에 대한 대책).
- 간식 전에는 지켜야 할 사항을 유아들과 협의하여 실천하도록 한다.

ㄴ. 점심

- 식사량을 고려하여 한꺼번에 많이 주지 말고 먹고 싶으면 더 먹도록 한다.

- 잘 먹지 않는 음식을 줄 때에는 조금씩 먹어 보게 한다.
- 축하일과 생일을 위한 특별 식단을 계획한다.
- 같은 음식을 계속 주지 않도록 한다.
- 유아들이 좋아하는 방식으로 음식을 요리하도록 한다. 일반적으로 유아들은 같은 재료라도 여러 가지 방식으로 만들어진 음식, 향긋한 채소, 과일 주스, 너무 뜨겁거나 너무 차지 않은 음식, 느낌이 좋은 음식 등을 좋아한다.

⑦ 전이활동

전이활동은 하루일과를 진행하는 중에 한 활동이 끝난 후 다음 활동으로 이어주는 중요한 활동이다. 특히, 유아교육기관에서의 일일 일과활동은 많은 활동으로 통합되어 있기 때문에 한 가지 활동이 종료된 후에 다음 활동으로 이어지는 전이활동이 많다. 전이활동을 위한 교사의 역할은

- 유아들에게 활동이 바뀐다는 것을 미리 알려준다.
- 유아들에게 한 장소에서 다른 장소로, 한 활동에서 다른 활동으로 전이되는 방법을 알려준다.
- 전이활동시간을 너무 급하게 서두르거나 길지 않도록 계획한다.
- 전이활동시간에 유아들이 무엇을 해야 하는지에 대해 명확하게 알려준다.

⑧ 정리정돈활동

대개 정리정돈활동은 자유선택활동을 마무리하면서 또는 일과활동을 정리하면서 반드시 이루어져야 하는 부분으로 놀이가 끝난 다음에 유아들은 자신이 사용한 놀잇감이나 자료를 제자리에 정돈할 수 있어야 한다. 효율적인 지도방법은

- 자기가 사용하였던 물건은 항상 정리정돈할 수 있도록 유도한다.
- 놀잇감을 어질러 놓거나 함부로 던져 놓은 물건이 있으면, 무엇이 나쁜지 유아들과 함께 이야기를 나누어 평가해 본다.
- 자기가 사용한 물건을 치우는 이유를 문제상황에 따라 토의한다.
- 잘 정리할 수 있는 방법을 유아들과 함께 의논하여 알맞은 장소를 마련한다.
- 치우라는 신호가 들려오면 빨리 정돈하도록 하며, 먼저 정돈이 끝난 유아는 친구를 도와주게 한다.
- 흥미영역별로 놀이 사용법을 익히게 하고, 놀이 후에는 영역별로 제자리에 정리하도록 한다.

⑨ 평가와 귀가

하루일과를 끝내면서 집으로 돌아가기 전에 반 전체의 유아들이 모여 하루활동에 대한 평가와 귀가지도를 한다. 효율적인 지도방안은

ㄱ. 평가

- 평가시간은 필요에 따라 5~10분 정도 하루생활 중 가장 재미있었던 일, 힘들었던 일들을 회상하여 보고 그 이유와 대책을 이야기해 본다.
- 놀이계획표 용지에 놀이계획을 세운 유아는 자신이 세운 계획대로 하였는지 평가지에 표시하게 한다.

ㄴ. 귀가

- 귀가지도시간에는 특별한 전달사항이나 귀가 시 안전 등에 대하여 이야기하거나, 다음날의 활동을 미리 소개할 수도 있다.
- 귀가 시에는 가방, 통지문, 작품, 도시락 등의 소지품을 가지고 가도록 한다.
- 교사가 부모에게 직접 또는 전화로 그날 있었던 상황에 대하여 자세하게 알리며, 누가 누구와 어떻게 귀가하였는지를 확인한다.

(2) 중 · 소집단활동

① 신체활동

신체활동은 크게 기본운동활동과 창의적 신체표현활동으로 구성된다. 기본운동활동은 주로 신체와 정신의 조화로운 발달을 도모하기 위한 기본동작으로 신체의식과 이동, 비이동, 조작운동으로 걷기, 달리기, 뛰기, 구부리기, 흔들기 등이 있다. 한편, 창의적 신체표현활동은 어떤 사물의 상태나 움직임을 모방하거나 상상을 통하여 유아의 창의적인 표현을 도모하는 개구리 뛰뛰기, 원숭이 흉내 내기 등이 있다. 효율적인 지도방안은

- 교사는 동작활동을 단순한 활동에서 복잡한 활동으로 전개한다.
- 교사는 동작의 시범을 유아들에게 보여 준다.
- 창의적인 표현활동을 위해 관찰 기회를 제공한다.
- 독창적인 사고로 창의적인 표현을 할 수 있도록 지도한다.

② 동시

유아교육기관에서는 동시는 장소, 시간, 교구에 관계없이 실시하기에 용이한 유아활동으로 평가받고 있다. 효율적인 지도방안은

- 동시는 생활 주변이나 자연현상에 관한 내용, 신비롭고 환상적인 내용, 유머가 담겨

있는 내용, 진행되고 있는 특정 주제와 계절에 관련된 내용, 말이나 의성어가 있는 내용, 리듬과 운율이 있는 내용을 선정한다.

- 교사가 동시를 읽어줄 때는 적절한 음악을 배경으로 들려주어 시가 지니고 있는 느낌을 더욱 부각시킨다.
- 동시를 듣고 난 후 그 내용과 관련된 유아들의 경험이나 동시에 대한 느낌 등을 자유롭게 이야기할 시간을 갖는다.
- 동시의 내용을 쉽게 이해할 수 있도록 그림자료, 자석자료, 손 인형 등을 이용하며 동시에 관련된 직접적인 체험이 있을 때 더욱 효과적이다.
- 유아들이 동시를 지을 수 있으려면 실제로 구체적인 활동과 경험을 하고 느낌을 이야기해 보는 기회를 가져야 한다.
- 유아들의 일상생활에서의 경험, 사고, 감정을 언어로 표현하는 기회를 많이 제공하고 유아의 미숙하고 어색한 언어표현은 수용하고 확장시켜 준다.
- 동시란 유아들의 느낌이나 감정, 경험한 것을 짧은 말로 이야기하는 것임을 이해시키고 처음에는 유아의 언어표현을 교사가 받아 써 주어 지도한다.

③ 관찰활동

과학하는 과정이란 관찰하기, 그룹 짓기, 분류하기, 순서 짓기, 의사 전달하기, 예견하기 등인데 그중 관찰하기가 가장 중요한 활동으로 효율적인 지도방법은

- 유아들이 감각기관을 통해서 다각도로 관찰활동을 하도록 지도해야 한다.
- 관찰활동은 직접적인 관찰로 끝나는 것이 아니라 관찰결과를 기록하거나 그림이나 표로 나타내어 정리하도록 지도한다.
- 관찰은 뚜렷한 문제의식을 갖고 주의 깊고 정확하게 관찰에 임하도록 한다.
- 관찰에는 일시관찰과 계속관찰이 있음을 이해시키고 필요에 따라 일시관찰과 계속관찰을 계속적으로 실시하도록 한다.

④ 동극

교사는 간단하고 재미있는 행동 중심의 이야기를 들려준 후 이야기에 나오는 주인공의 역할을 분담하고 동극화하는데, 효율적인 지도방법은

- 유아들의 동극활동을 위해 적절한 동화를 선택할 수 있도록 지도한다.
- 유아들의 동극활동을 위해 동화내용이 어떤 순서로 진행되었는지 유아들과 이야기한다.
- 유아들이 동극을 즐기게 되면 유아들끼리 배역을 결정하도록 유도하여 유아들이 중

심이 되어 동극활동을 전개하도록 안내한다.

- 교사는 동극에 필요한 소품을 유아들과 함께 협의하여 제작한다.
- 동극활동을 할 때에 배역을 맡지 않은 유아는 앉아서 관람하고, 배역을 맡은 유아는 대사와 표정, 동작을 곁들여서 자신의 역할을 표현하도록 한다.
- 동극을 마친 후에는 관람자의 태도, 동극의 내용에서 좋은 점과 부족했던 점, 어려운 점 등에 대하여 토의한다.

⑤ 작업(협동놀이)

동물원을 견학한 후 그림이나 사진을 모아 동물에 대한 책을 만들어 본다. 시간이 지난 후에 묶어서 작은 그림책을 만드는 작업(협동놀이)은 유아들에게 협동심을 길러 주는 활동으로 유아교육기관에서 권장할 만한 활동이다. 효율적인 지도방법은

- 유치원 생활이 익숙해지고 원활한 교우관계가 형성된 후에 공동작업활동의 기회를 제공한다.
- 공동작업 시에는 재료를 서로 나누어 쓰게 하며 서로의 작품에 대해 이야기해 보게 하고 또한 계획을 세울 때에는 자기의 의견을 제시하고 남의 의견을 들어 보게도 하며 잘 모르는 유아의 작업을 돕도록 지도한다.

⑥ 요리하기

고구마를 삶고, 과일 껍질을 벗기고, 달걀로 음식을 만드는 등의 조리과정은 유아들이 좋아하는 활동으로 효율적인 지도방법은

- 요리하기에 관련된 여러 영역의 경험, 즉 음식의 종류와 그 가치 알기, 사회교육(시장보기 등), 수학교육(거스름돈 셈하기 등), 과학(열 등), 읽기 준비(요리법 읽기 등), 예술(상차림 등), 문화유산(음식에 대한 감사 등), 언어(즐거운 대화 등) 등 여러 영역의 경험을 체험시킬 수 있도록 통합교육으로 이루어져야 한다.
- 조리과정에서 계획하고, 씻고, 준비하고, 자르고, 만지고, 맛보고, 냄새를 맡고, 보고, 듣고, 먹는 경험을 통해서 많은 개념과 사실을 학습하도록 유도한다.

(3) 개별활동

① 등원

유아교육기관에서의 하루일과가 효율적으로 이루어지기 위해서는 유아를 맞이할 수 있는 등원 전의 준비, 일일 교육활동을 전개하는 데 있어서의 유아에 대한 지장의 유무 확인, 가정과 유아교육기관의 원활한 연계 등이 이루어지는데, 효율적인 지도방안은

- 교사는 유아가 도착하기 이전에 실내·외의 모든 시설과 설비의 안전상태를 점검하고, 교구나 자료를 준비한다.
- 유아가 등원하면 교사는 유아의 눈, 코, 입, 귀 등을 살펴보고 열이 있는지, 상처가 있는지 간단한 신체검사를 실시한다.
- 유아가 집에서 전날 있었던 일에 대한 간단한 의견을 교환하며 유아지도에 반영한다. 부모와의 개별적인 만남이 어려울 경우, 현관이나 교실 입구의 메모판에 유아에 대한 기록을 남기도록 한다.
- 교사는 유아에게 개인적인 관심이나 애정을 보여 빨리 교사와 유치원 환경에 적응하게 한다. 유아가 떨어지지 않으려고 할 때는 당분간 부모가 유치원에 머무르면서 유아들이 유치원 환경에 적응하도록 돕는다.
- 유아들이 도착한 후에 윗옷, 도시락, 가방 등 소지품을 보관함에 정리하고 실내·외에서 자유롭게 놀도록 도와준다.

② 자유선택놀이활동

자유선택놀이활동은 유아가 유아교육기관의 실내·외에 설비된 다양한 흥미영역별 활동 중에서 자신의 요구와 흥미에 따라 영역을 선택하여 활동을 계획·수행·평가해 보는 시간으로 효율적인 지도방안은

- 도서·언어영역 : 언어적 상호작용을 할 수 있고 책 읽기, 이야기 듣기, 글씨 쓰기 등을 고루 할 수 있도록 해주며 그날그날의 주제나 이에 관련된 다양한 시청각자료도 곁들여 주고 헤드폰을 준비하여 타 활동에 지장을 주지 않도록 배려한다.
- 수·조작 영역 : 구체물(바둑알, 구슬, 헌 단추, 색물감이 든 작은 화장품 병, 조개 껍데기, 완구용 팔찌 등)을 다양하게 비치해 주어 함께 나누고 분류하는 활동을 유도한다.
- 과학영역 : 유아들이 책임감을 갖고 자율적으로 자기가 맡은 동·식물을 기를 수 있도록 식물 재배장이나 동물 사육장을 마련해 주어 관찰하고 생명의 존엄성을 느끼게 한다.
- 미술영역 : 미술영역에서 공동 작업하며 함께 나누어 쓰고 자신을 표현함으로써 유아들은 정리정돈 태도와 공유하는 방법, 표현방법 등 사회적인 기술을 학습하게 된다.
- 목공영역 : 목공놀이는 유아들에게 실제적으로 공구를 다루는 긴장감과 공구 사용에서 오는 만족감을 느낄 수 있게 한다.
- 음률영역 : 여러 나라와 여러 계통의 다양한 음악을 듣고 표현함으로써 그 문화와 생활에 대한 이해를 돕고 감상 태도를 기르며 여럿이서 함께하는 율동을 통해 서로 협

동하여 아름다움을 만들어 내는 기쁨을 느끼게 된다.

- 블록영역 : 블록은 유아들이 여럿이 혹은 혼자서 한 형태를 창조하고 완성하게 함으로써 상호 의견 교환의 기회를 주며 다양한 감각과 운동기술을 습득케 한다.
- 물 · 모래영역 : 물 · 모래놀이는 긴장감을 해소하고 감각적 접촉을 통한 심리적 안정에 중요한 역할을 한다. 유아들이 원할 때 축축한 모래로 구성하거나 창조적 놀이를 할 수 있으며 더 확장된 놀이로 발전시켜 줄 수 있다(이은화 외, 2003).

③ 화장실 가기

유아들의 화장실 사용은 신체적 · 생리적 욕구 충족을 위해 절대적으로 필요한 활동으로 이에 대한 효율적인 지도방안은

- 교사는 다음 활동이 긴 경우나 간식 및 점심시간 전후에 화장실에 꼭 다녀오도록 지도한다.
- 유아용 화장실은 남아용과 여아용으로 분리하는 것보다 공동으로 활용하게 하여 자연스럽게 성교육을 유도한다.
- 화장실 사용의 지도를 위해 낮은 칸막이를 설치하고 문을 잠그지 않는다.
- 화장실 가기에서 특히 지도할 내용은 다음과 같다.
  - 질서 지키기 : 차례대로 사용하기, 노크하기 등
  - 청결 : 용변 후 손 씻기, 수건 바르게 사용하기, 적당량의 휴지 사용하기 등
  - 용기 사용 : 물 내리기, 세면기 꼭지 잠그기 등

3. 실내 · 외 환경 설비

환경이란 개인이 일상생활을 하면서 부단히 접하는 조건이나 힘 또는 외적 자극으로서 이 환경은 인간에게 어떤 영향을 주어 행동을 이끌어 내게 하는 동인으로 인간생활에서는 잠시도 배제할 수 없는 생활요소이다. 그리고 유아교육기관에서의 환경은 유아생활 속에서 단순한 물리적 존재가 아니라 유아들의 성장 · 발달에 지속적으로 작용하는 물리적, 정신적인 영향요인이다. 특히, 유아교육기관에서의 실내 · 외 환경이라 함은 유아들의 주된 생활 공간인 활동실의 내부와 외부에 설비 또는 설치된 물리적 시설이나 기구를 말하는 것으로 유아들의 성장 · 발달에 직접적인 영향을 준다.

일반적으로 유아교육기관의 실내 · 외 환경으로서는 실내 · 외 흥미영역, 공간구성, 사육 ·

재배물, 실외놀이시설, 비품, 교재 · 교구 등 다양한데, 그중 흥미영역시설의 설비 및 설치가 가장 중요하다. 따라서 본 장에서는 보육공간과 적절한 놀잇감을 중심으로 한 보육실을 유아의 연령과 발달수준에 따른 설비영역, 설비원리, 설비지침을 제3차 표준보육과정과 누리과정의 해설서 및 지도서를 중심으로 기술하기로 한다.

또한, 실내 · 외 환경구성(보육실 구성)의 실제적인 설비와 활용방법에 대해서는 제Ⅳ부 영유아교수-학습의 환경에서 구체적으로 다루기로 한다.

1) 0~1세 영아반의 실내 · 외 환경 설비

보육실은 영유아가 하루일과 중 대부분의 시간을 보내는 공간이자 보육과정 운영과 직결된 공간이므로 다양한 흥미영역으로 구성하는데, 다음에서 구성원리 및 지침, 구성영역, 구성방향의 순으로 기술한다.

(1) 원리

영아를 위한 환경은 편안하고 안전하며, 영아의 발달에 적합하도록 구성되어야 한다. 구성 원리는 다음과 같다(제2차 어린이집 표준보육과정 교사용 지침서, 2014).

① 건강 · 안전성

영아보육에서 영아의 건강과 안전성은 최우선적으로 고려되어야 한다. 영아들이 생활하는 데 위험성이 없어야 하고 위생적이며 안전하고 쾌적하며 청결하게 관리되어 영아의 건강과 안전성이 최우선적으로 고려되어야 한다.

② 정서적 안정감

정서적 안정감이 있는 환경은 가정과 같이 포근하고 편안함을 느낄 수 있는 가정적인 시설 설비는 물론 정서적 분위기가 있어야 한다.

정서적 안정감을 줄 수 있는 활동실은 물리적 시설 · 설비뿐만 아니라 영아와 교사, 영아 상호 간의 원활한 상호적 관계가 중시되는 심리적 환경조성이 필요하다.

③ 충분한 활동성 공간 확보

영아는 움직임과 이동성이 강하다. 특히, 걸음마를 배우게 되면 움직임과 이동성이 활발해지고 주위의 모든 물건에 관심을 갖고 탐색하려 한다. 이와 같이 활동성이 증가하는 영아 발달을 고려하여 충분한 활동성 공간을 확보해야 한다. 이러한 공간에 유아의 안전성은 최우선적으로 배려되어야 한다.

④ 호기심과 탐색

영아는 활동성이 증대함에 따라 움직임과 이동성이 강화되고 이러한 움직임과 이동성은 새로운 활동실 내의 새로운 교재나 교구를 접하면서 많은 호기심과 탐색활동이 동반된다.

호기심과 탐색은 과학적인 싹이 되고 학습의 기본적인 태도이다. 영아의 특성을 고려하여 호기심을 자극하고 탐색과 발견의 기회가 제공될 수 있도록 실내·외환경을 구성한다.

⑤ 일과의 고려

영아 일과는 일상생활활동과 놀이로 구성된다. 따라서 영아들의 일상생활을 위해서는 수유, 낮잠, 기저귀 갈이, 그리고 놀이영역으로는 신체, 언어, 감각·탐색, 역할놀이영역들을 균형 있게 구성한다.

(2) 연령별 구성영역

영아의 실내·외환경구성(보육실환경구성)에서는 영아의 연령이나 발달수준을 고려하여야 한다. 너무 단순하고 단조로운 구성으로 영아의 호기심과 탐색의 기회가 차단되어서는 안 된다.

0~1세 영아를 위한 보육환경은 일상생활영역과 놀이영역으로 구성되는데, 그 내용은 〈표 Ⅲ-10〉과 같다.

〈표 Ⅲ-10〉 영아반 보육환경 구성

구분	일상생활영역				놀이영역			
0세반	수유	기저귀 갈이	개인사물함	휴식	신체	언어	감각·탐색	
1세반	수유	기저귀 갈이	개인사물함	휴식	신체	언어	감각·탐색	역할·쌓기

0세반 영아를 위한 일상생활영역으로는 수유 및 기저귀 갈이 영역을 비롯하여 비품정리 공간과 휴식을 위한 공간이 필수적이다.

그리고 영아의 놀이영역은 신체, 언어, 감각·탐색영역이 필요하다. 1세반 영아는 실외활동이 어려우므로 햇볕이 잘 드는 공간에 놀이영역을 설치해야 한다. 1세반 영아에게는 역할·쌓기영역활동도 가능하다.

(3) 0~1세 영아반 보육환경 구성

① 실내 환경

0~1세 영아반 실내 보육환경을 일상생활영역과 놀이영역으로 구분하여 구성방향을 간략하게 제시한다.

ㄱ. 일상생활영역

일상생활영역에는 개인 사물함, 휴식영역, 수유영역, 기저귀 갈이영역 등이 있다.

가. 개인 사물함

개인 사물함은 가능한 보육실 내 또는 입구 가까운 곳에 두어 물품의 정리가 용이하도록 한다. 이와 더불어 각 영아의 상태를 기록하거나, 교사와 부모와의 의사소통을 위해 수첩을 비치한다.

나. 휴식영역

영아가 안정감을 느끼도록 선호하는 인형이나 애착물을 함께 두어도 좋다. 영아가 누워서 볼 수 있는 곳에 모빌을 설치하거나 잠에서 깨어나거나, 잠들려는 영아에게 부드러운 음악을 제공한다.

다. 수유영역

영아의 월령 증가에 따라 수유 및 식사 자세의 변화가 이루어진다. 모유 수유처럼 성인에게 안기어 수유하는 상태에서 우유병 혼자 잡고 마시기, 이유식 먹기, 의자에 앉아서 성인의 도움으로 먹기, 식탁에 앉아 혼자 먹기 등의 순서로 이어진다. 0~1세 영아의 이러한 발달특성을 고려하여 위생적이고 편안한 수유 및 식사를 위한 공간의 확보에 주력한다.

라. 기저귀 갈이영역

기저귀 갈이영역은 영아의 휴식 공간 가까이에 위치한 따뜻한 공간이어야 한다.

영아를 눕히기에 적당한 크기로 청소하기 쉬운 마감재를 사용한 매트를 사용한다. 사용한 기저귀를 처리할 폐기용 비닐과 휴지통을 준비하고 기저귀를 가는 데 필요한 도구를 수납할 장이나 선반을 배치한다.

ㄴ. 놀이영역

놀이영역은 신체영역, 언어영역, 감각 및 탐색영역, 역할 및 쌓기영역 등을 설치 운영한다. 각 영역별 구성방향에 대하여 간단히 기술한다.

가. 신체영역

영아가 기고 걷고 움직이기 시작하면서 영아의 움직임발달을 고려한 안전하면서도 도전적인 환경을 제공한다. 보육실 내에서 영아가 오르고 내리고 타고, 밀고, 뛰어 즐길 수 있는 시설과 설비를 갖춘다.

나. 언어영역

언어영역은 보육실 내에서 가장 조용하고 밝은 곳에 두되 출입구, 화장실, 피아노 등과 떨어진 곳에 배치한다. 영아와 교사의 언어적 상호작용을 풍부하게 경험할 수 있도록 공간을 구성한다.

다. 감각 및 탐색영역

영아는 보고, 듣고, 만지고, 냄새 맡고, 맛보는 오감을 이용하여 자신의 환경을 탐색한다. 영아가 풍부한 감각적 경험을 형성할 수 있도록 다양한 재질과 형태의 놀잇감을 제공한다. 영아의 발달에 맞추어 놀잇감의 종류를 선택 제공한다.

라. 역할 및 쌓기 영역

영아는 초보적 수준의 역할놀이를 통해서도 자신을 표현하는 기회를 가질 수 있다. 가상놀이나 역할놀이를 할 수 있는 놀잇감을 좋아하기 시작하면서 자신을 둘러싼 생활을 모방하는 놀이를 할 수 있다. 따라서 이를 위해서는 다양한 재질과 크기의 쌓기 놀잇감을 준비한다.

② 실외 환경

유아교육기관에서는 실내뿐만 아니라 실외에도 흥미영역을 설치하여 다양한 놀이가 진행되도록 한다. 실외흥미영역도 영아의 요구나 계절 및 학습활동 주제에 따라 확장하거나 축소하는 등 계속적으로 재구성해나가야 한다. 영아를 위한 실외흥미영역 설비 시 고려할 점은

ㄱ. 0~1세 영아는 바깥놀이가 이루어지지 않더라도 영아 자신이 날씨의 변화와 자연현상을 감각적으로 경험할 수 있고 또한 다른 연령의 유아들의 바깥놀이를 관찰할 수 있는 공간으로 구성한다.

ㄴ. 실외환경은 동적 영역과 정적 영역으로 구분하여 동적 영역에는 유모차, 붕붕차, 미끄럼틀과 그네, 시소 등의 놀잇감을 설치하고 정적 영역에는 휴식하기, 물놀이, 모래놀이시설을 설비한다.

2) 2세 영아반의 실내 · 외 환경 설비

2세 영아를 위한 실내 · 외 환경설비는 0~1세 영아의 실내 · 외 설비와는 발달적 측면에서 유사하므로 별 차이가 없으나 놀이영역에서 역할과 쌓기영역이 첨가된다.

(1) 원리

2세 영아를 위한 실내 · 외 환경설비 원리는 0~1세 영아를 위한 실내 · 외 환경설비에서 고려해야 할 원리와 같다(제3차 어린이집 표준보육과정 교사용 지침서, 2014).

① 영아의 건강과 안전을 고려한다. 쾌적하고 위생적인 공간과 설비, 놀잇감이 마련되고,

지속적으로 청결하게 관리되어야 한다.

② 정서적 안정감을 줄 수 있어야 한다. 집과 같이 포근하고 편안하게 느껴지도록 환경을 구성한다. 또한, 영아가 안락하게 쉴 수 있는 휴식공간을 갖춘다.

③ 움직임과 이동성을 확보한다. 공간은 영아가 탐색하며 활동할 수 있을 만큼 충분히 넓어야 한다. 또한, 걸음마를 배우고 활동성이 증가하는 영아의 발달특성을 고려한 공간 배치가 필요하다.

④ 탐색과 발견의 기회가 마련되어야 한다. 영아의 특성을 반영하여 탐색과 놀이가 충분히 이루어지도록 다양한 놀이영역을 구성한다.

⑤ 영아의 일과를 고려하여 일상생활영역과 놀이영역을 함께 구성한다. 영아에게는 수유, 낮잠, 기저귀 갈이 등 일상생활을 위한 공간이 필요하다.

(2) 2세반 보육환경 구성내용

〈표 III-11〉 2세반 보육환경 구성내용

구분	일상생활영역		놀이영역					
2세반	개인 사물함	휴식영역	신체	언어	감각 · 탐색	역할 · 쌓기	미술	음률

2세 영아반 보육실은 0~1세 영아반과 같이 수유, 기저귀 갈이 영역은 설비하지 않는 대신 놀이영역은 미술, 음률영역까지 확대된다.

일상생활영역 중 개인 사물함과 휴식영역은 0~1세반과 같이 설비한다.

(3) 2세 영아반 보육환경 구성

① 실내 환경

2세 영아를 위한 실내 보육공간에는 개인사물함, 휴식영역 다양한 놀이공간과 더불어 비품정리 공간, 휴식을 위한 공간, 간식 및 식사를 위한 공간, 화장실 등이 있고 놀이영역은 신체, 언어, 감각 · 탐색, 역할, 쌓기, 미술, 음률 등 6개 영역을 설치 운영한다. 일상생활영역과 놀이영역의 설비방안을 다음과 같이 제시한다.

ㄱ. 일상생활영역

가. 개인 사물함

보육실 내 또는 입구 가까운 곳에 두어 물품의 정리가 용이하도록 한다. 사물함이나 개인 서랍에는 영아의 이름과 사진을 부착하여 영아가 자기의 것을 구분할 수 있도록 하고, 교사와 부모 간의 의사소통을 위해 수첩 등을 비치한다.

나. 휴식영역

휴식영역은 다른 활동영역과는 분리된 조용하고 편안한 휴식공간이 필요하다. 교사가 쉬고 있는 영아를 언제나 쉽게 관찰할 수 있는 곳에 마련한다. 영아가 안정감을 느끼도록 선호하는 인형이나 애착물을 함께 두어도 좋다.

다. 간식 및 식사영역

2세 영아들은 활동적이고 쉽게 산만해지기 쉬워 음식을 엎지르거나, 떨어뜨리는 일이 빈번히 발생한다. 이런 이유로 간식 및 식사영역은 안전하고 쉽게 닦을 수 있는 재질의 바닥과 도구가 배치되어야 한다.

영아들이 빈번하게 지나다니거나 활발하게 놀이하는 곳과 떨어진 장소의 책상을 활용하고, 간식 전과 후에는 물휴지나 행주로 책상을 깨끗이 닦는다.

라. 화장실

영아가 미끄러지지 않도록 바닥에 미끄럼 방지 처리를 하고, 손 씻기, 배변 등 자조기술이 필요한 부분에서 영아가 혼자서 할 수 있도록 화장실에서 변기를 사용하는 방법, 세면대에서 손 씻는 순서와 방법 등을 사진이나 그림으로 안내한다.

ㄴ. 놀이영역

놀이영역은 신체, 언어, 감각 및 탐색, 역할 및 쌓기, 미술, 음률 등 6개 영역을 설치한다. 설치요령은 다음과 같다.

가. 신체영역

만 2세가 되면 신체의 움직임이 민첩해지므로 보다 넓은 대근육활동영역이 필요하다. 대근육활동은 실외놀이터를 주로 이용하기도 하나 보육실 내에서 다른 활동에 방해가 되지 않는 범위 내에서 영아가 오르고 내리고, 타고, 밀고, 뛰고 길 수 있는 시설과 설비를 갖춘다.

나. 언어영역

- 영아가 말하고, 듣고, 읽고, 쓰는 의사소통의 기회를 충분히 경험할 수 있는 공간을 확보한다.
- 그림책, 사진책, 포스터, 동시판, 노래판, 팸플릿, 전단지, 메뉴판 등을 준비하여 영아가 생활 속에서 문자의 기능을 이해하고 문자와 친숙해질 수 있도록 돕는다.
- 벽면에는 칠판이나 커다란 전지를 붙여주고 분필, 크레파스, 색연필, 사인펜을 비치하여 영아가 끼적거리기를 하도록 한다.

- 카세트와 녹음기, 마이크 등을 이용하여 자신의 말소리를 녹음하고 듣는 등의 말하기와 듣기 경험을 확장하도록 한다.

다. 감각 및 탐색영역

놀잇감들을 낮은 교구대에 바구니에 담아 두어 영아가 흥미에 따라 선택하여 활동할 수 있도록 배려한다. 또한, 2세가 되면 동·식물에 관심을 가지므로 동물(거북이, 달팽이, 토끼 등)이나 실물, 주변의 다양한 자연물을 관찰할 수 있는 공간을 마련해준다.

라. 역할 및 쌓기영역

이 시기의 영아는 가족과 관련된 역할놀이를 선호하므로 가족놀이, 아기놀이를 위한 놀잇감을 제공한다.

2세 영아는 분쟁의 소지를 사전에 예방하기 위해 충분한 양의 쌓기 놀잇감을 준비한다. 놀잇감으로 울타리를 만들고, 집짓기, 성 쌓기, 도로나 기차 만들기를 즐긴다.

마. 미술영역

영아의 창의적 표현을 북돋을 수 있는 공간으로 활동적이면서도 물이 필요하므로 세면대나 출입구 가까운 곳에 배치한다. 끼적거리고, 찢고, 오리고, 자르고, 붙이는 다양한 조형경험이 영아의 탐색능력과 더불어 대근육 및 소근육조절능력과 협응력을 길러준다. 2세 영아의 표현활동은 그리기, 찍기 같은 평면적 조형활동과 꾸미기, 붙이기, 판화와 같은 입체적 조형활동으로 이루어질 수 있다. 명화나 아름다운 그림이나 사진 등을 영아의 눈높이에 맞추어 붙여 주어 아름다움을 감상할 수 있도록 한다.

바. 음률영역

영아는 자신의 욕구에 따라 악기를 이용하여 소리를 내보며 음악을 통해 자신의 감정을 표현하는 경험을 할 수 있다. 또한, 영아는 여러 가지 음악을 들으면서 그 속에 담긴 감정을 느껴볼 수도 있다.

② 실외 환경

실외환경은 실내환경과 연속적이며 연계적으로 구성하여 실내환경에서 경험시킬 수 없는 시설이나 설비를 통하여 보육실 실내학습에 대한 보완적 기능을 갖도록 하고 설비 시 고려할 점은

ㄱ. 영아의 신체 크기에 적합한 공간을 확보하고 발달단계에 따른 지각력과 개별운동을 고려하여 구성한다.

ㄴ. 동적 영역에는 바퀴 달린 소재와 흥미로운 시야, 소리, 냄새 등을 경험할 수 있도록 배려한다.

ㄷ. 정적 영역에는 휴식을 위한 공간과 영아가 만지고 탐구할 수 있는 잔디, 모래, 돌,

진흙, 물 등의 탐색공간을 포함하여 구성한다.

ㄹ. 놀잇감 보관 창고, 외부차량이나 사람을 보호하고 유아놀이상황을 관찰할 수 있는 공간을 구성하여 유아안전에 만전을 기한다.

3) 3~5세 유아반 실내 · 외 환경 설비

교사는 다양한 흥미영역을 실내 · 외에 구성하여 유아의 활동선택권을 확대하고 자발적인 참여를 유도한다. 흥미영역은 신체운동 · 건강, 의사소통, 사회관계, 예술경험, 자연탐구 등 누리과정의 영역별 내용을 다양한 활동으로 전개할 수 있도록 구성한다. 흥미영역에 제시되는 활동이나 자료는 주간 및 일간 활동주제와 관련되어야 한다. 다음에서 환경 구성 원리, 흥미영역 구성내용, 구성방향에 대하여 기술하기로 한다.

(1) 원리

3~5세반 유아 보육실 환경은 활동성을 고려하여 흥미영역 외에 다양한 시설기구를 배치 · 운영함으로써 유아가 방해받지 않고 활동에 몰입할 수 있게 한다. 특히, 유아가 자신의 흥미와 요구를 반영할 수 있도록 계획단계에서부터 유아와 함께 협의하여 구성 운영하여야 한다. 구성 원리는

① 공간의 적합성

유아교육기관에서는 보육실을 비롯하여 모든 실내 · 외공간이 유아들이 자유분방하게 활동할 수 있도록 충분한 공간을 확보해 두어야 한다. 특히, 실내에 필수적으로 설비하는 흥미영역의 배치 시에도 유아의 활동공간 확보를 최우선적으로 고려해야 한다.

② 시설 · 설비교구의 적합성

유아교육기관, 특히 보육실에 설비되거나 배치되어 있는 비품, 교구 · 교재들은 성인들의 도움 없이 유아들이 자유자재로 활용하고 활용 후에는 스스로가 제자리에 정리정돈해 줄 수 있도록 유아의 연령이나 신체적 발달특성에 적합해야 한다.

③ 교육적 가치성

유아교육기관, 특히 보육실에 설비 · 배치된 비품이나 교재 · 교구는 유아들이 활용함으로써 유아들의 성장 · 발달에 직접적으로 영향을 주는 교육적 가치를 지니고 있어야 한다. 따라서 비품이나 교재 · 교구는 호기심을 자극하고 매력적이며 교육적 가치를 지니어야 한다.

④ 흥미영역 설비의 의무화

흥미영역의 가치가 증대됨에 따라 모든 유아교육기관에는 어떠한 유형의 교육·보육과정이나 프로그램을 적용하든 간에 흥미영역 설치를 의무화하고 있다.

⑤ 건강, 안전성

보육실은 유아들이 생활하는 중에 각종 질병에 감염되지 않도록 청결해야 하고 안전사고를 미연에 방지하기 위하여 위험요소가 사전에 차단된 시설·설비를 해야 하며 늘 적정 온도, 습도가 유지되고 안전하며 쾌적하고 청결하게 유지관리되어야 한다.

⑥ 발달의 적합성

유아교육기관에 입원한 유아들은 경제적 수준, 문화적 수준, 부모의 직업, 육아방식, 기대와 요구 등이 다른 다양한 계층에서 성장해 왔기 때문에 유아들의 개성과 특성이 천차만별이므로 여기에 개별적인 발달의 적합성이 고려되어야 한다.

특히, 연령이 낮고 발달수준이 낮은 유아일수록 일상적이고 개별적인 보살핌을 위한 환경구성이 필요하고 감각적인 경험의 기회가 많이 제공되는 환경을 구성해 준다.

⑦ 유아 중심적인 시설·설비

유아는 하루 생활의 대부분을 유아교육기관의 활동실에서 유아 혼자서 장시간 머무는 경우도 있고, 놀이를 하는 경우도 있다. 따라서 유아 혼자서 조용히 쉴 수 있는 공간, 유아 혼자서 놀이를 할 수 있는 시설·설비 그리고 낮잠이나 독서를 할 수 있는 공간 등 유아 중심적인 시설·설비를 해야 한다.

(2) 연령별 구성영역

3~5세 유아의 연령별 구성영역을 제시하면 〈표 Ⅲ-12〉표와 같다.

〈표 Ⅲ-12〉 3~5세반 연령별 흥미영역 구성내용

구분 / 연령	실내 흥미영역							실외 흥미영역					
	쌓기놀이	언어	역할놀이	수·조작	과학	음률	미술	운동놀이	모래·물놀이	자연탐구 및 관찰	작업	휴식	보관창고
3세	○	○	○	○	○	○	○	○	○	○	○	○	○
4세	○	○	○	○	○	○	○	○	○	○	○	○	○
5세	○	○	○	○	○	○	○	○	○	○		○	○

〈표 Ⅲ-12〉에서 보는 바와 같이 일반적으로 실내 흥미영역에 7개 영역, 실외 흥미영역에 6개 영역을 유아 연령별 발달특성을 고려하여 설치해야 한다.

(3) 3~5세 유아반 흥미영역 구성

흥미영역 구성을 실내 흥미영역과 실외 흥미영역으로 구분하여 기술한다.

① 실내 흥미영역

실내 흥미영역에는 쌓기놀이, 언어, 역할놀이, 수·조작, 과학, 음률, 미술영역 등을 설비하여 신체·운동·건강, 의사소통, 사회관계, 예술경험, 자연탐구영역의 목표를 실현할 수 있도록 한다. 흥미영역에 제시되는 활동자료는 주간 및 일일주제와 관련되도록 한다. 또한 게임, 발표, 토의, 관찰, 실험, 조사, 현장체험 등 다양한 유형의 활동과 연계시켜 운영한다.

ㄱ. 구성지침

가. 흥미영역 수는 보육실 공간의 크기, 유아의 수, 연령, 흥미 등을 고려하여 조절한다.

나. 대체로 연령이 높을수록 흥미영역 수가 늘어나고, 또한 유아의 흥미에 따라 흥미영역을 가감한다.

다. 흥미영역 배치는 공간의 크기, 소음, 채광, 물의 사용 여부 등을 고려하여 설비하고 벽의 환경물은 유아의 눈높이에 맞추어 게첨한다.

라. 흥미영역의 위치는 1년에 3~4회 변화를 주어 신비감과 호기심을 갖도록 한다.

마. 흥미영역 구성과 배치는 유아들과 의논하여 유아 중심적으로 구성한다.

ㄴ. 구성

다음에서 흥미영역별로 구성의 목적과 구성의 방향에 대하여 간단히 기술한다.

가. 쌓기 놀이영역

㉠ 구성목적

유아는 쌓기 놀이를 통해 다양한 구성활동을 하면서 관찰력, 측정기술, 원인과 결과에 대한 사고력 등을 배양한다.

㉡ 구성방향

쌓기 놀이영역은 활동적이며 소음이 발생하는 영역이므로 언어나 과학 등 정적인 영역과 떨어져 배치하는 것이 좋고, 소음방지를 위하여 바닥에 카펫을 깔아준다.

〈표 III-13〉 쌓기 놀이영역 연령별 구성상의 강조점

연령	내용
3세	• 다양한 블록의 유형을 제공하기보다 같은 종류의 블록을 많이 제공한다. • 작은 끼우기 블록보다는 대근육을 사용하여 구성할 수 있는 큰 쌓기 블록이 좋다.
4세	• 적당한 크기의 쌓기 블록과 함께 중간 정도 크기의 끼우기 블록을 함께 제공한다. • 블록과 소품의 종류를 다양하게 제공한다.
5세	• 다양한 구조물을 구성할 수 있게 다양한 유형의 블록과 소품을 제공한다. • 소품은 유아들이 직접 제작한 것을 활용한다. • 유아들 간에 제작할 구조물, 사용할 블록과 소품의 유형을 협의하여 제작·활용하도록 한다.

나. 언어영역

㉠ 구성목적

유아는 언어영역의 활동을 통해 일상생활에 필요한 언어능력을 향상시키고 올바른 의사소통능력 및 태도를 기른다.

㉡ 구성방향

언어영역은 주변의 자극으로부터 격리될 수 있도록 조용하고 안정된 공간에 배치하는 것이 좋으며 다양한 언어활동자료를 제공하여 듣기, 말하기, 읽기, 쓰기 활동이 균형적으로 이루어지게 하며, 안락한 의자는 쿠션을 주어 쓰기 활동이 원활하게 이루어지게 하여 편안하게 언어활동에 몰입하게 한다.

〈표 III-14〉 언어영역 연령별 구성상의 강조점

연령	내용
3세	• 다양한 그림책을 제공해 준다. • 언어영역별 제공자료 -듣기 활동 : 카세트와 테이프, 이어폰 -말하기 활동 : 융판 및 융판자료, 여러 가지 인형 -읽기 활동 : 우량한 그림책 -쓰기 활동 : 자석 쓰기판, 화이트 보드와 마커펜, 필기류, 다양한 종류의 종이
4세	• 동시, 동화를 제시해 주어 유아 스스로 글자에 흥미를 갖게 한다. • 언어영역별 제공자료 -듣기 자료 : CD플레이어와 CD, 카세트테이프, 다양한 책 -말하기 자료 : 이야기 꾸미기 자료와 융판, 이야기 꾸미기 그림 카드, 여러 종류의 인형과 인형극틀, 그림 동화, 녹음기, 공테이프, 마이크 -쓰기 자료 : 자신과 친구이름을 코팅, 자석판과 마커펜, 음각 글자판과 종이, 모래상자
5세	• 4세 유아 언어영역자료 외에 다음 자료를 첨가한다. -슬라이드 주제에 따른 화보 모음책, 잡지류, 사전 등

다. 역할놀이영역

㉠ 구성목적

유아는 역할놀이를 통해 자기중심적인 사고에서 벗어나 자신과 다른 사람의 생각과 감정을 더 잘 알고 적절하게 상호작용을 할 수 있으며 주변 사람들이나 공동체에서 함께 살아가는 방법을 익힌다.

㉡ 구성방향

동적인 영역에 배치하는 것이 좋으며, 진행되고 있는 생활주제와 관련된 소품을 제공하여 활동이 보다 더 흥미롭고 풍부하게 이루어지도록 한다.

〈표 Ⅲ-15〉 역할놀이영역 연령별 구성상의 강조점

연령별	내용
3세	• 유아들이 자발적으로 역할놀이에 흥미를 나타낼 때 참여하도록 하며 집이나 병원, 주유소, 목욕탕 등 유아의 일상생활에서 자주 접하는 기관이나 장소를 나타낼 수 있는 소품이나 장치를 준비한다.
4세	• 소품은 유아들이 직접 만들어서 활용한다. • 낮은 선반이나 옷장, 싱크대를 이용해서 다른 영역 간에 경계를 설치한다. • 유아용 전신거울을 비치하여 자기가 입은 의상을 관찰시킨다.
5세	• 병원, 미장원, 음식점, 탁아소, 서점 등의 사회 극놀이를 할 수 있도록 구성한다.

라. 수 · 조작영역

㉠ 구성목적

수 · 조작활동을 통해 눈과 손의 협응력과 소근육발달, 수학적 개념발달, 문제해결력과 집중력을 향상시키고 문제의 탐색 · 탐구과정을 통하여 자율성과 자신감을 배양한다.

㉡ 구성방향

개별적 탐색 · 탐구활동이 이루어지는 영역으로 주의집중이 잘 되고 조용하며, 난이도가 다른 다양한 놀잇감을 준비한다.

〈표 Ⅲ-16〉 수 · 조작영역 연령별 구성상의 강조점

연령별	내용
3세	• 낮은 책상을 활용하고 바닥은 카펫을 깔아둔다. • 0~10까지 셀 수 있는 구체물(예 : 작은 동물 모형, 조개류, 솔방울 등) 크기를 비교할 수 있는 놀잇감, 각종 수세기판, 주사위, 윷, 큰 글자의 시계, 달력, 분류자료(조개, 열매, 병뚜껑 등의 구체물), 5~10조각의 퍼즐류, 의상생활 훈련자료, 작은 구슬을 숟가락으로 옮기기 등을 제시한다.

4세	• 다음의 자료를 제시한다. - 수활동 : 색깔이나 형태, 크기가 다른 끼우기 블록, 수막대 등 - 조작활동 : 계절과 활동주제를 반영한 퍼즐, 작은 블록류, 끈, 구슬 끼우기, 지퍼 올리기와 단추 끼우기 등의 일상생활, 훈련자료 등 - 퍼즐, 게임 등의 교구 제작 시에는 유아들의 사진을 이용하여 제작한다.
5세	• 게임판이나 교구를 바닥에 놓고 사용할 수 있도록 바닥에 카펫을 깔아준다. • 그룹게임, 일대일 게임, 그룹게임을 위한 다양한 게임판, 15~30조각 정도의 퍼즐, 바느질하기, 실뜨기, 직조짜기를 할 수 있는 자료를 제시한다.

마. 과학영역

㉠ 구성목적

주변의 환경이나 사물, 생명체에 대해 알고 지속적으로 탐색하여 과학적 사고력을 배양한다.

㉡ 구성방향

곤충이나 작은 동물, 식물을 재배할 경우, 조용하고 햇볕이 잘 드는 안정된 장소로 수도장 가까이에 배치한다.

〈표 Ⅲ-17〉 과학영역 연령별 구성상의 강조점

연령별	내용
3세	동물에 대한 비디오, 사진, 그림책 제시, 동·식물 사육공간 설치, 과학적 탐색을 할 수 있는 게시판을 설치한다.
4세	관찰하고 탐색하기 쉬운 관찰대, 낮은 탁자, 자석, 현미경, 확대경, 기계류, 저울, 낙엽, 씨앗, 개미집, 조개껍질 등을 제시한다.
5세	동·식물 기르기, 다양한 수집물 관찰하기, 과학적 도구 사용하기, 기계와 부품 탐구하고 조립하기 등의 활동을 할 수 있게 마련하고 기록용지와 쓰기 도구, 그림책, 백과사전, 녹음기 등을 제시한다.

바. 음률영역

㉠ 구성목적

유아는 음률영역의 활동을 통해 음악적 아름다움의 요소를 찾아보며, 음악이나 움직임과 춤으로 표현하고, 음악을 감상하는 능력을 기른다.

㉡ 구성방향

음률영역은 음악에 맞추어 신체를 자유롭게 움직일 수 있는 충분한 공간이 필요하며, 소음이 많이 나는 영역이므로 다른 영역의 활동에 방해가 되지 않게 배치하고 카펫을 깔아 안정된 분위기를 조성해 주며 소음을 줄여준다.

〈표 Ⅲ-18〉 음률영역 연령별 구성상의 강조점

연령별	내용
3세	다양한 리듬악기, 유아나 교사가 만든 악기, 소리를 녹음하여 들을 수 있는 녹음기를 배치한다.
4세	리듬악기류, 유아들이 직접 만든 마라카스와 수술, 리본막대, 핸드벨, 실로폰, 소고 등 그리고 동작활동자료로 다양한 동작카드, 한삼, 탈, 스카프, 접이부채, 응원 반짝이 수술 등을 비치한다.
5세	CD 플레이어, 그림으로 된 간단한 가사악보, 전신거울, 다양한 동작 카드, 한삼, 탈, 스카프, 접이부채, 응원 반짝이, 수술 등을 비치한다.

사. 미술영역

㉠ 구성목적

미술영역활동을 통해 미술적 아름다움의 요소를 이해하며, 자신의 생각이나 느낌을 표현하면서 성취감을 얻고 정서적인 긴장감을 해소한다.

㉡ 구성방향

미술영역은 조용하고 밝으며 물을 사용할 수 있는 공간과 가까이 배치한다.

〈표 Ⅲ-19〉 미술영역 연령별 구성상의 강조점

연령별	내용
3세	다양한 내용의 미술활동이 이루어질 수 있도록 여러 가지 모양과 색, 질감을 가진 종이류, 다양한 그리기 도구, 점토류를 포함하여 쉽게 이용할 수 있는 미술활동자료를 제시한다.
4세	기본적인 미술활동자료 외에 폐품이나 헝겊, 나뭇잎 등 미술작업 활동자료나 유아들이 관심을 갖는 새로운 재료를 제시한다.
5세	미술활동자료는 모양, 크기나 재질 등이 매우 다양하므로 큰 자료나 작은 자료를 유아가 보기 좋게 잘 분류하여 둔다. 자료들을 주제나 시기에 따라 교체하거나 첨가하여 둔다.

② 실외 흥미영역

실외 흥미영역은 실내에 공간이 좁거나 움직임이나 운동량이 너무 많아서 실내에 설치가 어려운 경우, 실외에 설치하여 실내 흥미영역의 기능과 연계시키거나 보완적 역할을 하도록 한다. 실내 흥미영역과 실외 흥미영역은 독자적인 성격을 지니면서 서로 상보적인 역할을 하며 실외 유원장, 바깥 놀이터라고도 한다.

ㄱ. **구성지침**

가. 바깥 놀이터는 유아들이 마음껏 뛰어놀면서 날씨의 변화와 자연현상을 감각적으로 느낄 수 있도록 조성한다.

나. 위험하지 않으면서 모험적이고 도전적이며 다양하게 창의적인 놀이를 할 수 있도록 조성한다.

다. 유아의 안전을 위해 「어린이 놀이시설 안전관리법」에 따른 시설기준에 따라 설치한다.

라. 정적 영역과 동적 영역으로 분리하여 달리기, 공놀이, 자전거 타기, 물·모래놀이 등은 동적 활동영역에, 작업하기, 휴식하기, 책 읽기 등은 정적 활동영역에 배치한다.

마. 운동놀이영역, 모래·물놀이영역, 자연탐구 및 관찰영역, 작업영역, 휴식영역 및 놀잇감을 보관할 수 있는 보관창고를 설비한다.

바. 교사는 외부차량이나 사람들로부터 유아를 보호할 수 있도록 울타리, 담장을 설치하고 전체적인 바깥 놀이활동을 관찰할 수 있도록 영역을 구성한다.

ㄴ. 구성

다음에서 실외 흥미영역의 세부 영역별 구성목적과 구성방향에 대하여 기술하기로 한다.

가. 운동놀이영역

㉠ 구성목적

유아의 바른 자세 형성과 운동기능발달의 기초가 되며 몸의 균형을 유지하고 몸을 조정하여 움직일 수 있는 과정을 경험하게 한다.

㉡ 구성방향

대근육운동능력을 기르고 기구를 이용하는 방법을 습득할 수 있도록 하기 위해 기어오르기, 매달리기 등 다양한 운동놀이를 할 수 있는 놀이시설을 설치한다.

〈표 III-20〉 운동놀이영역 연령별 구성상의 강조점

연령별	내용
3세	미끄럼이나 오름 틀은 경사가 완만하고 길이가 짧은 것, 자전거 등 탈 것은 소형을 제공한다.
4세	미끄럼틀, 오름 틀은 신체조건에 적합한 것, 평균대 걷기, 공굴리기, 고무줄 뛰기 등의 운동놀이기구를 비치한다.
5세	모험놀이, 도전적인 놀이기구, 달리기, 구르기, 균형 잡기, 뛰어내리기를 할 수 있는 놀이기구를 비치한다.

나. 모래·물놀이영역

㉠ 구성목적

모래와 물은 사용방법이 다양하여 부담이 없이 마음대로 활동에 몰두하면 이 과정을 통해 성취감과 만족감을 느끼게 되고 동시에 정서적 안정감과 즐거움을 준다.

㉡ 구성방향

통행이 빈번하지 않은 곳, 햇볕이 잘 들고 배수가 잘 되는 곳에 배치한다. 또한, 모래영역과 가까운 그늘진 곳에 유아의 상상력을 키울 수 있도록 다양한 형태의 구조물, 놀이 집, 테이블, 극화놀이소품 등을 마련해 준다.

〈표 Ⅲ-21〉 모래·물놀이영역 연령별 구성상의 강조점

연령별	내용
3세	모래나 물을 그릇에 담기, 손으로 만지기, 모래 모양 찍기 등을 할 수 있도록 다양한 종류의 그릇, 인형, 공 등을 준비한다.
4세	물의 특성을 이해하고 모래의 탐색활동 외에 소꿉놀이 도구, 인형, 자동차 모형, 자연물 등을 이용하여 여러 가지 놀이로 확장하도록 한다.
5세	다양한 계량도구, 물과 모래를 이용한 실험할 수 있는 교재·교구, 모래삽, 수로용, 플라스틱관, 투명호스를 준비해 둔다.

다. 자연탐구 및 관찰영역

㉠ 구성목적

동·식물을 기르면서 관찰하고, 조사하고 실험하는 등의 탐구과정에 적극적으로 참여함으로써 탐구활동을 즐기게 되고 아울러, 자연물에 대한 전문적 지식을 얻고 개념을 형성하며 자연에 대한 이해와 정서적 교감을 나누게 한다.

㉡ 구성방향

- 식물 기르기 영역과 동물 기르기 영역으로 구분하여 설비한다. 그리고 식물 기르기 영역은 햇빛이 잘 들고 물을 사용하기 편리한 곳에 배치한다. 텃밭을 만들 공간이 없으면 작은 화분을 이용한다. 또한, 유아가 직접 씨앗을 뿌리고 재배하고 수확하는 과정을 통해 식물의 성장과정과 변화를 관찰하게 한다. 또한, 사계절 내내 꽃과 열매를 관찰할 수 있는 꽃나무와 유실수를 재배한다.
- 동물 기르기 영역은 햇볕이 잘 들고 바람이 잘 통하여 배수가 잘 되고 물과 사료 공급이 용이한 장소에 배치한다.

〈표 Ⅲ-22〉 자연탐구 및 관찰영역 연령별 구성상의 강조점

연령별	내용
3세	성장속도가 빨라 열매가 맺치는 식물(토마토, 고추)을 재배한다.
4세	꽃밭과 텃밭을 가꾸며 식물을 기르도록 하고 관찰용지를 비치하여 동·식물의 변화과정을 기록하도록 한다.
5세	동·식물 성장에 관련된 책을 비치하고 유아 개인별 재배 꽃밭과 텃밭을 제공하여 재배과정이나 변화를 글로 기록하도록 한다.

라. 작업영역

㉠ 구성목적

유아 주변에서 수집한 다양한 재료의 특성을 활용한 작품 제작활동을 통하여 창의성과 미적 감상력을 길러준다.

㉡ 구성방향

작업영역에는 물감으로 그림 그리기, 큰 블록 쌓기, 목공놀이, 점토놀이를 할 수 있는 다양한 작업용 재료와 도구류를 정비한다.

〈표 Ⅲ-23〉 작업영역 연령별 구성상의 강조점

연령별	내용
3세	기본적인 자료를 자주 교체해 주고, 특히 핑거페인팅 재료, 큰 붓, 점토 등을 제공하여 작업활동을 자유롭게 표현하도록 한다.
4세	자연물로 꾸미기, 모래그림 그리기, 물감 흘려 벽화 꾸미기 등의 미술활동과 블록으로 구성하기 등의 활동을 제공한다.
5세	다양한 미술재료 및 자연물을 활용한 놀이, 목공놀이 등 공동작업에 필요한 자료를 제공한다.

마. 휴식영역

㉠ 구성목적

유아들이 동적 활동을 하거나 동료 유아들의 놀이를 편안한 마음으로 관찰하면서 다음 활동에 필요한 에너지를 비축하도록 한다.

㉡ 구성방향

유아들이 편안하게 쉴 수 있는 조용한 공간으로 다양한 종류의 나무 그늘이나 정자, 지붕이 있는 테라스, 텐트나 비치파라솔을 설치하여 그늘을 조성한다.

휴식영역은 유아들의 연령에 따라 융통성 있게 시간과 활용방법을 조절한다.

바. 보관창고

㉠ 구성목적

바깥 놀이기구의 활용성을 높이고 안전한 보관을 통하여 사용기간을 최대한 연장시키도록 한다.

㉡ 구성방향

보관창고는 물이 고이지 않도록 경사진 곳에 설치하며 놀이기구의 종류와 크기를 고려하여 창고의 모양과 크기를 조절하고 통풍이 잘 되고 환기가 잘 될 수 있도록 설비한다.

제 3 장 교수-학습활동의 평가

교육이 이루어지고 있는 한 어떠한 형태로든 교육 평가는 이루어져야 한다.

평가(Evaluation)란 용어는 라틴어의 'EX-Valera'에서 나온 의미로 이 말은 '가치 유무를 알아본다'는 뜻이다. 특히, 교육은 뚜렷한 목표를 지닌 과업으로서 이미 행하여진 교육의 가치를 판단하는 교육 평가가 반드시 이루어져 교육활동이 교육목적에 알맞게 이루어졌는지, 또한 의도한 교육목표가 실제로 어느 정도 달성되었는지, 의도하는 결과에 도달하지 못했다면 그 이유는 무엇인지 등 교육활동 전반에 걸쳐 필요한 정보를 수집, 분석, 판단하는 일연의 체계적인 과정이 있어야 한다.

1. 교수-학습활동 평가에 대한 이해

1) 성격 및 개념

교육 평가의 일반론에 근거하여 교수-학습활동 평가의 성격을 살펴보자.

첫째, 교수-학습활동 평가는 교육 평가에서 교사 평가영역에 해당된다.

교육 평가의 대상이 무엇이냐의 관점에서 보면 유아 평가, 교사 평가, 부모 평가, 프로그램 평가, 교육환경 평가 등으로 구분하여 볼 때 교수-학습활동 평가는 교사 평가영역에 속한다.

둘째, 교수-학습활동 평가는 유아교육에서 교사의 의도성과 학습의 결과를 중점적으로 평가한다.

교사가 교수-학습활동을 전개하기 위해서는 사전에 당해 유아교육기관의 교육목표에 근거하여 교수-학습활동계획을 세워 수립되는 것으로 교수-학습활동계획 수립에는 교사의 주도성이 교육목표에 100% 개입되어 교수-학습활동의 성과는 전적으로 당해 교사의 책임이 된다. 교수-학습활동 평가는 결과적으로 교사의 교수-학습에 대한 철학, 소신, 주도성을 평가하게 된다.

셋째, 교수-학습활동 평가는 교사가 유아를 직접적으로 가르치는 교사의 학습활동에 초점을 둔다. 즉, 교수-학습활동 자체에 국한하여 평가한다.

넷째, 교수-학습활동 평가는 수업 프로그램에 관한 평가영역에 해당된다.

평가대상영역에 따른 평가 유형을 교육과정에 관한 평가, 수업 프로그램에 관한 평가, 유아평가로 구분해 볼 때 교수-학습활동 평가는 수업 프로그램에 관한 평가로서 수업이 본래 의도한 목적과 실제로 유아들이 달성한 학습결과와의 차이를 비교하는 데 중점을 둔다.

다섯째, 교수-학습활동 평가에서 진단 평가는 수업이 시작되기 전에, 형성 평가는 수업이 진행되는 과정에서, 총괄 평가는 수업이 끝난 후에 이루어지는데, 이 세 가지 유형의 평가는 모두 교수-학습방법의 개선을 위하여 이루어진다.

이상의 성격을 종합하면 교수-학습활동 평가는 '당해 유아교육기관에서 설정된 교육(보육)목표 구현을 위해 계획된 각종 계획안에 따라 이를 유아들에게 가장 효과적이고 합리적인 방법으로 전달하기 위한 교사와 유아 간의 상호작용 중 특히 교사의 역할과 태도, 기능에 중점을 두고 이루어지며, 특히 교사의 교수-학습방법 개선을 위한 정보와 자료를 확보하기 위한 수업 평가'이다.

2) 교수-학습활동 평가의 내용

교수-학습 평가내용은 교수-학습계획 수립, 교수-학습 진행, 교수-학습 정리단계에 이르는 전 과정에서 이루어지는 평가로서 다음과 같은 내용이 주된 평가내용이 된다.

(1) 교수-학습지도안 작성

(2) 교재의 특질에 따른 교수-학습과정(형태)

(3) 교사의 기본교수기법

① 발문기법　② 상호작용기법　③ 동기유발기법
④ 대화기법　⑤ 주의집중기법　⑥ 전이기법
⑦ 칭찬, 격려, 꾸중의 방법

(4) 교재·교구 제작 및 활용기법

(5) 학습과정별 지도방법

(6) 학습과정에 따른 평가방법 및 절차
(7) 학습환경 조성상황
(8) 목표도달도
(9) 유아의 학습참여도 등

3) 교수-학습활동 평가의 목적

당해 유아교육기관에서 설정한 교육목표는 현장교사들이 교수-학습지도를 통하여 구현되므로 교수-학습지도기술은 교사의 자질 가운데 가장 전문적인 영역이다. 따라서 교육현장에서는 수업연구, 연구수업, 교수-학습방법 개선이라는 이름으로 교사들의 교수-학습활동 평가를 부단히 실시하여 교사 개개인의 교수-학습방법상의 문제점을 찾고 이의 개선을 통한 교사들의 교수-학습지도기술을 향상시키어 유아교육의 질적 수준을 향상시킴은 물론 교사 자신의 전문성을 높여감으로써 사회·경제적 지위를 제고시키고 있는데, 교수-학습활동 평가의 목적을 정리하면

첫째, 교수-학습방법 개선을 위한 정보나 자료를 확보하기 위함이다.

교육현장에서 교수-학습활동 평가는 일반적으로 수업연구, 연구수업 등의 방법을 통하여 이루어지는데, 이러한 방법을 통하여 해당 교사의 교수-학습방법상의 장·단점을 찾고 발견된 문제점에 대한 대안을 강구하여 교수-학습방법을 개선시킨다.

둘째, 당해 유아교육기관의 교육목표를 효율적으로 실현하기 위해서이다.

교수-학습방법은 당해 유아교육기관의 교육목표를 구현하는 직접적인 수단이다. 아무리 훌륭한 교육목표와 교육목표 구현을 위한 교육내용이 합리적으로 선정되었다 할지라도 이를 유아들에게 전달해 주기 위한 교수-학습방법이 적절하지 못하면 교사가 기대하는 교육적성과를 기대할 수 없을 것이다.

셋째, 전문화를 통하여 교사의 사회·경제적 지위를 향상시키기 위함이다.

교직을 노동자관이라고 인식할 때 상대적으로 교원의 사회·경제적 지위는 낮아질 수밖에 없다. 따라서 교원들이 교수-학습지도 기술 향상을 통하여 교직을 전문화 시켜 아무나 교직에 참여할 수 없다는 사회적 인식을 높여 준다면 교사의 사회·경제적 지위는 자연적으로 향상될 것이다.

넷째, 부모들의 사회적 진출 확대로 인해 사회와 부모가 유아교육에 대한 기대와 요구는 물론 보육에서도 훌륭한 교육적 지도를 원하고 있다. 또한, 2012년부터 교육과 보육이 통합된 누리과정제도를 도입하는 등 범국가적 차원에서 유아교육에 대한 개혁적인 정책을 시행

하는 현 시점에서 종전의 전통적인 교수-학습방법으로는 국가가 주도하는 제반 유아교육 정책을 실현하기 어렵다.

다섯째, 누리과정 및 표준보육과정에서 강조하는 교수-학습지도지침을 구현하기 위함이다. 누리과정의 교수-학습지침에는 놀이 중심의 교수-학습활동, 흥미 중심 교육, 유아의 생활경험 중시, 능동적인 상호작용, 통합적 지도, 균형적인 활동지도, 개별화교육을 강조하는 등 교수-학습방법의 개선을 강조하고 있다.

2. 교수-학습활동 평가의 실제

교수-학습활동 평가에서는 교사의 교수-학습방법 평가와 보육활동 평가로 구분하여 기술하기로 한다.

1) 교수-학습방법 평가

교수-학습방법 평가는 교수-학습방법 개선을 전제로 해서 이루어지는 평가이므로 평가 결과는 객관적이고 사실적이어야 한다.

따라서 다각적인 측면에서 평가되어 종합되어야 당해 교사의 교수-학습활동상황이 정확하게 파악되어 교수-학습방법의 개선자료로 활용할 수 있다.

당해 유아교육기관의 교육목표는 주로 활동실 내에서 교수-학습지도에 의해 구현되는 것으로 여기에 적용되는 교수-학습방법상의 장·단점을 찾아 교수-학습방법이 개선되는 것으로 교수-학습방법 개선을 위한 정보와 자료를 수집하기 위해서는 다음과 같은 측면에서 평가가 이루어져야 한다.

(1) 교사 자가수업 평가

① 성격

교사 자가수업 평가는 자기장학의 한 유형으로 교사 스스로 자신의 전문성 계발을 위해 자신의 교수-학습활동을 스스로 평가해 보는 것이다. 이는 자신들의 교수-학습활동의 장·단점을 확인하여 유아교육의 질적 수준을 높이며 교사 자신들의 발전을 위해서도 필수적인 과정이다.

흔히, 교사는 자가 평가의 과정이 없이 일방적으로 상급자, 학부모, 상부기관에 의해서만 평가받고 있는 실정으로 외부 관찰자의 평가를 받기 전에 먼저 자가 평가를 통하여 자기보완의 기회를 가져야 한다.

② 내용

자가 평가는 1학기 말과 2학기 말에 실시하여 그 실시 결과를 비교, 분석하여 자기발전의 기회로 삼아야 한다. 특히, 자가 평가에 있어 자기 자신에 대하여 지나치게 과대평가하거나 과소평가할 우려가 있다.

따라서 객관적이며 합리적인 평가준거, 특히 교수－학습활동계획, 교수기술, 자료 활용, 목표도달도, 시간 운영 등은 반드시 자가 평가영역에 포함시켜야 한다.

③ 자가수업 평가표

자가수업 평가표의 '예'를 들면 〈표 Ⅲ－24〉와 같다.

〈표 Ⅲ－24〉 교사 자가수업 평가표

- 수 업 일 : 　　년　월　일　요일
- 활동주제 :
- 수업대상 :
- 수 업 자 :
- 평 가 자 :

영역	평가내용	평점	특기사항
Ⅰ. 학습 활동 계획	• 학습목표를 구체적으로 진술했는가?	5 4 3 2 1	
	• 교육과정의 지역화 및 기본생활습관, 생활주제 중심의 통합교육과정 운영이 적절한가?	5 4 3 2 1	
	• 학습활동 내용은 영유아의 흥미와 발달단계를 고려했는가?	5 4 3 2 1	
	• 집단의 크기 및 주도적 역할에 대한 사전계획은 있었는가?	5 4 3 2 1	
Ⅱ. 교수 기술	• 개인차를 고려한 개별지도가 이루어지고 있는가?	5 4 3 2 1	
	• 교수 언어가 적절하며 영유아에게 친근감이 있는가?	5 4 3 2 1	
	• 영유아들의 창의적 사고를 고려한 발문과 지명이 이루어지는가?	5 4 3 2 1	
	• 영역별로 교사와 영유아 간의 상호작용이 이루어지는가?	5 4 3 2 1	
	• 발표 및 기본학습훈련이 잘 이루어지는가?	5 4 3 2 1	
Ⅲ. 자료 활용	• 학습자료를 적시에 투입 · 활용하는가?	5 4 3 2 1	
	• 구체적이고 실제적인 경험을 제공하는 교육자료를 활용하는가?	5 4 3 2 1	
	• 흥미영역이 효율적으로 배치되었는가?	5 4 3 2 1	
	• 교수－학습활동에 적합한 자료를 적시에 제시하는가?	5 4 3 2 1	
	• 향토자료를 수집하여 교육과정의 지역화에 관련지어 활용하는가?	5 4 3 2 1	

IV. 목표 달성도	• 학습활동이 적시에 평가(형성평가)되고 있는가? • 학습목표 달성 여부의 확인을 위한 평가가 누가적으로 이루어지는가? • 학습을 통한 행동의 변화를 개별적으로 분석·활용하는가? • 목표 달성을 위한 자체 평가를 실시하는가?	5 4 3 2 1 5 4 3 2 1 5 4 3 2 1 5 4 3 2 1	
V. 시간 운영	• 지도과정에 대한 시간 배분이 합리적인가? • 개별화를 위한 영유아와의 상호작용이 적절히 이루어지는가?	5 4 3 2 1 5 4 3 2 1	
종합 의견	• 좋은 점 : • 개선할 점 :	합계	

(2) 동료교사에 의한 수업 평가

① 성격

동료교사에 의한 수업 평가는 주임교사 또는 동료교사로부터 평가를 받는 경우를 말한다. 교사와 가장 상호작용이 많이 이루어지는 사람은 동료교사이다. 교사는 동료교사로부터 유아지도상 당면하는 과제해결을 위한 정보를 얻을 수 있고 또한 유아지도상 필요한 새로운 아이디어를 얻기도 하며 사생활에 필요한 협조를 구하는 등 친밀한 관계를 가지고 있어 한 유아교육기관에서 맺어진 동료교사와의 정서적 유대감은 평생을 같이 하는 등 교사에게 주는 영향력은 공사 간에 아주 지대하다.

특히, 동료교사에게서 받는 지도 조언은 원활한 레포(rapport)가 형성되어 심리적 부담이 거의 없이 받아들일 수 있다. 그러나 동료교사에 의한 평가는 학급 내에서 일어나는 일에 정확한 정보를 얻을 수 있다는 장점도 있으나 동료교사 간에 나쁜 감정을 유발할 수 있다는 단점도 있다.

② 내용

동료교사에 의한 수업 평가내용은 학급 운영 전반에 걸친 내용을 중심으로 평가하거나 평가의 목적이나 시기에 따라서 일부 특정 영역을 중심으로 평가할 수도 있다.

③ 조사지

동료교사 수업 평가표의 '예'를 들면 〈표 III-25〉와 같다.

〈표 Ⅲ-25〉 동료교사 수업 평가표

- 수 업 일 : 년 월 일 요일
- 활동주제 :
- 수업대상 :
- 수 업 자 :
- 평 가 자 :

영역	평가내용	평점	특기사항
Ⅰ. 학습 활동 계획	• 학습목표를 구체적으로 진술했는가? • 교육과정의 지역화 및 기본생활습관, 생활주제 중심의 통합교육과정 운영이 적절한가? • 학습활동내용은 유아의 흥미와 발달단계를 고려했는가? • 집단의 크기 및 주도적 역할에 대한 사전계획은 있었는가?	5 4 3 2 1 5 4 3 2 1 5 4 3 2 1 5 4 3 2 1	
Ⅱ. 교수 기술	• 개인차를 고려한 개별지도가 이루어지고 있는가? • 교수언어가 적절하며 유아에게 친근감이 있는가? • 유아들의 창의적 사고를 고려한 발문과 지명이 이루어지는가? • 영역별로 교사와 유아 간의 상호작용이 이루어지는가? • 발표 및 기본학습훈련이 잘 이루어지는가?	5 4 3 2 1 5 4 3 2 1 5 4 3 2 1 5 4 3 2 1 5 4 3 2 1	
Ⅲ. 자료 활용	• 학습자료를 적시에 투입 · 활용하는가? • 구체적이고 실제적인 경험을 제공하는 교육자료를 사용하는가? • 흥미영역이 효율적으로 배치되었는가? • 교수-학습활동에 적합한 자료를 적시에 제시하는가? • 향토자료를 수집하여 교육과정의 지역화에 관련지어 활용하는가?	5 4 3 2 1 5 4 3 2 1 5 4 3 2 1 5 4 3 2 1 5 4 3 2 1	
Ⅳ. 목표 달성도	• 학습과정이 적시에 평가(형성 평가)되고 있는가? • 학습목표 달성 여부의 확인을 통한 누가기록이 이루어지는가? • 학습을 통한 행동의 변화를 개별적으로 분석 · 활용하는가? • 교사는 목표달성을 위한 자체 평가를 하는가?	5 4 3 2 1 5 4 3 2 1 5 4 3 2 1 5 4 3 2 1	
Ⅴ. 시간 운영	• 지도절차 및 시간 배분이 합리적인가? • 개별화를 위한 궤간 순시가 적절히 이루어지는가?	5 4 3 2 1 5 4 3 2 1	
종합 의견	• 좋은 점 : • 개선할 점 :	합계	

(3) 부모에 의한 평가

① 성격

교사와 부모는 긴밀하게 연계되어야 하며 유아교육의 질을 향상시키기 위해 수시로 유아교육기관이나 교사에 대한 의견을 제시할 수 있어야 한다. 이런 의미에서는 부모의 유아교사에 대한 일종의 평가활동이다. 교사에 대한 부모들의 평가는 공식적이든 비공식적이든 부단히 이루어지며 평가결과에 따라 다음 학기에 해당 유아교육기관에 재취원시킬 것인가 여부를 결정하는 계기가 된다. 즉, 부모에 의한 교사 평가결과는 해당 유아교사의 교수-학습 방법 개선에 공헌할 수 있기도 하지만 해당 유아교육기관의 취원 여부를 결정하는 계기가 될 수도 있다. 또한 체계적인 부모 평가는 부모와 유아교육기관 및 교사 사이에 일어날 수 있는 갈등이나 문제를 예방해 줄 수 있는 기능도 있다.

② 내용

부모 평가의 방법은 교사활동에 대한 평정척도에 체크하기, 부모가 유아교육기관을 방문해 수업을 참관하거나 직접 교사를 면접해 의견을 제시하는 방법을 채택할 수 있다.

③ 사례 : 수업참관

ㄱ. 수업참관의 의의

가. 부모는 가정과 다른 유아교육기관이라는 상황에서 자녀의 행동을 객관적으로 살펴보고 그 차이를 발견하게 된다.

나. 부모가 또래집단 안에서 자녀의 발달 정도와 개인차를 식별하고 이해할 수 있다.

다. 부모는 교사의 지도방법을 배워 가정에서 일관된 방법으로 자녀를 지도하는 데 도움이 된다.

라. 부모는 자녀의 전인적 발달을 돕기 위해 교사와 협력해야 함을 인식하게 된다.

마. 부모는 자녀를 이해하고, 유아교육기관과 교사에 대해 깊이 이해할 수 있다.

ㄴ. 참관수칙

가. 교실에서 유아들의 활동에 방해가 되지 않도록 조용히 참관한다.

나. 메모사항은 유아가 보이지 않게 한다.

다. 참관하는 사람끼리 잡담하거나 큰 소리로 이야기하지 않는다.

라. 유아들의 활동에 일체 개입하지 않는다.

마. 토의하고 싶은 것, 건의사항은 메모한 후 참관이 끝난 후에 협의한다.

ㄷ. 참여수칙

가. 유아들과 함께 모든 활동에 직접 참여한다.

나. 유아들의 활동에 너무 많이 개입하기보다 유아가 주체가 되어 활동할 수 있도록 이끌어 준다.

다. 부모도 일일 학생(또는 교사)이라는 자세로 교사의 지시에 따라 민첩하게 행동한다.

라. 모든 기록은 빠짐없이 정리하여 토의한 후 제출한다.

ㄹ. 수업참관 관찰기록

수업참관 관찰기록지의 '예'를 제시하면 〈표 Ⅲ-26〉과 같다.

〈표 Ⅲ-26〉 수업참관 관찰기록

(　　)반　이름 :　　　기록자 :	관찰결과		
* 유아의 하루 활동을 관찰하고 해당란에 표시하세요. (표시 구분 : 잘함 - ○ 보통 - △ 못함 - ×)	잘함 ○	보통 △	못함 ×
1. 유아와 교사와의 상호작용은 어떠한가?			
① 교사의 신호와 지시에 잘 따른다.			
② 교사의 말을 잘 알아듣는다.			
③ 질문에 정확한 답을 한다.			
④ 교사의 지시를 알고 활동에 관한 계획 및 결정을 할 줄 안다.			
⑤ 자기의 생각과 느낌을 표현할 줄 안다.			
⑥ 수업시간에 교사의 말에 관심을 기울인다.			
2. 유아와 유아와의 상호작용은 어떠한가?			
① 친구들과 잘 어울려 놀이한다.			
② 규칙을 잘 지키고 있다. (차례, 약속, 양보)			
③ 친구들과 자료를 나눈다. (종이, 풀, 그 밖의 자료)			
④ 친구들과 협력하여 그룹 활동에 참여하고 있다.			
⑤ 친구의 실수나 곤란에 동정심을 갖고 사과할 줄 안다.			
⑥ 모든 활동에 의욕적이다.			
⑦ 자기의 잘못을 인정할 줄 안다.			
⑧ 혼자서만 놀이한다.			
3. 유아와 교구와의 상호작용은 어떠한가?			
① 교구에 다양한 흥미를 갖고 골고루 다루고 있다.			
② 활동을 침착하게 끝까지 잘 해나가고 있다.			
③ 교구 사용이 다 끝난 다음 제대로 정돈을 잘 하고 있다.			
4. 오늘의 일과 중(교육과정, 환경, 설비)에 대한 소견 :			
5. 자녀의 유치원 생활에 대한 종합적인 소감 :			
6. 유치원에 대한 건의사항 :			

2) 보육활동 평가

당해 유아교육기관에서 설정한 교육이나 보육목표를 구현하기 위하여 편성된 교육·보육 과정을 유아들을 대상으로 직접적으로 지도하기 위한 연간, 월간, 주간, 일일 보육계획안을 수립할 때 동시에 연간, 월간, 주간, 일일 보육계획안 운영에 따른 보육활동 평가계획안을 작성하고 보육활동안에 따른 보육활동 진행과정에서 부단히 평가를 실시하여야 한다.

보육활동 평가는 일상생활활동 평가와 일과활동 평가에 국한하여 기술하기로 한다.

(1) 일상생활활동 평가

① 개념

유아교육기관에서는 등원해서 하원할 때까지 다양한 활동들이 통합되어 운영되며 정확한 시간설정이 없이 융통성 있게 이루어진다.

특히, 유아들은 한 가지 활동에 대한 지속력이 짧아서 아주 많은 활동들이 통합되어 운영된다. 그런데 이러한 '하루의 일상생활 중에서 거의 매일과 같이 반복적이고 규칙적이며 연속적으로 이루어지는 활동'을 일상생활활동이라고 한다. 따라서 일상생활 평가란 등원해서부터 하원할 때까지의 모든 다양한 일상생활활동이 진행되는 과정에서 이루어지는 평가이다.

② 일상생활활동 평가계획

일상생활활동을 효율적으로 운영하기 위해서는 우선적으로 일상생활활동계획을 합리적으로 수립하고 수립된 일상생활활동 계획에 따른 평가계획을 수립하여 일상생활활동 지도계획과 평가계획을 한데 묶어 일상생활활동지도 및 평가 계획을 체계화시켜야 한다.

그러나 본 절에서는 일상생활활동 평가계획에 국한하여 수립요령에 대하여 기술하기로 하고 일상생활지도계획은 제V부 제1장, 영아 일상생활지도, 제VI부 제1장 유아 일상생활지도에서 각각 기술하기로 한다.

ㄱ. 일상생활활동 내용선정

일상생활활동이란 '유아교육기관에서 하루 동안에 진행되는 다양한 활동들의 통합'으로 일상생활활동을 '1일 일과활동'이라고도 한다.

유아교육기관에서는 하루 동안의 일상생활활동이 어떤 활동들로 통합되느냐에 따라 1일 일과활동의 모습이 달라진다.

일상생활활동은 유아교육기관의 운영철학이나 특수성, 학부모와 유아의 요구와 기대, 교육이나 보육과정의 목표와 내용 그리고 적용되는 유아교육(보육) 프로그램의 성격에 따라 다소 달라질 수 있지만 대부분 유아교육기관의 공통적인 일상생활활동은 등원, 간단한 신체검사, 기저귀 갈기, 배변지도, 휴식, 낮잠, 간식, 점심, 점심식사 전 손 씻기, 점심식사 후 이 닦기, 정리정돈, 화장실 가기, 주의집중, 전이, 실내·외 자유놀이, 평가, 하원 대기 유아지도, 하원(귀가) 등이 있다.

ㄴ. 일상생활활동 평가 세부계획

일상생활활동 평가 세부계획은 일상생활활동 지도계획을 먼저 수립하고 제Ⅲ부 제2장 제2절 하루일과지도 평가계획과 수립된 일상생활활동지도 평가계획에 근거하여 일상생활활동 평가 세부계획을 수립하여 시행한다. 그 예를 들면 〈표 Ⅲ-27〉과 같다.

〈표 Ⅲ-27〉 일상생활 활동 평가 세부계획

일상생활활동	일과목표	평가관점	평가내용
1. 등원	1) 하루일과를 효율적으로 운영하기 위한 준비 2) 학부모로부터 유아지도에 필요한 정보 및 자료수집	(1) 유아개인별 특이사항 확인 (2) 생활규칙 준수사항 확인 (3) 일찍 등원한 유아에 대한 지도	① 유아 개인별로 특이사항을 합리적으로 평가 하는가? • 건강상태 • 기분, 안면 • 가정에서 이루어진 특이사항 • 기타 특이사항 등 ② 등원 후 현관이나 활동실에서 지켜야 할 생활수칙의 준수사항은 어떠한가? • 교사, 유아 상호 간에 인사하기 • 사물함 정리하기 • 옷장 정리하기(옷, 가방 등) ③ 일찍 등원한 유아에 대한 학습활동 제공은 적절한가? • 활동내용 • 활동교구나 자료의 제공 • 자율적인 학습태도의 적절성
2. 도착 후 간이 신체검사	1) 하루일과를 효과적으로 운영하기 위한 신체조건 확인(Morning inspection) 2) 교사와의 친밀관계 유지(Rapport)로 학습의 효율성 도모	(1) 유아건강상태 확인 (2) 친밀관계 형성 전략	① 유아들의 안색을 비롯하여 안면, 거동상태 등을 적절히 점검하는가? ② 웃는 상태로 유아를 맞이하면서 강한 유대감을 갖게 다양한 활동을 전개하는가? • 하이파이브 • 안아주기 • 어깨를 가볍게 두드리기 • 머리 쓰다듬어 주기
3. 수유와 이유 지도	1) 수유와 이유과정을 통한 교사와의 상호작용증진·친밀성 강화 2) 적절한 시기와 방법으로 수유과정에서 이	(1) 수유·이유방법의 적절성 (2) 수유·이유에 필요한 기구·설비의 보관·관리사항	① 수유, 이유 장소가 적절한가? • 기저귀 갈이 장소는 화장실에서 떨어짐 ② 수유와 이유과정에서 교사와 유아 간의 적절한 스킨십이 일어나는가? ① 수유와 이유에 필요한 기구는 개인별로 잘 정비되어 있는가? • 젖병, 모유, 분유, 이유식 등 플라스틱 접

	유과정으로 변화유도 3) 적절한 영양공급으로 유아 건강유지	 (3) 수유에서 이유과정 진행의 적절성	시, 손잡이가 있는 투명한 컵, 숟가락 등 ② 수유와 이유에 필요한 기구나 설비의 청결유지방법은 적절한가? ③ 수유·이유기구가 유아 개인별로 확보 관리되는가? ① 수유과정에서 이유과정으로 이행과정은 개별화되고 적절하게 이루어지는가?
4. 기저귀 갈기	1) 교사와 영아 간의 상호작용으로 강한 친밀감 형성 2) 유아의 안전하고 즐거운 위생생활 도모	(1) 기저귀 갈이 시설, 기구정비의 적절성 (2) 위생적 처리상황 (3) 기저귀 갈이 시 동료 유아관리 상황	① 기저귀 가는 시설·기구의 설치와 설비는 위생적이며 적절한가? • 수유 및 이유, 간식영역으로부터 떨어짐 • 기저귀 갈이대는 70~80cm의 높이로 안전하고 위생적임 • 기저귀 갈이 용품을 보관하는 선반 설치 ① 기저귀 갈이를 위생적으로 처리하는가? • 기저귀 갈이대의 청결·위생적 처리 • 교사는 반드시 기저귀 갈이 전후 손 씻기 ① 기저귀 갈이 하는 도중 동료 유아의 안전성을 살피는 방안을 강구하는가?
5. 배변 지도	1) 영유아의 개인별 개인차를 고려한 배변지도를 통하여 안정적인 정서감 배양 2) 주기적이며 자율적인 배변활동을 통하여 올바른 배변 습관 정착	(1) 개인차를 고려한 배변 실시 상황 (2) 배변시설 설비 구비 및 관리 상황 (3) 올바른 배변습관 정착	① 유아 개개인의 발달특성을 고려한 배변 지도가 이루어지고 있는가? • 대변은 13~15개월, 소변은 30개월 지나야 통제 가능 • 서두르거나 강요하는 배면지도 금지 • 유아의 배변생활발달단계에 따른 지도 ① 영아용 변기시설·기구설비상황은 적절한가? • 유아용 변기와 세면대 설치 • 이동식 아기용 변기 설치 등 ① 영아들에게 올바른 배변습관 정착을 위한 방안은 적절한가? • 개별적인 배변 요구존중 • 낮잠 자기 전, 정리정돈 후 배변하기 • 영유아 개인별 배변 요구를 확인하는 징후 찾아 지도하기
6. 휴식, 낮잠	1) 영유아들의 피로를 풀어주어 활기찬 일상생활 도모 2) 영유아에게 새로운 활력을 불어넣고 학습의 효율성 도모 3) 유아 상호 간, 교사·유아 간의 친밀성 도모	(1) 영아의 특성을 고려한 낮잠지도 (2) 낮잠이나 휴식을 위한 여건정비	① 영아들이 개인적 특성을 고려하여 낮잠지도가 이루어지는가? • 계속 잠자는 영아는 그대로 두기 • 잠자는 욕구, 시간 고려 • 개인별 낮잠패턴 존중하기 ① 낮잠이나 휴식을 위한 여건조성이 제대로 이루어지는가? • 조용한 음악 들려주기 • 조명 밝지 않게 하기 • 실내온도 조절하기 • 동화책 읽어주기

		(3) 낮잠을 자지 않는 유아에 대한 조치	① 낮잠자기를 원하지 않는 유아에 대한 조치는 적절한가? • 학습활동 제공 • 놀이기구 제공 • 기타 자유활동
		(4) 낮잠 시설·기구 설비의 적절성	① 낮잠 시설 및 기구는 적절하게 구비되었는가? • 장소의 적절성 • 요, 이불, 베개 등 • 방음, 조명, 온도, 음향시설
7. 점심	1) 양질의 영양공급을 통한 유아의 신체적·정서적·사회적, 정신적 성장발달 도모 2) 올바른 식생활습관 정착 3) 유아 상호 간 교사·유아 간의 친밀성 도모	(1) 식생활습관 정착	① 바른 식생활습관 정착을 위해 체계적인 계획을 세워 실천하는가?
		(2) 상호작용의 효율화	① 식사 중에 상호 간 또는 유아·교사 간에 친밀성 강화를 위한 상호작용에 주력하는가?
		(3) 식단계획의 합리성	① 양질의 영양공급을 위한 식단계획이 합리적으로 이루어지고 있는가?
		(4) 식사지도의 개별화	① 연령발달단계에 따른 식사지도가 이루어지고 있는가? • 1세 이후에는 동료 영아와 함께 식사하기 • 수유에서 이유식으로의 적절한 지도
		(5) 식사 후 처리상황	① 식사 후 뒤처리가 적절한가? • 음식 먹은 후 그릇 정리하기 • 식사 후 이 닦기
8. 간식	1) 식사로 인한 부족영양소의 보충 2) 간식을 통한 동료 유아 간, 교사·유아 간의 원활한 상호작용을 통한 친밀성 조성 3) 적절한 영양공급을 통한 영유아의 건강생활 증진	(1) 간식시간의 적절성	① 1일 일과시간에 간식시간이 적절하게 편성되어 있는가?
		(2) 유아 특성을 고려한 간식지도	① 영유아의 개인적인 특성 요구사항들이 고려되어 간식이 이루어지는가? • 자유간식, 집단간식 • 간식시간, 음식물의 종류 • 유아 요구, 학부모 의견 등
		(3) 유아 상호 간의 친밀성 도모	① 간식시간을 이용한 유아 상호 간에 친밀성 유지를 위한 전략이 적절한가? • 자유간식, 집단간식 • 간식시간, 음식물의 종류 • 유아 요구, 학부모 의견 등
		(4) 체계적인 식사예절지도	① 간식시간을 이용한 식사예절이 체계적으로 지도되고 있는가?
		(5) 간식 후의 뒷 처리상황	① 간식 후의 뒤처리가 적절한가? • 숟가락 사용법 • 식기 정리하기
9. 점식식사 전후 손 씻기, 이 닦기	1) 위생습관의 생활화를 통한 질병 예방력을 배양하여 유아의 건강생활 도모	(1) 식사 전후 손 씻기, 이 닦기의 이행상황	① 식사 전후 손 씻기의 이행 여부, 손 씻기 방법 및 절차는 적절한가? ② 식사 후 이 닦기는 생활화되고 이 닦기 방법과 절차는 적절한가?
		(2) 음식물에 의한 세균 접근성	① 유아에게 식사를 통하여 발병할 수 있는 병 그리고 예방책에 대하여 체계적으로 지도하고 있는가?

10. 정리 정돈	1) 정리정돈의 중요성에 대한 이해 2) 어떤 일을 시행한 후에는 반드시 정리정돈을 해야 하는 일이 있음을 알고 정리정돈 할 일감을 찾아보는 습관 배양 3) 적절한 정리정돈방법 절차 익히기	(1) 개별 정리정돈방법의 적합성	① 일과 중에 개별 정리정돈의 기회가 발생했을 때 처리하는 방법은 적절한가? • 5~10분 전에 예고하기 • 정리정돈방법 제시하기 • 교구나 자료를 보관하는 장소 안내 표시의 적절성
		(2) 집단 정리정돈방법의 적합성	① 집단 정리정돈방법과 절차는 적절한가? • 자유선택활동 종료 후, 집단간식 종료 후
		(3) 정리정돈 신호의 적절성	① 정리정돈의 약속 신호는 적절한가? • 신호, 노래, 구두 등
11. 화장실 가기	1) 생리적 욕구를 충족시키고 더불어 심리적으로 편안함을 느끼게 함 2) 배변생활습관을 정착시킴	(1) 화장실 사용예절 평가의 적절성	① 화장실 사용할 때의 평가내용이 적절하게 이루어지고 있는가? • 질서 지키기 △ 차례대로 사용하기 △ 노크하기 • 청결 △ 용변 후 손 씻기 • 절약 △ 적당한 양의 휴지 사용하기 • 기구 사용 △ 수건 바르게 사용한 후 걸어두기 △ 물 내리기 △ 세면기 꼭 잠그기
		(2) 화장실 시설 · 설비의 적절성	① 화장실 시설 · 기구는 적절하게 설비되었는가? • 낮은 칸막이 • 문 안 잠기는 장치 • 남녀공용 • 미끄럼 방지
		(3) 화장실 가기 지도의 적절성	① 화장실 다녀오게 하는 시기와 방법은 적절한가? • 다음에 긴 활동이 예상되는 경우 • 간식, 점심시간 전후 • 개인적인 요구 시 • 개인적인 징후 발견 시
12. 주의 집중	1) 유아들을 현재 진행시키고 있는 학습활동에 초점화시키어 학습의 효율성 도모 2) 유아들 주위에서 다양한 자극 가운데 필요한 자극, 불필요한 자극을 선별할 수 있는 능력 함양	(1) 주의집중시간의 적절성	① 학습 도중 주의집중 상황에 따라 적절하게 시행되는가? • 학습목표나 학습방법을 제시할 때 • 중요한 내용을 전달하려고 할 때 • 소란하여 주의가 집중되지 않을 때 • 주의집중의 횟수
		(2) 주의집중방법의 적절성	① 학습 도중 학습활동 진행상황에 따른 주의집중방법은 적절한가? • 구체적인 예시 자료 : 실물, 사례, 일화, 실험 등 • 교수-학습자료 제시 : 그림, 도표, 영상, 녹음자료 등

			• 특이한 자극이나 갈등상황 제시 • 참신한 문제 사태 제시
13. 전이	1) 유아학습활동이 단절이 없이 연속적으로 이루어지게 함 2) 소모적이고 불필요한 시간을 최소화시키어 학습의 효율성 도모	(1) 전이기법 적용의 적시성 (2) 전이기법 적용의 적합성	① 활동상황에 따라 전이기법이 적절하게 활용되는가? • 유아 활동이 변경 될 때 • 새로운 학습방법이나 요령을 재제시 할 때 ① 활동상황에 따라 적용되는 전이기법은 적절한가? • 손유희 • 노래 부르기 • 반대 개념 익히기 • 방향체조 • 짧은 이야기 짓기 • 음률활동 : 발 끝으로 걷기 • 대근육활동을 북소리에 맞추어 움직이기 • 교재·교구 정리하기
14. 평가	1) 1일 일과활동에 대한 종합적인 평가를 통해 하루 생활에 대한 문제점 해결방안 모색 2) 1일 일과활동별 평가를 통한 바람직한 1일 일과활동 방향 정립	(1) 1일 일과 평가방법의 적절성 (2) 1일 일과활동별 평가방법의 적절성	① 1일 일과에 대한 종합적인 평가방법이나 절차는 적절한가? • 평가방법 : 이야기 나누기 • 평가내용 △ 즐거웠던 활동 △ 지루했던 활동 ① 1일 일과활동별 평가는 적절하게 이루어졌는가? • 유아 개인별 일과활동별로 발표하기 • 잘된 점 잘못된 점 • 다음 활동 시 고려할 점
15. 하원 지도	1) 안전한 귀가를 위한 제반 계획 수립 및 실천 2) 귀가 시 자기 소지품이나 가정 연락사항을 정리하는 습관 정착 3) 부모를 통한 다양한 교육적 정보교환	(1) 귀가계획 수립상황 (2) 귀가 시 필요한 용품정리 (3) 부모를 통한 교육적 정보 교환 상황	① 당일 안전한 귀가를 위한 계획이 사전에 치밀하게 수립되어 있는가? ① 귀가 시 자기 소지품이나 가정 연락사항을 잘 정리하는가? • 책가방 • 옷 • 가정통신문 • 기타 가정에 보내는 물건 등 ① 부모를 통한 교육적 정보교환이 적절히 이루어지고 있는가? • 영아의 경우 : 기저귀 갈이, 대소변 횟수, 수유·이유, 점심식사 상황 • 유아의 경우 : 활동 중 특이사항
16. 통합 보육	1) 부모들의 사정에 따른 유아교육기관 잔류(대기)유아에 대한 추수지도	(1) 통합보육공간 확보상황 (2) 통합보육 프로그램의 적절성	① 늦게 귀가하는 영유아를 위한 통합보육공간, 교재·교구 확보상황은 적절한가? ① 늦게 귀가하는 유아를 위한 프로그램은 적절한가?

(2) 일과활동 평가

① 개념

1일 일과로 편성된 여러 가지 활동에 대한 지도의 효율성을 확인하기 위한 활동과정 중심의 평가이다.

② 목적

1일 일과에 편성된 여러 가지 활동 전개방식에 따른 효율성과 문제점을 찾아 1일 일과활동 전개방식의 개선점을 모색하기 위함이다.

③ 1일 일과활동 평가방법

1일 일과는 이야기 나누기, 동화 듣기, 노래 부르기, 게임, 휴식, 귀가지도, 동작활동, 동시, 관찰활동, 동극, 작업, 요리 등 다양하다. 이러한 활동들이 효율적으로 운영되기 위해서는 활동이 종료된 후에 적절한 평가를 실시하여 다음 활동 시 평가결과를 반영하여야 한다. 다음에서 각 활동별로 평가방법과 요령을 제시한다.

ㄱ. 이야기 나누기

이야기 나누기 시간에는 다음과 같이 일상생활에서 경험했던 일, 주제와 관련된 활동, 교사가 전하고 싶은 개념이나 설명 등이 다루어질 수 있다.

- 정보 전달하기
- 유아의 경험 발표하기(예 : 봄 나들이, 견학, 극기훈련 등)
- 교실 내의 주요 사항 해결하기(예 : 새로운 규칙 설정하기, 하루일과 계획하기 등)
- 주제 선정과 주제 전개를 위한 질문 목록과 조사방법 토의
- 주제에 따른 실물, 그림자료 제시
- 특정 주제에 대한 토의
- 자유선택활동이나 일과 운영을 위한 계획 수립
- 자유선택활동시간의 활동결과 발표 및 평가 등이 이루어진다.

이야기 나누기 활동에 대한 평가는 〈표 Ⅲ-28〉과 같이 이루어져야 한다.

〈표 Ⅲ-28〉 이야기 나누기 평가표

평가관점	평가세항	평점		
		상	중	하
이야기 선정	• 주제와 연관되는가? • 유아들의 경험과 연계되는가? • 유아들의 발달에 적합한가?			

대형	• 유아들이 앉은 대형이 이야기 나누기에 적절한가? (예 : 반은 바닥, 반은 의자) • 유아들을 자신이 원하는 자리에 자율적으로 앉게 하는가? • 유아들의 주의집중을 위해 주변의 교구나 물건을 정리하는가?			
매체	• 그림, 사진, 실물 등의 자료를 사용하는가? • 수수께끼, 동화, 자료 설명, 경험 회상 등의 도입방법을 사용하는가?			
이야기 지도 과정	• 유아들의 다양한 반응을 유도하기 위해 적절한 질문을 하는가? • 유아들의 질문에 대답을 해주는가? (예 : 종합/확장/정보 제공/수정 등) • 유아들의 부적절한 반응이나 행동을 긍정적인 방법으로 조정하는가? • 유아들의 적절한 반응에 대하여 격려 혹은 칭찬을 하는가? • 유아들(과반수 이상)을 이야기 나누기에 적극 참여시키는가?			
소요 시간	• 유아의 수준에 따라 시간을 적절히 배정하는가? • 이야기 나누기 시간에 나온 내용을 종합 정리하는가?			
마무리	• 이야기 나누기 시간을 마무리하고 다음 활동이 무엇인지 알려주는가?			

출처 : 교육인적자원부(2001).

ㄴ. 게임

게임은 내용에 따라 대집단 또는 소집단으로 이루어지며 편게임은 다음의 단계를 밟아 실시한다.

- 1단계 : 유아들을 두 편으로 나누어 앉게 한다.
- 2단계 : 각 팀의 이름을 정한다.
- 3단계 : 각 팀의 인원수를 확인한다.
- 4단계 : 게임의 규칙을 정한다.
- 5단계 : 게임의 시범을 보인다.
- 6단계 : 게임을 진행한다.
- 7단계 : 게임을 평가한다.

게임에 대한 평가는 〈표 Ⅲ-29〉와 같이 이루어진다.

〈표 Ⅲ-29〉 게임 평가표

평가관점	평가세항	평점		
		상	중	하
게임 설정	• 생활주제와 연계되는가? • 유아발달에 적합한가? • 교육적 가치가 있는가?			
환경	• 게임을 할 수 있는 공간이 충분한가? • 게임을 진행하기에 안전한 공간인가?			
매체	• 게임에 필요한 자료가 준비되었는가? • 게임하기에 적절한 대형으로 앉았는가? • 편게임인 경우, 인원수를 확인하는가?			

게임 지도 과정	• 게임방법을 소개하는가? • 게임규칙을 정하는가? • 시범을 보여 주는가? • 속도, 규칙 지키기, 관전태도를 모두 고려하여 결과를 제시하는가? • 유아들이 흥미에 따라서 게임을 반복하거나 중단하는가?			
마무리	• 유아들과 함께 게임에 대해 평가하는가? • 게임이 끝났음을 알리고 다음 활동을 소개하는가?			

출처 : 교육인적자원부(2001).

ㄷ. 동시

동시는 일반적으로 다음과 같은 과정을 밟아 지도한다.

- 동시를 들려준다.
- 느낌에 대한 이야기를 나눈다.
- 유아들은 교사가 (자료를 사용하여) 들려주는 동시를 주의 깊게 듣도록 한다.
- 유아들이 원하는 부분을 읊어 보고 나머지는 교사가 읊어 본다.
- 유아들과 교사가 바꾸어서 읊어 본다.
- 전체를 함께 읊어 본다.

동시에 대한 평가는 〈표 Ⅲ-30〉과 같이 이루어져야 한다.

〈표 Ⅲ-30〉 동시 평가표

평가관점	평가세항	평점		
		상	중	하
동시 선정	• 생활주제와 연계되었는가? • 유아의 발달에 적합한가? (예 : 움직임에 대한 묘사나 독특한 운율이 있음)			
매체	• 적절한 매체(예 : 그림, 손 인형, 실물, 사진 등)를 사용하는가? • 배경음악을 사용하는가?			
사전 활동	• 사전 활동(관찰, 야외 학습 등)을 실시하는가? • 도입을 하는가? • 교사 혼자 낭송해 주는가? • 유아들이 느낌을 말해 보게 하는가?			
동시 지도 과정	• 지은이/제목을 이야기해 주는가? • 교사와 유아가 나누어 낭송해 보는가? • 유아끼리 또는 혼자 낭송하게 하는가? • 교사와 유아가 함께 낭송해 보는가? • 제목을 지어 보는가?			
마무리 사후 활동	• 동시 시간이 끝났음을 알리고 다음 활동을 소개하는가? • 사후 활동(그림, 동작으로 표현하기 등)을 실시하는가?			

출처 : 교육인적자원부(2001).

ㄹ. **동극**

동극은 교사가 들려준 동화의 내용을 중심으로 극화해 보는 활동으로 유아보육에서 많이 활용되는 방법이다. 특히, 등장인물들의 행동이 단순하면서 문장이 반복되어 극적인 즐거움을 줄 수 있는 것이 좋고, 교사는 유아들에게 동화를 들려주고 등장인물의 대사나 동작을 표현해 보도록 한다. 배역은 유아 스스로 정하도록 유도하고 유아의 적극성, 언어 표현능력을 고려하여 수줍어하거나 평소에 표현을 잘하지 않는 유아는 대사나 동작이 적은 역을 맡도록 한다. 동극에 대한 평가는 〈표 Ⅲ-31〉과 같이 이루어진다.

〈표 Ⅲ-31〉 동극 평가표

평가관점	평가세항	평점		
		상	중	하
동화 선정	• 대사가 짧고 반복되는가? • 유아가 등장인물을 동일시할 수 있는가? • 전개과정이 뚜렷한가?			
대본의 적절성	• 절정(클라이맥스)이 있는가? • 설명 부분이 삭제되었는가? • 간접화법을 직접화법으로 바꾸었는가? • 대사가 짧고 반복되는가?			
동극 지도 과정	• 동화를 들려주는가? • 동화 회상시간을 갖는가? • 동극의 배경이 되는 무대를 유아와 함께 꾸미는가? • 배역을 선정하는가? • 배역을 소개하는가? • 등장인물이 기다리는 자리를 확보해 놓았는가?			
마무리	• 평가시간을 갖는가? • 재공연을 하는가? • 동극이 끝났음을 알리고 다음 활동을 소개하는가?			

출처 : 교육인적자원부(2001).

ㅁ. **동화**

어린이집에서는 동화책이나 특별한 보조자료 없이 교사의 음성만으로 이야기를 들려주는 동화 구연하기를 많이 활용한다. 동화 구연하기에 적절한 동화로는 단순하면서도 유아들에게 친숙하고 주인공과 함께 쉽게 동화할 수 있으며 이야기가 대화체로 리드미컬한 어휘가 많은 것이 좋으며 지도시 고려할 점은 다음과 같다.

• 동화의 내용이 진행 중인 활동주제와 일치해야 한다.

• 유아에게 들려줄 동화를 사전에 점검해야 한다.

- 동화 활동 전후에 이야기를 들려주고 집단구성에 유의한다.
- 내용은 20분 정도로 하며 〈표 Ⅲ-32〉와 같이 평가가 이루어져야 한다.

〈표 Ⅲ-32〉 동화 평가표

평가관점	평가세항	평점		
		상	중	하
동화 선정	• 생활주제와 연계되는가? • 주제가 교육적인가? • 내용과 주제가 흥미 있는가? • 내용과 그림이 문학적으로 가치가 있는가?			
대형	• 유아들이 앉은 대형이 이야기 나누기에 적절한가? (예 : 반은 바닥, 반은 의자) • 유아들은 자신이 원하는 자리에 자율적으로 앉는가? • 유아들의 주의 집중을 위해 주변의 물건이 정리되어 있는가?			
매체	• 전달매체가 적절한가?			
동화 구연	• 내용을 완전히 이해했는가? • 시선은 적절한가? • 발음은 정확한가? • 속도는 적절한가? • 등장 인물의 성격에 따른 성대모사가 적절한가?			
동화 지도 과정	• 동기 유발을 하는가? • 동화의 제목을 들려주는가? • 동화의 제목을 들려주고 내용을 추측하게 하는가? • 동화의 내용을 회상하게 하는가?			
마무리	• 동화시간이 끝났음을 알리고 다음 활동을 소개하는가?			

출처 : 교육인적자원부(2001).

ㅂ. 새 노래 지도

유아들은 노래 부르기를 즐겨하고 쉽게 익히며 기존의 노래곡을 부르기보다 새 노래 배우기를 더욱 즐긴다. 새 노래를 지도할 때는 단계적인 과정을 밟아서 따뜻한 분위기 속에서 지도되어야 한다. 짧은 시간에 지도하려고 무리하게 반복하면 오히려 유아들을 싫증나게 한다. 새 노래 지도에 대한 평가는 〈표 Ⅲ-33〉과 같이 이루어져야 한다.

〈표 Ⅲ-33〉 새 노래 지도 평가표

평가관점	평가세항	평점		
		상	중	하
노래 선정	• 생활주제와 연계되는가? • 유아들의 경험과 연계되는가? • 노래의 음역이 유아에게 적절한가?			

	• 노래의 길이가 유아에게 적절한가? • 노래의 가사와 리듬이 반복적인가?			
대형	• 유아들이 앉은 대형이 노래 부르기에 적절한가? (예 : 반은 바닥, 반은 의자) • 유아들이 자신이 원하는 자리에 자율적으로 앉는가? • 유아들의 주의 집중을 위해 주변의 교구나 물건이 정리되어 있는가?			
매체	• 그림, 손 인형, 융판자료 등의 적절한 자료를 사용하는가?			
노래 지도 과정	• 도입(노랫말 소개)이 있는가? • 교사가 정확한 음으로 노래를 불러주는가? • '라라라' 등으로 멜로디만 다 함께 부르는가? • 교사와 유아가 노래의 일부분씩 나누어 부르는가? • 노래 전체를 다 함께 부르는가? • 확장(가사 바꾸어 부르기)해서 부르는가?			
마무리	• 노래 시간에 대한 평가를 하는가? • 노래 시간이 끝났음을 알리고 다음 활동을 소개하는가?			

출처 : 교육인적자원부(2001).

ㅅ. 요리

요리는 유아들이 좋아하는 활동으로 요리하기를 통해 개념과 사실, 협동, 질서, 규칙, 만족감을 갖게 된다. 또한, 유아들을 요리재료 준비부터 전 과정에 참여시키며 〈표 Ⅲ-34〉와 같이 평가가 이루어진다.

〈표 Ⅲ-34〉 요리 평가표

평가관점	평가세항	평점		
		상	중	하
요리활동의 선정	• 생활주제와 연계되는가? • 유아의 발달에 적절한가? • 교육적으로 가치가 있는가? • 유아의 영양과 건강을 고려하였는가?			
환경 및 도구	• 환경 및 도구공간이 충분한가? • 물이 가까운 곳에 있는가? • 전기가 가까운 곳에 있는가? • 안전을 고려하였는가? • 도구가 유아의 수준에 적절한가?			
요리의 순서도	• 요리 순서도가 있는가? • 필요한 양이 정확하게 기재되어 있는가? • 요리과정이 구체적으로 명시되어 있는가?			
집단의 크기	• 개별 또는 소집단으로 실시하는가?			

요리활동의 지도과정	• 사전 활동(이야기, 동화)을 제공하는가? • 손을 씻도록 지도하는가? • 앞치마를 입도록 지도하는가? • 준비된 자료를 탐색해 보는 시간을 주는가? • 요리의 순서를 익히는 시간을 주는가? • 유아가 주도적으로 요리를 하도록 허용하는가? • 요리한 것을 그릇에 담도록 지도하는가? • 정리할 시간을 주는가? • 앞치마를 벗고 손을 씻도록 지도하는가? • 요리한 음식을 먹어 볼 기회를 제공하는가?			
마무리	• 요리활동에 대한 평가를 하는가? • 요리활동이 끝났음을 알리고 다음 활동을 소개하는가?			

출처 : 교육인적자원부(2001).

제 IV 부

영유아교수－학습환경

제Ⅲ부에서 밝힌 바와 같이 영유아교수－학습 운영을 위한 계획, 실행, 평가계획이 합리적이며 체계적으로 구안되고 실제 운영에서 이를 지원해 주는 외부자극으로서 적절한 환경이 제공될 때 교수－학습 운영은 보다 탄력을 받는다.

특히, 환경은 학습자에게 어떤 행동을 유발하게 하며 인간의 여러 특성을 형성하게 하는 힘을 가진 동인으로, 특히 교수－학습 운영을 효율적으로 지원해 줄 수 있는 교수－학습 환경 조성은 대단히 중요한 교육적 의의를 갖는다.

교수－학습의 환경으로서는 크게는 유아교육기관의 건물 · 시설은 물론 실내 · 외 설비 기구를 비롯하여 다양한 교재 · 교구까지도 포함시킬 수 있으나 여기서는 교수－학습환경에 대한 이론적 기초와 영유아교수－학습에 직접적으로 영향을 주는 교수－학습환경에 국한하여

1. 교수－학습환경에 대한 학문적 접근으로 개념, 필요성, 교육적 가치, 구성 원리 등에 대하여 알아본다.

2. 실내 · 외 교수－학습환경으로 흥미영역을 연령발달수준에 따라 설비하는 방안과 활동실 내 공간 구성방안에 대하여 알아본다.

제 1 장 영유아교수-학습환경에 대한 이해

유아 활동실은 유아들이 유아교육기관에서 생활하면서 거의 대부분의 시간을 보내는 공간이며 가정과도 같은 곳이다. 그러므로 학급의 시설 및 환경은 단순히 물리적인 존재가 아니라 유아들의 성장 · 발달에 끊임없이 작용하고 정신적인 영향을 주는 곳이다. 이렇게 볼 때 학습 환경 구성은 유아들의 교수-학습의 효율성, 능률성, 최적성을 강조하는 교육적 여건을 조성하는 일로 유아들에게 바람직한 행동이나 성장 · 발달을 가져올 수 있도록 정서적 · 심리적 · 인지적 · 사회적 발달단계에 맞는 자극을 유아들이 받아들이기 쉽게 구성해야 한다.

1. 교수-학습환경의 개념

듀이(Dewey)는 교육환경은 '인간의 성장 · 발달을 조장하기 위하여 선정, 제공된 교육환경', 정원식(1989)은 '개인에게 교육적으로 긍정적인 영향을 미치는 외적 조건 및 자극의 개별적 또는 총합적인 구조의 작용', 윤형모(1997)는 '학습활동 또는 행동이 행해지고 있는 환경', 블룸(Bloom, 1864)은 '개인에게 부딪치는 조건, 힘 및 외적 자극'이라고 하였다. 이와 같이 여러 학자들의 견해를 종합하여 교육환경은 '인간에게 어떤 행동을 유발하게 하며 인간의 여러 특성을 형성하게 하는 힘을 가지고 다양한 기능을 수행하게 하는 교육적 여건을 조성하는 활동'이라고 할 수 있다.

2. 교수-학습환경의 교육적 기능

교수-학습환경은 학습자인 유아들의 성장과 발달, 인격 형성에 직접적인 영향을 미친다. 따라서 교수-학습환경은 유아들에게 계속적인 영향과 자극을 주고 긍정적인 영향을 미칠 수 있는 교수-학습환경을 조성해 주는 일은 대단히 중요한 과제로서 교육적 기능은

1) 각종 학습교구와 자료가 정비되어 있어 유아들의 인지적 성장을 돕는 교수적 기능을 갖는다.
2) 유아들의 각종 학습물이 누가적으로 보존 관리됨으로써 유아들의 현재 발달수준과 발달과정을 이해시킬 수 있다.
3) 교사와 유아, 유아와 유아, 유아와 교구나 환경 간의 상호작용(interaction)을 통하여 인간관계 기술을 체득시키고 학습의 효율성을 도모한다.
4) 환경구성에 유아들이 직접 참여함으로써 집단 소속감과 책임감을 신장시킬 수 있다.
5) 학습결과물을 동시에 전시함으로써 유아 상호 간의 장·단점을 이해할 수 있고 상호 간에 선의의 경쟁심을 유발하여 학습활동을 더욱 촉진시킬 수 있다.
6) 학급 내에서 간단한 사육, 재배활동을 통하여 동·식물에 대한 관찰능력을 배양하고 변화과정을 이해시킬 수 있다.
7) 정서적이고 생동감 있는 분위기 조성을 통해 안정성과 정서감을 배양시킬 수 있다.
8) 교사는 교수 공학적 기교재를 적절히 활용하여 교수-학습에서 이해력을 증진시킨다.
9) 교수-학습환경은 유아 중심적으로 구성되어 안전하고 안정되며 편안하고 정서적이어서 유아들의 원내 생활을 즐겁게 이끌어 준다.

3. 교수-학습환경의 구성 원리

교수-학습환경을 정비함에 있어서 교육적 가치와 기능적 가치를 충분히 발휘할 수 있는 원리는 다음과 같다.

1) 역동성의 원리 : 생활의 장과 행동의 장으로서 환경 구성은 역동적이어야 한다. 따라서 유아들의 생활을 돕고 학습활동을 조장하는 방향으로 구성해야 한다.
2) 유용성의 원리 : 모든 환경은 실제적으로 유아들의 제활동에 유용해야 한다. 따라서 유아교육활동의 전반적인 영역에 걸쳐 균형적으로 정비해야 한다.

3) 건강성의 원리 : 환경의 물리적 조건은 우선 위생적이어야 하며, 동시에 유아들의 심신의 건강을 조장하는 것이어야 한다.
4) 심미성의 원리 : 환경은 그 속에서 덕성을 함양하고 유아들의 보다 나은 취미와 감상력을 발달시키고 창의성을 발휘시킬 수 있어야 한다.
5) 입체성의 원리 : 평면적인 것만으로 이루어지는 것이 아니다. 구성된 환경이 입체적이고 다양해서 활용하기에 편리해야 한다.
6) 협동성의 원리 : 유아와 유아, 유아와 교사가 협동하여 구성하는 것이어야 한다. 협동이 아니고서는 주관에 흐르기 쉽고 공동 사회의 책임감을 길러 줄 수 없기 때문이다.
7) 능률성의 원리 : 학습 동기의 유발, 문제 해결 등이 능률적으로 이루어지며, 특정 영역에 대한 편향성도 없어야 한다.
8) 계속성의 원리 : 계절, 학습주제, 행사, 유아의 요구와 기대에 따라 수시로 변화되는 환경이어야 한다.
9) 통합성의 원리 : 교육과 보육, 놀이와 학습, 유아를 위한 환경이면서도 교사를 위한 환경이 되는 등 복합적이고 통합적으로 구성해야 한다.
10) 안전성의 원리 : 쾌적하고 위생적이며 안전성을 고려하여 유아들이 마음 놓고 뛰고 달리는 등 안전하게 생활할 수 있도록 설비되어야 한다.
11) 교육성의 원리 : 시설 · 기구 하나 하나가 교육적 가치를 지니어 유아들의 성장 · 발달을 직접적으로 돕는 등 교육성이 고려되어야 한다.

4. 교수-학습환경 구성 방향

긍정적인 경험과 자극을 줄 수 있게 체계적으로 잘 구성된 교수-학습환경은 영유아들의 바람직한 행동을 형성하게 하는 교수적 기능을 갖고 또한 영유아들의 부적응행동을 감소시키는 역할을 하며 여기에는 크게 물리적 환경과 심리적 환경이 있다.

1) 물리적 환경 구성

(1) 현관

유아가 유아교육기관에 도착하면 현관문을 통해 활동실에 들어오게 된다. 현관에서는 인사법, 대화기술, 정숙태도 등의 행동지도가 적절한 공간이다. 너무 좁으면 시끄럽고 신체적

접촉이 심하여 부적응행동을 일으킬 수 있으며 설비 시 고려사항은

① 유아가 친구와 교사를 쉽게 만날 수 있는 공간이어야 한다.
② 부모와 유아가 만나고 헤어지는 데 충분한 공간이 확보되어야 한다.
③ 부모들이 교사 또는 원장과 개별 또는 집단면담을 하거나 인사를 할 수 있는 공간이 확보되어야 한다.
④ 현관의 문은 위험하지 않고 너무 무겁지 않으며 바닥은 안전에 유의해야 한다.

(2) 활동실

활동실은 유아가 일과의 대부분을 놀이나 활동으로 보내는 장소로서 유아교육기관에서는 가장 많은 역할과 기능을 가지고 있다. 활동실에서는 생활지도의 전반적인 내용이 지도되는 공간이지만 그중 공격성과 투쟁성을 예방하여 친사회적 행동지도에 적절한 공간이다. 따라서 활동실 구성 시 고려할 사항은

① 가능한 한 건물의 1층에 두는 것이 좋고 운동장과 화장실이 가까워야 한다.
② 적절한 채광, 방음, 환기, 온도조절에 도움이 되도록 하며 충분한 공간을 확보하여 놀이와 비품 배치에 어려움이 없어야 한다.
③ 창문은 유아 키보다 낮고 출입문의 위치가 유아의 활동에 적절해야 한다.
④ 책 · 걸상을 비롯한 모든 가구는 유아의 키에 알맞아야 한다.
⑤ 놀이활동에 불편함이 없도록 바닥자재를 선정하고 활동실 내의 흥미영역별 공간 배치가 합리적으로 이루어져야 한다. 활동실 내에서 영유아들이 모이는 공간은 넓게 하여 영유아들의 신체적 접촉으로 인한 갈등상황이 발생하지 않도록 한다.
⑥ 동적 활동공간을 최대한 넓게 확보하는 데 주력해야 한다.

(3) 흥미영역

유아들이 하루일과 중 가장 많이 활용하는 공간으로 양보, 순서 기다리기, 협동, 우애 등 친사회적 행동을 학습하는 데 적절한 공간이다. 설비 시 고려사항은

① 흥미영역의 수는 활동실의 크기를 고려하여 배치한다.
② 유아들이 동시에 많이 활용되는 흥미영역은 유아 수를 고려하여 공간을 적절히 확보한다.
③ 놀잇감에 의한 분쟁이 잦은 영역의 경우에는 놀잇감을 충분히 확보하여 분쟁이 일어나지 않도록 한다.
④ 놀잇감이 고가이거나 계절적 놀이기구로서 1회성 사용에 한정된 놀이기구의 경우에는

유아의 수를 제한하거나 순서대로 놀이에 참여하도록 유아들이 스스로 규칙을 정하고 지키도록 지도한다.

⑤ 흥미영역 수를 늘리거나 줄이기, 위치 변화시키기로 유아들의 호기심을 자극하고 분쟁이나 갈등의 소지가 있는가를 확인하여 대처방안을 강구한다.

(4) 화장실

화장실과 세면대는 신진대사가 빈번한 유아들이 사용하기 편리한 위치에 적절한 크기로 충분한 수만큼 설치되어야 한다. 유아는 화장실이나 세면대의 사용이 용이할 때 모든 생활에 쉽게 적응하는 한편, 자신감과 독립심, 청결, 양보, 차례 지키기 등의 행동덕목을 지도할 수 있다. 화장실 설비 시에는 다음 사항이 고려되어야 한다.

① 화장실의 위치는 활동실에서 출입이 편리해야 한다.

② 화장실 1개 정도는 실외 놀이장에 설치하고 직접 출입할 수 있는 문이 달려 있어야 한다.

③ 유아 수가 40~50명 이상인 경우는 화장실을 여러 군데로 나누어 설치한다.

④ 화장실은 활동실과 같은 평면에 위치해야 한다.

⑤ 자연스러운 성교육을 위하여 화장실은 남아용, 여아용으로 구분하지 않는다.

⑥ 화장실 칸막이는 90cm 정도로 설비하여 문을 다는 경우에는 안에서 잠그는 장치를 하지 않는다.

⑦ 화장실 바닥은 물을 닦아내기 쉽고 배수가 잘 되게 한다.

⑧ 화장실은 밝고 환기가 잘 되며 밝은색을 칠해 밝게 해주어야 한다.

(5) 휴식을 위한 영역

하루의 일과에 휴식 및 낮잠시간을 포함시키는 것은 프로그램의 유형에 따라 다르지만 일반적으로 종일제 프로그램과 아주 어린 영아를 포함하는 반일제 프로그램에서는 낮잠을 재울 수 있는 시설이 꼭 있어야 한다. 휴식영역에서는 정숙, 타인에 대한 배려, 자기시간 확보를 통한 자율성 배양이 가능하나 취침을 방해하는 경우, 다양한 부적응행동이 유발될 수 있다. 설비 시 고려해야 할 사항은

① 휴식을 위한 시설은 주위의 소음을 차단하고 조명을 조절할 수 있어야 하므로 가능하면 유아의 활동실과는 따로 분리된 방을 마련하는 것이 좋다.

② 활동실이 두 곳 이상인 기관일 때 하나의 활동실은 낮잠을 위한 영역과 겸용하도록 하여 보통 때는 간이침대나 침구를 한쪽 구석에 놓아두고 놀이에 지장이 없도록 하며 낮잠 자는 시간에는 휴식실로 활용한다.

(6) 놀잇감 관리

유아교육활동에서 놀이의 가치는 아주 중요하다. 놀이를 통하여 양보, 차례 지키기, 협동, 우애, 절약, 정리정돈, 친교기술을 학습하는 데 적절하나 놀이기구 사용 시 많은 문제를 일으킨다. 놀이기구의 선정, 배치, 활용, 관리 시 고려할 사항은

① 놀잇감의 수준이 유아의 발달수준에 맞아야 한다. 놀잇감의 수준이 유아의 발달수준보다 높거나 낮은 경우, 유아들이 놀이에 집중하지 못한다.

② 놀잇감은 유아 수에 적정한 수량이 배치되어야 한다. 그렇지 않으면 서로 차지하려고 여러 가지 공격, 투쟁, 소란 등 부적응행동이 나타난다.

③ 놀잇감은 유아들이 손쉽게 선택하고 치울 수 있는 위치 및 공간에 배치해야 하고 정리정돈을 손쉽게 할 수 있는 여건을 정비해 두어야 한다.

(7) 소음, 채색

소음, 채색은 일부 유아들에게는 부적응행동을 유발할 소지가 크다. 따라서 다음 사항이 충분히 고려되어야 한다.

① 소리 등에 민감한 유아에게는 소음을 줄이기 위한 방안을 강구해야 한다(예 : 카펫 깔기).

② 소음이 발생하게 되면 소음을 피하는 방안을 유아들에게 이해시킨다.

③ 유아교육기관 내에서 접하는 다양한 색깔들이 강한 자극을 주지 않도록 한다.

2) 심리 · 정서적 환경 조성

유아들의 바람직한 행동지도를 위한 교수-학습환경으로서는 물리적 환경 구성에 못지않게 심리 · 정서적 환경 조성도 중요하다. 물리적 환경구성이 교수-학습을 위한 자극이나 단서를 제공하는 가시적이며 표면적인 환경이라면 심리 · 정서적 환경은 실제적으로 행동을 유도하고 유인하는 비가시적이며 내면적인 환경으로 다음에서 심리 · 정서적인 활동실 풍토 조성과 심리 · 정서적 환경 설비로 나누어 생각하기로 한다.

(1) 심리 · 정서적인 활동실 풍토 조성

심리 · 정서적인 활동실 풍토 조성을 위해서는 다음의 사항이 고려되어야 한다.

① 편안하고 즐거운 교실

편안하고 즐거운 교실은 유아들이 주체적으로 자신의 의지에 따라 다양한 놀이와 탐색을

할 수 있도록 포근하고 따뜻하며 가정과 같은 분위기이어야 한다.

② 비교·경쟁이 없는 교실

교실은 유아들이 주체적으로 자기의 의지에 따라 다양한 놀이와 탐색을 할 수 있도록 포근하고 따뜻하며 유아 상호 간에 우호적인 가정과 같은 분위기이어야 한다. 이러한 교실에서는 실수가 허용되고 관대함과 용서가 있다. 인간은 요람에서 무덤에 이르기까지 비교와 경쟁으로 심한 스트레스를 받고 살아간다. 비교와 경쟁의 방법은 어떤 면에서 일시적인 성과를 거양할지 모르나 대상자 간에 시기, 질투, 협동의식의 결여, 목표실현에 치중한 나머지 비합리적인 방법의 유도 등 교육적 역기능이 너무도 많다.

③ 상호 존중하는 교실

상호 존중하는 교실은 유아 각자가 스스로 인격을 갖추고 또한 동료 유아의 인격을 존경해 주는 교실이다. 유아교육은 유아와 교구와의 상호작용, 유아와 교사와의 상호작용, 유아와 유아 간의 상호작용으로 유아와 유아 간의 활발한 상호작용은 유아들 간의 협력적이며 상호 존중하는 교실이다. 상호 존중하는 교실은 비교, 경쟁이 없고 유아 상호 간에 서로 배려하고 양보하고 협동하고 서로 존경하는 마음이 충만한 교실이다.

④ 사랑이 넘치는 교실

유아교육은 사랑을 매개로 하여 이루어지는 교육이다. 또한 연령이 어릴수록 사랑교육이 더욱 요구된다. 교실에서는 유아와 교사, 유아 상호 간에 사랑이 충만하여야 한다. 특히, 교사나 부모는 유아가 사랑의 감정을 느끼도록 다양한 방법으로 사랑을 전달해 주어야 한다. 사랑은 어떤 방법으로든 밖으로 표현되어야 자란다. 교사나 부모가 마음속으로만 자녀를 사랑하고 그 사랑이 자녀에게 충분히 전달되지 않으면 사랑의 감정을 느끼지 못한다.

⑤ 원활한 교우관계 조성

내부관계(또래)란 행동의 복합성이 거의 같은 수준에서 상호작용하는 연령이 같거나 비슷한 친구유아로서 또래들 간의 상호작용은 물리적·간헐적 접촉이 아닌 지속적이며 유아 상호 간에 대등한 관계 속에서 공통 관심사와 놀이를 중심으로 이루어짐으로써 유아의 성격이나 사회적 행동, 가치관, 태도 등 교육적 성과에 지대한 영향을 미친다. 이는 유아들 상호 간에 강한 유대감으로 결속이 될 때 그 교육적 성과는 더욱 지대하다. 따라서 유아 상호 간에 원활한 교우관계 형성을 통하여 심리·정서적 환경 조성에 주력한다.

⑥ 정서적 요구가 수용되는 교실

유아들은 자신의 요구가 수용될 때 좋은 감정을 갖고 바람직한 행동을 함에 반해 자신의 요구가 거부될 때 나쁜 감정을 갖고 바람직하지 못한 행동을 하게 된다. 예를 들면, 유아는 자신이 제작한 작품에 대하여 교사나 동료 유아들로부터 인정을 받고 칭찬을 받을 때 다른 유아들과 좋은 기분을 가지고 사교적인 활동을 하지만 반대로 자신의 요구가 교사나 동료 유아들로부터 거부될 때 나쁜 감정을 갖고 동료 유아들과 다투거나 옆에 놓여 있는 물건을 주워 내동댕이치는 등 바람직하지 못한 행동을 하게 된다.

⑦ 교사와 유아들 간의 라포르 형성

라포르(Rapport)란 심리적 융화상태, 사람과 사람 사이에 생기는 상호 신뢰관계로서 서로의 마음이 통한다든지 어떤 일이라도 마음을 터놓고 말할 수 있거나 말하는 것이 충분히 감정적으로나 이성적으로 이해하는 상호관계를 말한다.

교사와 유아 간에는 이와 같은 라포르가 형성되어야 학습은 물론 유아의 행동을 지도하는 데 효과적이다. 문제행동에 대한 유아의 속마음을 읽어보아야 유아행동지도를 위한 정확한 진단을 할 수 있다. 이를 위해서는

첫째, 자신과 상대를 편안하게 하기, 가벼운 대화하기

둘째, 상대가 보이는 얼굴표정, 신체반응, 목소리 등 비언어적 행동을 잘 읽고 적절한 반응을 해주기

셋째, 상대가 거리를 유지하고 피하면 기다리고 천천히 따라가기

넷째, 상대에 대한 긍정적 관심 갖기, 상대가 어떤 것이든 느끼는 대로 표현하기

다섯째, 상대를 공감하고 존중하며 일치하는 점 찾기 등을 들 수 있다.

⑧ 충분한 이해와 사랑

교사나 부모는 자녀를 한 인격체로 존중하고 그들의 감정, 사고, 행동 등을 절대 비판하지 않으며 그대로 이해하고 수용한다는 것은 유아들의 생각과 감정을 이해한다는 말이다. 교사나 부모가 자녀들의 감정, 사고, 행동에 공감하고 있음을 나타낸다면 자녀들은 자신이 이해받고 존중받고 있다는 느낌을 가짐으로써 자신의 생각이나 의견을 자유롭게 표현하여 자녀와의 대화가 순조롭게 이루어진다.

(2) 심리·정서적 환경 설비

심리·정서적 환경 설비란 전 항에서 밝힌 생활지도를 위한 공간 구성에서 다룬 내용도 포함되나 그보다 심리·정서감 배양을 목적으로 이루어지는 환경 설비가 더욱 중요하다.

① 관상용 동·식물 사육 재배

활동실 내에 관상용 화분을 배치하거나 햇볕이 드는 창쪽에 수세미, 나팔꽃 등을 재배할 수 있다. 그리고 다람쥐, 새 종류 등 동물을 사육한다.

② 정서적인 게시물

벽면 공간에 감상화를 액자에 넣어 걸어둔다.

③ 스트레스 해소를 위한 기구정비

유아들이 스트레스를 받을 때 이를 해소할 수 있는 출구를 마련해 준다. 예를 들면, 밀가루 점토화, 그림 그리기, 펀치백, 땅 파기 등의 놀이활동들은 긴장과 화난 감정을 파괴적이 아닌 방법으로 표출할 수 있는 방법들이다.

제 2 장 실내 · 외 교수-학습환경 구성

실내 · 외 흥미영역 구성 · 운영에 대한 보건복지부 고시 제2013-8호에 따른 제3차 어린이집 표준보육과정에 제시된 지침에서 '다양한 흥미영역을 실내 · 외에 구성하여 유아의 활동 선택권을 확대하고 자발적인 참여를 촉진한다.'라고 흥미영역 설치를 의무화하고 있다. 실내 · 외 교수-학습환경으로서는 크게 실내 · 외 흥미영역 설치, 활동실을 비롯한 다양한 시설의 공간 구성을 들 수 있다. 다음에서 영아반과 유아반으로 구분하여 실내 · 외 흥미영역 설치, 활동실을 비롯한 다양한 시설의 공간 구성방안에 대하여 기술하기로 한다.

1. 영아반(0~만 2세) 실내 · 외 교수-학습환경 구성

보육실은 영아가 하루일과의 대부분의 시간을 보내는 공간이자 보육과정 운영과 직결된 공간이므로 다양한 흥미영역을 구성한다. 흥미영역의 종류와 수는 영아의 연령과 보육실의 크기에 따라 결정한다. 영아반의 경우 수유, 낮잠 등 일상생활공간을 우선적으로 확보하고, 연령이 증가함에 따라 역할놀이영역, 쌓기놀이영역, 수 · 과학영역, 언어영역, 미술영역 등 다양한 흥미영역을 배치한다.

또한, 쾌적한 보육공간과 적절한 놀잇감이 갖추어진 보육실의 정비는 어린이집의 보육의 질을 가늠한다. 제3차 어린이집 표준보육과정 교사용 지침서를 중심으로 흥미영역 설치방안을 기술하기로 한다(제3차 어린이집 표준교육과정 교사용 지도서, 2014).

1) 0~1세 영아를 위한 흥미영역 설치

0~1세 영아를 위한 흥미영역은 실내에는 일상생활영역과 실내 흥미영역을, 실외에는 실외 흥미영역을 설비한다.

(1) 일상생활영역

일상생활 영역별	구성방향	놀잇감 및 교재·교구	유의점
1. 개인 사물함	• 영아의 겉옷, 여벌복, 기저귀 가방, 개인 소지품이나 일과 중 만든 물건을 정리 보관 • 가능한 보육실 내 또는 입구 가까운 곳에 수첩 비치 : 교사와 부모의 의사소통	• 서랍장이나 사물함 • 영아 개인의 사진이 부착된 이름표 • 수첩 및 통신문	• 영아의 이름과 사진을 부착 • 선반으로 대체할 수 있음 • 아래쪽에 바구니 설비
2. 휴식 영역	• 조용한 곳에 아늑함과 부드러움을 느낄 수 있는 공간 • 교사가 관찰하기 쉬운 곳 • 영아가 자유롭게 이용할 수 있는 휴식공간 설비 • 인형이나 애착물을 비치 • 모빌을 설치하거나 음악을 제공할 수 있는 카세트 비치	• 부드러운 느낌이 나는 베개와 담요 • 폭신한 의자나 가구, 바닥깔개, 드리우는 천(캐노피) • 헝겊 그림책, 인형	• 놀이공간 중 의사소통을 위한 영역을 이용할 수 있음 • 너무 폭신한 바닥깔개나 침구류 사용 금지 • 낮잠 자는 시간 차이에 따른 개별지도
3. 수유 영역	• 0~1세 영아의 발달특성을 고려하여 위생적이며 편안한 수유 및 식사를 위한 공간 확보(예 : 성인에게 안기어 수유하는 상태에서 우유병 혼자 잡고 마시기) • 소독된 우유병과 젖꼭지를 충분히 확보 • 영아의 이유식과 식사를 위한 보육실에 낮은 책상 비치	• 냉장고, 수유 준비 테이블, 우유병과 젖꼭지 소독을 위한 도구 • 폭신한 의자나 베개 • 낮은 책상이나 영아용 식사 테이블	• 우유는 냉장고에, 분유는 건조하고 서늘한 곳에 보관 • 식탁에 앉아 혼자 먹기 가능한 경우에는 낮은 책상에서 소집단으로 식사하기 지도
4. 기저귀 갈이 영역	• 영아의 언어발달을 촉진하기 위한 교사와의 언어적 상호작용 기회의 확대 • 영아의 휴식공간 가까이에 따뜻한 공간으로 설비 • 영아 눕히기에 적당한 크기, 청소하기 쉬운 마감재를 사용한 매트 사용 • 폐기용 비닐과 휴지통 준비 • 수납할 장이나 선반을 비치 • 영아를 위한 화장실을 안전하게 구성, 수건, 물비누 비치 • 변기의 청결 유지, 배변훈련	• 매트, 기저귀, 물휴지, 파우더, 일회용 장갑, 폐기용 비닐, 휴지통 • 수납장이나 선반 • 거울, 모빌 • 영아용 변기(영아용 변기뚜껑) 또는 이동식 변기, 개수대 • 휴지, 물비누, 수건(종이수건)	• 음식 준비하는 곳에서 떨어진 곳에 배치 • 기저귀 가는 동안 영아가 탐색할 수 있도록 거울이나 모빌 설치 • 화장실, 청소용품, 소독제 보관의 안정성 고려

(2) 놀이영역

놀이영역 구분	구성방향	놀잇감 및 교재•교구	유의점
1. 신체 영역	• 일상생활을 통해 자연스럽게 다양한 대근육활동을 할 수 있는 환경으로 구성 • 영아의 움직임 발달을 고려한 안전하면서도 도전적인 환경 제공 • 오르고, 내리고, 타고, 밀고, 뛰고, 길 수 있는 시설과 설비	• 잡고 걸을 수 있도록 벽을 따라 설치된 봉 • 잡고, 서로 밀고 걸을 수 있는 바퀴 달린 장난감 • 실내의 미끄럼틀, 그네, 흔들말, 세발자전거나 붕붕차 • 낮은 계단과 경사로, 건너뛰거나 통과하는 장애물 • 영아용 침대에서 사용 가능한 놀이기구 • 스펀지 블록, 공 등	• 공간 구성에서 안정성 배려
2. 언어 영역	• 출입구, 화장실, 피아노 등과 떨어진 곳 : 조용하고 밝은 곳 • 교사와 언어적 상호작용이 가능한 곳 • 교사와 함께 책을 읽을 만한 공간 확보 • 감각책, 그림책, 인형, 그림, 사진 자료 비치 : 언어적 상호작용 • 영아와 교사에게 편안한 느낌을 경험하는 아늑한 분위기를 느끼는 공간으로 구성	• 낮은 소파나 폭신한 등받이 쿠션, 방석, 책상이나 상자 • 단순한 그림책, 감각그림책, 스펀지책, 헝겊책 등 영아용 그림책 • 손인형, 그림이나 사진, 끄적거릴 도구 • 모형 전화기나 카세트	• 책꽂이는 책의 앞면을 볼 수 있도록 정리 • 책이나 자료 사용 후 영아가 정리하는 습관 갖기 지도 • 자연 조명이 잘 되는 밝은 곳, 아늑한 분위기를 위해 적절한 조명
3. 감각 및 탐색 영역	• 풍성한 감각적 경험을 형성할 수 있도록 다양한 재질과 형태의 놀잇감을 제공 • 영아의 발달수준에 맞추어 놀잇감의 종류를 선별 제공 • 누워 있는 영아-모빌, 딸랑이 비치 • 앉거나 이동하는 영아 : 쌓기 상자, 통 안에 모양 맞추어 넣기, 작동에 따라 소리 나는 놀잇감 비치 • 손과 눈의 협응과 소근육발달 : 소근육 조작경험을 시킬 수 있는 기구 비치	• 모빌, 딸랑이, 오뚝이, 손에 쥘 수 있는 놀잇감 • 건드리면 다양한 소리가 나는 장난감, 앙자바 블록, 누르면 작동하는 놀잇감 • 다양한 질감의 인형, 여러 가지 재질과 크기의 공 • 모양 블록, 모양 끼우기 통, 고무나 플라스틱 재질의 고리 끼우기 등	• 밝은 색상, 대비가 분명한 것, 단순한 디자인, 두드러지는 특징이 있는 것, 사람 얼굴 모양을 갖춘 놀잇감 비치 • 모든 자료의 청결성, 안정성 고려 • 삼킬 수 있는 작은 자료 제거
4. 역할 및 쌓기 영역	• 초보적 수준의 역할놀이를 통한 자기표현 기회 제공 • 가상놀이나 역할놀이를 할 수 있는 놀잇감 제공 • 영아의 창의적 표현을 북돋을 수 있는 공간 준비 • 다양한 재질과 크기의 쌓기 놀잇감 준비	• 다양한 인형(인형놀이를 위한 인형, 봉제인형) • 밀고 당기는 놀잇감(쇼핑용 손수레, 유모차, 자동차) • 부엌용품, 청소용품 등의 역할놀잇감 • 다양한 크기, 색, 모양의 쌓기 놀잇감 • 쌓기놀이에 함께 할 수 있는 모형 자동차 및 인형	• 영아가 삼킬 수 있는 작은 자료 제거 • 제공하는 자료의 청결성, 안전성 고려

언어영역

음률영역

미술영역

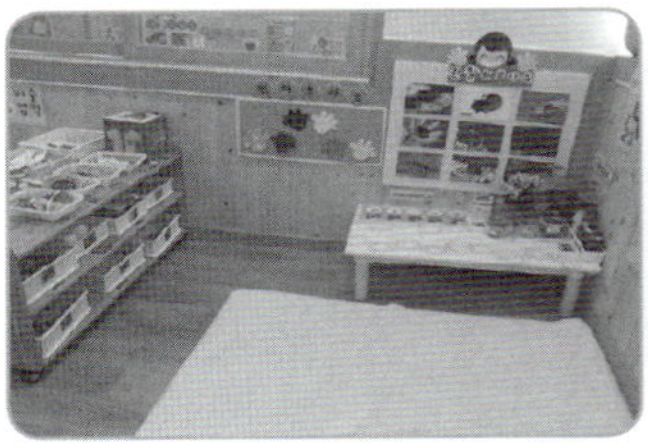

탐색영역

쌓기영역

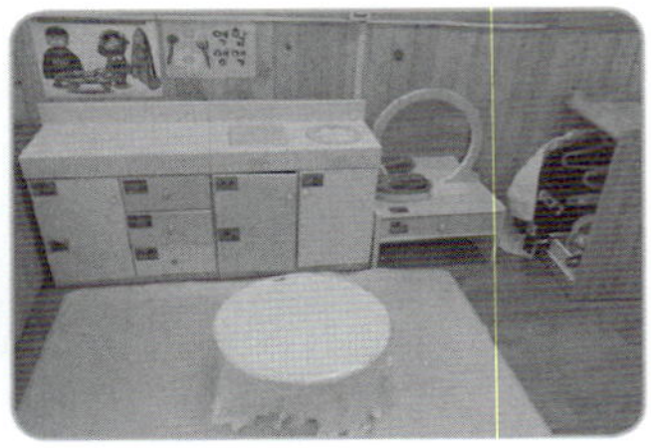

역할영역

[그림 IV-1] 놀이영역(만 1세)

(3) 실외 흥미영역

0~1세 영아는 신체조절능력이 덜 발달되어 다른 연령에 비해 바깥놀이가 자유롭지 못하다. 그러나 바깥놀이터는 영아가 날씨의 변화와 자연현상을 감각적으로 경험할 수 있는 공간이며, 0~1세 유아가 직접 참여하지 않더라도 다른 연령의 영유아의 놀이를 관찰할 수 있는 흥미로운 공간이다.

실외환경은 동적인 영역과 정적인 영역을 구분하여 배치한다. 동적인 영역에서는 걷기 전 영아를 위한 유모차나 걷기 시작한 경우에는 붕붕차 등 영아의 발달수준에 맞추어 바깥놀이를 위한 놀잇감도 준비한다. 영아는 교사와 함께 미끄럼틀과 그네, 시소 등의 놀잇감을 경험할 수 있다. 정적인 영역에서는 휴식하기나 물놀이, 모래놀이 등을 할 수 있도록 실외 흥미영역을 설비해야 한다.

2) 2세 영아를 위한 흥미영역 설치

2세 영아를 위한 흥미영역은 실내에는 일상생활영역과 실내 흥미영역을, 실외에는 실외 흥미영역을 설비한다.

(1) 일상생활영역

일상생활 영역별	구성방향	놀잇감 및 교재·교구	유의점
1. 개인 사물함	• 영아의 여벌옷, 비품 등 개인용품을 보관, 정리하기 위하여 설치 • 보육실 내 또는 입구 가까운 곳에 설비하여 물품, 정리가 용이하게 함 • 사물함이나 개인 서랍에 영아의 이름과 사진 부착 • 부모와의 의사소통을 위한 수첩 비치	• 서랍장이나 사물함 • 영아 개인의 사진이 부착된 이름표 • 영아 부모와의 소통을 위한 수첩 및 통신문	• 영아 스스로 옷을 입고 벗고 정리할 수 있도록 지도 • 자기 것에 대한 소유감을 갖도록 지도 • 영아가 쉽게 이용할 수 있도록 설비
2. 휴식 영역	• 조용한 곳에 아늑함과 부드러움을 느낄 수 있도록 구성 • 다른 활동영역과는 분리된 조용하고 편안한 휴식공간으로 구성 • 교사가 쉽게 영아를 늘 관찰할 수 있는 곳에 설치 • 영아가 선호하는 인형이나 애착물 비치	• 부드러운 느낌의 베개 및 담요 • 푹신한 의자나 가구, 바닥깔개, 드리우는 천(캐노피) • 헝겊 그림책, 인형	• 휴식공간을 별도로 마련하기 힘든 경우에는 의사소통을 위한 영역을 이용하여 휴식을 취함
3. 간식 및 식사영역	• 간식 및 식사시간 : 교사와 또래 간의 의사소통, 상호작용의 기회 제공 • 안전하고 쉽게 닦을 수 있는 재질의 바닥과 도구를 준비 • 보육실 내 낮은 책상 배치 : 영아의 식사와 간식 • 간식과 식사를 위한 책상은 놀이공간에서 떨어진 곳에 배치 • 간식 전후에는 물휴지나 행주로 책상을 닦음	• 낮은 책상 • 물휴지 • 행주	• 또래 영아가 소집단으로 함께 식사할 수 있는 식사공간 확보 • 낮은 조리대와 급식대 배치 : 자율배식
4. 화장실	• 영아를 위한 화장실은 안전하게 구성 • 바닥에 미끄럼 방지 처리 • 수건, 물비누 비치 : 손 씻기 • 화장실에서 변기 사용하는 방법, 세면대에서 손 씻는 순서와 방법들을 사진이나 그림으로 안내 : 자조기술 배양 • 유아용 변기 비치, 아동용 변기 • 성인용 변기의 경우 : 유아용 변기 뚜껑 올려놓기	• 영아용 변기(영아용 변기 뚜껑) 또는 이동식 변기, 개수대 • 휴지, 물비누, 수건(종이수건), 휴지통 • 변기 사용방법, 손 씻는 순서와 방법 등에 대한 사진이나 그림	• 영아가 접근하기 쉽게 구성 • 집과 같은 느낌 : 조명, 큰 거울 비치 • 냄새 제거를 위한 환기시설 : 대·소변의 실수 대비 • 청소용품, 소독제는 영아에 대한 안전성 고려

(2) 실내 흥미영역

흥미영역별	구성방향	놀잇감 및 교재•교구	유의점
1. 신체 영역	• 움직임에 대한 욕구가 강한 시기 • 대근육활동영역 설치 : 신체의 움직임이 민첩함, 신체활동을 즐김 • 오르고, 내리고, 타고, 밀고, 뛰고, 길 수 있는 시설 설비 • 보육실 내에 다른 활동에 방해되지 않게 대근육활동 기구 비치	• 실내 미끄럼틀, 종합놀이대 • 이동식 목마, 자동차, 끌차 • 공, 후프, 볼풀 놀이대 • 낮은 계단과 경사로, 건너뛰거나 통과하는 장애물	• 바깥놀이가 어려운 날에는 실내에서 대근육활동을 포함한 신체활동을 할 수 있도록 보육실 중심 공간 이용
2. 언어 영역	• 말하고, 듣고, 읽고, 쓰는 의사소통의 기회를 충분히 경험할 수 있도록 공간과 놀잇감 배치 • 교사, 또래와의 언어적 상호작용 경험 제공 • 교사가 책을 읽어줄 수 있는 공간 확보 • 그림책, 사진책, 포스터, 동시판, 노래판, 팸플릿, 전단지, 메뉴판을 준비하여 문자와 친해질 수 있도록 돕기 • 벽면에 칠판을 걸고 전지를 붙여 주고 분필, 크레파스, 색연필, 사인펜을 비치하여 끄적거리기 활동 격려 • 카세트와 녹음기, 마이크 설비하여 말하기와 듣기 경험 확장	• 낮은 소파나 폭신한 등받이 쿠션, 방석, 책장 • 다양한 주제의 그림책, 사진책 • 포스터, 동시판, 노래판, 팸플릿, 전단지, 메뉴판 • 칠판이나 전지 및 끄적거릴 도구(분필, 크레파스, 색연필, 사인펜 등) • 녹음기, 마이크, 카세트	• 책꽂이는 책의 앞면을 볼 수 있도록 정리 • 책이나 자료 사용 후 제자리에 정돈하도록 구성 • 자연 조명이 잘 되는 곳, 적절히 조명할 수 있는 곳에 설치 • 언어영역을 잘 꾸며 휴식영역으로 사용할 수 있음
3. 감각 및 탐색 영역	• 손의 소근육발달이 정교해지는 시기 : 다양한 조작놀이 제공 • 자연물, 소형 블록, 구슬 꿰기 등 영아가 정교하게 손을 이용할 수 있는 경험 제공 • 퍼즐이나 분류활동을 돕는 자료 제공 • 낮은 교구대에 바구니나 쟁반에 놀이기구를 담아둠 • 실내에서 기를 수 있는 동물(거북이, 달팽이, 토끼 등)이나 식물, 주변의 다양한 자연물을 관찰할 수 있는 공간 확보	• 여러 가지 조작 놀잇감(소형 블록, 구슬 꿰기 놀잇감, 레고 등) • 퍼즐 및 분류 놀잇감 • 실내에서 키울 수 있는 동·식물, 돋보기 • 교구대와 바구니, 쟁반	• 놀잇감은 영아의 눈높이에 맞추어 비치 • 영아가 삼킬 우려가 있는 작은 놀잇감 사용 금지 • 자료를 보관하는 교구대 바닥에 놀잇감의 사진 부착 : 유아가 정리하기가 편리함
4. 역할 및 쌓기 영역	• 가족과 관련된 역할놀이 선호 : 가족놀이, 아기놀이를 위한 놀잇감 제공 • 친구 배려, 놀잇감 공유능력 부족 : 분쟁의 소지 사전 예방 - 충분한 양의 쌓기 놀잇감 준비	• 다양한 인형(인형놀이를 위한 인형, 봉제인형) • 밀고 당기는 놀잇감(쇼핑용 손수레, 유모차, 자동차) • 부엌용품, 청소용품의 역할 놀잇감	

	• 놀잇감으로 울타리, 집짓기, 성 쌓기, 도로나 기차 만들기 권장	• 크기가 너무 작지 않은 다양한 재질과 크기의 블록 • 동물, 자동차, 사람 등의 소품	
5. 미술 영역	• 세면대나 출입구가 가까운 곳에 배치 • 끄적거리고, 찢고, 오리고, 자르고, 붙이기 활동 격려 : 탐색능력, 대근육 및 소근육 조절능력, 협응력 배양 • 표현활동 격려 : 평면적 조형활동(그리기, 찍기), 입체적 조형활동(꾸미기, 붙이기, 판화) • 명화의 아름다움을 감상할 수 있는 공간 확보함, 사진은 영아 눈높이에 맞춰 게첨	• 다양한 크기와 모양의 종이, 색종이, 그릴 수 있는 재료 • 끄적거릴 수 있는 도구(크레파스, 색연필 등) • 물감, 붓 • 사진이 많은 잡지책, 모루, 수수깡, 빈 과자상자나 봉투 • 안전가위, 풀, 접착용 테이프 • 명화, 아름다운 그림이나 사진 • 밀가루 반죽, 풀 물감, 찍기 놀이 도장, 스티커	• 삼킬 염려가 있는 작은 자료 비치 금지 • 책상 위나 바닥에 비닐 등의 깔개 깔기 • 제공 자료의 위생, 안정성 고려 • 미끄러지지 않게 준비 : 물, 물감에 의한 미끄러움
6. 음률 영역	• 영아는 자신의 요구에 따라 악기를 이용하여 소리를 내보며 음악을 통해 자신의 감정을 표현하는 경험을 갖게 함 • 여러 가지 음악을 들으면서 그 속에 담긴 감정을 느껴 볼 수 있게 함	• 카세트나 녹음기 • 리듬, 악기(북, 트라이앵글, 마라카스, 탬버린, 캐스터네츠 등)	• 예술적인 경험을 할 수 있도록 여러 가지 매개체(악기, 음악테이프, 리본, 스카프, 의상 등)를 준비 • 벽에 큰 거울 비치 : 움직임 관찰

언어영역 탐색영역 쌓기영역

역할영역 미술영역 음률영역

[그림 Ⅳ-2] 실내 흥미영역(만 2세)

(3) 실외 흥미영역

실외 흥미영역은 영아가 날씨의 변화와 자연현상을 감각적으로 경험할 수 있는 공간이다. 영아를 위한 실외 흥미영역은 영아의 신체 크기에 적합한 공간을 확보하고, 발달단계에 따른 지각력과 개별활동을 고려하여 구성한다. 영아가 다양한 바닥 소재와 흥미로운 시야, 소리, 냄새 등을 경험할 수 있도록 배려한다.

실외 흥미영역은 동적인 영역과 정적인 영역을 구분하여 배치한다.

동적인 영역에서는 바퀴 달린 놀잇감이나 세발자전거 등을 이용하기 위해 단단한 바닥재 영역이 필요하며 미끄럼틀과 그네, 시소 등의 놀잇감을 배치한다.

정적인 영역에서는 휴식을 위한 공간과 더불어 영아가 만지고 탐구할 수 있도록 잔디, 모래, 돌, 흙, 물 등의 탐색공간, 놀잇감 보관창고를 설치한다.

2. 유아반(만 3~만 5세) 실내 · 외 교수-학습환경 구성

어린이집의 보육활동은 흥미영역을 중심으로 이루어지므로 유아교육의 질은 흥미영역 설치 · 운영 여하에 달려 있다.

흥미영역은 단순히 물리적 존재가 아니라 유아의 성장 · 발달에 끊임없이 작용하는 정신적 · 정서적인 영향을 주므로 가족과 같이 친근감이 있게 꾸며야 한다. 실내 흥미영역, 실외 흥미영역 설치 순으로 기술한다.

1) 실내 흥미영역 설치

다음에서 흥미영역별 교구기준, 흥미영역 설치방침, 흥미영역 설치요령, 흥미영역별 교재 · 교구 평가기준의 순으로 기술한다.

(1) 흥미영역별 교구기준

흥미영역을 설치하기 위해서는 흥미영역별 교구기준을 이해해야 한다.

〈표 Ⅳ-1〉 흥미영역별 교구기준

영역	교구종목	규격	소요 기준	비고	
				필수	권장
1. 쌓기	① 유니트 블록 (Unit Block)		급당 1	○	
	② 공간 블록 (Hollow Block)		급당 1	○	
	③ 쌓기 블록	2종(우레탄블록, 종이벽돌, 탑블록, 헝겊블록 등) 1조	급당 1		○
	④ 쌓기 놀이용 소품	5종(교통신호표지, 주유소, 사람 · 동물 모형, 수레, 지게, 미니카, 끌차, 운전대 등) 1조	급당 1		
	⑤ 조작놀이용 블록	5종(소형 끼우기 블록류) 1조	급당 1		○
2. 역할	① 의상	5종(우리나라 전통의상, 경찰, 군인, 간호사, 요리사, 각 나라의 전통의상, 소방관 등) 1조	원당 1	○	
	② 놀이에 필요한 소품	5종(민속소품, 소방 호스, 마이크, 카메라, 가발, 옷장, 화장대, 다리미, 식탁 등) 1조, 병원놀이 세트, 인형, 유모차 등	원당 1	○	
	③ 일상 주방용품 모형	3종(가스레인지, 믹서, 싱크대, 냉장고, 저울, 전통찻잔, 장기판, 각종 그릇 등) 1조	급당 1	○	
3. 조형	① 이젤	유아용	급당 1		○
	② 그리기 자료	5종(물감, 먹물, 파스텔, 유성매직, 마블링, 붓, 사인펜 등) 1조	급당 1	○	
	③ 만들기와 꾸미기 자료	만들기에 필요한 다양한 재료(빈 용기, 핑킹가위, 구멍 뚫는 도구, 펀치, 스테이플러, 여러 종류의 종이, 헝겊, 스카치테이프, 풀, 색모래, 찰흙 등)	급당 1	○	
4. 언어	① 테이프(녹음테이프, 비디오테이프)	10종(자연의 소리, 민요, 전래동요, 효과음, 동시, 동화, 동물소리 등) 1조	원당 1	○	
	② 융판과 융판자료		급당 1	○	
	③ 인형류	2종(손가락인형, 손인형, 테이블인형, 막대인형 등) 1조	급당 1	○	
	④ 인형극 틀		원당 1		○
	⑤ 동화책	3질 이상(질)	급당 1	○	
	⑥ 그림 백과사전	동 · 식물(질)	원당 1		○
	⑦ 카드세트	10종 이상	급당 1		○
	⑧ 게임자료		급당10	○	
	⑨ 퍼즐		급당10	○	
5.	① 퍼즐	종	급당10	○	

수학	② 게임자료	분류, 비교, 서열, 공간개념 형성자료	급당10	○	
	③ 수놀이자료	종(수개념 형성자료)	급당10	○	
6. 과학	① 실험 및 관찰도구		원당 2	○	
	② 측정도구	무게, 질량, 부피, 크기 등	급당 1	○	
	③ 요리도구	가열기구, 조리기구, 주방기구 등	원당 1	○	
	④ 감각상자	2종(무게, 소리, 촉감, 후각상자 등)	급당 1	○	
	⑤ 동·식물 표본	1종 이상	원당 1		○
	⑥ 동물사육	사육용 기구 포함	원당 1		○
	⑦ 식물 재배	재배용 기구 포함	원당 1		○
7. 음률	① 전통악기	5종(소고, 장고, 북, 꽹과리, 징, 피리 등)	원당 1	○	
	② 리듬악기	5종(탬버린, 캐스터네츠, 마라카스, 리듬막대, 트라이앵글, 우드블록, 방울 등)	급당 1	○	
	③ 가락악기	2종(실로폰, 멜로디언, 리코더, 크로마하프, 기타 등)	급당 1	○	
	④ 피아노	오르간이나 전자피아노 대치 가능	급당 1	○	
	⑤ 신체표현 소품	리본, 스카프, 줄 등	원당 20	○	
8. 물놀이	① 물놀이도구	5종(양동이, 물뿌리개, 호스, 투명용기, 깔때기, 인형 등) 1조	원당 1	○	
9. 모래놀이	① 모래놀이도구	5종(트럭, 삽, 채, 계량컵, 밀대, 여러 가지 모양 틀 등) 1조	원당 1	○	
10. 목공놀이	① 목공놀이도구	(망치, 톱, 쟈키, 나사, 못 등) 1조	원당 1	○	
	② 테이블		원당 1	○	
11. 대근육	① 유니바	10개 1조	원당 1	○	
	② 매트		원당 2		○
	③ 평균대		원당 1	○	
	④ 놀이기구	5종(공, 줄넘기, 후프, 굴렁쇠, 줄 등) 1조	원당 1	○	
	⑤ 대근육게임 자료	생활주제와 관련	원당 5	○	
	⑥ 전통놀이 자료	5종(윷, 연, 투호, 팽이, 재기, 샅바, 자치기 등) 1조	원당 1	○	
12. 교통	① 유아용 자동차	위험성이 없는 것	원당 3		○
	② 유아용 자전거	실내, 실외용	원당 3	○	
	③ 모형신호등		원당 1	○	
	④ 교통표지판		원당 1	○	

(2) 실내 흥미영역 설치방침

① 분리대, 이동식 교구정리장, 책꽂이, 책상, 의자 등을 사용하여 구성하고 수시로 변화시킨다.
② 정적 활동영역과 동적 활동영역이 서로 떨어져 있도록 배치한다.
③ 기능적으로 분리 배치하여 활동이 편리하도록 한다.
④ 활동내용에 따라 관련 활동영역에 인접하여 배치한다.
⑤ 보육내용과 계절, 유아의 흥미에 따라 수시로 변형이 가능하도록 구성한다.
⑥ 교사가 유아활동상황을 한눈에 관찰할 수 있도록 개방적으로 구성한다.
⑦ 물, 전기가 필요한 활동영역 배치에 신경을 쓴다.
⑧ 주제와 유아발달단계에 따라 해당 활동영역의 교재와 교구를 수시로 첨가하거나 교체하여 활용한다.
⑨ 유아의 연령이 어리거나 교실이 비좁을 때 합칠 수 있는 영역은 병합 운영한다.

(3) 실내 흥미영역의 설치

실내 흥미영역별 설치요령과 비치기구 및 자료는 〈표 Ⅳ-2〉와 같다.

〈표 Ⅳ-2〉 실내 흥미영역별 설치요령과 비치기구 및 자료

실내 흥미영역	설치요령	비치기구 및 자료
1. 언어 활동 영역	1) 책 읽기, 이야기 듣기, 말하기, 글씨 쓰기 등을 할 수 있게 시설과 자료를 설비함 2) 햇볕이 잘 들어 밝고 소음이 없는 곳에 설치함 3) 카펫을 깔아 주고 쿠션을 만들어 책을 볼 수 있는 아늑한 분위기를 조성함 4) 주제에 맞게 책꽂이의 책을 수시로 교체함 5) 손인형, 손가락인형, 막대인형, 그림자인형으로 인형극을 하고, 녹음테이프를 넣어 헤드폰을 쓴 채 동화를 들을 수 있게 설비함 6) 고무자석, 그림자료를 붙여가며 이야기를 꾸밀 수 있게 설비함 7) 듣기 책상에는 카세트와 조작순서도, CD와 테이프를 함께 제시함	(1) **말하기 자료** : 융판과 융판자료, 자석판과 자석자료, 인형류, 인형 틀, 깡통자석놀이, 아크릴판과 이야기 나누기, 수수께끼 카드와 상자, 손거울, 녹음기, 빈 테이프, 마이크, 말하기 게임 카드, 사진 및 그림자료, 전화기, 무전기 등 (2) **읽기 자료** : 같은 모양 짝짓기, 모양변별카드, 글자와 그림 맞추기, 글자카드게임, 여러 가지 사물그림, 다양한 장소의 그림, 그림책, 동화책, 유아용 월간 잡지책, 그림백과 사전류, 요리순서카드, 수수께끼카드, 나무, 모래종이, 모루로 된 글자카드, 플라스틱, 하드보드로 된 글자카드, 성씨 분류판과 이름카드, 컴퓨터 상자 등 (3) **쓰기 자료** : 크레파스, 색연필, 연필과 지우개, 이름카드, 언어카드, 매직펜(수성), 타자기, 컴퓨터, 한글 타자판과 스탬프, 다양한 크기와 색종이, 독서카드 용지, 하드보드종이, 모래와 쟁반, 필순카드, 쓰기 자료 전시, 게시판, 소형 칠판과 색분필, 화이트보드, 마커펜이나 보드펜, 융판 등

2. 수활동 영역	1) 수의 기초개념, 시·공간개념, 그래프 활동, 무게 재기, 길이 재기, 비교, 분류, 서열화 등의 수학적 활동에 전념할 수 있는 조용한 공간에 설비함	(1) **분류** : 다양한 크기와 모양의 단추, 다양한 모양의 도형, 개·새 모양의 분류카드, 구슬과 끈, 분류통, 플라스틱 패턴 블록, 촉감도미노, 병뚜껑, 구슬, 조개껍데기, 풀 등 (2) **순서 짓기** : 길이가 다른 막대, 높이가 다른 원기둥, 이중서열자료, 크기가 다른 상자, 겹 끼우기 상자, 겹 끼우기 고리, 수 막대, 나사와 나사구멍 등 (3) **수의 이해** : 페그보드와 페그보드용 고리, 세울 수 있는 숫자, 윷놀이, 꽃과 화병, 동물카드게임, 숫자그림, 퍼즐, 숫자 도미노카드, 색풍선게임, 숫자도장, 숫자와 막대, 수놀이책, 수 막대와 구슬, 수 기차와 기찻길, 빨래집게와 수 카드, 숫자와 단추, 수와 수 카드 일치시키기 자료 등 (4) **공간관계** : 도형 퍼즐, 융판과 도형, 카드게임, 색 입방체 블록과 패턴카드, 나무 못판과 고무밴드 등 (5) **측정도구** : 길이 측정, 양 측정, 면적 측정, 표준 단위 측정도구 등
3. 과학 활동 영역	1) 관찰, 실험, 측정도구 및 기타 과학 교구 위주로 설비함 2) 동물·식물재배가 가능한 햇빛이 잘 들고 물 공급이 원활한 공간에 설치함 3) 여러 가지 꽃씨나 채소류 농작물의 싹을 틔우고 물을 주고 재배하면서 관찰할 수 있는 시설·기구 설비 4) 과학적 정보 취득을 위한 도서 정비함 5) 주제에 따라 과학실험을 할 수 있는 다양한 자료 준비함 6) 수학활동지, 관찰일지, 과학활동 기록지를 모을 수 있는 수·과학 파일 비치함 7) 동물사육, 곤충사육시설은 실내에 최대한 설비하고 어려운 경우, 실외 흥미영역에 설비함 8) 화분에 다양한 식물을 재배할 수 있도록 창 쪽에 시설을 설비함	(1) **시간관계** : 모래시계, 해시계, 시계, 달력 등 (2) **컴퓨터자료** : 모니터, 키보드, 마우스, 조이스틱, 소프트웨어, 프린터, 프린터용지, 색연필, 연필, 가위, 풀, 종이, 막대 등 (3) **일반도구** : 큰 거울, 손거울, 오목거울, 볼록거울, 색연필, 확대경, 요술경, 프리즘, 잠망경, 건전지, 전선, 손전등, 막대자석, 말굽자석, 동그란 자석, 스포이트, 망원경, 청진기, 현미경, 지렛대, 실험순서카드 등 (4) **측정도구** : 막대기, 리본, 끈, 클립가위, 막대자, 줄자, 삼각자, 체중계, 양팔저울, 접시저울, 물컵 스푼, 계량컵, 계량스푼, 조리용 시계, 모래시계, 해시계, 온도계 등 (5) **동물류** : 강아지, 다람쥐, 토끼, 흰쥐, 오리, 병아리, 닭, 개구리 등 (6) **곤충류** : 개미, 나비, 메뚜기, 무당벌레, 사마귀, 여치, 풍뎅이 등 (7) **식물류** : 무, 배추, 고구마, 감자, 가지, 콩, 오이, 고추 등 (8) **표본류** : 돌, 흙, 조개껍데기, 낙엽, 꽃잎, 곡식류, 씨앗류 등 (9) **일반물체** : 쿠킹포일, 고무밴드, 클립, 분필, 연필, 종이 등 (10) **기계류** : 다양한 종류의 시계부품, 라디오부품, TV부품, 열쇠와 자물쇠 등 (11) **시청각자료** : 그림, 사진, 폴라로이드 카메라, 녹음기와 녹음자료 등

4. 쌓기 활동 영역	1) 교실 중앙에 설비하여 다른 영역과 연계가 잘 이루어지도록 함 2) 교실의 구조에 따라 블록에 의한 소음을 피하기 위해 교실 코너나 출입문 옆에 설치할 수 있음 3) 여러 가지 블록을 이용하여 구성물을 만들 때 소음을 제거하기 위해 카펫이나 매트 깔기 4) 주제에 따라 함께 사용할 수 있는 소품도 그때그때 제시함 5) 유아가 제작한 작품을 전시할 수 있는 공간을 확보함 6) 주제에 따라 교사가 만든 소품을 제시할 수 있는 공간을 확보함	(1) **블록류** ① 공간블록 ② 스펀지 블록 ③ 우레탄 블록 ④ 종이벽돌블록 ⑤ 큰 끼우기 블록 ⑥ 유닛블록 ⑦ 코코블록 ⑧ 레고블록 ⑨ 적목 ⑩ 기타 (2) **소품류** ① 작은 자동차 ② 끌차 ③ 끌 수 있는 놀잇감 ④ 천막집 ⑤ 교통신호 표시 ⑥ 운전대 ⑦ 주유소 모형 ⑧ 소방원 모자 ⑨ 경찰 모자 ⑩ 사람이나 동물 모형 ⑪ 오토바이용 모자 ⑫ 미니카 ⑬ 레미콘, 잠수함, 우주선 ⑭ 관련 책, 화보 ⑮ 활동카드 ⑯ 기타
5. 역할 활동 영역	1) 조형영역, 블록영역과 이웃되게 배치하나 과학·수학·조작영역과는 멀리 떨어져야 함 2) 일상생활 역할놀이이기 때문에 유아에게 알맞은 크기의 가구, 싱크대, 테이블, 의자, 거울을 비치하고 주제에 따라 필요한 소품을 낮은 선반에 비치함 3) 안락한 분위기가 조성될 수 있도록 천장에 캐노피를 달아주고 침대나 침대 대용의 쿠션, 이불, 베개를 배치함 4) 다양한 역할놀이를 할 수 있는 충분한 공간을 확보함	(1) **가족놀이** : 주방용품, 일상용품, 의류, 기타 소품에 따른 물품 등 (2) **교통기관놀이** : 운전사, 조종사, 선장이나 어부에 따른 물품 등 (3) **병원놀이** : 의사, 간호사, 약사에 따른 물품 등 (4) **가게놀이** : 파는 사람, 사는 사람, 계산하는 사람, 물건 나르는 사람에 따른 물품 등 (5) **우체국놀이** : 집배원, 우체국 직원, 편지 보내는 사람, 받는 사람에 따른 물품 등 (6) **미용실놀이** : 미용사(이용사), 손님에 따른 물품 등 (7) **소방서놀이** : 소방관에게 필요한 용구에 따른 물품 등 (8) **은행놀이** : 은행원, 손님에 따른 물품 등 (9) **주유소놀이** : 주요소에서 일하는 사람에게 필요한 용구에 따른 물품 등 (10) **기타 놀이** : 사무실놀이, 음식점(요리사)놀이, 유치원(선생님)놀이, 식료품상놀이, 목수(목공)놀이, 교통기관놀이, 신문(신문기자)놀이, 목욕탕놀이에 따른 물품 등
6. 조작 활동 영역	1) 조용한 놀이가 이루어지는 정적 영역이므로 과학영역에 인접하여 설치함 2) 바닥에 카펫을 깔아 낮은 책상에 앉아서 활동하도록 함 3) 플라스틱 바구니를 준비하여 조작놀이 자료를 구분하여 담아 놓고 바구니가 교구장에 넉넉히 들어갈 수 있을 만큼 커야 함	(1) **조작자료** : 퍼즐, 포개거나 끼워 맞추는 놀잇감 같은 그림 맞추기 카드, 그림연결카드, 그림자 카드 같은 용도의 카드 맞추기 등 (2) **구성놀이** : 코코놀이, 꽃 블록, 듀플로 레고 블록, 와플 블록, 브리오멧, 렉스 블록, 띠 블록, 관련된 책과 화보 등 (3) **일상생활자료** : 구슬, 끈, 끈 끼우기 판, 활동카드(끈 끼우기), 구슬, 씨앗, 곡식, 접시, 분류접시, 스푼(구슬 옮겨 담기), 찍찍이 붙이기, 단추 끼우기, 지퍼 올리기, 끈 끼우기, 리본 묶기(일상생활훈련틀), 큰 플라스틱, 바늘, 실, 바느질용 종이, 헝겊, 가위, 투명 테이프(바느질하기), 다양한 크기의 병과 뚜껑, 냄비와 뚜껑, 포개놓을 수 있도록 제작된

		그릇, 나사와 나사못(일상생활용품 등) (4) **게임자료** : 각종 게임카드, 게임판, 주사위를 이용한 게임, 가위바위보 게임, 바둑판과 바둑알 등
7. 음률 활동 영역	1) 유아가 편안하게 생각에 따라 움직일 수 있는 공간 확보 2) 소음을 줄일 수 있게 바닥에 카펫 깔기 3) 조용한 활동이 이루어지는 영역을 옆에 설치(쌓기영역) 4) 다양한 악기를 정비하되 일시에 전부 제시하지 않고 필요에 따라 하나씩 더 첨가함 5) 입으로 부는 악기는 알코올로 소독함 6) 카세트 조작기술은 안내문으로 제시함 7) 감상 후 느낌을 기록할 수 있는 그리기, 쓰기 도구를 정비함 8) 신체를 표현할 수 있는 도구나 소품을 비치함	(1) **생활악기** : 냄비 뚜껑, 물의 높이가 다른 컵, 수도 파이프, 바지와 젓가락, 주걱 2개, 숟가락 2개, 깡통, 나무토막 2개, 모래종이, 고무줄, 빨래판, 체 등 (2) **리듬악기** : 탬버린, 캐스터네츠, 트라이앵글, 손가락 심벌즈, 큰북, 작은북, 방울, 흔들이와 마라카, 샌드 블록, 귀로, 우드블록, 장구, 소고, 꽹과리, 징 등 (3) **가락악기** : 피아노, 오르간, 실로폰, 스탭벨, 순종, 기타(교사용), 오토하프(교사용), 우쿨렐레(교사용), 만돌린(교사용) 등 (4) **음향기기** : 녹음기와 녹음테이프, 음악 관련 책, 다양한 소리가 녹음된 테이프와 그림, 헤드폰, 거울, 마이크 등 (5) **신체표현도구** : 리듬막대, 리본막대, 스카프, 고무밴드 등 (6) **기타** : 노랫말 종이, 색깔악보, 그림악보, 그림책, 융판과 융판자료, 막대자료 등
8. 조형 (미술) 활동 영역	1) 물이 있는 세면대 근처에 설치하고 역할영역과 인접해도 좋음 2) 작업용 책상과 의자, 이젤 등을 설치해 두어야 함 3) 밀가루 반죽, 손가락 그림을 그릴 수 있게 책상용 비닐 커버, 유아용 작업복을 준비함 4) 입체작품, 평면작품, 종이 접기 작품을 전시 혹은 게첨할 수 있는 공간을 확보함 5) 재료수납용 재료상을 준비함 6) 색종이 접기 책상은 별도로 준비함 7) 작품 미완성 시 보관할 바구니를 준비함 8) 작품 전시 후 느낌을 쓰거나 그릴 수 있는 필기용구를 준비함	(1) **종이류** : 벽지, 골판지, 한지, 크리넥스, 모래종이, 셀로판지, 아세테이트지, 습자지, 투사지 등 (2) **그리기 자료** : 크레파스, 포스터컬러, 물감, 색연필, 사인펜, 매직펜, 유성매직, 색분필, 파스텔, 연필과 지우개, 볼펜, 먹물, 마블링물감, 스탬프, 스탬프 잉크, 붓, 물감 접시, 물통, 솜방망이, 스펀지, 립스틱 붓, 면봉, 스포이트, 칫솔, 가는 철망, 찍기 도형, 본뜨기 도형, 분무기, 실, 목탄, 래커, 페인트, 화판, 핑거페인트용 풀 등 (3) **자르고 붙이는 자료** : 안전가위, 핑킹가위, 구멍 뚫는 도구, 안전칼, 풀, 투명 테이프, 접착제(종이, 스티로폼, PVC 나무류), 스테이플러, 클립, Y핀, 끈, 고리, 고무풀, 플라스틱 바늘이나 돗바늘, 실 등 (4) **점토류** : 밀가루 점토, 찰흙, 유점토, 지점토, 모양틀, 밀대, 플라스틱 칼 등 (5) **수집자료** : 톱밥, 대패밥, 스티로폼, 이쑤시개, 성냥개비, 나무젓가락, 빨대, 플라스틱 용기 등 (6) **수집** : 병속대, 천조각, 부직포, 조개, 단추, 실패, 달걀판, 노끈, 털실, 포장끈, 솜, 알루미늄 파일, 상자, 쇼핑백, 종이봉투, 종이컵, 종이접시, 필름통, 아이스막대, 나무토막, 은박접시, 나무껍질, 우표, 조약돌, 잎사귀, 깃털, 씨앗, 곡식, 달걀껍데기 등 (7) **기타** : 작업복, 이름표, 활동순서카드, 관련 사진, 휴지, 휴지통, 종이, 수건, 마른 수건, 빗자루와 쓰레받이 등

언어활동영역

수활동영역

과학활동영역

쌓기활동영역

역할활동영역

조작활동영역

음률활동영역

조형활동영역

[그림 Ⅳ-3] 실내 흥미영역

2) 실외 흥미영역 설치운영

실외 흥미영역은 놀이터, 유원장, 운동장, 실외 놀이장 등 여러 가지 명칭으로 불리고 있으나, 일반적으로 유원장이라는 용어가 더 많이 사용되고 있다. 특히, 어린이집에서는 실내에 설비할 수 없는 흥미영역을 실외에 설치하여 활용하고 있다.

(1) 실외 흥미영역 설치방침

① 실외 흥미영역은 실내에 설치할 수 없는 기구와 자료를 중심으로 설치한다.

② 대근육 놀이기구뿐만 아니라, 공간의 위치와 넓이를 고려하여 각 흥미영역별로 다양한 기구와 자료를 설치한다.

③ 다양한 활동성 외에 심미적인 즐거움을 주어 지루하지 않게 설치한다.

④ 다양한 활동성이 강조되기 때문에 안전성을 고려하여 설치한다.

⑤ 고가의 다양한 기구와 설비가 필요하므로 연차계획을 세워 점차적으로 설치한다.
⑥ 유아들의 자유분방한 신체활동이 이루어지므로 안전시설 정비가 겸비되어야 한다.

(2) 실외 흥미영역의 설치

〈표 IV-3〉 실외 흥미영역 설치요령

실외 흥미 영역별	설치요령	비치기구 및 자료
1. 개방 영역	1) 아무것도 없는 넓은 공간 한쪽에 모래놀이 기구, 잔디밭을 설치함 2) 전 공간을 사토 후 모래놀이영역, 잔디밭을 조성함	① 잔디밭 ② 모래장 ③ 기타
2. 휴식 (그늘) 영역	1) 유아들이 편안하게 쉴 수 있도록 조용한 공간을 구성함 2) 관목, 포도덩굴, 등나무 묘목을 심어 가꿈 3) 테라스, 텐트, 비치 파라솔 설치	① 관목, 포도덩굴 재배 ② 극화놀이 기구 ③ 의사나 벤치, 돗자리, 조작놀잇감, 음악CD와 CD플레이어, 이어폰 등
3. 지붕 영역	1) 비 오는 날에는 사용 가능한 목공놀이대, 그림 그리기, 과학실험, 소꿉놀이, 구성놀이대를 설치함 2) 건물에 연결통로를 만들고 실외활동과 연결된 영역별 활동을 실외에서 자유롭게 할 수 있게 함	① 정자 ② 움집 ③ 커다란 나무 ④ 목공놀이대 ⑤ 기타
4. 흙 영역	1) 진흙놀이나 땅따먹기 놀이, 다양한 흙놀이를 할 수 있도록 설치함 2) 땅을 팔 수 있는 작은 삽이나 곡괭이를 비치함	① 작은 삽 ② 곡괭이 ③ 깔개 ④ 기타
5. 모래놀이 영역	1) 여러 가지 모래놀이도구를 비치함 2) 1년에 한 번씩 모래를 소독하고 다양한 놀이기구를 비치함	① 모래밭 ② 모래놀이기구(체류, 삽류, 땅 파기 도구, 모양 만들기 도구, 측량기기, 물뿌리개), 모형 보조자료(손수레, 자동차류, 동물류, 사람류 등) ③ 모형자동차 ④ 모래놀이 테이블 ⑤ 측정도구 ⑥ 정리함, 청소도구, 다양한 소품
6. 물놀이 영역	1) 물놀이도구를 비치함 2) 바닥은 딱딱하고 물기가 빨리 마르게 설치하고 놀이기구를 비치함	① 몰놀이기구 ② 물놀이기구(다양한 크기의 그릇, 호스류, 물뿌리개, 주전자, 물레방아 등) ③ 측정도구 ④ 정리함, 청소도구, 다양한 소품 ⑤ 기타
7. 식물 기르기 영역	1) 식물재배장, 샘, 울타리, 화단, 덤불, 정원을 설치함 2) 텃밭에서 식물재배를 할 수 있도록 설치함	① 식물 재배장(상추, 배추, 무, 고추, 가지, 감자, 고구마) ② 관찰도구 ③ 카메라, 물 주기 도구, 화분, 모종삽 등

8. 동물 기르기 영역	1) 식물 · 동물 사육, 울타리, 화단이 정비된 정원을 설치함	① 동물 사육장(토끼장, 새장, 닭장 등) ② 관찰도구(돋보기, 관찰 기록지, 쓰기도구, 곤충채집 통 등)
9. 작업 영역	1) 물감으로 그림 그리기, 큰 블록 쌓기, 목공놀이, 점토놀이 할 수 있게 구성 2) 다양한 작업재료를 제공함	① 핑거페인팅 물감, 그림 그릴 수 있는 이젤, 종이, 그림 물감, 다양한 굵기의 붓, 그리기 도구, 비닐 옷 등 ② 목공놀이 도구(톱, 나사, 자, 망치, 못, 판자, 거친 모래종이, 조임쇠, 드라이버, 스티로폼, 코르크, 꺾쇠, 못, 그릇 등) ③ 종이박스, 나무박스, 점토류, 밀가루반죽, 톱밥, 나무젓가락, 빨대, 고무밴드, 스트롤 폼, 모루, 스펀지, 수수깡, 자연물 등
10. 운동 놀이 영역	1) 대근육에 필요한 고정놀이기구를 설치함 2) 눈에 띄기 쉽고 감독이 용이한 장소에 시소, 그네, 평균 오름대를 설치함	① 미끄럼틀 ② 그네 ③ 평균대 ④ 시소 ⑤ 흔들 다리 ⑥ 망 오름판 ⑦ 정글짐 ⑧ 그물망 ⑨ 뜀틀 ⑩ 매트 ⑪ 크기가 다른 공 ⑫ 굴렁쇠 ⑬ 후프 ⑭ 줄넘기 ⑮ 제기 ⑯ 고무줄
11. 보관 창고 영역	1) 이동식 놀이기구 및 놀이기구 부대시설의 안전한 관리	① 이동식 놀이기구 및 놀이기구 부대시설을 보관할 창고 ② 놀이기구 수리기구 및 훼손 방지를 위한 각종 화학약품 ③ 여러 가지 놀이기구를 정리할 수 있는 선반

(3) 실외 흥미영역 시설 · 기구 설비상의 유의점

① 시설 · 기구 설비 면

ㄱ. 놀이시설 · 기구는 사용하는 유아들의 연령에 따라 놀이를 자극하기에 적절한가?

ㄴ. 놀이시설 · 기구는 다양성이 높아서 유아들이 다양한 신체적 활동을 할 수 있는가?

ㄷ. 유아들이 창의적으로 활용할 수 있는 시설 · 기구인가?

ㄹ. 유아들이 다목적 놀이를 할 수 있는 융통성이 있는 시설 · 기구인가?

ㅁ. 유아의 공간관계 개념을 증진시킬 수 있는 시설 · 기구인가?

ㅂ. 여러 가지 나무나 꽃을 재배할 수 있도록 시설 · 기구가 적절히 비치되었는가?

ㅅ. 흥미 영역의 놀이시설 · 기구를 자유롭게 선택할 수 있도록 배치되었는가?

② 안전 건강 면

ㄱ. 놀이시설 · 기구는 튼튼한가?

ㄴ. 추락의 위험이 있는 곳은 모래와 같은 탄력성이 있는 자료로 바닥을 처리하였는가?

ㄷ. 그네의 발판은 부드러운 재질로 되어 있는가?

ㄹ. 그네는 유아들이 뛰어다니고 바퀴 달린 놀잇감을 타는 길에서 떨어져 있는가?

ㅁ. 높은 놀이시설 · 기구에는 추락사고를 방지하기 위한 난간이 설비되어 있는가?

ㅂ. 놀이시설 · 기구는 안전하게 잘 유지되고 있는가?

ㅅ. 놀이영역은 매일 점검되고 시설 · 기구가 계속적으로 보완 · 유지되고 있는가?

개방영역

그늘영역

지붕영역

흙영역

모래놀이영역

물놀이영역

자연생태영역

목공놀이영역

동물사육영역

대근육운동영역

창작 놀이기구 보관영역

[그림 Ⅳ-4] 실외 흥미영역

3. 공간 구성

공간 구성이라 함은 활동실 내 교재·교구, 비품이 배치된 공간을 제외한 공간, 즉 벽면과 천장의 구성을 말한다.

활동실은 흥미영역별 교재·교구, 흥미영역에 따른 환경 구성물이 요소 요소에 게첨되어 있다. 따라서 벽면과 천장공간의 구성에 따라 학습 효율성과 교실의 정서적 분위기가 달라진다.

1) 공간 구성의 원리

(1) 활동실 공간의 환경은 유아학습의 효율성을 제고시키는 데 도움이 되어야 한다.

(2) 활동실 공간의 환경은 아늑하고 부드럽고 아름답게 구성되어야 한다.

2) 공간 구성의 실제

활동실 공간의 기본적인 환경 구성물로서 출석카드판, 게시판(알림판), 요일·날짜·날씨판, 생일판, 역할안내판, 관찰시설물, 유리창 작품, 매달 것, 학급 현황, 여러 가지 환경아이디어 등에 걸쳐 설비 및 활용요령에 대하여 기술한다.

(1) 출석카드판

유아의 출석을 확인하는 방법으로는 다음과 같다.

첫째, 'Morning inspection'으로 등원하는 유아를 맞이하면서 확인하는 방법

둘째, 출석부를 보고 호명하여 확인하는 방법

셋째, 출석카드판을 이용하여 출석상황을 확인하는 방법 등으로 출석을 확인하기 위해서는 출석카드판을 제작해서 벽에 걸어두어야 한다.

① 목적

ㄱ. 유아 자신이 자신의 출석을 확인시켜 줌으로써 자기존재감을 인식시킨다.

ㄴ. 출석카드를 확인함으로써 숫자의 개념을 이해하고 등원시간을 조정할 수 있다.

ㄷ. 자기 출석카드를 찾으면서 동료 유아의 출석카드를 자연스럽게 보게 되면 동료 유아의 이름도 익힐 수 있다.

② 제작요령

ㄱ. 40cm × 60cm의 판에 흰 종이를 붙이고 사진과 이름이 쓰인 주머니를 유아 수만큼

제작한 다음 베니어판에 일정한 규격을 유지하여 부착시킨다.

ㄴ. 출석카드판은 출입구 안쪽에 고정시킨 후, 그 앞에는 낮은 책상을 놓는다.

ㄷ. 출석카드를 제작하여 출석카드판 앞 책상 위의 상자에 놓아둔다. 출석카드는 출석카드 주머니에 들어갈 수 있는 크기로 단단한 골판지를 잘라 사진과 이름을 써 넣어 코팅 처리한다.

③ 활용요령

등원하면서 자기 출석카드를 찾아 자기 출석주머니에 넣어 둔다.

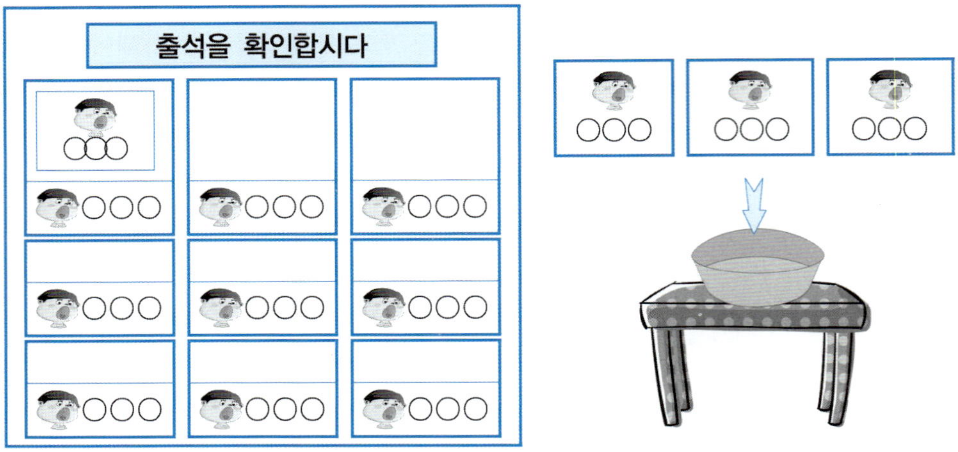

[그림 IV-5] 출석카드판

(2) 게시판(알림판)

유아용 게시판(우리들)과 부모용 게시판(알림판)으로 나누어 제작 활용한다.

① 목적

ㄱ. 유아들이 주제에 관련된 내용뿐만 아니라 자유자재로 게시물을 제작 · 게첨하여 학습참여를 유도하고 표현력을 신장시킬 수 있다.

ㄴ. 나. 부모들에게 유아교육에 대한 각종 정보를 소개함으로써 자녀지도의 효율성을 제고시키고 유아교육기관과의 연대의식을 고취시킬 수 있다.

② 제작요령

50cm × 80cm 베니어판 위에 [그림 IV-6]의 왼쪽과 같이 부직포를 붙이거나, 오른쪽과 같이 가는 철사에 집게를 매달아, 다음과 같이 제작하여 출입구 옆 벽이나 복도에 부착시킨다.

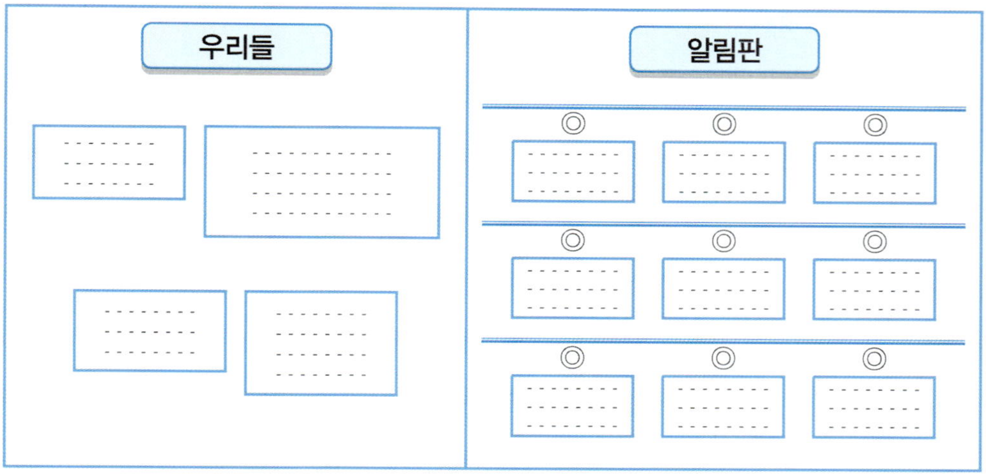

(유아용) (부모용)

[그림 Ⅳ-6] 게시판

③ 활용요령

ㄱ. 우리들 : 주제와 관련된 사실이나 그림을 색지로 배지를 붙인 자료, 동화책을 읽고 난 느낌, 친구에게 보내는 편지, 우리 집 이야기, 생일을 맞는 유아 이름 등 다양하게 제작하여 곤충핀으로 꽂아 고정시키거나 집게에 물려둔다.

ㄴ. 알림판 : 유아교육기관 행사, 견학협조 안내, 유아활동, 부모교육안내, 주간학습안내, 학습활동에 따라 부모가 준비해 주어야 할 일, 도우미 활동 안내 등을 곤충핀으로 꽂아 고정하거나 집게에 물려둔다.

[그림 Ⅳ-7] 유아를 위한 게시판

[그림 Ⅳ-8] 부모를 위한 게시판

(3) 요일 · 날짜 · 날씨판

유아교육기관에서는 요일, 날짜와 날씨판을 별도로 설치하여 요일, 날짜를 이해시키고, 날씨에 대한 이해와 관찰 및 기록을 유도한다.

① **목적**

ㄱ. 요일, 날짜와 날씨판을 병합함으로써 제작경비와 벽면 공간을 적게 차지한다.

ㄴ. 한 달간의 요일, 날짜와 날씨를 동시에 기록함으로써 날씨의 변화과정을 동시에 이해할 수 있다.

ㄷ. 요일, 날짜카드를 활용함으로써 수개념을 이해할 수 있다.

② **제작요령**

ㄱ. 날짜, 날씨판을 자석판이나 융판으로 제작하여, 자석으로 된 숫자나 날씨카드를 제작하거나, 부직포 또는 사포지 숫자나 날씨카드를 제작한다.

ㄴ. 날짜, 날씨판을 벽에 걸어두고 바로 밑 책상에 날짜카드와 날씨카드를 놓아둔다.

③ **활용요령**

날짜와 날씨기록 역할 담당 유아가 아침에 등원하면서, 해당 날짜와 날씨 표시카드를 찾아 해당란에 꽂아놓게 한다.

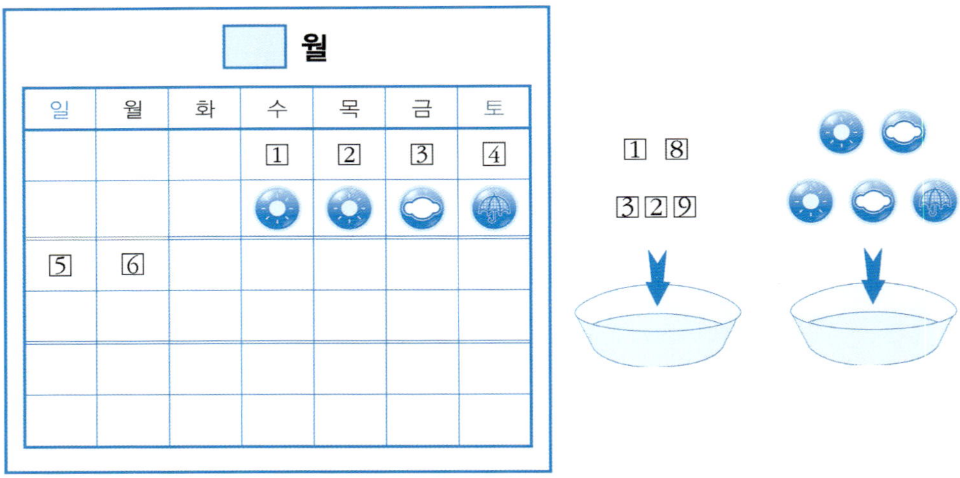

[그림 Ⅳ-9] 요일·날짜·날씨판

(4) 생일판

유아들의 생일을 표시한 생일판을 제작하여 활용한다.

① **목적**

ㄱ. 유아 개개인의 생일을 확인하여 자신의 정체성을 확립한다.

ㄴ. 유아 상호 간에 서로의 생일을 축하함으로써 우의를 돈독히 한다.

② 제작요령

ㄱ. 다양한 재료를 이용하여 생일 달력을 만들어 걸어둔다.

ㄴ. 유아의 이름과 사진이 붙은 카드를 생일판 밑에 놓아둔다.

3월

2011년

일	월	화	수	목	금	토
		1	2	3	4	5
6	7	8	9	10	11	12

[그림 Ⅳ-10] 생일판

③ 활용요령

해당 날짜에 생일을 맞은 유아의 사진을 걸어둔다.

(5) 역할 안내판

유아들에게 역할을 안내하여 자기 역할을 정해진 기간에 착실히 수행하도록 한다.

① 목적

ㄱ. 자기 역할 수행을 통하여 다양한 역할을 체험시키고 유아들로 하여금 자발적이며 주체적인 생활태도를 배양시킨다.

ㄴ. 집단생활의식과 태도를 배양하여 민주시민의 자질을 배양시켜 준다.

② 제작요령

ㄱ. 글자카드를 넣을 수 있는 봉투를 제작한 후 역할을 나타내는 그림을 그린다.

ㄴ. 제작한 봉투를 역할 안내판에 부착시켜 벽에 걸어둔다.

ㄷ. 수량은 역할 수대로 한다. 예를 들면, 새 먹이 주는 유아, 달팽이 먹이 주는 유아, 화분 물 주는 유아, 붕어 먹이 주는 유아, 날씨카드 바꾸는 유아 등을 들 수 있다.

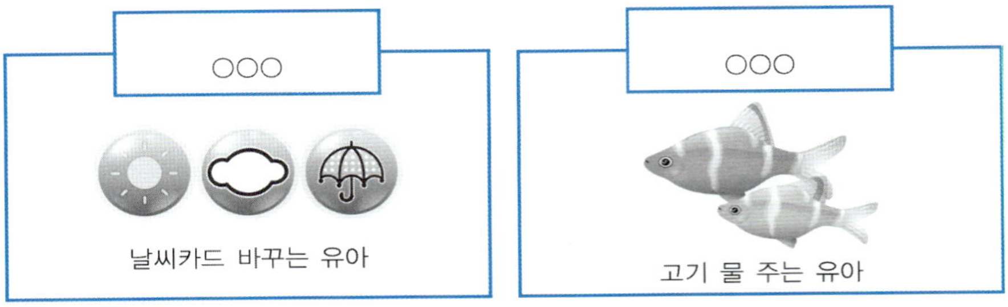

[그림 Ⅳ-11] 역할 안내판

③ **활용요령**

ㄱ. 역할을 안내받은 유아는 자기 역할을 충실히 수행하도록 한다.

ㄴ. 각 역할에 대한 수행방법을 사전에 알려준다.

(6) 관찰시설물

교실 측면(햇볕이 잘 드는 쪽)에 관찰 시설물을 설비한다.

① **목적**

ㄱ. 관찰물을 재배하여 계속적인 관찰 및 관찰기록을 통하여 과학적 탐구능력을 기른다.

ㄴ. 다양한 식물의 재배를 통하여 성장 · 발달과정을 이해시켜 생동감을 갖게 한다.

② **설비 및 활용요령**

ㄱ. 식물재배 : 싹 틔우기와 재배가 용이한 식물을 선정하여 3월 하순경에 씨를 뿌린다. 주로 덩굴을 감고 올라가는 식물이 유아들에게 더욱 효과적이다.
용기는 흙이 든 꽃 박스를 이용한다. 거름흙을 일반 밭흙과 섞어서 써도 좋다. 그리고 식물 이름과 모양, 씨 뿌린 날짜, 관찰할 내용을 색지를 이용하여 제작한 뒤 코팅하여 꽂는다. 관찰일지는 모양을 그림으로 그리고 간단한 글로 나타낸다.

ㄴ. 수족관 설치 : 관찰식물 박스를 2~3개 설치한 후 그 옆자리에 수족관을 설치한다. 수족관은 헌 책상 2개를 붙여놓고 둘레는 비닐을 버티컬처럼 잘라서 겹쳐가며 사방을 붙인다. 그 위를 시트지로 붙인다. 물을 조금 흘린다 해도 방수가 잘 된다. 벽돌을 2줄로 쌓고 그 위에 두꺼운 투명비닐을 깔고 벽돌 2줄을 쌓는다.
주위에 조그만 화분(주로 줄기가 뻗어 나가는 식물)을 놓아두면 자연스러움을 더할 수 있다. 그 속에 다른 수족관이나 어항처럼 산소발생기, 물레방아, 수초, 금붕어, 우렁이, 다슬기, 붕어 등을 넣는다. 관찰일지는 변화된 모양을 그리고 간단한 글로 쓰게 한다.

ㄷ. 관상용 식물재배화분 : 관상용 식물재배화분을 설비하여 씨앗이 싹트고 자라서 꽃을 피우고 열매를 맺는 '식물의 성장'을 관찰시켜 학습자료로 활용할 수 있다.

• 무 : 3월에 큰 무를 심어두면 잎이 나고 꽃대가 올라와 4·5월에 무꽃이 핀다.
• 할미꽃 : 할미꽃을 재배하면서 유아들에게 할미꽃 전설을 이야기해 준다.
• 덩굴식물 : 수세미, 오이, 콩, 나팔꽃 등을 심으면 5~7월에 꽃이 핀다.

(7) 유리창 작품

유리창을 이용하여 작품을 게시한다.

① 목적

활동실 공간이 협소하므로 유리창을 미적으로 구성하여 아늑한 교실을 꾸민다.

② 제작 및 활용요령

활동실에 흥미영역별로 교재·교구 및 자료 등을 배치하고 나면 공간이 좁아진다. 이럴 땐 유리창도 환경 구성공간으로 활용할 수 있다. 매달 것을 만들어 걸거나 모둠별로 분담해 꾸미기 활동을 할 수 있다. 특히, 유리창은 투명하므로 이것을 이용한 독특한 환경을 구성할 수 있다.

ㄱ. 나팔꽃 : 색종이를 접어서 나팔꽃을 만들고 한지를 말아서 줄기를 만든다.
ㄴ. 가로수 : 색 한지를 찢어 붙인다. 접착은 딱풀로 한다.
ㄷ. 매달아 키우기 : 그늘진 넝쿨을 매달아 키우면서 관찰시킨다.

(8) 매달 것

유아들이 제작한 작품에는 매달 것이 더러 있는데, 작품을 매달 수 있는 설비가 없다. 따라서 간단히 매달 작품 게시대를 설치해 편리하게 활용할 수 있다.

① 우산살 이용 : 천장에 못을 하나 박아 노끈으로 내렸다 올렸다 할 수 있게 장치한다.
② 대들보 이용 : 접착 테이프로 붙인다.
③ 나뭇가지 이용 : 나뭇가지 끝에 지점토를 붙여두면 그것만으로도 아름답다.

(9) 학급 현황

원아 수, 특색, 원훈, 원아 사진 등을 중심으로 학급 현황을 제작, 액자에 넣어 출입구에 걸어두어 처음 학급에 들어오는 사람에게 학급의 현황을 개략적으로 이해시킨다.

(10) 여러 가지 아이디어

① 만능 달력

코팅을 한 다음 뒤에 매직 테이프를 붙이고 부직포에 배열한다.

사인펜으로 일정을 쓰면 달력이 된다. 또 지우고 다시 써 다음 달 달력을 만든다.

② **책으로 엮은 나의 성장기**

10장 정도의 소책자로 자신의 성장과정을 엮어 친구들에게 보여 주고 게시한다.

③ **손도장**

일 년 동안 칭찬받는 유아가 될 것을 약속하고 손도장을 찍는다.

④ **자유통행증**

목걸이만 걸면 선생님의 허락 없이도 화장실에 다녀올 수 있다.

⑤ **명함**

자기 자신을 소상히 알리는 예쁜 명함을 만들어 게시한다.

(11) 유치원의 여러 시설 사용법을 알려주는 그림자료들

유아들 중에는 시설물의 올바른 사용법을 모르거나 습관 형성이 안 된 유아들이 있을 수 있으므로 바른 습관 형성을 유도하는 그림자료를 제시한다(문교부, 1993).

① **손 씻는 방법**

바르게 손 씻는 순서를 그린 그림을 코팅을 하거나 비닐을 입혀 세면대 앞면이나 화장실 입구의 문 안쪽에 게시한다.

[그림 IV-12] 손 씻는 방법

③ **화장실 문 노크하기**

유아들은 가정에서의 습관으로 노크 없이 화장실 문을 여는 경우가 많으므로 그림을 화장실 문에 붙여 주어 노크를 해야 한다는 기억을 환기시키도록 도와준다.

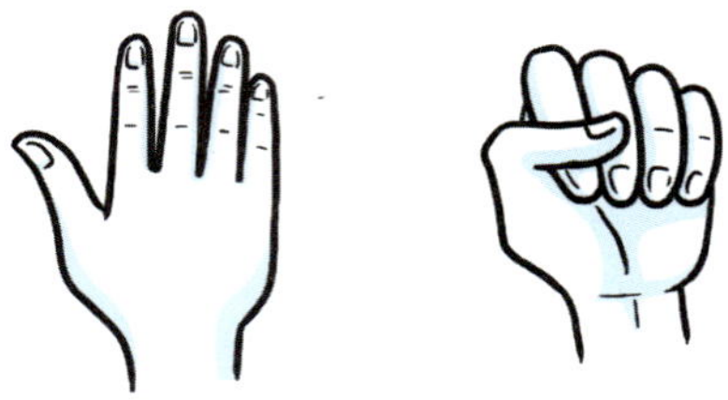

잠깐
아무도 없나요?

노-크
누가 있나요?

[그림 Ⅳ-13] 화장실 문 노크하기

③ **변기 사용법**

가정에서는 용변을 본 후 부모나 성인이 대신 처리해 주는 경우가 많다. 입학 초기에 정확한 처리방법을 알려 주고 변기 옆에 사용법을 제시한 그림을 붙여 주어 스스로 처리하도록 한다.

1. 용변을 본다.
2. 용변기의 물을 틀어 씻어 내린다.

[그림 Ⅳ-14] 남아 변기 사용법

1. 용변을 본다.
2. 휴지걸이에서 휴지를 꺼내어 닦는다.
3. 닦은 휴지를 휴지통에 버린다.
4. 변기의 물을 틀어 씻어버린다.

[그림 Ⅳ-15] 변기 사용법

④ 간식방법을 알려 주는 그림자료

간식 준비과정은 여러 가지가 있으므로 각 어린이집에서 하는 방법을 간단한 그림으로 제시해 유아들이 참고하게 한다.

예 1

1. 손을 씻고 온다.

2. 간식에 필요한 도구를 가지고 책상에 앉는다.

3. 책상에 준비된 간식을 덜어낸다.

4. 준비가 끝나면 감사한 마음으로 먹는다.

[그림 IV-16] 간식방법 1

예 2

1. 손을 씻고 온다.

2. 간식이 준비된 책상에 앉는다.

3. 모두 모여 감사한 마음으로 먹는다.

4. 다 먹은 그릇을 간식대에 정리한다.

[그림 IV-17] 간식방법 2

예 3 : 〈간식 당번〉

1. 행주로 책상을 닦는다.

2. 필요한 도구를 친구들의 책상에 놓아둔다.

3. 각 친구의 접시에 간식을 나누어 준다.

4. 간식 준비대를 정리하고 자기 자리에 앉는다.

[그림 Ⅳ-18] 간식 당번

제 V 부

영아교수-학습활동의 실제

모든 유아교육기관에서는 기관의 운영목표를 설정하고 설정된 운명목표를 구현하기 위하여 다양한 교육활동을 전개하는데, 이러한 교육활동은 교수-학습지도를 통하여 구체화되는 것으로 교수-학습지도는 유아교육활동에서 가장 핵심적이며 실제적이고 실천적인 지도기술이며 지도방법이다.

따라서 이러한 교수-학습활동의 실제를 다루는 제Ⅴ부와 제Ⅵ부의 내용은 본서에서는 가장 실천적이며 실제적인 내용이다. 또한, 영유아는 서로 인접하여 연속성을 지닌 연령층이지만 연령과 월령에 따라 급진적인 성장과 발달이 이루어지는 등 발달과정에 따른 독자성과 차별성이 있어 영아와 유아로 구분하여 교수-학습활동의 실제를 다룬다. 그리고 제 Ⅰ~Ⅳ부까지에서 기술된 교수-학습활동에 관련된 관계이론과 조성된 여건 등에 대하여 이미 학습한 상황에서 이를 기초로 하여 영아에 대한 실제적인 교수-학습지도 기술과 방법에 대하여 기술하려고 한다. 구체적인 내용은 다음과 같다.

1. 영아들의 일상생활지도내용은 무엇이며 어떻게 지도할 것인가?
2. 영아들의 건강생활교육의 내용은 무엇이며 어떻게 지도할 것인가?
3. 영아들의 안전교육의 내용은 무엇이며 어떻게 지도할 것인가?
4. 영아들의 바른 생활습관교육의 내용은 무엇이며 어떻게 지도할 것인가?
5. 학기 초 놀이방 적응지도를 어떻게 할 것인가?
6. 실내·외 자유선택놀이활동은 어떻게 운영할 것인가? 등 6개 영역에 걸쳐 유아교육기관에서 영아들에 대한 교육목표 구현을 위한 교수-학습지도의 실제적인 기술과 방법에 대하여 다룬다.

제 1 장 일상생활활동지도

일상생활은 대부분의 유아교육기관에서 거의 매일같이 반복적이며, 연속적으로 이루어지는 활동으로 영아들이 이러한 일상생활에 잘 적응하지 못하면 유아교육기관에서 기대하는 교육이나 보육목표 구현을 위한 어떠한 일과활동도 정상적으로 이루어질 수 없다. 특히, 0~2세까지의 영아는 성인의 보호와 배려를 통해서만이 일상생활이 이루어지는 피동적인 존재로서 교사의 각별히 관심과 지도가 뒤따른다.

1. 연령별 영아 일상생활활동 내용

영아의 연령별로 지도되어야 하는 일상생활활동 내용을 표화하면 〈표 V-1〉과 같다.

〈표 V-1〉 연령별 일상생활활동 내용

구분 연령	일상생활활동 내용							
	등원	수유 및 이유	간식	점심	휴식 및 낮잠	기저귀 갈이	배변	하원
0세	○	○			○	○		○
1세	○		○	○	○	○	○	○
2세	○		○	○	○		○	○

2. 영아 일상생활활동 지도방법

1) 등원지도

유아교육기관의 일과는 등원하면서 시작되고 하원하면서 끝난다. 일반적으로 유아교육기관의 등원시간은 따로 정해 놓고는 있으나 대체적으로 부모의 출근시간이나 버스시간에 맞춰져 있다. 특히, 0~2세 영아의 등원은 보호자가 영아의 등원을 돕고 있어 비교적 안전하게 이루어진다.

(1) 지도목표

① 유아교육기관에서 하루일과를 시작하기 위한 준비과정이다.
② 학부모로부터 영아에 대한 정보를 제공받아 지도의 효율성을 도모한다.

(2) 지도주안점

① 영아 등원 시에는 반드시 보호자의 협조를 받아야 하며 영아의 유아교육기관에 인수인계를 확실히 하고 가족과 헤어질 때 충분한 시간을 준다.
② 교사는 등원하는 영아에 대하여 반갑게 대하는 등 다양한 방법을 활용하여 영아와의 라포르(Rapport) 형성에 주력한다.
③ 교사는 영아에 대한 건강상태 · 심리상태, 신체 이상 여부 등을 꼼꼼히 파악한다.
④ 가정에서 가지고 온 물건(예 : 담요, 놀잇감)을 완전 수용하여 유아로 하여금 가정과 같은 안정감을 갖게 한다.
⑤ 교사는 영아를 유아교육기관에 안내한 보호자로부터 전날 가정에서 생활한 내용, 건강상태, 심리상태, 투약상황 등에 대한 정보를 입수하여 보육활동에 활용한다.
⑥ 교사는 보호자로 하여금 보육에 대하여 신뢰감을 갖도록 언행과 태도에 주의한다.
⑦ 일찍 등원한 영아에 대한 대책을 강구한다.
⑧ 영아의 눈높이에 가족사진을 걸어두어 기관과 가정이 연결되어 있음을 느끼게 한다.

(3) 평가주안점

① 영아 개인별 동태확인방법의 적절성
② 보호자에 대한 예절상황
③ 보호자로부터 정보입수방법의 적절성

2) 수유 및 이유

수유는 대개 0~1세까지 계속되어 보육교사가 수유나 이유를 지도해야 되므로 수유나 이유를 실시하기 전에 부모로부터 영아에 대한 수유나 이유식에 필요한 정보를 얻어 정리해 두었다가 지도에 활용한다.

(1) 지도목표

① 수유와 이유과정을 통한 교사와의 친밀감을 도모한다.
② 적절한 시기와 방법으로 수유과정에서 이유과정으로 자연스럽게 이행하게 한다.
③ 적절한 영양공급으로 유아의 건강을 도모한다.

(2) 지도주안점

① 0세 영아의 개인적 특성이나 요구와 따라 개별 수유하다가 1세 이후에는 동료 영아들과 같이 함께 먹도록 한다.
② 수유과정에서 점차 이유과정으로 발전시키며 이유과정에서도 유동식 음식에서 고형식 음식으로 변화시킨다.
③ 수유 · 이유과정에서 영양식, 소화섭취기능 발달, 좋은 식습관 형성에 주력한다.
④ 수유나 이유장소는 기저귀 갈기나 화장실에서 멀리 떨어져 있어야 한다.
⑤ 수유와 이유에 필요한 기구와 설비는 지정된 선반 외에 냉장고에 보관하고 청결유지에 주력한다.
⑥ 영아 이유식이나 분유, 젖병 등은 영아 개인별로 구분하여 소유영아명을 기록해두고 위생적으로 보관 · 관리한다.

(3) 평가주안점

① 영아의 특성을 고려한 수유나 이유방법의 개별화
② 수유나 이유에 필요한 기구나 설비의 보관 · 관리상황

3) 기저귀 갈기

기저귀 갈이는 대개 1세까지 이루어지는 배변활동이다. 영아는 첫돌이 지나면 소변을 지각할 수 있게 되고 또 교사가 하는 소변에 관한 말과 행동과의 관계를 이해할 수 있게 된다.

(1) 지도목표

① 기저귀 갈기를 통하여 교사와 영아 간의 상호작용으로 강한 친밀감을 형성시켜 즐거운 하루 생활이 되도록 돕는다.

② 영아의 안전하고 즐거운 위생생활을 도모하고 소변의 의사를 언어로 교사에게 알려주도록 가르친다.

(2) 지도주안점

① 기저귀를 갈아 채우거나 배변을 시킬 때는 “쉬이”라든가 “응가”라고 말을 해 말과 배변 행위가 결부되도록 지도한다.

② 영아와 교사 간에 일대일 상호작용과 스킨십으로 친밀감과 강한 유대감이 형성되도록 지도한다.

③ 기저귀 갈기에 소요되는 물품은 쉽게 사용할 수 있는 곳에 비치하고 안전하고 위생적으로 관리한다.

④ 교사는 정해진 시간에 기저귀 갈기를 실천하고 냄새가 나면 즉시 기저귀 갈이를 실시한다.

⑤ 기저귀 갈이 하는 동안 동료 유아들의 동태를 세밀하게 관찰할 수 있도록 기저귀 갈이 영역을 정한다.

⑥ 가끔 기저귀를 떼어서 소변을 예고할 수 있게 시험해보고 기저귀로부터 해방시켜 영아가 즐겁게 한다.

⑦ 교사는 기저귀 갈이 후에는 비누로 손을 씻어 병균이 발생하지 않도록 한다.

(3) 평가주안점

① 기저귀 갈기 시설 · 기구설비의 적절성

② 기저귀 갈이 시설 · 기구보관 및 활용 시 위생적 처리상황

③ 기저귀 갈이 시간에 타 영아의 안전보호책 강구상황

4) 배변지도

배변지도는 1세 이후부터 가능하며 일반적으로 대변은 15~18개월, 소변은 20개월 정도 지나야 통제가 가능하다. 영아에 대한 배변지도는 하루일과 중 중요한 활동이다. 또한, 영아가 놀이에 몰두하다보면 배변 기회를 놓치는 경우 겨울철에는 감기에 걸리거나 비위생적인 환경에서 세균 발생이 우려되므로 각별한 지도가 필요하다.

(1) 지도목표

① 대소변의 의사를 언어로 교사에게 알려주고 혼자 배변해 보려는 의욕을 갖게 한다.
② 영아의 개인차를 고려한 배변지도를 통하여 올바른 배변습관을 정착시킨다.
③ 주기적이며 자율적인 배변을 통하여 영아의 정서를 조절하고 즐거운 하루생활이 되도록 돕는다.

(2) 지도주안점

① 화장실에 가고 싶으면 교사에게 알려 도움을 받게 한다.
② 팬티 · 옷 벗기에 흥미를 갖게 하고 영아에 따라 교사가 도와준다.
③ 교사는 영아가 배변할 의사를 알리는 징후에 민감해야 한다.
④ 영아 개개인의 배변시간을 예상해서 타이밍을 맞춘다.
⑤ 영아가 놀이에 몰두하여 배변에 실패하는 경우가 자주 있으니 교사와 안정된 과계를 맺어 배변의사를 표현하게 한다.
⑥ 배변시간을 예상하여 변기에 앉힌다. 그러나 누지 않으면 내려놓아야 한다.
⑦ 식사, 낮잠, 실외놀이, 산책에 앞서서 교사의 권유로 화장실에 가는 것을 훈련시킨다.
⑧ 영아의 개별적 특성과 요구에 따라 배변지도를 하되 강제성을 띠지 않는다.
⑨ 화장실에는 영아에게 알맞은 변기와 세면대를 설치하고 위생적 관리를 하며, 아름답고 밝게 하여 영아들이 즐거움을 느끼게 한다.
⑩ 화장지 사용법을 가르치고 배변 후에는 손을 씻거나 물수건으로 닦아 준다.
⑪ 부모와 상의하여 부모, 교사가 연계적으로 지도한다.

(3) 평가주안점

① 개인차를 고려한 배변실시방법의 적절성
② 배변시설기구 설비 및 위생적 관리상황
③ 영아 개인별 특성이나 요구에 따른 배변지도방법의 적절성

5) 휴식 및 낮잠지도

영아는 깨어 있는 시간에는 무슨 물건이든 간에 호기심을 가지고 만지기 위해 움직이고 다양한 운동을 하면서 심신의 피로를 느낀다. 이러한 피로를 느낄 때마다 휴식과 낮잠을 통하여 피로와 긴장을 적절히 풀어주지 않는다면 피로와 긴장이 누적되어 건강을 해칠 우려가 있다. 그리고 영아들의 휴식과 낮잠은 영아들의 특성과 요구에 따라 개별화되어야 한다.

(1) 지도목표

① 영아들의 피로와 긴장을 풀어주어 활기찬 일상생활을 영위하도록 한다.

② 영아의 특성과 개별적 요구에 따른 휴식과 낮잠을 제공하여 건강생활을 유지시킨다.

(2) 지도주안점

① 영아들의 연령과 월령을 고려하여 수면시간을 정하고 실시한다. 특히, 0세 영아는 그들이 요구하는 시간에 그리고 1세 이상 영아에게는 거의 같은 시간에 낮잠이나 휴식을 취하도록 지도한다.

② 낮잠이나 휴식 중에는 조용한 음악을 들려주고 조명도 너무 밝지 않게 조절하며 실내가 춥거나 더울 때는 적절한 온도조절에 유의한다.

③ 영아의 낮잠시간은 영아들의 개인적 특성에 따라 다를 수 있으므로 자는 영아를 깨우는 일이 없이 영아들의 잠자는 패턴을 존중한다.

④ 부모가 원하는 경우, 각 가정에서 사용하는 용구 사용을 장려한다.

⑤ 낮잠에서 깬 경우, 낮잠을 원하지 않는 영아는 그들이 원하는 놀이활동에 참여할 수 있도록 자료나 기구를 제공해 주되 동료 유아의 낮잠에 방해가 되지 않게 한다.

⑥ 가급적이면 매일 같은 장소에서 낮잠을 잘 수 있도록 환경을 설비해 둔다.

⑦ 0~1세 영아의 낮잠 자는 자세를 유심히 관찰하여 옆으로 자지 않게 한다.

⑧ 적당한 운동과 함께 규칙적인 낮잠이나 휴식이 이루어지도록 하며, 특히 1세 미만의 영아에게는 오전, 오후 2차례의 낮잠이나 휴식시간을 갖도록 한다.

(3) 평가주안점

① 영아 개개인의 특성과 요구를 고려한 낮잠 시행 여부

② 낮잠 시설·기구 설비의 적절성

③ 낮잠을 원치 않는 영아에 대한 조치방법의 적절성

6) 점심

영아는 활동량이 많아 충분한 열량과 영양을 공급해 주고, 특히 영아기에 교사나 부모의 식사지도방법에 따라 음식과 영양에 대한 긍정적인 태도가 형성되므로 편식과 올바른 식사 습관을 갖도록 지도한다.

(1) 지도목표

① 양질의 영양공급을 통한 영아의 신체적, 정서적, 사회적 성장·발달을 도모한다.

② 이유식에서 유아식으로의 변화에 따른 바람직한 적응을 도모한다.

③ 유아 상호 간, 교사와 유아 간의 친밀성을 도모한다.

(2) 지도주안점

① 음식 먹는 것을 즐기고 식사법과 식사예절을 체계적으로 지도한다.

② 소화가 잘 되고 영양가가 높은 다양한 음식을 제공한다.

③ 가급적 혼자 먹고 마시는 방법을 가르쳐 주고 식사방법이 서투르더라도 계속 격려하며 식사시간을 충분히 제공한다.

④ 식사가 끝나면 그릇을 스스로 치우기, 손 씻거나 손 닦기를 생활화시킨다.

⑤ 새로운 음식을 먹이는 경우에는 음식에 대한 냄새, 맛, 색깔 등에 대하여 이야기하면서 해당 음식에 대해 긍정적인 생각을 갖고 먹게 함으로써 편식을 예방한다.

⑥ 이유식에서 유아식으로 변화시키는 시기로서 변화기에 큰 저항이 없도록 주의한다.

⑦ 친구들과 같이 먹으면서 친밀감을 갖도록 한다.

⑧ 1세 미만의 영아에게는 개별적 요구에 따라 수유하도록 한다. 그러므로 이유의 단계에 접어들면 영양적으로 균형 있는 이유식을 제공한다.

(3) 평가의 주안점

① 식사 후의 뒷처리 상황

② 혼자 식사하는 습관을 정착시키기 위한 방법의 적절성

③ 식사시간의 적절성

7) 간식

영아들은 많은 활동량에 비해 열량과 영양이 부족할 우려가 있으므로 12시경 점심 전후로 두 차례에 걸쳐 간식을 제공한다. 특히, 영아들은 한번에 많은 양의 음식을 섭취하지 못하기 때문에 간식은 더욱 절실하다.

(1) 지도목표

① 부족영양공급을 통한 영아의 건강생활을 도모한다.
② 간식을 통하여 교사와 영아, 영아 상호 간의 강한 연대감을 형성시킨다.

(2) 지도주안점

① 영아는 왕성한 활동량에 비해 음식을 한꺼번에 먹는 양이 적기 때문에 12시 점심시간을 기준으로 하여 오전, 오후 2회에 걸쳐 간식을 실시한다.
② 1세 이하 영아의 경우에는 자유간식으로 운영하고 1세 이상 영아에게는 일정시간에 집단간식을 운영한다.
③ 만 1세가 넘으면 동료 영아들과 집단간식을 시키고 바른 식습관 형성에 주력한다.
④ 생후 5개월이 되면 좋아하는 음식과 싫어하는 음식의 구분이 생겨 편식할 우려가 있다. 따라서 영아기부터 편식을 하지 않도록 지도한다.
⑤ 1~1.5세부터 영아가 손가락을 이용하여 간식을 먹을 수 있도록 지도한다.
⑥ 즐겁게 간식을 먹을 수 있도록 조용한 음악을 틀어주는 등 즐거운 분위기를 조성한다.
⑦ 친구들과 간식을 함께 먹는 즐거움을 갖게 하고 식사에 대한 올바른 방법과 습관을 갖게 한다.
⑧ 간식은 낮은 책상을 이용, 앉아서 동료 유아들과 대화하면서 먹도록 한다.

(3) 평가주안점

① 간식시간의 적절성
② 영아들 간의 상호작용적 관계
③ 체계적인 식습관지도 상황

8) 하원지도

하원은 하루의 일상활동에 대한 총체적인 평가와 더불어 다음날 이어질 보육활동에 대한 안내로 영아의 보육활동이 단절 없이 연계적으로 이루어지도록 지도해야 한다.

(1) 지도목표

① 영아들의 안전한 하원지도를 통하여 영아들의 바람직한 성장·발달을 돕는다.

② 부모들에게 영아의 하루생활상의 특이사항을 전달해 줌으로써 유아교육기관과 가정과의 연계지도를 실시한다.

③ 영아들의 하원 시에 자기 소유의 물품이나 가정연락사항을 정리하는 습관의 기초를 체계적으로 지도한다.

(2) 지도주안점

① 교사는 영아의 하루 생활에서 잘 지도한 점과 고쳐야 할 내용을 생각해 본다.

② 영아들이 안전하원을 위해 지켜야 할 내용에 대하여 상세하게 당부한다.

③ 영아들은 가방, 도시락, 작품, 가정통신문 등을 빠짐없이 스스로 챙기도록 지도하고 최종적으로 교사가 점검·확인한다.

④ 다음날 이어질 일과활동에 대한 예고를 통하여 유아교육기관의 생활이 단절 없이 연계적으로 이루어지도록 하며, 또한 부모들이 유아교육기관에서 이루어지는 보육활동에 대하여 이해하도록 한다.

⑤ 하루 생활 중 특이사항, 즉 기저귀갈이나 대소변의 횟수, 수유 및 이유, 간식, 점심식사 상황, 낮잠 등을 부모에게 전달하여 가정에서 후속적인 지도에 활용하도록 한다.

(3) 평가주안점

① 부모와의 정보교환방법의 적절성

② 안전하원을 위한 제반계획 및 조치상황

제 2 장 건강생활교육

일반적으로 건강을 유지 · 관리하여 즐거운 생활을 영위하기 위하여 바람직한 건강생활습관, 신체단련 등을 위한 다양한 운동, 영양식과 질병 예방을 비롯한 건강관리 등 건강 관련 지식이나 정보, 태도를 습득하도록 지도하는 교육은 평생을 통하여 이루어져야 하나 그중 영유아기에는 그 기초를 형성하여 준다는 입장에서 그 의의는 더욱 중요하다. 특히 건강은 인간이 노리는 모든 성취의 근본이 된다는 의미에서 더욱 중요하다.

특히 과거에는 건강교육이 질병 예방 위주의 소극적인 개념이었지만 지금은 질병 예방은 물론 건강유지 및 증진까지 포함하는 광범위한 개념으로 전환하였다(임미혜 외, 2010).

다음에서 건강생활교육의 목표, 지도내용 및 방법, 건강관리에 대하여 기술하기로 한다.

1. 건강생활교육의 정의 · 목표

건강생활교육의 정의를 미국건강교육표준기구(Joint Committee on National Health Education Standards)에서는 '개인이 자신의 건강을 증진시키기 위하여 필요한 건강관리에 관련된 정보를 습득하고 해석하며, 이를 이해할 수 있는 능력을 갖출 수 있도록 하는 것'으로 정의하고 미국유아교육협회(National Education for the Education)에서도 '건강한 생활습관을 형성하기 위해서는 유아기에 개인의 건강과 관련된 경험과 학습을 함으로써 건강에 관한 기본적인 정보를 이해하고 이를 실천할 수 있는 능력을 기르는 교육'으로 정의한다. 또한, 영아건강교육의 목표는 우리나라 제3차 어린이집 표준보육과정 내 6개 영역 중 기본생활영역에서 다음과 같이 제시하고 있다.

1) 0~1세 영아의 건강생활교육 목표

> 0~1세 영아는 일상생활에서 필요한 위생과 청결을 점진적으로 경험하도록 하고 즐겁게 식생활을 하여 건강한 생활습관의 기초를 형성하는 데 있다 : 건강하고 편안한 일상생활을 경험한다.

0~1세 영아의 건강생활 목표는 기본생활영역의 '건강하게 생활하기' 내용범주에서 구현시키도록 되어 있는데, 이 내용범주에는 출생 이후 여러 가지 청결과 위생 관련 경험을 조금씩 해 나가고, 즐겁게 식사하는 경험을 가지도록 한다. 또한, 편안한 수면과 휴식, 규칙적인 배변경험 등을 통해 건강한 생애 첫 일상을 경험하도록 한다.

2) 2세 영아의 건강생활교육 목표

> 2세 영아는 일상생활에서 지켜야 할 위생과 청결을 익히고 바른 식생활 태도를 갖추며 질병에 대해 아는 건강한 생활습관을 기르는 데 있다 : 건강한 생활습관의 기초를 경험한다.

2세 영아의 건강생활 목표는 기본생활영역의 '건강하게 생활하기' 내용범주에서 구현시키도록 되어 있는데, 이 내용범주에는 건강 · 영양 · 위생적인 생활을 강조하며 영아가 신체의 청결과 위생 · 수면과 휴식, 바른 식생활 등 의식주에 대한 올바른 습관을 기르도록 하여 발달을 촉진하고 심신을 건강하게 하도록 한다.

2. 영아 건강생활교육 지도내용 및 방법

0~2세 영아의 건강생활교육 지도내용 및 방법은 크게 2가지로 분류된다. 하나는 제3차 표준보육과정의 기본생활영역의 '건강하게 생활하기' 내용범주에 따른 내용을 지도하는 일이고 또 하나는 일상생활 속에서 영아 건강관리상 당면하는 영아건강문제에 대하여 지도하는 일이다. 이상의 2가지 내용은 결과적으로 하나의 주제로 통합하여 지도하게 된다.

1) 0~1세 영아의 건강생활교육 지도내용 및 방법

제3차 표준보육과정에 제시된 생활건강교육 지도내용과 방법에 대하여 기술한다.

(1) 내용범주

0~1세 영아의 기본생활영역의 '건강하게 생활하기' 내용범주 내에 〈표 V-2〉와 같이 3가지의 지도내용을 제시하고 있다.

〈표 V-2〉 '건강하게 생활하기' 내용범주 내의 지도내용

내용범주	내용
건강하게 생활하기	• 몸을 깨끗이 하기 • 즐겁게 먹기 • 건강한 일상생활하기

(2) 내용별 지도내용, 지도지침 및 유의점

① 몸을 깨끗이 하기

ㄱ. 지도내용

'몸을 깨끗이 하기'는 위생과 청결에 대한 기본적인 감각을 기르기 위한 것으로 몸이 깨끗할 때의 기분 좋음을 알고 도움을 받아 손을 씻고, 이를 닦는 경험을 하게 하는 내용으로 구체적인 지도내용은 다음과 같다.

가. 몸이 깨끗해졌을 때 기분이 좋음을 안다.

나. 도움을 받아 손을 씻는다.

다. 도움을 받아 이를 닦는다.

ㄴ. 지도지침 및 유의점

가. 교사는 영아의 기저귀를 갈거나 씻겨줄 때 눈맞춤을 하며 대화를 하거나 노래를 불러주어 즐거움을 공유하도록 한다.

나. 영아의 위생과 청결을 위해 영아의 손을 깨끗하게 씻어주어야 한다. 손 씻는 과정이나 물에 대한 탐색을 언어적으로 표현해 준다.

다. 수유, 식사 후 깨끗한 손수건이나 실리콘 칫솔 등 영아의 연령에 맞는 것을 이용하여 잇몸과 이를 부드럽게 닦아준다.

② 즐겁게 먹기

ㄱ. 지도내용

'즐겁게 먹기'는 영아가 우유나 모유를 먹는 것을 시작하여 다양한 음식에 적응해 가는 과정을 원활하게 경험하도록 도와주는 과정으로 구체적인 지도내용으로는 수유 및 이유와 관련된 내용과 '도구로 음식을 먹어본다', '즐겁게 먹는다'이며 수유와 이유에 관련된

수준별 내용은 우유(모유), 이유식, 고형식, 다양한 음식 등으로 발전된다.

ㄴ. 지도지침 및 유의점

가. 교사는 영아가 수유와 이유를 통해서 배고픔의 욕구를 채우고, 정서적으로 편안함과 안정감을 느끼도록 해야 한다. 수유는 반드시 위생적이고 개별적으로 실시하며 영아를 팔에 안고 우유병은 교사가 잡아준다.

나. 이유식을 시작하는 시기는 영아마다 개인차가 있으나 보통 생후 4~6개월이 지나면서 시작하며, 개인차를 고려하여 지도한다.

③ 건강한 일상생활하기

ㄱ. 지도내용

'건강한 일상생활하기'는 수면, 휴식, 놀이, 배변 등 어린이집에서의 일상생활을 건강하고 편안하게 하기 위한 영역으로 구체적인 지도내용은 '수면을 충분히 취한다.', '편안하게 쉰다.', '하루일과에 편안하게 참여한다.', '배변 의사를 표현한다.' 등이다.

ㄴ. 지도지침 및 유의점

가. 개별 영아가 잠드는 시간과 습관, 자고 나서 깰 때의 행동을 잘 관찰하여 지도한다.

나. 조용한 영역에 쿠션과 깔개를 마련하고 영아의 눈높이에 맞추어 가족, 친구, 좋아하는 동물이나 놀잇감의 사진 등을 붙여 친숙함을 느낄 수 있도록 한다.

다. 영아들이 일과를 안정되게 지내기 위해서는 불필요한 정리, 이동을 최소화하고 일상활동은 개별로 이루어지도록 한다.

라. 0세 영아는 대소변의 욕구를 인식하고 표현하는 능력이 발달되지 않은 상태이므로 교사는 영아의 기저귀가 젖어 있는지 수시로 확인한다.

2) 2세 영아의 건강생활교육 지도내용 및 방법

2세 영아의 건강생활교육 지도내용 및 방법 또한 0~1세 영아와 같이 제3차 표준보육과정 기본생활영역의 '건강하게 생활하기' 내용범주에 따른 내용을 지도하는 일이고 또 하나는 일상생활 속에서 영아건강관리상 당면하는 영아건강문제에 대하여 지도하는 일이다.

(1) 내용범주

2세 영아가 일상생활에서 지켜야 하는 위생과 청결을 익히고 바른 식생활 태도를 갖추며 질병에 대해 아는 건강한 생활습관을 기르기 위하여 '건강하게 생활하기' 내용범주 내에 〈표 Ⅴ-3〉과 같이 4가지 지도내용을 제시하고 있다.

〈표 V-3〉 건강하게 생활하기 내용범주 내의 지도내용

내용범주	지도내용
건강하게 생활하기	• 몸을 깨끗이 하기 • 바르게 먹기 • 건강한 일상생활하기 • 질병에 대해 알기

(2) 내용별 지도내용, 지도지침 및 유의점

① 몸을 깨끗이 하기

ㄱ. 지도내용

'몸을 깨끗이 하기'는 건강한 생활을 위한 기초로서, 구체적인 지도내용은 다음과 같다.

가. 스스로 손과 몸 씻기를 시도한다.

나. 스스로 이 닦기를 시도한다.

ㄴ. 지도지침 및 유의점

손 씻기는 질병의 감염을 막고 건강을 유지하기 위한 일차적인 활동이므로, 일과 속에서 손 씻는 방법, 손을 씻어야 하는 때를 영아에게 알려주고 영아가 스스로 씻으려고 노력해 보도록 지도한다.

② 바르게 먹기

ㄱ. 지도내용

'바르게 먹기'는 영아가 음식을 골고루 먹고 도구를 사용하여 스스로 먹으며 정해진 자리에서 먹는 등 바른 식생활을 형성하는 내용으로 구체적인 지도내용은 다음과 같다.

가 음식을 골고루 먹는다.

나. 도구를 사용하여 스스로 먹는다.

다. 정해진 자리에서 먹는다.

ㄴ. 지도지침 및 유의점

가. '음식을 골고루 먹기'는 편식을 않고 음식을 골고루 먹게 한다.

나. '도구 사용하여 스스로 먹기'는 수저와 식기를 바르게 사용하도록 지도한다.

③ 건강한 일상생활하기

ㄱ. 지도내용

'건강한 일상 생활하기'는 영아가 건강한 생활습관을 형성하는 데 필요한 규칙적인 수면과 휴식, 올바른 배변습관을 길러서 즐겁게 생활하는 태도를 형성하도록 하며 구체적인

지도내용은 다음과 같다.

가. 일과에 따라 규칙적으로 잠을 잔다.

나. 정해진 시간에 알맞게 휴식한다.

다. 하루일과에 즐겁게 참여한다.

라. 정해진 곳에서 배변한다.

마. 화장실에서 배변한다.

ㄴ. 지도지침 및 유의점

가 '일과에 따라 규칙적으로 잠자기'는 2세 영아는 오후 1회 정도 낮잠을 잔다.

나. '정해진 시간에 알맞게 휴식하기'는 영아가 활동 후 적절하게 휴식을 취함으로써, 생리적인 피곤을 회복하여 건강을 유지하도록 한다.

다. '정해진 곳에서 배변하기'는 처음부터 화장실에서 배변훈련을 하는 것이 어려운 경우, 보육실의 정해진 곳에서 변기를 사용하여 배변하도록 한다.

④ 질병에 대해 알기

ㄱ. 지도내용

'질병에 대해 알기'는 전염병에 대한 면역력이 약한 영아가 질병의 위험에 대해 알게 지도하는 내용으로, 특히 질병의 위험을 알게 하는 데 주안점을 둔다.

ㄴ. 지도지침 및 유의점

'질병의 위험을 알기'는 영아가 건강을 유지하기 위한 질병의 위험을 알게 하는 기초적인 내용으로 질병은 발생 전에 예방하는 것이 효과적이다.

3. 영아 건강관리

0~2세 영아의 건강관리는 건강하고 편안한 일상생활경험(0~1세), 건강한 생활습관의 기초경험(2세)을 하도록 하는 데 목표를 두고 다양한 내용을 운영하는데, 본 항에서는 그중 중요한 영양관리와 건강생활지도에 국한하여 기술하기로 한다.

1) 영양관리

우리 인간은 하루도 적당량의 영양을 섭취하지 않고는 생명을 유지하고 일정한 생활을 영위할 수 없다. 특히, 인생의 초기 단계인 영아기 영아의 건강한 심신발달과 건강관리를 위해서는 균형적인 영양을 충분히 섭취하여야 한다.

(1) 영양의 개념 · 필요성

영양이란 '생물체가 몸 밖으로부터 양분을 받아들여 생명과 생활기능을 유지하고 몸을 성장 발육시키는 작용'으로 영양은 영양소에 의해 공급되며 이 '영양소를 효율적으로 공급하는 과정'을 영양관리라 한다. 영아기에 영양관리가 특히 필요한 이유는

첫째, 영아기는 일생 중 신체발달이 가장 급격한 변화를 가져오는 시기이다.

신생아 및 영아기와 같은 짧은 기간 중에 가장 급진적인 변화를 가져옴으로써, 이 시기의 영양은 영아의 신체적 발달에 지대한 영향을 준다.

둘째, 신생아기나 영아기에 영양은 신체발달에 이어 뇌세포가 발달하는 시기로서 이 시기의 영양결핍은 심각한 뇌손상을 가져올 수 있다.

셋째, 18개월부터 약 3세까지 이어지는 걸음마기의 성장률은 영아에 비해 떨어지는 편이나 이유가 이루어지고 호기심과 두려움이 심해 새로운 음식을 거부하는 시기로서 이 시기에는 특단의 영양공급이 필요하다.

넷째, 영아기는 활발한 신진대사 운동량의 갑작스러운 증대에 따라 많은 영양이 필요한 시기로 이 시기의 영양부족, 영양질의 불균형, 부적절한 방법에 의한 영양섭취는 인간성장발달의 가장 중요한 기초를 형성시키는 데 나쁜 영향을 준다.

(2) 영아의 영양권장량

영아 연령별 1일 영양권장량은 〈표 V-4〉와 같다.

〈표 V-4〉 영아 연령별 1일 영양권장량

순	구분 \ 연령	성인 남자 (20~29세)	6~11개월	1~3세	비고
1	열량(kcal)	2,500	850	1,200	
2	단백질(g)	75	25	30	
3	비타민 A(R.E)	700	350	350	
4	비타민 D(ug)	10	10	10	
5	비타민 E(a-T.E)	10	4	5	
6	비타민 C(mg)	55	3.5	40	
7	비타민 B_1(mg)	1.4	0.4	0.6	

8	비타민 B_2(mg)	1.6	0.5	0.7	
9	니아신	18	6	8	
10	비타민 B_6(mg)	16	0.5	0.6	
11	엽산	250	50	80	
12	칼슘(mg)	900	500	500	
13	인(mg)	900	420	500	
14	철분(mg)	18	10	10	
15	아연(mg)	15	5	10	

출처 : 한국인의 영양권장량, 1995년 6차 개정

(3) 영아의 수유

영아가 태어나기 전에는 모체의 태내에서 태반을 통하여 출생해서 대개 1세까지 영아에 대한 영양공급은 유즙을 섭취하여 이루어진다.

따라서 영아에 대한 영양관리란 바로 유즙을 어떻게 영아에게 적절히 공급하느냐에 따른 문제로서 이에 대한 이해가 이루어져야 한다.

① 수유방법

수유방법이란, 영아들에게 어떤 유즙을 공급하느냐에 따라 달라진다. 즉, 영아 영양의 근본이 되는 유즙에는 모체로부터 생성되어 방출되는 모유와 모유성분에 맞추어 우유의 성분을 조절하여 제조한 조제유가 대표적으로 이들 중 무엇을 공급하느냐에 따라 수유방법이 달라지는데, 모유영양법, 인공영양법, 혼성영양법이 있다.

ㄱ. 모유영양법 : 모유로 영아를 양육하는 방법

ㄴ. 인공영양법 : 모유 대신 인공조제유로 양육하는 방법

ㄷ. 혼합영양법 : 모유와 인공조제유로 양육하는 방법

구체적으로 알아보면 다음과 같다.

ㄱ. 모유 수유

모유 수유는 영아에게 최상의 자연식품인 모유를 통하여 수유하는 방법으로 현재 UN 산하 기구인 유니세프에서는 최소한 5~6개월까지 권장하고 있다. 다음에서 모유 수유의 장점, 모유 수유운동 등에 걸쳐 기술하기로 한다.

가. 장점

모유는 생후 4~6개월 동안 영아에게 절대적으로 필요한 영양소를 함유하여 소화가 잘 되고 질병 예방력이 강하여 가장 적합한 자연식품이다. 모유 수유의 장점은 다음과

같다.

㉠ 정서 · 심리적 측면

㉮ 모유 수유는 어머니와 영아 간의 바람직한 상호작용을 돕는다.

㉯ 모유 수유과정을 통해 어머니와 영아 간의 피부접촉으로 애착이 형성되고 어머니, 영아 모두에게 심리적 안정감을 준다.

㉰ 모유 수유가 성인이 된 후 질병 예방력이 높아 당뇨, 만성질병, 영아 돌연사증후군의 위험성이 낮다.

㉡ 영양적 측면

㉮ 모유는 영양적으로 영아의 성장 · 발달을 돕는 다양한 영양소가 함유되어 있다.

㉯ 모유에 함유된 아미노산은 영아의 성장과 발달에 필수적인 시스테인이 풍부하며 타우린은 두뇌발달을 돕는다.

㉰ 모유에는 지방산의 리놀레산과 리놀렌산의 함량이 높아 소화기능을 돕고 콜레스테롤은 중추신경계 성장을 돕는다.

㉱ 다양한 면역물질을 함유하여 알레르기 증세 발현을 감소시키고 모유 내 아연, 철분, 칼슘 등은 영아의 체내 삼투압조절에 효과적이다.

나. 모유 수유운동

우리나라 모유 수유율이 저조한 이유는

첫째, 직장 엄마에게는 모유 수유가 어렵고 직장 내에 모유시설이 있다 하더라도 불비하거나 상사들의 눈치를 보아야 하기 때문에 꺼린다.

둘째, 산후 유급 휴직기간이 부여되어 있지만 영아 양육은 기간이 너무 짧다.

셋째, 영양제품 제조기술의 향상으로 모유보다 더 우수한 유즙을 생산하고 있다. 우리나라에서는 모유 수유율이 극히 저조한 편이어서 수년 전에 '모유로 돌아가자'라는 캠페인을 벌린 바 있으나 실효를 거두지 못하고 있어 모유 수유율을 높이는 전략으로는

첫째, 모유영양식의 장점과 효과에 대한 이해가 제대로 이루어져야 하고

둘째, 모유 수유 권장 전문가 양성을 통하여 체계적으로 홍보가 이루어져야 하며

셋째, 직장 내 수유시설 · 설비를 확보해 주고 모유 수유를 보편화시키는 의식전환이 요구되고

넷째, 모유은행을 설치하여 모유보관을 상용화하거나 각 가정이나 유아교육기관에서 모유보관 및 관리방법에 대한 체계적인 교육이 이루어져야 한다.

ㄴ. 인공 수유

모유 수유가 좋은 장점과 효과가 있다 하더라도 여러 가지 제약 때문에 대부분의 유아

교육기관에서 모유 대신으로 우유 조제유, 양유, 산양유, 두유 등 인공유를 수유하는 것이 보편화되어 있다.

가. 수유기구 준비 및 관리

㉠ 수유기구 준비

우유병 3~4개, 우유량 재는 숟가락, 계량컵, 긴 숟가락, 소독기 주전자, 보온주전자, 우유통 등

㉡ 수유기구관리

㉮ 우유병은 개인적으로 사용하며 사용 영아명을 써서 부착시킨다.

㉯ 우유병은 열에 잘 견디고 잘 닦아지며 위생적으로 관리하기 용이하고 영아들이 던져도 파괴되지 않으며 입구는 넓은 것이 좋다.

㉰ 우유병의 젖꼭지 구멍은 영아의 분량에 맞추어 빨기에 적당해야 한다. 구멍이 너무 큰 것은 우유가 너무 많이 나와 소화불량을 일으킬 수 있고 구멍이 너무 작으면 우유가 잘 나오지 않아 유아가 짜증스러워 한다.

㉱ 수유기구를 위생적으로 관리할 수 있는 열탕소독기, 냉장고, 담는 그릇 등이 수유기구별로 준비되어야 한다.

㉢ 우유 타는 방법

㉮ 조제유를 탈 물은 반드시 10분 이상 끓여서 38~50℃로 식히어 우유병에 먹일 양의 절반의 물을 붓는다.

㉯ 우유병에 월령별 권장 양대로 분유를 스푼에 정확히 세어 따라 담아놓는다.

㉰ 젖병 뚜껑을 닫고 넣은 분유가 완전히 녹을 때까지 흔들어 녹인다.

㉱ 분유가 완전히 녹으면 우유병에 영아에게 수유할 양만큼 물을 붓는다.

㉲ 영아가 먹기 좋은 수준의 온도를 확인한다.

㉳ 교사는 우유를 타기 전에 반드시 손을 깨끗이 씻고 모든 수유도구는 열탕소독을 해야 한다.

㉴ 분유의 양을 정확히 투입해야 하는데, 분유의 농도가 권장량보다 묽으면 적정 수준의 영양공급이 이루어지지 않고 반대로 농도가 너무 진하면 소화불량이나 비만, 변비, 탈수증을 유발하고 신장기능에 부담을 줄 수도 있다.

㉣ 우유 먹이기

교사는 우유 먹이기에서 다음 사항을 고려해야 한다.

㉮ 우유의 온도가 적절한지 반드시 확인해야 한다. 손목 안쪽에 우유 몇 방울을 떨어뜨려 약간 따뜻한지 피부를 통하여 확인한다.

㉯ 우유 먹일 때 수유자의 자세에 신경을 써야 한다. 수유자와 영아 간에 친밀한 스킨십이 일어날 수 있도록 팔과 무릎으로 영아를 안전감 있게 안는다.

㉰ 영아에게 젖꼭지를 통하여 수유가 잘 이루어지도록 젖병을 기울여 잡아준다. 우유병의 기울기가 적절하지 못하면 우유와 함께 공기를 들이마셔 영아의 배에 가스가 찰 수도 있다.

㉱ 수유시간은 일반적으로 약 15분 동안에 이루어지도록 한다.

㉲ 먹이다 남은 우유는 바로 버리고 젖병과 젖꼭지는 반드시 열탕소독 처리한다.

㉳ 수유가 끝나면 영아를 안고 트림을 시켜준다.

〈표 Ⅴ-5〉 월령별 수유의 횟수와 양

구분 \ 월령	0~4개월	4~6개월	6~8개월	8~10개월	10~12개월
모유	1일 8회 이상	5회 이상	요구에 따라 5회 이상	요구에 따라	요구에 따라
조제유	5~10회	4~7회	3~4회	3~4회	3~4회
총섭취량	470~900cc	720~1,200cc	720~1,200cc	470~900cc	470~720cc (일반 우유 가능)

(4) 영아의 이유

영아의 급속한 신체발달에 따라 영양요구량이 증대됨에 따라 수유에서 이유과정으로 변경하여 영아의 영양공급이 이루어져야 한다. 이유의 시기, 방법이 적절하지 못하면 영아기의 영양결핍으로 인해 영아의 정상적인 성장·발달을 저해한다.

① 개념

이유란 모유나 조제유 등 유즙을 통한 섭식에서 수유와 더불어 반고형의 음식을 취하는 섭식과정으로 젖떼기를 말한다.

또한, 이유식이란 영아에 대한 영양의 원천을 모유나 조제유에서 전환을 위해 영아에게 제공하는 식품 일체를 말한다.

② 필요성

이유는 영아기 발달에서 아주 중요한 역할을 하는데, 그 이유는 다음과 같다.

ㄱ. 영아의 성장·발달에 필요한 영양공급

영아는 생후 5~6개월이 지나면 신체의 급진적인 발달과 왕성한 운동량으로 인해 많은 영양과 열량이 필요하나 기존의 모유와 조제유의 수유만을 통해서는 이를 공급할 수 없기 때문에 이유를 통하여 필요한 식품을 공급해야 한다. 특히, 생후 4~5개월이 지나면 태내에 저장해 두었던 철분(Fe), 구리(Cu) 등의 무기질 영양소가 소진되어 이를 제때에 공급해 주지 않으면 신체 각 부분의 발달에 저해를 가져온다.

ㄴ. 소화, 섭식기능발달 도모

영아기에는 성인들이 제공하는 수유를 통해서만이 영양을 공급받아 살아가는 지극히 피동적이고 소극적인 삶을 영위해 왔지만 성장하면서 스스로 음식을 취하여 체내에 필요한 영양을 공급받아 주체적으로 살아가는 존재가 된다. 또한, 영아기에는 월령이 높아짐에 따라 소화효소의 분비가 많아지고 음식을 입에 넣어주면 혀를 이용하여 목으로 내려 보내는 반사운동이 일어나는 등 음식을 소화·흡수하는 능력을 발달시키고 치아, 혀운동, 손의 소근육이 발달됨에 따라 섭식기능을 발달시킬 수 있는 신체적 여건이 갖추어지는 시기이다.

ㄷ. 편식 예방의 결정적 시기

영아들은 성인들이 제공하는 음식에 깊은 호기심을 가진다. 또한, 영아들은 소화, 섭식기능을 비롯한 신체적·생리적 발달이 이루어져 6~7개월 후면 모유나 유즙 외의 다양한 고형식 음식도 알맞게 제공하면 소화가 가능하다. 따라서 이 시기부터 다양한 음식을 제공함으로써 음식의 맛과 향을 경험하도록 하여 편식을 방지할 수 있다.

③ 이유시기

세계보건기구(WHO)와 국제아동구호기금(Unicef)에서는 영아의 체중이 출생 시의 2배가 되거나 6kg 정도가 될 때 바람직하다고 한다.

월령별로 5~6개월에서 시작하여 8~11개월 완료하는 것이 바람직하다. 또한, 1일 수유횟수가 8회 이상(간격이 3시간 이내)되는 시기가 적절하고 변 상태와 체중증가 등 영아의 개인적 특성에 따라 결정하는 것이 좋다.

④ 이유 식품

이유를 실시하기 위해 이유에 적절한 식품을 선정할 때 고려할 점은 다음과 같다.

ㄱ. 영아는 자신의 섭식에 관련된 신체기능의 발달에 따라 스스로 씹어서 혀를 이용해 목으로 내려 보내는 반사작용이 일어나는데, 이때 섭식기능은 치아의 발달, 혀의 운동, 손놀림을 위한 소근육의 발달에 따라 달라지므로 이러한 섭식기능의 발달과정을 고려하여 이유 식품형태를 선정해야 한다.

〈표 Ⅴ-6〉 영아기 월령별 섭식기능발달에 따른 이유 식품

연령	섭식기능수준	섭식형태	식품
0~3 개월	• 본능적인 반사작용에 의해 이루어진다. - 모로반사 : 젖 냄새 나는 쪽으로 고개를 돌림 - 빨기반사 : 혀와 뺨을 이용하여 빨음 - 연하반사 : 흐르는 유즙을 삼킴 - 혀 내밀기 반사 : 빨기 위해 혀를 밖으로 내밈	• 젖꼭지나 젖병 꼭지로 유즙을 섭취	유즙류 (모유, 제조유 등)
4~5 개월	• 혀 내밀기 반사가 없어짐 • 손을 자유자재로 움직여 물건을 집어 입에 넣음	• 이유 시작 • 숟가락을 사용한 이유 가능	입자가 고운 미음류
6개월	• 앞니가 나 씹는 기능활동 시도 • 혀 앞의 음식을 뒤로 보내 삼킴 • 손으로 음식을 잡는 기능이 향상됨	• 손가락으로 이유 먹는 기능 가능	입자가 큰 죽류 (곡분, 거른 채소, 과일즙 등)
7개월	• 턱을 이용해 음식을 씹음 • 입 안의 음식을 돌려가며 씹음 • 손으로 물건을 잡는 기능이 향상됨	• 음식을 씹는 기능이 향상됨 • 숟가락으로 잘 받아먹음	죽류(걸죽하게 만든 곡류, 채소 과일, 고기류 등)
8~9 개월	• 어금니가 나와 씹는 기능이 향상되고 삼킴 기능이 더욱 정교해짐 • 손동작이 세련되어 엄지와 검지를 이용하여 물건을 잡고 병도 잡을 수 있음 • 깨물거나 씹는 기능이 향상됨 • 혼자 먹을 수 있음	• 젖병으로 혼자 먹거나 컵으로도 먹을 수 있음 • 과자류를 직접 먹을 수 있음 • 숟가락과 컵으로 음식을 먹을 수 있음	• 부드러운 고형식(푹 삶은 육류, 빵, 잘 녹는 과자류 등) • 죽, 밥 등 고형류도 가능(9개월)
10~12 개월	• 씹거나 깨무는 기능이 향상됨 • 혼자서도 음식을 먹을 수 있도록 손 움직임과 자세가 발달함	• 숟가락과 컵으로 음식을 스스로 먹음	죽, 밥 등 고형류도 먹음
1~2세	• 송곳니, 앞어금니 등 젖니가 나와 씹기 기능이 세련됨(뒤어금니는 안 나옴) • 손동작이 정교해지고(책장 넘기기, 낙서 가능) 간단한 문장을 표현함 • 걷고, 달리기 가능	• 숟가락과 컵을 사용하여 음식을 세련되게 먹음	부드러운 성인식

ㄴ. 이유식을 선정할 때는 영양과 열량이 포함된 식품으로 소화가 잘 되는 채소, 과일, 고기 등을 균형적으로 선정해서 영아섭식발달수준에 맞게 조리해야 한다.

ㄷ. 이유식 식품을 제공할 때는 다양한 식품을 한꺼번에 제공하여 영아들이 좋아하는 식품과 싫어하는 식품을 선택적으로 취하는 편식의 습관이 형성되지 않도록 유의해서 제공해야 한다.

⑤ 이유식 진행상 고려할 점

ㄱ. 이유 시작의 시기나 완료시기 결정에 신경 써야 한다.

ㄴ. 이유식의 전 과정이 위생적이어야 한다.

ㄷ. 이유식은 영아의 섭식기능발달에 따라 실시한다.

ㄹ. 이유식 초기에는 수분이 많고 부드러운 죽 같은 형태의 음식을 제공한다.
ㅁ. 이유식은 단계적으로 한두 가지씩 시도한다.
ㅂ. 교사와 친밀한 상호관계를 유지하여 애착을 형성시킨다.
ㅅ. 이유식을 어른의 입맛에 맞게 요리하지 않는다.
ㅇ. 이유식을 먹는 방법에 주의한다.

2) 건강생활지도

영아의 건강관리를 위해서는 전항에서 기술한 적절한 영양관리와 건강생활지도를 해야 되는데, 특히 건강생활지도에서는 편식 예방 및 건강검진, 질병 예방 등이 중요하다.

(1) 편식 예방

생선류를 못 먹는 사람, 특정 고기류를 먹지 못하는 사람이 있는가 하면 어떤 사람은 특정 음식을 너무나 즐겨 먹는다. 이러한 음식 식사습관은 편식으로 편식습관은 영아기나 유아기에 형성된다. 영유아기에 적절한 편식 예방교육을 실시하면 충분히 해결할 수 있는 문제가 이 시기를 놓침으로써 평생 편식의 식습관을 지니고 살게 된다.

① 편식의 개념, 발생기

편식이란 '일부 음식에 치우쳐서 먹는 식습관, 또는 음식을 가려서 특정한 음식만 즐겨 먹는 식습관, 음식에 대한 기호가 강하여 한정된 음식만 먹는 식습관으로 특정음식에 대하여 선택적으로 먹거나 거부하는 식생활습관 또는 음식에 대한 기호 감정'이다.

② 영유아기의 편식

편식은 영유아기의 식생활에서, 특히 수유에서 이유과정으로 이행되는 그릇된 식생활습관으로 편식을 교정하기보다 편식이 일어나는 영유아기에 예방교육이 더욱 효과적이다.

심리학자인 일링워즈(R. S. Iillingworth)는 생후 5개월에서, 일본의 야마시다(山下俊郞)는 생후 6개월에서 만 8세까지에서 편식이 생긴다고 하였으며 그 원인은 〈표 V-7〉과 같다.

〈표 V-7〉 편식의 발생시기

발생시기	연령	원인
제1발생기	1~2세경	이유가 끝나고 밥을 먹기 시작하는 시기에 음식물을 주는 방법의 영향으로 발생
제2발생기	4세 6개월	제1반항기를 지나 자아의식이 발달하여 환경에 대하여 유아 자신의 취향과 요구에 따라 선택하는 성향이 증대되는 데서 발생

〈표 Ⅴ-7〉에서 보는 바와 같이 편식은 영아기와 유아기에 2회 걸쳐 발생하지만 제1발생기인 영아기에는 부모가 음식을 제공하는 방법에 의하여 형성되므로 부모의 음식 제공방법을 개선하여 편식의 예방이 가능하고 제2발생기의 유아기는 유아 자신의 자연적인 사회성의 성장·발달의 영향에 의한 것으로 부모의 편식교정을 위한 적극적인 개입이 필요하다.

③ 편식의 원인과 문제점

ㄱ. 영아의 발육시기에 따라 각종 영양소에 대한 신체적 요구도가 변화하므로 그것이 음식물 선택에서 나타난다.

ㄴ. 신경계통의 발달과 함께 음식물 하나 하나의 색, 형태, 맛, 냄새, 입에 넣을 때의 느낌에 대해 보다 민감한 반응을 나타낼 수 있어 좋아하는 음식물이 있게 된다.

ㄷ. 가족과 같이 식사를 하게 되어 자기 가정의 독특한 요리나 맛에 익숙해져서 남의 집(유치원, 보육시설 등) 음식이 싫어진다.

ㄹ. 다른 가정이나 친구들이 식사하는 행동을 모방해서 친구들이 좋아하는 것을 자기도 좋아하게 된다.

ㅁ. 다양한 음식물을 먹어 본 경험으로 특정한 음식물에 대해 독특한 감성이 길러진다.

ㅂ. 알레르기성 체질 때문에 어떤 음식을 먹으면 설사나 발진을 일으켜 이것 때문에 특정 음식을 기피하는 데서 발생한다.

ㅅ. 부모와 자녀 사이의 인간관계, 정서적인 문제, 부모의 과잉보호, 심한 거부적 태도, 음식을 제공하는 방법에서 편식 버릇이 형성된다.

④ 영아 편식의 문제점

편식에 의한 영양불균형이 영아의 성장과 발달에 주는 문제점은 다음과 같다.

ㄱ. 영양의 성장발달이 다른 또래 영아보다 늦고 유아기에 가서 뚱뚱해진다.

ㄴ. 질병에 대한 저항력이 떨어져 많은 질병에 노출되기 쉽다.

ㄷ. 비정상적인 성격이 길러질 수 있다.

ㄹ. 뇌의 성장과 발달에 나쁜 영향을 준다.

ㅁ. 영양불균형으로 건강을 악화시킨다.

⑤ 편식 예방법

음식을 조리하고 제공하는 방법을 연구하여 시행한다면 편식을 사전에 예방할 수 있다.

ㄱ. 한꺼번에 다양한 음식을 제공하지 않는다.

성인은 이유기에 다양한 음식을 제공하면 다양한 영양을 섭취하여 건강해질 것이라는 생각을 갖고 여러 가지 음식물을 영아에게 제공하기 마련이다. 1~2종의 음식을 3~4일 동안 먹여 음식에 대한 적응력을 길러준 다음에 또 다른 음식 1~2가지를 3~4일 동안 제공해 준다.

ㄴ. 다양한 음식을 제공하여 다양한 음식에 적응력을 길러주는 일이다.
다양한 종류의 음식을 영아에게 제공함으로써 다양한 종류의 음식물에 대한 색채, 모양, 맛 등에 대하여 시각적으로 변별할 수 있고 그 맛에 적응할 수 있도록 해야 한다.

ㄷ. 새로운 음식을 제공할 때 거부감이 없이 첫 느낌이 좋도록 요리하여 제공해야 한다.
처음에 제공되는 음식에 대한 거부감이 생기면 그 이후에 조제방법을 바꾸어도 해당 음식에 대한 기존의 나쁜 인상으로 이러한 거부심이 평생 이어질 수 있다. 따라서 새로운 음식물을 처음에 제공할 때 한번에 해당 음식에 대하여 적응되도록 조리나 제공과정에서 신경을 써야 한다.

ㄹ. 영아의 발달단계에 따라 적합한 음식을 제공한다.
영아의 치아발달상황이나 섭식기능에 알맞지 않은 음식을 제공할 때 영아는 음식을 거부하면 편식으로 이어질 수 있다.

〈표 Ⅴ-8〉 영아 월령별 제공음식의 유형

월령	치아발달	섭식기능	조리 유형	적당한 음식
초기 4~5개월	• 대부분의 영아는 이가 나지 않음	입술을 닫은 채로 꿀꺽 삼킴	죽처럼 걸쭉한 상태(요구르트 정도의 묽기와 끈기)	배숙, 사과숙, 복숭아숙, 바나나숙, 야채숙(당근, 단호박, 고구마, 완두 등의 채소를 삶아 으깨어 체로 내린 것)
중기 6~8개월	• 앞니가 생김 • 혀가 아래 위로도 잘 움직여 혀와 입천장으로 음식을 으깨서 먹음	혀와 입천장으로 으깸	부드러운 알갱이 상태(혀로 으깰 수 있는 두부 정도의 단단함)	(5~6개월) 당근, 단호박, 고구마, 완두 등의 채소를 삶아 으깬 것, 전분과 과일즙을 혼합한 후식제품, 쌀가루와 채소즙을 혼합한 채소죽, 난황소간을 곱게 갈아서 혼합한 달걀죽, 간죽 (7~8개월) 생선죽, 방죽, 달걀죽, 미역죽, 연두부죽, 쇠고기죽, 밤, 바나나죽
후기 9~11개월	• 혀가 좌우로 움직이므로 잇몸 쪽에 음식물을 이동시켜 씹음	잇몸으로 씹는 시기	알맹이(부드러운 것을 잘게 자른 형태)	백설기 넣은 채소죽, 건더기가 있는 쌀죽, 미역물이나 육수를 이용한 쌀죽, 참기름을 넣은 죽, 소면을 넣은 죽
1년~ 1년 6개월	• 어금니가 생김 • 혀가 자유자재로 움직여 음식을 이동시켜 가면서 씹음	이로 씹는 시기	형태가 있는 것(어른이 먹는 것보다 조금 부드럽게)	잣죽, 닭죽, 생선죽, 밤죽, 미역죽, 영양죽, 전통죽

(2) 일일 건강검진(Morning inspection)

유아교육기관에서 하루일과는 아침에 보호자로부터 영유아를 인계받는 순간부터 이루어진다. 따라서 교사는 영유아를 인계받는 즉시, 일일 건강검진을 실시한다.

① 일일 건강검진의 의의 및 필요성

교사가 아침에 등원하는 영유아에 대하여 수행하는 역할은 대개 세 가지이다.

ㄱ. Morning inspection(일일 건강검진) : 영유아들의 안색, 거동상태를 비롯하여 신체 각 부위의 이상 유무를 점검한다.

ㄴ. Guidance(생활지도) : 등원과정, 등원 직후에 기본생활습관의 이행상황을 확인 · 지도한다.

ㄷ. Rapport(융화, 친밀성) : 영유아를 웃는 상태로 맞이하면서 영유아와 친밀관계 형성에 주력한다. 그중 일일건강검진이 필요한 이유는

가. 영유아의 건강상태가 하루일과의 성패 여부를 가름한다.

나. 영유아는 자신의 몸이 이상해도 성인들에게 호소하고 스스로 대처할 줄 모른다.

다. 교사에게 인계한 후 급작스런 발병 시 학부모와 갈등으로 이어질 수 있다.

라. 영유아기 전염성 질병을 보유하고 있을 경우, 동료 영유아들에게 짧은 시간에 동시 다발적으로 전염시킬 수 있다.

② 일일 건강검진방법

ㄱ. 1일 건강검진은 머리에서 다리로 앞에서 뒤로 하는 등 체계적으로 실시한다.

ㄴ. 교사는 영유아의 눈높이로 낮추어 영유아의 목덜미를 쓰다듬으면서 관찰한다.

ㄷ. 초기 관찰이 끝난 후 필요한 경우, 손전등을 이용하여 입과 목을 검사한다.

ㄹ. 이상 징후가 나타나면 원장에게 먼저 알리고 상태에 따라 학부모와 협의하여 처리한다.

ㅂ. 검진결과를 누가적으로 기록해 나간다.

ㅁ. 말을 걸면서 자연스럽게 뒤 목덜미를 쓰다듬으며 열이 있는지 확인한다.

③ 일일 건강검진내용

교사가 일일 건강검진 시 점검해야 할 항목은 〈표 V-9〉와 같다(신화식 외, 2010).

〈표 Ⅴ-9〉 신체 부위별 교사가 점검해야 할 항목

신체 부위별	점검해야 할 항목
일반적인 외모	체중의 변화, 피로감이나 이상한 흥분의 징후, 피부색 등
머리	가려워 긁은 표시, 이가 있는지, 종기, 탈모, 청결상태 등
얼굴	얼굴표정(두려움, 화, 즐거움, 근심 등), 얼굴색, 긁힌 자국, 멍, 뾰루지 등
눈	충혈상태, 눈이 부었는지, 빛에 대한 감수성, 자주 비비는지, 다래끼, 상처, 눈 움직임의 이상 유무
귀	물이 있는지, 홍조, 소리를 듣거나 말을 걸었을 때의 적절한 반응 등
코	자주 비비는지, 충혈상태, 재채기, 콧물 등
입	치아 안쪽 상태, 충치, 상처, 입으로 호흡하는지 등
목구멍	편도선이 붓거나 붉은지, 목구멍이나 편도선에 해진 곳이 있는지, 숨 쉴 때 이상한 냄새가 나는지 등
목	갑상선이 부어 있는지
가슴	씩씩거리며 호흡하는지, 가래 끓는 소리가 나는지, 숨 가쁨, 기침 등
피부	가슴과 등의 피부색 확인(창백한지 또는 붉은지), 뾰루지, 긁힌 자국, 타박상, 멍, 흉터, 심한 열, 땀들

④ 처리방법

ㄱ. 이상 징후가 발견되면 우선적으로 당일 활동 참여가 가능한지부터 검토해야 한다. 그리고 활동에 참여하더라도 특별관리하여 의료적 치료를 병행한다.

ㄴ. 평소와 다른 점이 발견되면 부모와 상담하여 전문의의 상담을 받도록 한다.

ㄷ. 이상이 발견되면 상태에 따라 즉시 또는 귀가 시에 알려준다. 그리고 이상 징후를 구체적으로 '오늘 ○○○가 기침을 많이 하고 자주 콧물을 흘리면서 이마가 뜨겁다고 호소해 왔어요.'와 같이 설명해준다.

3) 질병 예방

유아교육기관에서는 하루 종일 그리고 다수의 영유아들이 생활하는 공간으로 전염성 질환에 의해 감염되는 비율이 실질적으로 높게 나타났다. 따라서 영유아기에 발병하기 쉬운 질병과 전염성 질환의 발생 및 전파를 예방할 수 있도록 이에 관한 정보와 지식을 구비하고 있어야 한다.

① 영유아기 질병 예방의 필요성

일생의 전 과정에서 부지불식간에 질병에 전염되는데, 질병이 전염된 후에 치료하는 것보

다 질병의 전염을 예방하는 일이 더 중요하다. 질병 예방의 필요성은

첫째, 다수의 영유아들이 집단적으로 하루 종일 생활함으로써 다양한 질병에 노출되어 있다.

둘째, 영유아는 질병에 대한 감수성이 높고 모체로부터 부여받는 질병 예방력이 미약하다.

셋째, 질병에 대한 치료보다 예방이 경제적 · 심리적 · 신체적 부담이 적다.

넷째, 경미한 질병을 앓더라도 신체적 · 정신적 성장, 발육에 치명적인 영향을 준다.

다섯째, 질병에 대한 지식과 건강관리법을 이해시켜 스스로 자기건강을 관리하는 태도를 기른다.

② 영유아기 질병 예방법

영유아기 질병 예방법은 〈표 V-10〉과 같다.

〈표 V-10〉 영유아기 질병 예방법

순	질병명	증상 및 원인	예방 및 치료	주요발병시기
1	1) 기저귀 피부염 (기저귀 발진)	(1) 기저귀가 닿는 회음부에 생기는 피부 손상으로 접촉성 피부염 (2) 오줌의 성분이 세균의 작용으로 분해되어 발생하는 암모니아의 자극 또는 설사변이나 기저귀 재질이 원인	① 일회용 종이 기저귀보다 면 기저귀가 좋음 -공기가 잘 통한다. -값이 싸다 -친환경적이다. ② 대소변을 본 후 바로 갈아주고 엉덩이를 잘 닦은 후 말린다. ③ 기저귀 찬 부위가 통풍이 잘 되게 하며 기저귀는 삶거나 햇볕에 잘 말린다. ④ 기저귀 발진 증상이 심하면 연고제를 바르고 의사의 처방을 받는다.	영아기
2	1) 영아돌연사증후군 (요, 담요 속 죽음)	(1) 만 1세 미만의 영아가 특별한 사유가 없이 아기요람에서 잠자던 중에 사망함	① 영아의 옷을 가볍게 입히고 실내 온도를 쾌적하게 조절하며 엎어 재우지 않는다. ② 푹신한 침구보다 약간 딱딱한 침구를 사용한다. ③ 감기약을 복용 후 재울 때는 엎어 재우지 말고 이불은 배 정도만 덮어 주고 호흡을 잘하는지 주의 깊게 관찰한다.	영아기
3	1) 감기	(1) 감기의 90%는 바이러스가 주 원인균임 (2) 1년 내내 발병하지만 겨울에 증상이 가장 심함 (3) 재채기, 열, 콧물 및 코막힘, 기침이 있음	① 감기 증상이 미약해도 그냥 지나치거나 함부로 해열제를 먹이지 않는다. ② 부모에게 신속히 알려 적절한 조치를 취하도록 한다. ③ 손을 자주 씻는다. ④ 충분한 영양섭취를 시킨다. ⑤ 감기 유행 시 여러 사람과 접촉을 피한다.	영유아기

4	1) 아구창	(1) 혀, 볼의 안쪽, 목구멍 등의 부위에 백태와 같은 흰 물질이 덮이게 되며, 그 밑의 점막이 짓무른다. (2) 모유 수유를 하는 경우 유두에 감염될 수 있다.	① 이비인후과 의사와 상담하여 내복약으로 치료가 가능하다. ② 영아가 젖병이나 입에 넣을 우려가 있는 모든 장난감이나 물건을 위생 처리한다.	영아기
5	1) 폐렴	(1) 처음에는 감기와 비슷한 증상을 보이다가 38~39°의 고열을 동반한다. (2) 땀이 나고 입맛이 없어 먹지 못하고 얼굴이 창백해진다. (3) 기침이 심하고 황갈색 혹은 피가 섞인 가래를 토한다. (4) 수분섭취량이 줄어들고 쌕쌕거리며 거친 숨소리를 낸다. (5) 숨을 쉴 때 갈비뼈 사이, 쇄골 윗부분 또는 흉각 아래가 움푹 들어간다. (6) 입술과 손톱에 푸른빛이 돈다.	① 빨리 손을 쓰지 않으면 사망에 이를 수도 있으니 빠른 시기에 병원 치료를 받는다. ② 흉막염, 심부전 같은 합병증이 생기지 않도록 예방과 치료를 철저히 한다. ③ 손 씻기를 생활화시키고 기침이나 재채기를 할 때는 손수건으로 가리도록 한다. ④ 탈수 증상이 일어나지 않도록 보리차를 적당한 온도를 맞추어 지속적으로 먹인다. ⑤ 바닥에 눕힐 때는 베개를 조금 높혀 상체를 약간 올려준다. ⑥ 면역력이 약한 영아는 완전히 나을 때까지 의사의 지시를 받아 끝까지 치료한다. 경우에 따라 재발하기도 한다.	영아기
6	1) 설사(바이러스성 설사, 세균성 설사)	(1) 평상시보다 배변의 횟수가 증가하고 변에 물기가 많다. (2) 바이러스성 설사인 로타바이러스 장염은 매우 위험하다. (3) 변에 코 같은 물질이 묻어 나오면 세균성장염을 의심해본다. (4) 변에 피가 섞여 나온 경우에는 세균에 의해 생긴 이질에 의한 장염을 의심해 본다.	① 바이러스성 설사 예방을 위해 바이러스 백신을 접종한다. ② 탈수가 되지 않도록 수분 공급에 신경써야 한다. ③ 설사를 무조건 중지시키기 위하여 무조건 지사제를 복용시키지 않는다. ④ 설사를 멎게 하여 탈수를 막는 것보다 수분을 공급하여 탈수를 막는 것이 시급하다. ⑤ 설사가 심한 경우에는 포도당 전해질을 먹인다. ⑥ 기저귀 갈이, 화장실 사용지도를 한 경우에는 반드시 손을 씻는다. ⑦ 영유아의 손을 잘 씻긴다. ⑧ 설사가 묻은 옷은 다른 옷과 분리 세탁하고 살균 소독한다.	• 바이러스성설사(3개월~2세) • 세균성설사(영유아기)
7	1) 천식	1) 기관지가 과도하게 자극에 민감하여 숨이 차는 호흡기 폐색 증상과 기관지 염증이 생기는 질병이다. 2) 기관지에 특정자극을 받으면 기관지가 수축되고 가래가 생겨 호흡이 힘들다.	① 손을 자주 씻고 안정을 취하며 감기와 같은 바이러스성 호흡기감염이 되지 않게 한다. ② 갑자기 찬 공기에 노출되면 천식발작이 일어날 수 있으므로 실내·외의 온도차가 많이 나지 않도록 적정 실내온도를 유지하고 습도는 30~50%로 유지한다.	영유아기

		3) 호흡기에 먼지가 들어오면 기침을 발작적으로 계속하고 숨이 가쁘다. 4) 천식을 방치하면 폐기능이 떨어진다. 5) 천식은 유전성이 강하다. 6) 천식을 일으키는 알레르기성 물질과 그 밖의 물질은 다음과 같다. - 알레르기성 물질 : 꽃가루, 동물의 털, 집먼지 진드기, 곰팡이 포자, 새와 털의 분비물, 우유, 달걀, 견과류, 생선, 복숭아, 메밀 - 그 밖의 물질 : 바이러스, 독감 심한 운동, 달리기, 찬 공기, 찬 음식, 공기오염, 매연, 담배연기, 향수, 페인트나 신나 등의 냄새, 아스피린, 스트레스, 식도역류 등	③ 천식 영유아가 있는 경우, 난방 시 연소 물질, 가구광택제, 살충제용 스프레이 등은 가급적 사용을 금한다. ④ 에어컨이나 제습기도 곰팡이 없이 깨끗하게 사용한다. ⑤ 벽은 수용성 페인트나 벽지를 바르고 젖은 걸레로 바닥을 청소한다. ⑥ 적절한 운동으로 심폐기능과 근육을 강화시키고 운동 전에는 적절한 약제를 사용하고 준비운동을 한다. ⑦ 천식발작을 유도하는 물질이 든 음식을 피한다.	

제3장 안전생활교육

요즈음 안전사고는 우리 생활주변의 도처에서 빈번하게 발생하여 경제·사회적 피해가 막중한 실정으로 이에 대한 각계 각 층에서 다양한 대책을 강구하고 있으나 아직도 미흡한 실정이다.

유아교육기관에서도 크고 작은 사고가 빈번히 일어나고 있어 사회적 문제나 유아교육기관과 유아모들 간의 갈등으로 이어지기도 하고, 특히 영아기 안전사고에 의한 후유증은 상황에 따라 평생 동안 그 흔적이 남아 있을 수 있어 더욱 심각하다.

1. 안전생활교육의 개념

안전생활교육이란 '상해, 사망 또는 재산의 피해를 일으키는 불의의 사고를 예방하는 것으로써 안전행동에 기여하는 기능, 태도 및 지식에 긍정적으로 영향을 미치는 경험의 총체'로(한국교육개발원, 1995) 정의하고 있으나 영유아와 관련하여 안전교육이란 '유아 스스로 위험으로부터 자신을 보호할 수 있도록 안전지식과 태도, 기능을 익히게 하여 건강한 생활을 영위할 수 있도록 도와주는 교육으로서 궁극적으로는 자신에 대한 보호뿐만 아니라 타인의 생명을 존중하는 인간 개개인의 존엄을 배우는 교육'으로 정의할 수 있다.

2. 안전생활교육의 중요성

최근 사회의 변화로 인한 영유아 안전사고의 위험뿐만 아니라 사고 발생률이 증가하고 있으므로 영유아 안전사고 예방교육은 더욱 절실하다. 안전한 환경이라도 영유아가 안전하게 행동하지 않는다면 안전사고는 발생하게 된다. 따라서 영유아가 주변의 위험상황에 대한 올바른 인식과 이를 예방할 수 있는 교육이 함께 이루어져야 한다. 안전교육의 중요성을 개관하면

첫째, 산업현장이나 도로 또는 가정에 안전사고에 대한 대책이 미흡하고 안전사고의 의식이 빈약하여 사고가 빈번하게 일어나고 영유아 사망이 오히려 증가하고 있는 실정이다.

둘째, 오늘날 안전사고가 부단히 일어나고 있어 위험이나 사고로부터 영유아들을 보호하기 위해서는 사고를 미연에 방지하기 위한 안전교육이 다양한 방법으로 시행되어야 한다.

셋째, 영유아들은 사물에 대한 호기심과 탐색에 대한 욕구가 많은 반면, 판단력이 부족하고 무엇이 안전한 행동인가를 파악하지 못하며 충동적으로 행동함으로써 순간적으로 안전사고가 발생하므로 사전에 체계적인 안전교육이 필요하다.

넷째, 대부분의 부모들은 영유아들의 안전사고에 대한 대책을 갖지 못하고 또한 영유아 안전에 대한 의식이 부족하여 학부모에 대한 체계적인 안전교육이 절실하다.

3. 영아 안전생활교육 목표

영아 안전생활교육의 목표는 제3차 어린이집 표준보육과정 6대 영역 중 기본생활영역에서 제시하고 있다.

1) 0~1세 영아의 안전생활교육 목표

출생 후 24개월까지의 영아가 안전한 상황에서 놀이하며 위험하다고 알려주면 주의를 할 수 있는 안전한 생활을 위한 기초를 경험하도록 한다. : 안전한 생활을 경험한다.

0~1세 영아의 안전생활교육 목표는 기본생활영역의 '안전하게 생활하기'의 내용범주에서 구현시키도록 되어 있는데, 이 범주에서는 영아가 자신의 안전을 위협하는 일상생활의 여러

가지 위험요인과 상황에 대해 알고 반응할 수 있도록 지도한다. 영아에게 일어나는 안전사고를 예방하기 위해서는 안전한 상황과 장소에서 놀이하도록 환경을 조성하고, 영아가 위험하다는 말을 듣고 주의하도록 돕는 안전교육이 필요하다.

2) 0~2세 영아의 안전생활교육 목표

영아가 안전하게 놀이하는 방법과 위험한 상황을 알고, 위험한 상황에 처하게 되었을 때 어른의 지시에 따름으로써 안전생활을 습관화 하도록 한다. : 안전한 생활습관의 기초를 경험한다.

2세 영아의 안전생활교육 목표는 기본생활영역의 '안전하게 생활하기'의 내용범주에서 구현시키도록 되어 있는데, 특히 영아는 스스로 보호하는 능력이 부족하므로 교사는 영아에게 안전한 환경을 제공해야 하며 정기적인 안전교육을 실시하여 영아의 안전사고 예방에 주력해야 한다. 영아는 자신의 안전을 위협하는 일상생활의 여러 가지 위험요인과 상황에 대해 알고 조심해야 하며 위험한 상황 시 어른의 지시에 따르는 것을 익혀서 자신의 안전을 지킬 수 있어야 한다.

4. 영아 안전생활교육 지도내용 및 방법

0~2세 영아의 안전생활 지도내용 및 방법은 크게 2가지로 분류된다.

하나는 제3차 표준보육과정 기본생활영역의 '안전하게 생활하기' 내용범주에 따른 내용을 주제활동을 통하여 지도하는 일이고 또 하나는 일상생활 속에서 영아 안전생활상 당면하는 영아 안전현장문제에 대하여 예방지도하는 일이다. 이상 2가지 지도내용은 결과적으로 유아교육기관에서는 하나의 주제로 통합하여 지도하게 된다.

1) 0~1세 안전생활교육 지도내용 및 방법

(1) 내용범주

제3차 표준보육과정의 0~1세 영아의 기본생활영역에서 영아가 안전한 환경에서 놀이하고 안전사고를 예방해서 건강하고 안전하게 생활하는 능력을 기르기 위해 '안전하게 생활하기' 내용범주 안에 2가지 내용을 지도하도록 되어 있다.

〈표 V-11〉 '안전하게 생활하기' 내용범주 내의 지도내용

내용범주	내용
안전하게 생활하기	• 안전하게 지내기 • 위험한 상황에 반응하기

(2) 내용별 지도내용, 지도지침 및 유의점

① 안전하게 지내기

ㄱ. 지도내용

영아가 안전한 상황과 장소에서 놀이하고 놀잇감을 안전하게 사용하며 차량 승하차 시 안전장구를 착용하여 안전하게 생활하도록 하기 위한 내용으로 지도내용은

가. 안전한 상황에서 놀이한다.

나. 놀잇감을 안전하게 사용한다.

다. 안전한 장소에서 놀이한다.

라. 차량 승하차 시 안전장구를 착용한다.

ㄴ. 지도지침 및 유의점

가. 0~1세 영아가 환경과 놀잇감의 안전성 여부를 판단할 수 없기 때문에 교사가 사전에 안전한 환경을 준비해야 한다.

나. 영아가 놀이하는 장소에서는 사전에 안전하게 준비되어 있는 장소라도 예측하지 못한 상황이 안전을 위협하는 요인으로 작용할 수 있다.

다. 어린이집 등 · 하원 시 이용하는 차량에서 안전장구를 착용하는 것이 습관화되도록 지도해야 한다.

라. 영아의 안전을 위해 구성되어야 하는 환경요소와 놀잇감의 선택기준을 숙지해야 한다.

마. 질식, 영아돌연사를 방지하기 위해 수유나 이유, 낮잠 등의 일상생활지도에서 교사가 영아의 안전을 위해 반드시 기억해야 하는 교사의 행동이 있다.

바. 교사가 놀잇감이 있는 장소를 점검하고 정비하는 것이 지속적으로 이루어져야 한다.

② 위험한 상황에 반응하기

ㄱ. 지도내용

가. 여러 가지 위험한 상황에서 알려주는 위험상황에 대하여 반응하고 교사의 지도에 따라 주의하도록 하는 내용으로 구성되어 있다.

나. 수준별 내용으로는 '위험하다는 말에 반응을 보인다.'와 '위험하다고 알려주면 주의한다.'로 구성되어 있다.

ㄴ. **지도지침 및 유의점**

가. 교사는 영아의 신체 움직임을 주의 깊게 관찰하고 위험한 상황이 일어날 수 있는 것을 미리 예측하여 위험함을 바로 알려주며 새로운 놀이로 전환해 주도록 한다.

나. 어린이집이나 가정에서 일어날 수 있는 위험한 물건이나 장소에 대해 일상생활 속에서 지속적으로 알려주도록 한다.

다. 세면대의 온수 온도 조절하기, 미끄럼틀이나 영아가 올라갈 수 있는 곳 바닥에 매트 깔기, 보육실 문 앞의 안전문 설치, 서랍장의 안전 장금장치하기, 신체활동 시 넓은 공간 마련해 주기 등 위험할 수 있는 상황이나 환경은 미리 점검하여 안전한 환경으로 구성하도록 한다.

2) 2세 안전생활교육 지도내용 및 방법

(1) 내용범주

2세 영아의 기본생활영역에서는 영아가 안전하게 놀이하는 방법과 위험한 상황을 알고, 위험한 상황에 처하게 되었을 때 어른의 지시에 따름으로써 안전생활을 습관화시키기 위하여 '안전하게 생활하기' 범주 안에 2가지 내용을 지도하도록 되어 있다.

〈표 Ⅴ-12〉 내용범주

내용범주	내 용
안전하게 생활하기	• 안전하게 놀이하기 • 위험한 상황에 반응하기

(2) 내용별 지도내용, 지도지침 및 유의점

① 안전하게 놀이하기

ㄱ. **지도내용**

'안전하게 놀이하기'는 실내·외 안전한 장소에서 여러 가지 놀이기구나 놀잇감을 안전하게 사용하도록 하는 내용으로 지도내용은

가. 놀이기구나 놀잇감을 안전하게 사용한다.

나. 안전한 장소에서 놀이한다.

ㄴ. **지도지침 및 유의점**

가. 교사는 영아가 놀이기구나 놀잇감을 사용할 때 안전하게 사용하는 방법을 알려주고 교사가 시범을 보이도록 한다.

나. 영아가 안전한 장소에서 놀이할 수 있도록 교실의 환경을 점검하고 배치하며 놀이 중에도 환경을 재구성한다.

다. 놀잇감으로 인한 다툼을 줄일 수 있도록 동일한 색과 모양이 같은 놀잇감을 여러 개 준비해 주고, 영아의 수보다 많을 정도의 충분한 놀잇감을 배치한다.

라. 던지거나 떨어져서 다칠 수 있는 무거운 재질보다는 부드럽고 가벼운 재질의 놀잇감을 제공해 주고, 놀잇감이 뾰족하고 날카로운 부분은 없는지, 쉽게 깨지거나 부서진 것이 있는지 점검한 후 제공하도록 한다.

마. 놀이기구, 놀잇감, 안전한 장소에 대한 안전교육은 대집단활동으로 이루어지지 않도록 유의하고 영역별 자유놀이나 개별활동으로 이루어지도록 계획하고 실행한다.

② 교통안전 알기

ㄱ. **지도내용**

'교통안전알기'는 교통수단의 위험을 알고 사고의 위험으로부터 자신을 보호하기 위해 필요한 교통안전을 알도록 하는 내용으로 수준별 내용은 '교통수단의 위험을 안다.'와 '교통수단의 위험을 알고 조심한다.'로 구성되어 있다.

ㄴ. **지도지침 및 유의점**

가. 교통안전에 대해 이해할 수 있도록 교통수단의 이름, 인도와 차도, 횡단보도, 신호등, 안전벨트 관련 용어를 쉽게 설명해 주고 많이 들려주어 익숙해지도록 한다.

나. 영아가 위험할 수 있는 상황에 대해 미리 예측하여 영아에게 지속적으로 이야기하고 주의하도록 한다.

다. 길이나 탈 것을 만들 수 있는 블록, 자동차 핸들, 안전벨트 등은 항상 배치하여 영아가 놀이를 통해 교통안전에 대해 반복적으로 경험하도록 한다.

라. 영아에게 적합한 교통안전과 관련된 책, 다양한 화보, 환경인쇄물 등을 제공한다.

③ 위험한 상황 알기

ㄱ. **지도내용**

'위험한 상황 알기'는 영아가 처할 수 있는 여러 가지 위험한 상황과 위험한 것에 대해서 알고 조심하며, 위험한 상황이 발생했을 때, 어른의 지시에 따를 수 있도록 지도하는 내용으로

가. 위험한 상황과 위험한 것을 안다.

나. 위험한 상황과 위험한 것을 알고 조심한다.

ㄴ. **지도지침 및 유의점**

가. 교사는 책, 그림자료, 일상생활 속의 실물자료를 통해 영아가 위험한 상황과 위험한 것을 찾아보고 구분할 수 있도록 한다. 일과 중 영아가 반복되는 경험에서 위험한 상황과 위험한 것을 알 수 있도록 상호작용한다.

나. 영아가 위험한 상황에 처했을 때는 위험한 것을 알리며 바로 영아에게 이동하여 위험한 상황에서 벗어나도록 도와야 한다.

다. 영아가 위험상황에 처하지 않도록 문에 손끼임방지장치, 모서리에 부착하는 보호대, 욕실 바닥에 미끄럼 방지장치, 콘센트안전덮개 등 안전설비를 한다.

라. 영아에게 안전교육은 일상생활과 자유놀이시간에 반복적으로 이루어져야 한다.

5. 영아 안전생활지도

성인에 비해 영유아의 사고비율이 높은데, 이것은 영유아의 발달과 밀접히 관련이 있다. 특히, 영아의 안전사고율이 높은 이유는 신체조절능력이 극히 부족하고 사고에 대한 기민한 대처능력이 지극히 부족하여 영아의 안전은 성인의 보호와 배려에 의존하는 설정인 데 반하여 성인의 무관심과 영유아 주변에 안전을 해치는 환경, 시설, 설비기능 등 잠재적 위험요소가 산재해 있기 때문이다. 영아 안전생활지도에서는 안전고 예방교육을 중심으로 기술한다.

1) 발달특성에 따른 안전사고 예방교육의 방향

(1) 영아기 발달특성과 안전사고

① 출생해서 1세까지의 영아기에는 출생 시 가지고 태어난 반사운동능력이 발달하여 고개 들기, 기기, 앉기, 붙잡고 서기, 혼자 서기 등의 걷기를 위한 기본운동능력이 급속도로 발달하면서 영아 자신의 무리한 기본운동 시도로 인해 몸에 상처를 가져온다.

② 영아가 성장하면서 머리, 가슴, 다리 등의 신체적 불균형이 다소 완화되기도 하지만 아직도 신체적 불균형이 있는 가운데 이행운동과정에서 빈번히 넘어지고 부딪치는 행동으로 몸에 상처를 가져온다.

③ 영아는 보행이 가능하고 신체조절능력이 발달하면서 활동범위가 넓어지고 주변 사물

에 대한 호기심의 증대로 사물에 대한 탐색과정에서 안전사고의 위험이 높다.

④ 영아는 활동적이며 사물에 대한 탐색의욕과 호기심을 충족시키기 위한 모험적인 활동과정에서 그들이 접하는 다양한 주위 환경 내의 위험요소에 대한 인지능력이 부족해 사고의 위험이 높다.

⑤ 영아는 주위의 사물이나 물건 등에 대하여 입으로 탐색하려는 경향이 있어 약품이나 세제 등의 위험물질을 마시거나 흡입하기도 하고 작은 물건을 입 안에 넣음으로써 이에 따른 약물사고나 질식사고로 이어지기도 한다.

⑥ 2세 영아는 1세 영아에 비하여 이행운동의 발달, 소근육의 발달, 인지발달이 이루어지면서 1세 영아의 놀이에 다양한 목표 지향적 놀이를 시도하면서 새로운 놀이를 시도하는 중에 안전사고가 일어난다.

(2) 영아기 안전교육상 고려할 점

① 영아는 주 양육자에게 전적으로 의존하는 형태에서 점차 벗어나 신체운동능력, 신체협응능력, 인지능력, 이행운동능력 발달 등으로 자립적이며 자발적인 행동을 하려는 자기주도성을 가지고 행동하는 과정에서 안전사고의 위험이 많이 발생할 수 있음을 알고 영아 안전교육이 시행해야 한다.

② 2세 영아는 활동적이면서 주위의 사물이나 환경에 대한 호기심이나 탐색의욕이 왕성하며 이를 실현하기 위한 도전과 시도가 증가하나 환경적 위험요소에 대한 인지능력이 없는 상태로서 안전교육에 관한 한 영아의 자연적 성장, 성숙을 저해하지 않는 범위 내에서 교사의 적극적인 교육적 개입이 필요하다.

③ 유아교육기관에서는 유아의 안전사고를 일으킬만한 물리적·정신적 위험요인을 사전에 잘 탐색하여 근본적으로 제거해 주는 적극적인 안전교육을 시행해야 한다.

2) 주요 안전사고 유형별 예방교육의 실제

연령별 안전사고 유형에 따른 예방교육의 실제에 대하여 구체적으로 제시하면 〈표 V-13〉과 같다.

〈표 V-13〉 영아기 주요 안전사고 유형별 예방방법

연령별	안전사고 유형	안전사고 증후	안전사고요인	안전사고 처리·예방방법
0~1세	1. 추락 사고	1. 영아가 높은 곳에서 떨어져 머리 또는	1) 머리가 몸에 비해 무거워 안정적인 균형감을 유지하기 어렵다.	(처리방법) (1) 추락사고가 일어나면 영아가 의식이 있는지 그리고 어디에

		신체 일부에 손상을 입는다.	2) 높은 기저귀 갈이대나 유모차에서 떨어진다. 3) 의자나 교구장 등 높은 곳에서 영아들 두고 잠깐 용무를 보는 사이 떨어질 수 있다. 4) 높은 기구나 가구에 영아가 올라가려다가 떨어진다.	부딪쳤는지 확인한다. (2) 영아가 안정을 취하게 하고 영아의 몸을 최대한 움직이지 않게 한다. (3) 응급처치를 요구하고 전문의의 지시에 따른다. (예방방법) (1) 침대, 의자, 소파에는 안전대나 보호대를 설치한다. (2) 교사는 영아 옆을 떠나지 않고 잠시 자리를 비우더라도 높은 곳에 눕혀놓지 않는다. (3) 영아용 침대의 안전보호대를 내려놓고 재운다. (4) 의자, 교구장 등 높은 곳에 영아를 눕혀 놓고 잠시라도 떠나지 않는다. (5) 유모차를 이용하는 경우, 반드시 안전띠를 사용한다. (6) 영아의 머리 위에 물건을 올려놓지 않는다. (7) 높이 있는 가구나 기구에 올라가지 않게 한다.
0~1세	2. 질식 사고	1. 기도폐쇄와 호흡기 압박, 공기 중의 산소 부족으로 인한 이산화탄소 과다, 혈액 속 산소부족으로 숨 쉬기의 단절 혹은 불편한 증상이다.	1) 질식의 원인은 폭신한 요나 베개에 의한 질식, 수유 시 우유가 기도를 막음으로 인한 질식, 덩어리가 큰 음식으로 인한 질식, 작은 물체(단추, 동전, 구슬 등)나 유독물질 흡입으로 인한 질식, 비닐, 끈 등으로 인한 질식, 욕조 안에서 거꾸로 박힘으로 인한 질식이 있다. 2) 영아는 모든 물건을 입으로 가져가 주변 환경을 탐색하려는 특성이 있다.	(처치방안) (1) 질식사고가 발생하였을 때 : 신속하게 대처하기 위한 방법과 응급처치에 관한 지식을 습득하여 실천한다. (예방방안) (1) 6개월 미안의 영아를 엎어 재우지 말고 등을 바닥에 대거나 옆으로 뉘어 재워야 한다. (2) 침구나 침대 매트리스는 폭신한 것보다 단단한 것이 좋으며 이불 등의 침구를 덮어 씌우지 않는다. (3) 영아의 신체 크기에 알맞는 침구류를 준비한다. (4) 영아는 주변의 작은 물건을 입으로 넣는 습성이 있으니 영아 주변의 작은 놀잇감이나 물건을 두지 않는다(지름 3.5cm 길이 5.5cm 이하). (5) 영아 수유 시에는 바닥에 눕히거나 머리를 아래로 향하게 하지 말고 반드시 안아서 머리가

				가슴보다 위에 위치하도록 한다. 그리고 수유 시에는 트림이 나오게 하여 우유가 역류 또는 토하지 않게 한다. (6) 욕조나 수영장에서는 아무리 낮은 곳이라도 부모와 같이 한다.
	3. 영아 돌연사증후군(영아급사증후군)	1. 영아가 잠을 자다가 특별한 상황이나 병력이 없이 사망하는 경우를 말한다.	1) 호흡기조절기제와 관련된 뇌기능 이상으로 순환이 잘 안 되고 체내 경보장치가 정상적으로 작동하지 못하기 때문에 발병한다. 2) 생후 6개월 이전에 95% 발생하고 가을보다 겨울철에 여아보다 남아에게서 더 발생한다. 3) 어머니의 임신 중 흡연, 알코올 섭취, 마약 복용, 영양부족이 원인이 될 수 있다. 4) 짧은 임신기간, 자궁 내 저산소증으로 인한 태아 성장 지연, 심장기능이 약한 영아, 성장부진영아, 미숙아, 흡연에 노출된 경우 스트레스가 원인이 될 수 있다.	(처치방안) (1) 영아돌연사징후 발견 시 즉시 부모와 119가 도착하기 전까지 심폐소생술 등의 응급처치를 시행하고 현장상황을 기록하여 전달한다. (예방방안) (1) 영아가 입원할 때 이에 관련된 정보를 입수하여 영아를 돌본다. (2) 영아를 혼자 눕혀두지 말고 옆에서 늘 관찰해야 한다. (3) 출생 시 미숙아, 체중미달아, 호흡기장애아는, 특히 관심을 가지고 관찰한다. (4) 부모의 흡연, 집안 내 온도의 불균형, 엎드려 재우기 등을 하지 말아야 한다. (5) 호흡기가 약한 영아가 호흡기 질환을 앓고 있을 때, 특히 주의한다.
2세	4. 충돌, 넘어짐	1. 거름마기 영아는 1세 미만 영아에 비하여 이동능력이 발달하여 속도감을 즐기고 균형감각을 잃어 부딪치거나 넘어져서 몸의 일부에 상처를 입히는 경우를 말한다.	1) 운동성이 발달하면서 계단 오르내리기, 창문에 매달리기, 걷기, 뛰기 등을 즐기는 과정에서 넘어지거나 부딪치는 경우가 많다. 2) 안전대나 보호대가 없는 침대나 의자에서 자거나 놀 때 떨어져 몸에 상처를 입는다. 3) 걷고 뛰다가 가구·교구장, 선반 등의 모서리에 충돌하여 상해를 입는다. 4) 걷고 뛰어놀다가 몸의 균형이 이루어지지 않고 아직도 무게 중심이 머리 쪽에 있어서 넘어져 얼굴에 상처를 주거나	(처치방안) (1) 간단한 상처가 날 경우를 대비하여 구급약품을 구비시키고 상처상태에 따라 치료방법을 익혀둔다. (예방방안) (1) 침대, 의자, 계단에 안전대나 보호대, 안전울타리를 설치하고 안전대나 보호대가 없는 침대, 소파, 의자에 영아를 혼자 두지 않는다. (2) 영아가 활동하는 공간에 교구장과 책상, 의자, 시설물의 모서리에 충격 방지 안전장치(모서리 보호대)를 부착하고 공간 내에 영아가 걸려 넘어질만한 물건을 놓지 않는다. (3) 활동실 바닥은 미끄럽지 않고 저항력이 높고 넘어져도 상처가

2세			치아의 손상을 준다. 5) 운동성이 강하여 장난감을 가지고 놀다가 순간적으로 균형을 잃으면서 넘어져 얼굴에 상처를 입는다.	나지 않는 바닥재를 활용한다. (4) 물기가 많은 욕실에는 미끄럼 방지 매트를 깔아둔다. (5) 영아들의 신체활동을 격려하지만 교사는 반드시 영아 곁에서 보호해 주어야 한다.
	5. 추락 사고 및 골절	1. 걸음마기 영아는 이동능력과 신체균형이 어느 정도 발달하고 활동범위가 넓어져 다양한 활동 중에 추락하여 몸의 일부에 상처를 입는다.	1) 책상, 의자 등 오를 수 있는 기구에서 추락하거나 계단, 창살 없는 창문에서 추락하여 몸에 상처를 입는다. 2) 실외놀이터에서 놀이기구를 이용하여 놀다가 추락사고로 이어지기도 한다. 3) 계단을 이용하여 내려올 때 손잡이를 놓쳐 추락사고로 이어진다.	(1) 활동실 내에 영아들이 올라갈 수 있는 기구나 물건을 비치하지 않는다. (2) 실외놀이터 놀이기구의 안전점검을 수시로 하고 영아들이 넘어져도 다치지 않도록 충격 흡수제를 정기적으로 살펴보고 보충해야 한다. (3) 실내의 모든 게시물은 영아의 눈높이에 맞추어 게첨하여 영아가 시선을 빼앗겨 사고가 일어나지 않도록 한다. (4) 침대, 의자, 소파에 영아를 혼자 두지 않는다.
	6. 화상 사고	1. 뜨거운 물, 뜨거운 음식물, 다양한 열기구 등에 의한 실수로 성인에 비해 지극히 연약한 영아의 피부에 상처를 주는 것이다.	1) 연령별로 볼 때 화상사고 건수는 2세에 가장 많다(58.8%). 2) 영아의 피부는 성인의 피부에 비해 매우 연약하여 피해의 정도와 후유증은 아주 심각하다. 3) 화상사고가 일어나는 경우는 다음과 같다. • 전기밥솥, 오븐, 전열기구 등에 몸이나 손이 닿았을 때 • 목욕물의 온도가 높을 때 • 뜨거운 음료수나 음식물을 엎었을 때 • 개방된 조리실에 들어가 뜨거운 물이나 전열기구를 접했을 때	(1) 영아를 목욕시킬 때는 팔꿈치로 목욕물의 온도를 미리 측정하고 샤워기를 틀 때 방향을 잘 조정한다. (2) 난로나 라디에이터 주변에 보호막을 설치해 두어야 한다. (3) 뜨거운 물, 음료(차나 커피)는 유아실에 가지고 들어가지 않는다. (4) 스팀청소기를 사용할 때는 영아가 없을 때 사용한다. (5) 조리된 국이나 음식, 간식 등은 충분히 식은 다음에 제공한다. (6) 주방과 활동실은 상당한 거리를 두어 분리시킨다.
	7. 놀이 시설 및 놀잇감에 의한 사고	1. 영아는 대근육과 소근육이 발달되면서 놀이기구에 관심이 많고 놀이기구를 가지고 노는데, 특히 미끄럼틀, 시	1) 걸음마기 영아들이 놀이기구 놀이를 즐겨함에 반해 놀이기구 사용상의 부주의, 사용방법 미숙에 따른 사고가 발생한다. 2) 놀이기구의 안전점검 소홀, 영아의 발달수준에 맞지 않는 놀이기구 제	(1) 유아교육기관 내에 모든 놀이기구는 정기적으로 안전점검을 실시하고 파손된 놀이기구는 수리하거나 교체해 주어야 한다. (2) 놀이기구를 안전하게 사용하는 방법에 대하여 반복적으로 교육을 시킨다. (3) 걸음마기 영아용 놀이기구는

		소, 그네 등의 놀이기구 사용 도중 사고를 일으킬 수 있다.	공, 놀이기구의 불합리한 형태에 의한 사고가 일어난다.	걸음마기 영아의 신체 크기에 알맞도록 높이, 경사, 굵기 등이 적절하게 제작된 놀이기구를 배치한다.
	8. 질식 사고	1. 걸음마기의 질식은 작은 물체(단추형 전지, 구슬형 완구, 스티커), 음식물, 기타 물건을 입에 넣어 기도 폐쇄의 질식사고가 일어난다.	1) 질식사고를 일으킬 수 있는 작은 물건을 입에 넣어 삼킴으로써 질식사고가 일어난다. 2) 잠자기 전에 섭취한 음식물로 질식이 일어날 수 있다. 3) 유해물질(세제, 의약품, 살충제)을 흡입함으로써 질식사고가 일어난다. 4) 칫솔을 잘못 사용하여 질식사고도 일어난다.	(1) 질식사고를 일으킬 수 있는 작은 물건, 즉 단추형 전지, 구슬형 완구, 음식모양의 스티커, 동전, 사탕, 구슬, 콩, 유해물질(세제, 살충제, 의약품 등) 비닐이나 끈, 풍선 등을 영아생활 공간에 놓지 않는다. (2) 양치질로 질식이 일어날 수도 있으니 양치 시에는 반드시 옆에서 관찰한다.
2세	9. 물림 사고	1. 또래와 놀이 도중 화가 나면 순간적으로 상대 유아를 물어 신체적 상해를 입힌다.	1) 자기중심성이 강하고 충동조절능력이 미숙하여 또래와 놀이하면서 화가 나면 친구를 문다. 2) 물면 상처에 치아자국이 남고 멍이 들며 피가 날 수 있고 입 속 세균으로 인한 2차 감염의 위험이 있다.	(치료방안) (1) 물림사고가 발생했을 경우, 상처부위를 깨끗이 소독하고 심한 경우, 병원에 가 치료받도록 한다. (처리방안) (1) 교사는 영아의 불편한 정서에 민감하게 반응하여 정서적으로 안정될 수 있도록 지도한다. (2) 동료 영아들 간에 긍정적인 정서를 가지고 상호작용하도록 한다. (3) 영아 상호 간에 배척요인을 찾아 교정해준다. (4) 충분한 놀잇감과 공간을 제공하여 갈등이 유발되지 않도록 한다.
	10. 흔들림 아이증후군	1. 영아가 울거나 보챌 때 심하게 흔들어서 생기는 질환이다.	1) 영아가 끊임없이 보채며 울 때 짜증이 나고 화가 나는 감정을 이기지 못한 채 심하게 흔들다가 일어난다.	(1) 앞뒤로 흔들지 않으며 장난으로 영아를 등에 업거나 어깨에 무등을 태워 조깅하는 것을 하지 않는다. (2) 비포장도로에서의 차량운행을 가급적 하지 않는다.
	11. 중독 사고	1. 위험약품을 입에 넣거나 만져서 중독사고가 일어나 죽을 수도 있다.	1) 중독사고를 일으킬 수 있는 위험약품은 다음과 같다. • 세재 • 비누 • 욕실용품 • 화학약품 • 화장품 • 향수류 • 살충제 • 소독제 등	(1) 약품을 영아의 손에 닿지 않는 곳에 보관한다. (2) 약품을 반드시 보관함에 넣어 보관하고 잠금장치를 설치한다.

제 4 장 바른 생활(기본생활습관)교육

세 살 버릇 여든까지라는 말이 있듯이 유아기에 형성된 바른생활습관은 평생 습관화된다. 일상생활에서 바른생활이라 함은 통상적으로 생활 전반에서 일상적으로 이루어지는 행동 가운데 사회적이고, 친교적이며 긍정적으로 받아들여지는 행동으로 친사회적 행동 또는 바람직한 행동으로 받아들여지는 행동인 반면, 바람직하지 못한 행동은 비사회적, 비친교적이며 부정적 행동으로 타인으로부터 비난과 질책을 받으며 사회의 존립에 위태로운 해를 끼치는 행동으로 인식된다.

1. 바른 생활의 성격

바른 생활의 성격이 가장 잘 들어난 것은 초등학교 통합교과, 즉 바른생활, 즐거운 생활, 슬기로운 생활의 3개 중의 하나인 바른 생활 교과로서 바른 생활의 성격을 알아보려면 초등학교 2009년 개정 교육과정에 제시된 통합교과의 목표와 성격을 살펴보아야 한다.

〈표 Ⅴ-14〉 통합교과의 목표와 성격

구분 통합교과	목표	성격
바른 생활	기본생활습관과 기본학습습관을 형성하도록 돕는	실천활동 중심의 교과이다.
슬기로운 생활	주변에 대한 관심과 이해를 도모하도록 돕는	탐구활동 중심의 교과이다.
즐거운 생활	창의적인 표현력을 지닌 건강한 사람이 되도록 돕는	표현놀이 중심의 교과이다.

〈표 V-14〉에서 바른 생활은 기본생활습관과 기본학습습관을 형성하도록 돕는 실천, 실행 위주의 교과이며 또한 행동 위주의 교과이다. 다만 유아교육에서는 유아교육의 특성상 기본학습습관에 대한 지나친 강조는 경계해야 한다.

2. 기본생활습관의 개념

습관이란 '한 가지 일을 되풀이함으로써 어떤 틀에 박힌 행동이 우리 몸에 배게 되는 것'을 말한다. 그러니까 기본생활습관이란 한 개인이 생활을 영위함에 있어서 기본이 되는 생활을 자신의 몸에 배게 하는 일로서 여러 학자들의 정의를 종합하면 〈표 V-15〉와 같다.

〈표 V-15〉 기본생활습관의 개념

학자명	개념
교육부 (1999)	• 개인이 한 인간으로서 삶을 살아가는 데 있어서 부딪힐 수 있는 다양한 환경에 대해 기본적으로 지니고 지켜야 할 행동양식 • 관습과 전통의 형태로 이어져 내려와 사회가 의도적, 무의도적으로 요구하는 사회적 규범과 원리에 따라 행동할 수 있게 하는 것
국립교육평가원 (1995)	• 아동이 일상생활을 영위해 나가는 데 있어서 요구되는 기본적이고 필수적인 행위
한국유아교육학회 (1997)	• 개인이 생명을 유지하거나 사회에 적응하기 위해서 유아기 때부터 꼭 지켜야 할 생활습관

이상의 정의들이 내포하고 있는 성격을 보면

첫째, 사회가 의도적, 무의도적으로 요구하는 사회적 규범이다.

둘째, 관습과 전통의 형태로 이어져 내려온다.

셋째, 다양한 환경에서 적절히 대처하는 행동양식, 사고방식, 정서 유형이다.

넷째, 다양한 삶의 양식에 따라 적응하고 행동을 돕는 자립능력을 길러 주는 것이다.

다섯째, 가정과 사회가 함께 나누어야 하는 문화가 기본생활 속에 내포되어 있다.

여섯째, 인격을 관리하는 안목과 능력을 길러준다.

이상에서 밝힌 성격을 종합하면 기본생활습관이란 '관습과 전통의 형태로 내려온 사회적 문화, 규범, 원리로서 다양한 환경과 삶의 양식에서 행동, 사고방식, 정서 유형으로 표현하여 일상생활에 잘 적응하고 대처하는 종합적인 행동양식 또는 자조기술'이다.

3. 기본생활습관의 중요성

인간은 기본생활습관을 자기 몸에 익힘으로써 다양한 환경과 삶의 양식에서 잘 적응하고 대처하여 원활한 일상생활을 영위하고 행복한 삶을 누릴 수 있다.

1) 영유아기는 기본생활습관 지도의 최적기이다

대부분의 부모들은 발달시기와 속도, 개인차를 무시하고 아직 배울 준비가 되어 있지 않은 영유아들에게 다양한 행동을 가르쳐 이를 습관화시키려 한다. 예를 들면, 1세 영아에게 무리하게 숟가락을 사용하여 식사를 하도록 지도하는 경우이다. 그러나 생활습관을 아직 배울 준비가 되어 있지 않은 영유아에게 무리하게 지도하는 것도 좋지 않지만 적절한 지도시기를 놓치는 것도 바람직하지 않다.

2) 잘못 형성된 생활습관은 교정하기 어렵다

만일, 나쁜 습관을 영유아기에 교정해 주지 않으면 굳은 나뭇가지를 바르게 펴려고 할 때 부러지듯이 나쁜 기본생활습관이 고착화되면 고치기가 어렵다.

어렸을 때의 좋은 버릇이나 나쁜 버릇은 제2의 천성과 같이 영원히 지속되는 경우가 많기 때문이다.

3) 영유아기에 형성된 기본생활습관은 인격 형성의 기초가 된다

한번 습관화된 행동은 쉽게 변하지 않으며 무의식적이고 기계적인 행동으로 나타나고 그 생활습관의 틀은 영유아의 성장을 주도하는 인격 형성의 바탕이 된다. 즉, 작은 버릇이 쌓여 습관을 만들고 습관은 다시 인간의 인격을 형성함으로써 결국, 영유아기는 기본생활습관 지도를 통하여 인격의 기초를 형성하게 되는 결정적 시기이다.

4) 기본생활습관 지도는 영유아기의 주된 교육내용이다

기본생활습관은 영유아의 일상생활에서 잘 적응하고 대처해 나가는 능력을 기르는 교육으로 유아의 일상생활 속에서 지도되어야 한다. 훈화나 설교 등 강의적 지도로는 습관화되지 않는다.

5) 영유아들의 자립능력을 배양하여 주체적인 일상생활을 도모하기 위함이다

영유아들은 기본적인 생활습관을 형성하면서부터 남과 더불어 살아갈 수 있는 자조능력이 배양되어 독립적인 삶을 살게 된다. 기본생활습관이 형성되지 못하면 자조성이 부족하고 의존적이 될 수밖에 없으며 지나친 의존성은 남에게 부담을 주면서 이타적이며 독자적인 삶을 이끌어 갈 수 없다.

4. 기본생활습관 지도

유아교육기관에서 영아들에게 기본생활습관을 형성시켜주기 위해서는 먼저 영아기 기본생활습관 지도목표와 지도내용을 선정하게 된다.

영아기에 기본적으로 지도해 주어야 할 기본생활습관 지도내용은 ① 식사습관, ② 배변습관, ③ 수면습관, ④ 옷 벗기, 입기 훈련 등이다.

1) 식사습관지도

보육기관은 영아가 가정을 떠나 처음으로 식사를 하는 장소로서 아무런 저항이 없이 음식물을 즐겁게 먹을 수 있도록 지도해야 한다. 〈표 V-16〉에서 식사습관지도의 목표, 내용, 방법에 대하여 기술한다.

〈표 V-16〉 식사습관지도

지도목표 및 영역	지도내용	지도방법
1. 바른 식사예절을 지키도록 한다. (식사예절)	1) 식사 전후 예절 갖추기	(1) 식사 전에는 '잘 먹겠습니다.' 식사 후에는 '잘 먹었습니다.'하고 말하도록 한다. (2) 식사를 만들어 제공하는 분들에게 고맙다는 생각을 갖도록 한다.
	2) 다른 사람의 음식에 손대지 않기	(1) 자기의 음식과 남의 음식을 구별할 수 있게 한다. (2) 자기의 음식으로 배부르지 않은 경우, 남의 음식에 손대지 않고 음식을 더 달라고 요구한다.
	3) 음식이 나올 때까지 기다리기	(1) 음식이 나오면 식탁 앞에 앉아 먹을 자세를 취하고 앉아 있는다. (2) 음식이 나올 때까지 배가 고파도 기다린다. (3) 음식을 미리 달라고 소리 지르거나 요구하지 않는다.
	4) 정해진 시간에 식사를 마치기	(1) 식사 도중에 돌아다니지 않는다. (2) 동료들이 식사하는 모습을 보면서 시간을 조절한다. (3) 동료보다 식사를 빨리하려고 서두르지 않는다.

2. 식사 전후·도중 청결을 유지한다. (식사청결)	1) 식사 전후에 손 씻기, 얼굴 씻기, 흘리지 않고 먹기	(1) 식사 전에 손을 스스로 씻거나 수건으로 닦도록 한다. (2) 음식을 가급적 흘리지 않고 먹도록 지도한다. (3) 음식을 먹으면서 식탁이나 바닥을 더럽혀도 나무라지 않는다. ① 식탁 밑에 비닐 또는 카펫을 깐다. ② 한 영아마다 한 장씩의 물수건을 준비한다. ③ 흘린 음식물을 쓸어 담을 그릇을 준비한다.
3. 혼자 식사하는 의욕과 태도를 갖는다. (주도적인 식사습관 배양)	1) 혼자 먹고 혼자 물 마시기	(1) 영아가 혼자 음식물을 먹고 혼자 물을 마시기는 2세 전까지 완전히 지도하고 빠른 영아는 1세~1세 6개월에 이루어지도록 지도한다. (2) 음식 먹는 것을 즐거워하도록 지도하고 혼자 먹게 될 때 교사가 격려한다. (3) 영아가 혼자 먹는 것을 교사가 강요하지 말고 또한 강요를 하고 있다는 인식을 절대 갖게 해서는 안 된다. 영아가 강요당하고 있다고 느끼면 먹는 일에 고통을 느껴 음식물 먹기를 기피한다.
	2) 바르게 숟가락, 스푼 사용하기	(1) 숟가락은 인간생활의 기본적인 식생활에서 처음으로 사용하는 중요한 도구가 된다. 우선 숟가락 2개를 준비하여 한 개는 아기에게 잡도록 하고 한 개는 교사가 가지고 아기 입으로 떠 먹일 때 사용한다. (2) 영아는 숟가락을 두들겨서 소리를 내 보기도 하고 장난감으로 가지고 놀더라도 충분히 즐기게 하고 천천히 숟가락 사용법을 지도한다. (3) 영아가 숟가락 사용법이 틀리면 '그렇게 하는 것이 아니야.'하고 금지시키지 말고 '아아, 이렇게 해 보면 어떨까?'하고 바르게 지도한다. (4) 영아가 숟가락 사용법이 서툴다고 교사가 계속 떠먹이는 일은 절대 안 된다.
4. 편식을 하지 않고 음식을 골고루 먹는 습관을 기른다. (균형적인 영양섭취)	1) 잘 씹어 먹기	(1) 음식물을 씹지 않고 삼키는 영아가 있으므로 교사는 영아 옆에 앉아서 '오물, 오물, 오물 이렇게 씹어 보세요.'라며 씹는 시늉 또는 실제로 음식을 씹어 먹는 모습을 보여 준다. (2) 교사는 영아가 숟가락이나 스푼 사용방법을 지도하기 위하여 숟가락이나 스푼 사용법에 몰두하다보면 음식을 씹지 않고 넘기는 일이 있다. (3) 교사가 영아로 하여금 음식을 정한 시간에 먹도록 재촉하면 씹지 않고 그냥 넘기기도 한다.
	2) 편식 안하기	(1) 편식을 하는 이유에 대하여 미리 이해한다. ① 편식은 1~2세경에 명확하게 나타난다. 그 원인은 이유가 끝나고 밥을 먹기 시작하는 시기에 음식물을 주는 방법에서 영향을 받는다. ② 발육시기에 따라 각종 영양소에 대한 신체적 요구도가 변화하므로 그것이 음식물 선택에 나타난다. ③ 신경계통의 발달과 함께 음식을 하나 하나의 색, 형태, 맛, 냄새, 입에 넣었을 때의 느낌에 대해 보다 민감한 반응을 나타낼 수 있으므로 좋아하는 음식물이 있게 된다. ④ 성인과 비슷한 식사를 하게 되어 자기 가정의 독특한 요리나 맛에 익숙해져서 남의 집(유치원, 어린이집 등) 음식이 싫어

		진다. ⑤ 다른 가정이나 친구들이 식사하는 행동을 모방해서 친구들이 좋아하는 것을 자기도 좋아한다. ⑥ 여러 가지 음식을 먹어본 경험을 통해 특정한 음식물에 대한 독특한 감정이 길러진다. (2) 편식의 지도방법은 다음과 같다. ① 이유식에서 유아식으로 옮아가는 과정에서 음식의 종류가 다양해짐에 따라 일정 음식을 좋아하는 경우가 있다. 동시에 많은 종류의 음식을 제공하지 않는다. ② 식욕에는 미각뿐만 아니라 시각도 커다란 요소가 된다. 모양, 색, 양, 조리법 등 그리고 깨끗한 프로스를 조금 첨가하면 아이들이 좋아한다. 이렇게 해서 편식을 예방할 수 있다. ③ 편식의 종류가 다양하며 문제가 되지 않는 것도 편식으로 오인하여 걱정하는 사례가 있으니 이런 과오를 범하지 않도록 한다. ④ 편식을 교정하는 데는 정신적인 요인도 있으니 이점을 고려해야 하며 편식을 교정하기 위해서는 유아가 해당 음식에 대해 갖는 불쾌감을 제거하는 데 주력해야 한다. ⑤ 편식을 교정하기 위해서는 가정의 분위기를 부드럽게 해야 한다. '먹지 않으면 굶어 죽는다'거나 '배가 고프면 죽는다'는 등으로 겁을 주어서는 안 된다. ⑥ 가끔 조리법을 바꾸거나 식사장소를 바꾸는 등 음식물에 대한 구미를 높이는 데 주력한다.

2) 배변습관지도

영아가 건강하려면 잘 먹고 잘 자고 잘 싸야 한다. 부모나 교사는 영아의 배변에 대한 고민이 많고 또한 배변지도가 쉬운 일이 아니다. 특히, 영아는 자신의 배변 욕구를 적절히 표현하지 못하거나 해결하지 못하여 실수하는 경우가 있어 영아 개개인이 지니고 있는 배변의 특성에 따른 지도가 적절히 이루어져야 한다.

〈표 Ⅴ-17〉 배변습관지도

지도목표 및 영역	지도내용	지도방법
1. 소변 욕구에 대한 유아의 의사를 교사에게 알려주도록 한다. (변의 표현)	1) 배변에 관한 말과 행동의 관계 이해시키기	(1) 기저귀를 갈아 채우거나 배변을 시킬 때는 "쉬이"라든가 "응가"라고 말을 해주어서 말과 배변의 행위가 결부되도록 가르친다. (2) 소변 습관을 길들이기 위해서는 아래와 같은 순서를 이해하고 지도해야 한다. ① 처음에는 오줌을 싸서 적신 옷을 손가락으로 가리켜서 말한다. ② 다음 단계에서는 오줌을 싸면서 알린다. ③ 마지막 단계는 누기 전에 알리는 순서를 밟는다.

2. 혼자 배변하려는 습관을 갖게 한다. (배변 습관)	1) 연령 발달단계를 고려하여 배변습관지도를 실시한다.	(1) 생후 1세 6개월 이전 ① 배변시간을 예상해서 변기에 앉힌다. 처음에는 앉혀서 변기에 길들이는 것이 목표가 되는데, 누지 않으면 너무 오래 앉혀 놓지 말아야 한다. ② 이미 싸 놓고 교사에게 알리더라도 알려준 것을 칭찬해 주어서 자신감을 가지도록 한다. ③ 낮에는 기저귀를 떼어서 소변을 예고할 수 있게 시험해 본다. (2) 생후 1세 6개월 이후 ① 배변 의사를 미리 예고할 수 있게 훈련한다. ② 낮 동안에는 기저귀를 뗀다. ③ 식사, 낮잠, 실외놀이, 산책에 앞서서 교사의 권유로 화장실에 가는 것을 싫어하지 않게 훈련시킨다.
	2) 배변훈련을 위한 놀잇감과 환경 구성을 한다.	(1) 영아의 배변훈련을 위한 놀잇감과 환경 구성을 화장실 양쪽에 마련한다. 그리고 배변과 관련된 놀이활동자료에 대한 소개를 사진 또는 문서 등으로 각 가정에 전달하여 가정과 연계되도록 한다.
	3) 연령발달단계에 따라 배변기능수준을 달리한다.	(1) 1세 영아는 배변을 하는 중이거나 하고 난 후 의사표현을 할 수 있으므로 영아의 비언어적인 표현을 민감하게 관찰하여 영아가 배변에 대한 의사표현을 하도록 돕는다. 그리고 기저귀 갈이는 놀이 중에 영아의 개별상태를 확인하여 개별적으로 이루어져야 한다. (2) 2세 영아 중 화장실을 사용할 수 없는 경우에는 정해진 곳에서 변기를 사용하여 배변하도록 하고 화장실을 사용할 수 있는 경우에도 교사가 동행하여 배변에 관한 도움만 주는 것이 아니라 손 씻기, 옷 입기 과정을 살펴보고 적절히 지도해야 한다. (3) 소변 간격이 2시간 이상 되면 배변훈련을 할 수 있는 적당한 시기로서 영아의 의사와 자존심을 존중하면서 칭찬과 격려를 해주어 자신감을 갖게 해준다.
	4) 배변에 관한 부적응 영아에 대한 지도를 개별화한다.	(1) 자기 집이 아니거나 부모가 없으면 배변을 못 하는 영아지도 : 교사 영아와의 친밀성 갖기 (2) 대소변을 실수하는 영아에 대한 대책 : 평상시 잘한 일에 대하여 칭찬하기, 실수한 행동을 가볍게 보아 넘기기

3) 청결습관지도

청결습관지도가 어려운 것은 첫째, 청결의 수준을 정하기가 어렵고, 둘째, 영아들이 청결에 대한 관념이 지극히 희박하며, 셋째, 청결습관의 영역이 아주 광범위하기 때문이다. 손 씻기가 만 2세 6개월, 그 밖의 청결습관은 만 4세에 자립이 가능하지만 가급적 청결습관의 자립을 위한 훈련을 일찍 시작하는 것이 좋다.

〈표 Ⅴ-18〉 청결습관지도

지도목표 및 영역	지도내용	지도방법
1. 몸을 깨끗이 하면 마음이 쾌적함을 느끼게 한다. (쾌적함에 대한 이해)	1) 청결상황과 언어와 관련 지워 이야기해 준다.	(1) 교사가 영아의 청결활동을 실시할 때마다, 예를 들면 '얼굴 씻고 머리를 감겼을 때' '얼굴을 씻고 머리를 감고 나서 얼굴이 훨씬 부드럽고 예뻐졌어요. 그리고 머릿결이 아름다워요. 기분이 좋지요.'라고 말하면서 청결활동과 언어를 관련 지워 얼굴과 머리를 감은 후의 느낌을 스스로 느끼게 하여 얼굴 씻기와 머리 감기를 즐기도록 한다.
2. 청결을 점차적으로 스스로 하도록 유도한다. (청결습관훈련)	1) 일상생활 장면별로 청결습관화 내용을 표준화한다.	(1) 영아에게 일상생활 속에서 습관화시켜야 할 청결내용을 선정하여 각 상황마다 놓치지 않고 관심을 가지고 지도하고 습관화시킨다. ① 식사 전후 손 씻기 ② 식사 후 이 닦기, 물로 입안 헹구기 ③ 잠자기 전 외출하고 들어왔을 때 입에 물을 머금고 행구기 ④ 놀이가 끝났을 때 손 씻기 ⑤ 배변 후에 손 씻기 ⑥ 수시로 코 닦기(풀기) ⑦ 수시로 귀, 코, 손톱, 발톱 깨끗이 하기 ⑧ 아침, 저녁으로 세수하기
	(2) 청결습관행동을 반복적으로 매일 지도한다.	(1) 영아에게 길들이려는 청결습관행동을 스스로 할 수 있을 때까지 반복적으로 지도한다. 예를 들면, 손을 씻을 때는 ① 먼저 수도꼭지를 튼다. ② 양손을 물 안에서 문지른다. ③ 양손에 비누를 묻혀 거품이 날 때까지 문지른다. ④ 물로 거품을 씻어낸다. ⑤ 새 물로 헹군다. ⑥ 수도꼭지를 잠근다. ⑦ 마른 수건으로 물기를 깨끗이 닦는다.
	3) 청결습관 형성을 위해서 각 상황에 따라 교사의 역할을 다양화한다.	(1) 영아의 청결습관 형성을 위해 교사가 특히 유념할 사항은 ① 어머니나 교사는 좋은 습관 모델을 보여 주어야 한다. ② 전 항에서 제시한 7가지 상황별로 매일 또는 주별로 점검하며 지도한다. ③ 영아가 즐겁고, 기분 좋게 습관화되도록 칭찬과 격려를 해준다. ④ 영아의 발달수준별로 거기에 알맞은 청결내용과 수준을 설정하고 지도한다. 예 : 물로 입안 헹구기(1세) 칫솔질 지도(2세) ⑤ 건강한 영아일수록 활동성이 강하여 신체나 옷을 자

		주 더럽힌다. '더럽히지 말아라' 라고 강요하지 말고 더러워질 때 어떻게 하면 깨끗해지는지를 알려준다. ⑥ 영아의 청결습관지도는 영아의 손, 발을 자유롭게 움직이는 운동기능의 발달이 전제되어야 한다. 신체기능발달을 유도하고 신체기능발달수준에 맞는 청결 습관을 지도해야 한다. ⑦ 영아의 청결습관지도과정에서 너무 심하게 하는 것은 영아를 훈련하기보다 채찍이나 꾸중이 되어 문제를 일으킬 수 있다. 영아의 감수성, 신체, 정서적 발달, 지적 발달 수준을 고려하여 항상 따뜻함과 애정, 격려, 칭찬으로 영아 스스로 하고 싶은 의욕을 갖도록 지도한다. ⑧ 가정과 유아교육기관에서 청결지도내용, 지도방법, 기대수준이 일치하도록 연계지도를 해야 한다. ⑨ 청결습관을 기르는 데에는 적절한 시기를 잡아서 집중적이며 반복적으로 지도하여 기초를 형성시켜준 후에 영아가 자율적으로 이행할 수 있도록 유도하고 항상 격려와 칭찬을 잊어서는 안 된다. ⑩ 놀이방의 일상생활영역, 세면장에 모든 시설기구가 영아 중심적이어야 한다. 특히, 세면대는 영아가 혼자 씻을 수 있도록 세면대의 높이를 낮추고 세면대가 높거나 현대식이 아닐 경우는 물을 퍼서 세수대야에서 씻을 수 있도록 준비한다.

4) 수면습관지도

영아의 수면상황은 연령, 월령, 가정배경, 개인적 특성에 따라 수면형태나 시간이 다르므로 수면지도의 개별화가 이루어져야 한다.

〈표 Ⅴ-19〉 수면습관지도

지도목표 및 영역	지도내용	지도방법
1. 혼자 자립적으로 수면하는 습관을 정착시킨다.(바른 수면습관 정착)	1) 잠자는 시간의 조정	(1) 잠자는 시간은 연령에 따라 몇 시간이 알맞느냐에 대한 관심이다. 일반적으로 연령이 낮을수록 수면시간이 많고 또한 당일 어떠한 일과를 운영하느냐에 따라 수면시간이 달라지기 마련이다. 일본의 야마시다(山下俊郎)는 0세 영아는 11시간 17분, 1세 영아는 10시간 55분, 2세 영아는 10시간 58분이라고 하나 우리나라 영아의 경우에는 이보다 2시간이 더 긴 것으로 보고되고 있다.
	2) 연령발달에 따른 지도	(1) 0~1세, 2세 영아로 구분하여 기술한다. ① 0~1세 영아 • 수면이 일상생활 중에서 매우 중요하므로 충분히 편안하게 수면하도록 해야 한다. • 신생아는 수유시간 이외에는 밤과 낮 구분 없이 잠자

<table>
<tr><td></td><td></td><td>기와 깨어 있기를 반복한다. 밤에 수면을 충분히 취하게 하기 위해서는 낮 동안 규칙적으로 생활하는 것이 중요하다.
• 영아가 숙면을 취하게 하기 위해서는 안락하고 조용한 수면 장소를 제공해야 한다. 수면시간을 영아의 월령이나 개인차에 맞춰야 한다
• 교사는 개별 영아가 잠드는 시간과 습관, 자고 나서 깰 때의 행동을 잘 관찰하여 배려해 주어야 한다.
• 식사 후 소화에 무리가 되지 않도록 낮잠준비과정(양치, 세면, 로션 바르기, 겉옷 벗기 또는 젖은 옷 갈아입기, 베개 챙기기 등)을 여유 있게 천천히 진행하고 날씨와 기온에 알맞은 이불을 덮고 잘 수 있도록 한다.
• 자고 일어난 후에는 개별적으로 다가가 따뜻한 접촉과 눈맞춤으로 심리적 안정감을 갖도록 한다.
② 2세 영아
• 잠을 자는 시간과 잠자기 전의 과정(세수하고 옷 갈아입기, 자장가나 이야기 들려주기 등)이 규칙적으로 이루어질 때 영아는 일과를 예측하고 편안해지며 안정된 수면습관이 형성될 수 있다.
• 2세 영아는 0~1세 시기보다 놀이시간이 더 길어지고 휴식이나 낮잠시간도 정해진 시간에 할 수 있게 한다.
• 정해진 낮잠시간에 충분히 잘 수 있도록 하며 신체활동이 많은 놀이 후에는 휴식을 취하도록 해준다.
• 2세 영아는 오후 1회 정도 낮잠을 잔다. 교사는 규칙적인 일과에 따라 영아가 수면을 취할 수 있도록 하되 영아의 수면시간은 개인차가 있고 같은 영아라도 그 날의 활동량에 따라 수면시간에 다소의 차이가 있음을 고려해야 한다.
• 이 시기의 영아는 각자 독특한 수면주기와 습관이 형성되어 있으므로 교사는 보호자로부터 영아의 개별적인 수면시간과 수면습관을 파악하여 되도록이면 가정에서와 비슷한 환경을 제공하여 영아가 편안한 수면을 취할 수 있도록 한다.</td></tr>
<tr><td></td><td>3) 다양한 나쁜 수면 버릇에 따른 지도</td><td>(1) 잠들기 전에 나쁜 버릇이 무엇인가를 이해하고 이에 적절한 지도를 해주어야 한다.
① 생리적으로 운동부족 때문에 혈액순환이 안 되어서 잠들지 못한다.
② 가정에서 모자관계가 원만 하지 않아서 영아 혼자 잘 수 있는 자신감이 없어 잠들지 못한다.
③ 신경질적인 영아는 약간의 변화에도 민감하여 잠들지 못한다.
④ 가정과 유아교육기관에서 수면방법에 차이가 있어 잠을 들지 않는다.
⑤ 과잉보호나 불안 등이 잠버릇을 나쁘게 만든다.</td></tr>
<tr><td></td><td>4) 1일 생활과정의 정상화</td><td>(1) 1일 생활과정을 정상화하여 잠자는 것을 하나의 생활 리듬이 되게 한다.</td></tr>
</table>

		식사, 낮잠, 산책, 목욕 등 생활시간이 불규칙적으로 흐트러지면 수면시간에 혼란을 일으킨다. 과도한 운동, 즐거움이 넘쳤던 흥분, 그 반대로 만족스런 활동을 하지 못하는 그날의 생활은 수면에 방해가 된다. 예를 들면, 점심을 먹고 잠시 놀고 있다가 낮잠 자는 시간이 되고 귀가해서 저녁에 목욕이나 세수를 하고, 몸을 닦고 잠옷을 갈아입으면 잠자리에 드는 순서에 길들여져 다음에 일어나는 일에 대비하는 마음의 준비를 하게 된다.
	5) 기타	(1) 기타 ① 수면예절지도 '안녕히 주무셨어요.'와 '안녕히 주무세요.'의 동작과 인사말을 할 수 있게 교사가 정확한 발음과 행동으로 본을 보여 준다. ② 침구 준비 잠자는 장소를 일정하게 정해 놓고 어머니(교사)가 잘 시간을 알리는 말을 해서 세수를 하고 잠옷으로 갈아 있는 등 잘 준비를 하는 습관을 확립시켜 간다. ③ 정면(正眠)과 가면(假眠)이 있음을 알고 몸과 마음이 모두 편안하게 푹 자는 정면을 하도록 하되 자면서 안구가 움직이고 잠꼬대하는 등 잠을 들지 못하는 가면에도 놀라지 않는다. ④ 수면 불안감 제거 잠들기까지의 불안감을 제거해 주기 위해 자장가를 불러주기도 하고 잠시 곁에 있어 준다. ⑤ 수면 장소의 다양화 소파, 어머니 무릎 등 어디에서 자든 개의치 않는다. ⑥ 수면자세 엎드려서 수면하는 자세를 취하도록 하며 너무나 무거운 이불을 덮어 주지 않는다.

5) 옷 입고 벗는 습관지도

영아가 운동기능이 발달해서 걸을 수 있고 손과 발, 손가락을 마음대로 움직이고 활동을 할 수 없기 때문에 옷 입고 벗기를 부모나 교사에게 의존해야 되나 만 1세가 지나면 영아 스스로 옷을 벗고 입어 보려는 간단한 시도가 이루어진다. 따라서 부모나 교사는 이 시기를 잘 포착하여 영아의 옷 입고 벗는 습관을 형성시켜 주도록 노력해야 한다.

〈표 V-20〉 옷 입고 벗기 습관지도

지도목표	지도내용	지도방법
1. 영아 혼자서 자립적으로 옷을 벗고 입는 습관	1) 지도시기의 적정	(1) 영아가 옷 입고 벗기에 대한 일반적인 발달과정을 이해하고 지도해야 한다. ① 너무 서두르거나 늦지 않게 지도해야 한다.

을 지도한다. (자립적인 옷 벗기와 입기 습관)		② 옷 벗기, 옷 입기에 관심을 갖는 시기 : 생후 6개월 ③ 옷 벗기, 옷 입기 습관지도 가능시기 : 생후 1년 ④ 옷 벗기, 옷 입기 자립 가능시기 : 생후 2년 ⑤ 구두나 신발을 신을 수 있는 시기 : 만 2세~ 2세 6개월 ⑥ 옷 벗기, 입기, 신발 신기 완전 자립시기 : 만 6세 (2) 영아들이 옷 벗기, 입기에 관심과 흥미를 갖기 시작할 때 지도하기 시작한다. 예를 들면, 옷의 단추를 스스로 빼고 끼워 보려고 하거나 지퍼를 스스로 내려 보려고 애를 쓸 때 조금씩 조력해서 스스로 벗고 입기를 습관화시킨다.
	2) 영아에게 적합한 옷 입히기	(1) 어려서부터 땀을 잘 흡수하는 면 종류의 가벼운 옷으로 얇게 입는 습관을 길러준다. (2) 옷은 입고 벗기에 적절한 옷을 입혀야 하고 다음의 조건을 갖추어야 한다. ① 몸에 착 달라붙는 옷보다 다소 여유가 있는 옷 ② 단추의 위치가 앞에서만 있는 옷 ③ 붙은 바지, 혁대를 매는 바지 옷은 좋지 않다. 고무줄 바지가 좋다. (3) 셔츠는 목이 넉넉하고 벗기 쉬운 바지를 입히고 벗기 쉬운 구두를 신겨야 한다. (4) 장식이 달리거나 새롭게 보이는 옷, 밝은색, 부드러운 옷감을 좋아하며 또래들과 유사한 옷 입기를 즐긴다. (5) 잠자리 옷, 등원할 때 옷, 집에서 놀이할 때 옷, 나들이 할 때 옷을 구별하여 입힌다.
	3) 지도방법의 적절성	(1) 영아들이 해 보려는 의욕을 받아들여서 영아 혼자서 할 수 있는 동작을 찾아내야 한다. 시간이 걸리더라도 서두르지 말고 혼자 할 수 있는 데까지 보고 기다린다. 교사는 영아가 할 수 없는 부분만 관찰했다가 도와준다. (2) 혼자 할 수 없는 영아나 혼자 하려는 의욕이 없는 영아에게는 성인이 해주고 마지막 끝마무리는 영아가 해보도록 한다. (3) 옷 입고 벗는 순서는 물론 방법을 구체적으로 지도한다. ① 팬티나 바지를 입히려는 경우, 입히기 쉬운 자세로 취해주기도 하고 윗옷을 입히는 경우, 팔을 들어서 옷을 입는 자세를 보이기도 한다. 그리고 바지를 벗길 때는 '자, 바지를 내려 볼래?' 다음에는 '가랑이에 발을 빼봐라' 등 한 동작마다 말을 걸어서 옷을 벗고 입는 데 동작과 언어를 일치시키어 동작의 순서와 방법에 대하여 세세하게 지도한다. ② 옷 입기와 벗기 지도에서 먼저 옷 벗기 지도가 선행되어야 한다. 벗는 동작은 거친 동작과 손과 눈의 협응 동작으로 이루어지기 때문이다. ③ 옷 벗기와 입기 동작지도에서 벗고 입는 동작이 어려운 것이라고 생각하면 옷 벗기와 입기 습관 정착이 어려우므로 영아가 흥미를 가질 수 있도록 다소 미숙한 상태에서 이루어지더라도 항상 격려와 칭찬을 해줘야 한다.

제5장 어린이집 적응지도

시설보육의 보편화는 어린 영아기부터 유아교육기관에 입원시킴으로써 부모나 교사의 입장에서는 당해 자녀가 시설보육에 원활히 적응할 수 있을런지에 대한 불안감을 갖기 마련이다. 특히, 영유아들은 각기 다른 가정보육경험에서 집단위주의 시설보육으로 이행하는 과정에서 각기 다른 적응방법을 기대함으로써 교사들에게는 이에 대처하기 위해 많은 부담을 안게 된다.

1. 적응지도에 대한 이해

적응지도에 대한 이해에서는 적응지도의 개념, 적응지도의 필요성, 적응지도에 영향을 주는 요인 등에 대하여 생각해보기로 한다.

1) 적응지도의 개념

적응이란 '일정한 조건이나 환경에 맞추어 자신의 상태나 구조를 끊임없이 변화시키는 과정'(어학사전) '생물체에 형태나 기능, 행동 등의 환경조건이나 변화에 따라 생활하기 쉽도록 변화해 가는 과정 또는 개체의 성질'(zum)로 정의한다.

모든 동·식물도 주어진 환경 속에서 살기에 적당하게 변화해 가는 과정으로 적응은 그러한 욕구를 느낄 때 시작하여 그것이 충족되었을 때 끝난다.

영유아들의 어린이집의 적응 또한 마찬가지이다. 적응은 '연계성'과 유사한 개념으로 적응지도란 '독자적인 기능을 가진 가정과 어린이집과의 조화롭고 원활하며 적절한 관계를 유지하여 어린이집에서 신체적 · 심리적 · 정서적으로 안정적인 생활을 영위해 나가는 과정'이다.

2) 적응지도의 필요성

부모, 조부모, 형제, 자매 등 온 가족의 총애와 관심과 배려 속에서 온정적으로 이루어지는 가정보육에서 집단적이며 공식적인 시설보육에로의 이행은 해당 영유아에게는 상황에 따라 충격적이어서 심한 트라우마를 경험할 수도 있다. 따라서 어린이집에서의 원활한 적응을 위한 적절한 대책을 강구해야 한다. 유아적응지도의 필요성은 가정보육과 시설보육 간의 조화롭고 원활하며 적절한 관계를 유지하여

첫째, 새로운 보육환경에 잘 순응하고

둘째, 새로운 교사와 동료 영유아들 간에 원활한 상호작용을 도모하고

셋째, 부모와의 격리불안을 제거하여 영유아들이 어린이집에서 안정되고 조화롭게 생활을 영위하도록 하는 데 있다.

3) 적응지도에 영향을 주는 요인

적응지도에 직접적으로 영향을 주는 애착, 민감성, 격리불안에 대해 알아보자.

(1) 애착

영아가 가정보육에서 시설보육에로의 이행과정에서 갈등을 느끼는 것은 지금까지 부모와 맺어진 애착관계가 파괴되는 것에 대한 두려움 때문이다.

따라서 부모와의 격리불안을 제거하고 부모의 애착을 보완해 주는 교사의 역할을 이해해야 한다.

① 애착의 개념

애착에 큰 관심을 불러일으킨 이유는 출생 후 1년 이내에 어머니 또는 영아를 돌봐주는 사람 간에 맺어지는 애착의 정도가 그 이후의 신체발육, 지능발달, 인격발달, 사회성발달, 종교적 발달에 지대한 영향을 주기 때문이다. 애착(attachment)은 보움버(Bowlby)가 처음으로 사용한 용어로 '인간관계의 기본적인 결합으로 가까운 사람에게 느끼는 정서적 유대, 애정관계, 사랑의 감정'을 의미한다.

② 애착의 특성

ㄱ. 애착은 의존성, 민감성, 정서적 상호관계, 사랑의 감정과 비슷한 개념이다.

ㄴ. 애착은 영유아의 삶에 영향을 주는 부모, 형제, 조부모, 교사와 맺어진다.

ㄷ. 애착은 단기간에 형성되기보다 최소한 몇 개월의 시간을 거쳐 형성된다.

ㄹ. 애착은 영유아의 신체, 지능, 인격, 사회성발달과 종교적 성장에 많은 영향을 준다.

③ 영아기 애착 형성방안

ㄱ. 영아의 입장에서

가. 영아의 특성에 따라 한 명의 성인 또는 여러 명의 성인들과 애착을 형성하는 등 개인차가 심하므로 영아 개개인의 특성에 따른 지도가 이루어져야 한다.

나. 영아는 음식을 주고 보살피는 사람과 애착이 형성되기보다 오랜 시간에 걸쳐 자신의 요구를 민감하게 반응해 주는 양육자와 형성된다. 따라서 부모 및 교사 등 주 양육자는 영아의 기질적 특성, 사회적 태도와 요구에 민감하게 반응해 주어야 한다.

다. 부모가 영아를 좋아하지 않고 신체적 접촉을 피하며 무관심하면 불안-회피애착이 형성된다.

라. 영아는 생후 초기 몇 개월 동안에 부모와의 상호작용, 영아의 신호에 대한 적절한 반응이 애착 형성에 결정적 영향을 줌을 알고 지도한다.

ㄴ. 부모와 교사의 입장에서

가. 주 양육자가 영아의 사회적 태도, 요구, 기질 등에 민감하게 반응적이며 영아의 행동에 적절하게 대처해 준다면 영아는 양육자가 필요할 때는 언제든지 다가갈 수 있는 반응적인 존재라는 것을 인식하여 안정된 애착의 형성에 주력한다.

나. 부모나 교사는 영아의 기질적 특성에 관한 바른 이해를 위하여 노력하고 영아의 내재적인 기질을 고려하여 영아가 안정적인 애착을 형성할 수 있도록 지도한다. 주 양육자가 반응하는 데 느리고 영아에게 애정을 보이지 않으며, 다루는 데 서툰 경우 불안-저항적인 애착관계를 형성하게 되고 부모나 교사가 영아를 좋아하지 않고 신체적 접촉을 하는 데 무관심할 때, 불안-회피적인 애착을 형성하게 된다(Clark-Stewar, 1973; Schaffer & Emerson, 1964). 특히, 교사는 영유아와 안정적인 애착 형성은 영아의 성장발달 촉진을 위하여 매우 중요하다는 것을 이해하고 지도해야 한다.

ㄷ. 유아교육기관 · 교사의 입장에서

가. 유아교육기관에서 애착 형성의 기초가 되는 신뢰감을 증진시키기 위해 개별적 보육환경, 시설이나 기구가 항상 정해진 곳에 비치되는 등 예측 가능한 환경, 기저귀 갈기나 우유 먹이기에 효율적인 환경을 준비하고 교사와 영유아의 비율을 낮춘다(전예화 외, 2003).

나. 영아의 요구와 기질적 특성 등에 반응을 보이고 언제나 다가갈 수 있는 반응적인 존재로서 인식될 수 있도록 노력해야 한다. 이를 위해서 교사들은 유아모로부터 영아의 요구와 기질적 특성에 대하여 이해해야 한다.

다. 가정이나 유아교육기관에서 영아의 강한 정서적 유대를 강화하여 영아가 늘 편안하고 안락한 느낌을 갖고 성장하도록 한다. 한편, 교사들은 원장이나 다른 교사들과의 관계, 여러 가지 근무조건이나 교사 자신의 가정환경 등이 영아와의 애착의 질에도 영향을 미친다는 것을 이해하고 지도해야 한다.

라. 교사들은 애착과 훈육의 갈림길에서 고민하고 있다. 애착 형성을 강조하여 관심을 요구할 때마다 반응을 해주는 것이 영아에게 좋지 않은 습관을 들게 하는 것이 아닌지 염려한다. 그러나 교사들은 훈육보다 애착을 더 중요시하여 애착 형성을 위한 지도에 더욱 관심을 가져야 한다.

마. 교사들은 영아의 가족이 처해 있는 상황에 대하여 바르게 이해하여 영아와 부모 간의 안정적인 애착관계를 형성시키기 위하여 가족들을 유아교육기관의 차원에서 지원해줄 수 있는 부모교육이나 가족지원 프로그램 등을 실시할 수 있다.

(2) 격리불안(Seperate anxieiy)

영유아들은 7개월에서 3세까지는 애착이 형성되었다고 보는 단계로서 영유아들은 다른 사람들보다 어머니를 더 좋아하고 따르면서 애착이 형성된다. 따라서 대개 12개월경에는 대부분의 영아가 확고한 애착을 형성하게 된다. 한편, 영유아가 17개월~3세까지에는 어머니와의 애착이 강하게 형성되면서 이 시기에 상대적으로 애착의 배타성이 명백하게 나타나는데, 이때 낯선 사람에 대하여 두려움을 보이기 시작한다. 따라서 유아교육기관에 입원해야 하는 이 시기에는 어머니에 대한 강한 애착이 입원을 하면서 어머니와의 헤어짐에 대한 불안, 즉 격리불안이 나타나면서 유아교육기관에 적응을 저해하기도 한다.

따라서 기관 입원 초기에 영아가 낯선 교사와 친구들과 함께 집단생활을 하는 것은 대단히 큰 변화나 사건으로 심리적 충격 없이 잘 적응하도록 도와주어야 한다.

(3) 민감성

민감성은 상호작용의 핵심으로서 부모는 영아가 지니고 있는 필요와 욕구를 얼마나 민감하게 지각하고 이에 반응해 주느냐에 따라 어머니와 영아 간의 애착 형성에 지대한 영향을 준다. 따라서 교사도 영아와 애착 형성을 하고 영아를 보육하고 교육함으로써 유아교육기관에의 원활한 적응이 가능하다.

① **민감성의 개념**

민감성이란 '영유아들의 필요나 욕구를 파악하여 신속하게 적절히 반응해 주는 능력'을 말한다. 즉, 영유아의 필요나 욕구에 대한 신속한 파악과 파악된 내용에 대한 신속한 반응을 의미하는데, 언어표현능력이 부족하여 필요와 요구를 신속하게 파악하기가 어렵다.

② **민감성을 높이는 전략**

성인들이 영유아들의 필요와 욕구를 파악할 수 있는 방법은 바로 기다리고(Wait), 따라가 보고(Follow) 나서 반응(Response)하는 방법이다.

ㄱ. **기다려라**(Wait)

영유아가 자신의 욕구와 필요를 신호로 보낼 때(징징거리기, 울기 등) 성급하게 이해하려고 서두르지 말고 기다리면서 정서상태를 느끼고 여유 있게 기다리면서 행동을 관찰하고 신호를 적절하게 해석하여 영유아의 욕구와 필요가 무엇인가를 파악하기 위한 정보를 수집한다.

ㄴ. **따라가라**(Follow)

영유아의 필요와 욕구를 파악하기 위한 정보가 수집되었다 할지라도 곧장 반응하지 말고 좀 더 기다리면서 영유아의 행동을 따라가 본다. 처음에 관찰한 내용과 두 번째 관찰한 내용을 분석하여 영유아의 필요와 요구를 보다 더 정확하게 파악할 가능성이 높아졌다.

ㄷ. **반응하라**(Response)

교사는 충분히 기다리고 따라간 후이므로 반응을 한다. 그리고 교사의 반응에 영유아의 정서상태가 달라졌는지 민감하게 파악하면서 마찬가지로 기다리고 따라가고 반응하는 패턴을 유지한다. 이때 교사가 먼저 지레짐작으로 섣부른 판단을 하지 않는다.

섣부른 판단은 영유아의 필요나 욕구를 잘못 해석할 가능성이 높다(신혜은 외, 2014).

2. 적응교육 프로그램 운영

적응교육 프로그램은 유아교육기관에서의 적응상 문제점 발견과 해결을 통하여 원활한 적응을 위한 방안이나 방법을 찾아내기 위한 목적으로 이루어지는 진행과정이다. 따라서 다음에서 적응교육의 과제와 적응지도 프로그램의 제작 및 운영요령에 대하여 기술하기로 한다.

1) 적응교육의 과제

영유아가 어린이집에 학기 초에 입원했을 때 나타나는 부적응행동은 다음과 같다.

(1) 계속해서 어린이집에 아예 가지 않겠다고 떼쓴다.
(2) 어린이집 현관에 들어서거나 어린이집을 보기만 해도 울기 시작한다.
(3) 신체적으로 아픈 증상이 없음에도 불구하고 아프다고 호소한다.
(4) 또래들과 어울리지 못하고 시무룩하거나 멍하니 앉아 있다.
(5) 교사와 아무런 상호작용을 하지 않으려 하고 또한 아무런 반응이 없다.
(6) 사소한 불만에도 울음이 잦고 칭얼댄다. 이유를 모르는 울음도 잦다.
(7) 대소변을 가릴 줄 아는 영유아가 가리지 못하기도 한다.
(8) 어린이집에서 제공하는 음식이나 간식을 취하려 하지 않는다.
(9) 밤에 잘 자지 않고 울면서 깬다.
(10) 어린이집에서 잠을 이루지 못한다.
(11) 집에 가서 어린이집에 대한 불만이나 나쁜 감정을 곧잘 표현한다.

2) 적응교육 프로그램

각 유아교육기관에서는 학기 초 신입원아의 원활한 적응을 위해 적응 프로그램을 구성하여 운영하게 되는데, 다음에서 적응교육 개념, 구성방안, 운영요령에 대하여 기술한다.

(1) 개념

적응교육 프로그램은 '독자적인 기능을 가진 가정과 유아교육기관과의 원활하고 적절한 관계를 유지하여 유아교육기관에서 심리적 · 정서적 · 신체적으로 안정된 생활을 영위해가도록 영유아 · 학부모에게 투입하는 치료 · 처방적 교육 프로그램'이다.

(2) 구성방안

입원 영유아는 자신의 생활에서 총체적으로 갈등을 느끼며 이러한 총체적인 갈등을 빠른 시일 내에 해소하고 바람직한 적응을 돕는 적응교육 프로그램을 구성하는 데 있어서 고려할 점은 다음과 같다.

① 각 가정에서의 교육 · 양육방식, 영유아의 식사, 놀이, 배변, 친구관계, 성격상의 특이성, 부모의 교육 · 양육방법 등에 대하여 면밀히 분석하여 유아교육기관과의 차별성을 파악한 후 차별성을 극복해 주는 방향으로 구성한다.

② 유아교육기관에의 적응상황을 관찰하여 부적응요인을 발견하고 적응교육 프로그램에 반영한다. 예를 들면, 어머니 품을 떠나지 않는 영유아, 영유아들이 관심 갖는 영역이나 물건, 교사와 동료 영유아를 대하는 관심과 태도 등 다양하게 관찰하여 프로그램 구성에 반영한다.

③ 집단 또는 개별 입원 적응교육 프로그램을 구성한다.
전체 영유아에게 공통적이며 보편적으로 적용할 수 있는 집단 프로그램과 영유아 개개인의 필요와 갈등을 해결해 줄 수 있는 개별 프로그램을 구성한다.

④ 적응교육 프로그램은 쉬운 내용부터 어려운 내용으로, 공통적이며 보편적인 내용으로부터 개별적인 내용으로, 실내활동에서부터 실외활동으로 맨몸으로 하는 활동으로부터 기구를 사용하는 활동으로 이어지는 등 프로그램 내용의 선정 및 배열이 순차적인 사고과정이 중시되어야 한다.

⑤ 반복적이며 느슨한 프로그램으로 구성해야 한다.
순발력, 기민성, 창의성, 대 · 소근육활동의 제한성 등으로 활동성이 극히 부족한 영유아에 대한 프로그램은 모든 활동을 반복적으로 편성하고 장기적으로 운영되는 프로그램이어야 한다.

⑥ 부모와 공동으로 이루어지는 프로그램으로 구성한다.
입원 초기에는 모든 활동을 부모와 같이 공동으로 이루어지는 프로그램이 좋고 점차적으로 영유아 단독으로 이루어지는 프로그램이어야 한다.

(3) 진행요령

적응교육 프로그램은 가장 어린 나이에 처음 접하는 구조적인 환경, 생소한 교사, 동료 영유아들의 출현, 각인과 애착의 유일한 대상인 어머니로부터의 격리불안 등 모두가 영유아들에겐 충격으로 이를 해소하는 적응교육 프로그램의 시행은 다른 연령층의 아동들에게 시행하는 경우와는 달라야 한다. 진행 시 고려할 점은 다음과 같다.

① 학부모들에게 부모교육을 통하여 본 프로그램의 목적, 진행방식, 학부모의 협조사항을 주지시키고 현재 영유아들이 기관 입원에 따른 갈등사항이 무엇인지 다시 확인한다. 부모교육이 어려운 경우 가정통신문으로 대체할 수 있다.

② 영유아가 보호자와 같이 프로그램에 참여해야 하나 학부모들의 개별적인 사정으로 참여가 어려운 경우, 유아 개별 프로그램으로 대체하여 학부모가 가능한 짧은 시간에 시행할 수도 있다.

③ 영유아가 어린이집에 입원 시 원활한 적응을 위한 필수적인 활동으로는 점심 먹기, 간

식 먹기, 낮잠 자기 등이다. 이러한 기본적인 활동을 처음 시도할 때는 학부모가 반드시 참여하여 유아교육기관에서의 절차와 방법을 터득시킨다.

④ 프로그램은 1~2주 정도를 기본으로 하되 경우에 따라서 3~4주 프로그램을 구성할 수도 있다. 개별 프로그램을 적용하여 등원이 어려운 어머니들의 시간에 맞추어 줄 수 있다.

⑤ 프로그램 내용은 기본적이며 필수적인 내용(예 : 점심, 간식, 낮잠, 배변 등)으로부터 덜 시급한 내용으로 그리고 처음에 1일 일과를 2~3시간 정도로 진행하다가 점차 늘려간다.

⑥ 영유아의 연령, 월령, 기질, 발달수준, 애착, 가정보육의 특성 등을 고려하며 개별 적응교육 프로그램을 집단적응교육 프로그램과 동시에 운영하며 영유아 개인별로 적응방법과 기간을 가감하여 운영한다.

⑦ 적응 소요시간에 차이가 있을 뿐 적응에 하등의 문제가 없다는 확신을 갖고 지도한다. 이러한 확신을 갖는 교사는 단시간 내에 조급하게 적응시키려 들지 않고 영유아의 적응상태에 따라 차근차근 적응지도를 진행하며 적응이 늦은 영유아는 분리불안과 민감성에 문제가 있음을 알고 이에 대한 지도에 신경을 쓴다.

⑧ 대부분의 영유아들은 텔레비전, 잡지, 학부모의 사전경험, 영유아 자신이 유아교육기관에 대하여 사전에 취득한 경험 여하에 따라 적응이 쉽게 이루어져 이러한 영유아는 활동실 내에서의 활동(흥미영역, 놀이기구 등)에 호기심을 갖고 탐색하려는 경향이 있기 마련이다. 이러한 영유아들의 호기심과 진취성을 인정하고 발전지향적으로 안내지도해야 한다.

(4) 적응교육 프로그램 운영의 '예'

다음에서 유아교육기관에서 이루어지는 적응교육 프로그램의 '예'를 제시한다.

신입원아 적응 프로그램

영유아는 처음 오는 어린이집의 새로운 환경, 낯선 양육자, 익숙하지 않은 또래들과의 만남, 친양육자와의 분리 등으로 불안을 느끼기 쉽습니다. 부모와 가족 역시 영유아를 새로운 어린이집에 보내는 데 심리적인 불안이 있을 수 있습니다. 이에 본 어린이집에서는 신입원아와 부모가 새로운 상황에 잘 적응할 수 있도록 다음과 같이 '신입원아 프로그램'을 실시하고 있습니다.

1. **목적**
   1) 영유아가 보호자와 헤어지는 것을 두려워하지 않게 한다.
   2) 새로운 교사와 친구에 대해 친밀감을 느낀다.

3) 적응기간을 통해 어린이집 생활에 잘 적응한다.

2. 실시기간

최소한 5일 이상(학기 초, 중간 입소 모두 포함)

3. 진행원칙

1) 영유아와 보호자가 함께 프로그램에 참여한다.
2) 영유아의 적응에 필요한 기본적인 활동(예 : 점심, 낮잠 등)을 경험하게 한다.
3) 적응 프로그램은 1~2주 정도를 기본으로 하되, 영유아의 개인차를 고려하여 융통성 있게 진행한다.
4) 적응기간 초기의 보육시간은 약 2~3시간에서 점진적으로 늘려간다.
5) 영유아의 연령, 기질, 발달, 애착, 적응상태, 어린이집 상황, 가정의 상황 등에 따라 기간과 방법을 달리할 수 있다.
6) 단기간에 적응시키는 것이 중요한 것이 아니라 영유아의 적응상태를 고려하여 차근차근 진행한다.
7) 적응이 늦다는 것은 문제가 있다는 것이 아니라 주변 상황이나 사물, 사람 등에 대해 민감할 수 있음을 말하며, 민감함은 때론 낯선 상황에 대한 판단과 지각능력이 예민하다는 것을 의미할 수도 있다.

4. 진행과정

주	일정	보호자께서는	보육실에서는
1주	엄마와 함께 방문하기 (10:30 - 11:30) 2일	엄마와 함께 놀이해보기 오전 간식 먹기	• 부모와 교사, 교사와 영아가 친밀한 관계임을 느끼도록 즐겁게 대화하기
	짧게 방문하기 (10:00~12:00) 2일	〈헤어질 수 있어요〉 • 아이와 인사하고 헤어지기 • 귀가 후 휴식을 취할 수 있도록 도와주기	〈새 보육실에 친해지기〉 • 애착 형성을 위한 인형, 익숙한 놀잇감, 가족사진 등 가져오기 • 오전 프로그램에 놀랍게 참여하기 • 친구들과 함께 간식 먹기(귀가 약속시간을 꼭 지켜주세요)
2주	오전 놀이와 점심식사 (10:00~13:00)	〈적응행동 격려하기〉 적응상태를 지켜보고 조절하기 • 잠들기 전 어린이집 생활에 대해서 이야기 나누어 아이의 마음에 긴장을 풀어주기	〈일과에 차츰차츰 적응하는 단계〉 • 친구에 관심 갖기 • 친구와 사귀기 • 친구들과 함께 점심 먹기 • 점심 후 귀가
3주	낮잠 자보기 (10:00~15:00)	〈지속적인 애정 표현하기〉 • 어린이집 생활 적응에 대한 칭찬 • 같은반 친구 이름 불러주기	• 일과에 잘 적응합니다 • 친구와 함께 놀이합니다 • 간식, 점심을 잘 먹습니다
4주	하루 종일 지내기 (09:30~18:00)	• 생활규칙에 대한 칭찬하기	〈완전 적응단계〉 • 울음이 줄고 언어표현이 늘어납니다. • 편안한 마음으로 낮잠을 잡니다.

※ 영유아의 개인차(적응, 부적응), 가정의 상황에 따라 귀가시간을 달리 조정할 수 있습니다.

제 6 장 실내 · 외 자유선택활동 지도, 전이활동

각 가정에서 영아들은 부모로부터 영아중심적으로 온 가족의 총애와 귀여움을 받는 등 돌봄위주의 생활을 하다가 시설교육에로의 전환은 영아들에게는 커다란 변화로 이 시기의 부적절한 이행은 해당 영아에게는 치명적인 상처를 남겨놓을 수도 있다.

그래도 가정에서 가족들이 제공해준 다양한 놀이환경 속에서 영아주도적으로 흥미와 요구에 따라 자유분방하게 이루어지는 놀이인 자유선택놀이학습이 유아교육기관에도 있어 가정보육에서 시설보육에로의 이행은 자연스럽게 이루어진다. 본 장에서는 실내 · 외 자유선택활동에서 교사의 개입과 전이활동에 대하여 기술한다.

1. 자유선택활동에서의 교사의 개입

1) 개입에 대한 이해

(1) 개입

개입이란 '자신과 직접적인 관계가 없는 일에 끼어듦', '집단, 사적활동 또는 개인의 내적 갈등사이에 끼어드는 것'(어학사전)이다. 자유선택놀이활동에서의 개입이란 '유아가 주도적으로 놀이하는 과정에서 보다 더 적극적인 놀이참여를 유도하고 놀이를 정교화하여 주제 활동이 기대하는 목표행동으로 이끌기 위한 교수전략'으로 유아놀이에서 개입과 유사한 용어로서는 놀이참여(play participation), 놀이중재(play intervention), 놀이지도(play tutoring) 등이 있다.

(2) 상호작용

상호작용이란 사전적 의미로는 '사회적 행위자들이 특히, 내면적 만남에서 서로 관련되는 과정과 방식, 둘이상의 물체나 대상이 서로 영향을 주고받는 일종의 행동'이다. 또한 이영석(2005)은 '유아교육과정에서 유아와 유아 간, 유아와 교사 간, 유아와 교재 · 교구 간의 원활한 교류'라고 보는데 이들 개념들이 내포하고 있는 성격은 첫째, 둘 이상의 물체나 대상 간에 이루어진다. 둘째, 서로 양방향적으로 영향을 준다. 셋째, 내면적인 힘과 외부의 의도적인 노력이 서로 교류한다는 의미로 유아교육에서의 상호작용이란 '유아교육활동에서 만나게 되는 영유아, 교사, 교재 간의 서로 영향을 주고받는 원활한 교류 또는 내재적인 힘과 외부의 의도적인 노력'으로 개입은 상호작용을 돕는 일이다.

(3) 개입과 상호작용

많은 유아교수전략에서 상호작용을 개입과 묶어 활용하고 있다. 개입이나 상호작용의 기능이 모두가 유아교육의 효율성의 제고에 두고 있기 때문이다. 즉, 개입이 적절할 때, 그리고 상호작용이 활발할 때 유아교육의 효율성을 제고시킬 수 있다고 보며 개입과 상호작용은 상호작용적인 관계를 맺고 교사의 개입은 유아들의 상호작용을 돕는데 있다.

2) 교사의 자유선택활동놀이 개입에 대한 두 견해

17~18세기에 놀이에 대한 교육적 활동에 관심을 갖고 교육에 영향을 미친 학자들로서는 Comemius, Rousseu, Pestalzzi 등이다. 또한 최근에 놀이에 대한 개념이 지나치게 이상적이고 긍정적으로 강조되고 있다는 점에 비판적 견해를 가진 학자들이 있다. 특히 Kelly BYrne(1984)는 놀이의 긍정적인 면 외에 부정적인 면으로 놀이가 어둡고 어떤 것을 얻기 위한 투쟁과 같은 고통스러운 자포자기 또는 분열이나 불법행위를 야기하는 부정적인 측면이 있음을 강조하고 교사의 자유선택활동놀이 개입에 대해서도 긍정적인 측면과 부정적인 영향을 이야기한다.

(1) 놀이 개입에 대한 부정적인 측면

1960년 이전 정신분석이론에서는 놀이의 주기능은 유아의 내적 갈등을 풀어주는 것으로 성인은 유아의 놀이를 관찰할 수 있으나 놀이에 개입하면 놀이를 방해한다고 주장한다. 성인들의 놀이개입은 자연스런 유아들의 감정표현을 방해하며 놀이를 통한 유아의 정서치료와 가치를 감소시킨다고 하였다(채종옥 외, 2014). 그런데 요즈음 교사들은 유아놀이과정에서 상당히 깊숙하게 개입하는 경우가 많다. 그 이유 중 하나는 교사가 진행한 주제의 활동목표에 접근시키려는 인지적 성취를 기대하기 위해서이다. 유아의 자유선택놀이가 단순한 오락과 흥미위주의 유희적 놀이가 아니고 놀이과정 속에 학습성을 담아 학습목표지향의 교육적 놀이로 진행하는데 초점을 맞추기 위함이다.

또 하나는 놀이의 안전성이다. 현재 유아들이 진취적으로 모험적인 유아주도적 놀이가 유아안전을 해치지 않을까하는 우려 때문이다. 그리고 한정된 시간 내에 학습목표를 구현하고 놀이가 끝나기를 기대하는 교사의 성급함 때문이다.

이와 같이 교사의 유아놀이에 대한 지나친 개입은 유아들의 자발적이며 자발적 동기에 의한 창의적이고 도전적인 유아들의 놀이를 제약하게 되므로서 놀이에 대한 교사의 개입은 부정적이라고 생각한다.

(2) 놀이 개입에 대한 긍정적인 측면

교사는 유아들의 놀이과정에 개입함으로써 학습목표의 성취를 비롯하여 놀이상황을 풍부하게 하고 놀이의 질을 향상시킨다고 본다. 그 예를 들면

첫째, 놀이를 하지 못하고 여기저기 배회하는 유아와 공동놀이를 시도함으로써 놀이참여 의욕을 고취시킨다.

둘째, 유희적 놀이로 만족하려는 유아의 놀이과정에서 학습성을 가미시켜 놀이를 통해 자연스럽게 학습목표를 도달시킨다.

셋째, 유아놀이과정에서 위험성 있는 활동을 제지시키어 안전사고를 미연에 방지하였다와 같이 유아놀이과정에서 교사의 개입이 주제가 노리는 활동목표의 구현은 물론 인지적·사회적·정서적 발달은 물론, 놀이의 교육적 효과를 극대화시키었다.

(3) 비판

1970년대 이후, 유아 놀이에서의 교사개입에 관한 연구들이 많았다. 이러한 연구들은 첫째, 교사개입이 유아의 놀이를 질적·양적으로 발전시키고, 둘째, 교사가 유아놀이에서 개입 자체보다 개입하는 방법이 더 중요한 요인이라는 점을 제기하였다(채종욱, 2014).

즉, 교사의 개입 정도에 따라 지시적 교수방법과 비지시적 교수방법 그리고 교사중심교육과 아동중심교육에 대한 찬반의 열기가 뜨겁고 2가지 교수방법에는 장단점이 있기 마련이다. 비지시적 교수방법과 아동중심교육이 가장 이상적인 교육방법으로 여기고 우리 교육현장에서 지시적 교수방법과 교사중심교육을 추방해야 할 기세가 높지만 이 상반된 2가지 유형의 교수학습방법은 지금까지 아니 앞으로도 교육이 존재하는 한 같이 병존하기 마련이다. 비지시적 교수방법이나 아동중심교육이 가져오는 교육적 폐해와 역기능 또한 상존하기 때문이다. 결론적으로 유아놀이과정에서 교사의 개입은 불가피하며 합리적이고 타당한 방법

으로 개입해야 한다.

3) 교사놀이개입의 전략

놀이가 신체, 언어, 정서, 사회성, 탐구력 등 유아의 전인적 성장발달에 영향을 주고 학습의 원천으로서의 교육적 놀이가 되게 하기 위해서는 교사는 놀이지도의 계획, 전개, 평가에 이르기까지 전 과정에서 〈표 V-21〉과 같이 적절히 개입해야 한다.

〈표 V-21〉 교사놀이개입의 전략

단계별	개입전략	개입전략 방법	개입수준	
			영아	유아
1. 준비 단계	1) 준비·계획자	(1) 놀이에 대한 준비과정에서부터 평가과정에 이르기까지의 전체적인 계획수립	○	○
2. 전개 단계	1) 동기유발자	(1) 유아자신의 자발적이며 내적동기에 의한 놀이가 되도록 놀이동기를 유발	○	○
	2) 관찰자	(2) 놀이의 전 과정에서 학습목표의 접근성, 놀이과정의 합리성, 규칙지키기를 비롯한 기본생활습관의 생활화, 영유아 간의 분쟁·갈등상황에 대한 종합적인 관찰·분석으로 교사의 개입시기 및 방법의 모색	○	○
	3) 상호작용자	(3) 놀이과정에서 유아와 유아, 유아와 교구, 유아와 교사 간의 원활한 상호작용 기회 및 방법의 안내	△	○
	4) 분쟁해결자	(4) 놀이과정에서 소유분쟁, 권력투쟁, 비난, 승부욕, 시기심, 규칙 미이행 등 놀이에 연관된 갈등과 문제행동을 파악하여 개입 시기와 개입방법 모색	△	○
	5) 지지, 칭찬, 격려자	(5) 놀이 의욕과 용기를 북돋아주고 내적동기를 강화하여 기쁨, 흥미, 욕구, 명랑함 등 긍정적 정서를 강화하며 학습목표에의 접근성을 보이기 위한 강화방안 모색	○	○
	6) 공동놀이자	(6) 현재 진행 중인 놀이활동에 영유아가 놀이를 진행시키지 못할 때, 영유아의 요구가 있을 때 직접 참여하고 유아의 동등한 파트너의 역할을 수행하나 놀이방향을 영유아가 주도하도록 격려하는 역할	○	△
	7) 안전관리자	(7) 영유아들이 주도적으로 놀이하고 각 흥미영역으로 이동 그리고 교재교구의 이동 및 활용으로 인한 안전사고가 발생할 가능성이 있는 상황에 대한 관찰을 통한 사고의 미연 방지	○	○
	8) 자료제공자	(8) 유아와 유아, 유아와 교사, 유아와 교구와의 상호작용 중 유아와 교재·교구의 활발한 상호작용을 돕기 위해서는 각 유아의 놀이상황에 따른 적절한 자료제공	△	○

	9) 감독/교수자	(9) 교사가 유아놀이장면의 외부에 있으면서 유아놀이를 완전히 혹은 일부분을 통제하는 경우 ① 감독 : 혼자놀이를 못하는 유아에게 적용 ② 교수 : 학습목표 도달을 위한 놀이방법의 안내	○	△
	10) 확장관리자	(10) 유아들의 당초 계획대로 진행되는 놀이과정에서 새로운 영향을 시사하여 창의적이며 보다 발전적으로 유아놀이 활동이 이루어지도록 유도	△	○
	11) 대화자	(11) 교사는 일정한 수업목표를 지향하여 끊임없이 이끌어지고 구성되는 과정으로서의 대화를 해야 한다. 수업목표 구현을 따라 상호지향적인 대화로 친교를 형성하도록 함	○	○
	12) 발문자	(12) 교사는 유아들의 학습진행을 위하여 문제를 제기하는 발문을 하는데 목적과 상황에 따라 적절한 발문을 해야 함	△	○
3. 종결 단계	1) 평가자	① 유아놀이평가 유아놀이 전과정에 대한 평가를 실시하여 놀이과정의 타당성에 대한 검토·확인 ② 교사평가 유아평가결과를 분석하여 학습목표의 도달상황에 대한 평가, 다음 유아놀이계획수립을 위한 기초자료 확보		

위 표에서 보면 자유선택놀이에서 교사개입전략은 14종으로 영유아의 발달단계에 따라 적용되는 기법에 다소 차별성을 보이기는 한다. 다음에서 영아에게 적용되는 개입전략 중 상호작용자와 준비·계획자의 역할에 한해 설명한다.

(1) 상호작용자

① 개념

영유아교육에서 상호작용은 '어린이집 생활 속에서 만나게 되는 영유아, 교사, 교재·교구 간에 서로 영향을 주고받는 원활 한 교류 또는 내재적인 힘과 외부의 의도적인 노력'이고 상호작용기법이란 '상호작용이 잘 이루어지도록 유도하는 기법' 그리고 상호작용자란 '자유선택놀이에서 '교사와 유아', '유아와 교재·교구', '유아와 유아' 간에 상호작용이 활발하게 이루어지도록 지도하는 교사'를 말한다.

② 유형

영유아와 교사, 영유아와 영유아, 영유아와 교재·교구 간 등 3가지 유형의 상호작용에 대하여 알아보자.

ㄱ. 영유아와 교사 간 상호작용

영유아가 생후 처음 접하게 되는 부모-자녀 간의 상호작용에서 애착이 형성되고, 어린이집에서 교사와 만나면서 영유아와 교사 간의 상호작용이 이루어진다. 이때 교사는 영유아가 안심하고 어린이집에 적응할 수 있도록 보살펴주고, 신체적 욕구를 충족시켜 주며, 따뜻하고 보호적인 보육환경을 조성하고, 양육자 및 지도자로서 영유아와 교사 간의 언어적, 비언어적 소통을 통해 의미 있는 상호작용이 이루어지도록 해야 한다. 영유아와 교사 간에 원활한 상호작용을 유지하기 위한 일반적인 방법으로 영유아와 교사 간에 좋은 애착관계가 형성시켜주고 기대와 욕구를 민감하게 받아주어야 하며 항상 사랑스럽고 인정이 넘치는 대화와 발문을 지속시키는 등 방법이 다양하지만 그 중에서 영유아와 교사 간에 애착을 형성시키는 방안과 영유아의 기대와 요구에 민감하게 대처하는 방안에 대하여 특히 연구해야 한다.

가. 영유아에게 민감성 형성을 통한 상호작용 도모

영유아가 기대하는 필요와 요구를 교사가 얼마나 민감하게 지각하고 반응해 주느냐에 따라 교사에게 영유아의 애착과 상호작용의 질이 결정된다.

민감성은 적절한 지각, 즉각적인 신속한 반응, 적절한 반응의 3부분으로 이루어진다.

첫째, '적절한 지각'에서는 영유아의 필요와 요구의 내용이 무엇인지를 바르게 이해하는 일이고

둘째, '즉각적인 신속한 반응'에서는 전항의 적절한 지각을 통하여 영유아의 필요와 요구를 해결해 주려는 반응이며

셋째, '적절한 반응'이란 영유아의 필요와 욕구를 정확하게 지각하고 또 신속하고 즉각적으로 반응하되, 그 반응의 양과 강도를 적절히 제공해 주는 일인데 이와 같은 민감성 형성을 통하여 부모나 교사가 영유아와 원활한 상호작용을 형성할 수 있다.

나. 영유아에게 사랑을 전달하는 방법

영유아기에는 양육자가 영유아에게 애착이 형성되도록 노력하는 한편, 영유아기에는 영유아가 부모로부터 따뜻한 사랑의 감정을 느끼도록 다양한 방법으로 사랑을 전달해 주어야 한다. 그러므로 교사는 효과적으로 사랑을 표현하는 방법을 알고 실천해야 한다.

㉠ 피부를 통해서 : 어머니의 따뜻하고 부드러운 피부를 통해서 영유아는 쾌감과 만족감을 느낄 수 있다. 항상 영유아를 쓰다듬어 주고 어루만져 주는 등 피부 접촉을 해야 한다. 촉각적 접촉은 애정을 인식하게 하는 데 중요한 구실을 한다.

㉡ 귀를 통해서 : 진심으로 영유아를 사랑하는 부모나 교사는 그들의 느낌이나 생각에 민감하고, 항상 영유아 편에 서서 그의 말을 들어주고 그의 요구를 이해하려고 애쓴다.

㉢ 입을 통해서 : 입을 통해서 사랑을 표현하는 방법을 3가지로 나눌 수 있다.
- "나는 너를 사랑한다"라고 말로 표현한다. (사랑고백)
- "고맙다", "수고했다"라는 말을 사용해서 칭찬과 감사를 말함으로써 감사를 표현한다. (칭찬, 감사)
- 각 영유아의 이름을 불러준다. (호명)

㉣ 눈을 통해서 : 눈은 사랑이 가득 담길 수도 있고 독으로 가득 찰 수도 있다. 우리는 눈으로써 사랑을 얼마든지 표현할 수 있다. 사랑하는 인자한 눈은 인간의 마음을 부드럽게 하고 평안하게 해준다.

㉤ 손을 통해서 : 머리를 쓰다듬어 주고, 손을 잡아주며, 무슨 일이나 도와준다. 머리를 쓰다듬어 주고 손을 잡아주는 것은 촉각적인 효과도 있다.

㉥ 발을 통해서 : 발을 통해서 사랑을 표시함은 사랑하는 사람이 있는 대로 간다는 뜻이다. 교사나 부모는 언제나 영유아들이 필요로 할 때면 즉시 뛰어갈 준비가 되어야 한다.

㉦ 물질을 통해서 : 사랑을 표현하는 방법으로 물질을 들 수 있다. 다만 물질 속에 사랑이 들어 있어야 상대방의 마음을 즐겁게 한다.

㉧ 시간을 통해서 : 사랑을 전달하는 방법은 영유아와 같이 시간을 보내는 것이다. 영유아와 같이 즐거운 시간을 보낼 때 행복감과 사랑을 훨씬 더 많이 느낀다.

㉨ 존경으로 : 무한한 가치와 존엄성을 지닌 인간으로 존경해 주는 것이다. 인간은 먼저 존경을 받아야 자신을 존경할 수 있고 또 남을 존경할 수 있다.

ㄴ. 영유아와 영유아 간의 상호작용

영유아는 어린이집에서 다른 영유아를 만나고 놀면서 새로운 경험을 공유하고 도우면서 사회적 상호작용이 이루어진다. 사회적 상호작용을 통해 서로 배우고 스스로의 신체적 기능, 상상력, 유능감을 획득하기도 한다.

영유아 간에 상호작용이 활발하게 이루어진다는 의미는 활발한 상호접촉을 많이 하면서 이무런 갈등이나 불화가 없이 원만한 교우관계를 유지하면서 서로 즐겁고 행복한 생활을 한다는 의미로서 이러한 교우관계를 맺기 위한 전략으로

가. 영유아의 발달단계에 따른 순차적인 놀이와 작업 제공

영유아들 간에 상호작용이 활발하게 이루어지게 하기 위해서는 상호작용이 일어날 수 있도록 하는 매개물이 필요하다. 이 매개물은 유아들 모두가 필요로 하고 관심사가 되어야 하는데 이것은 바로 놀이와 작업이거나 당장 먹어야 하는 음식물일 수도 있다. 따라서 영유아들 간에 상호작용이 활발해지게 하기 위해서는 현재의 유아발달

수준에 알맞은 놀이와 작업을 제공하는 일이다. 그들의 발달수준에 맞지 않는 놀이나 작업을 아무리 다양한 방법으로 유인하여 제공해 주었다할지라도 활발한 놀이나 작업은커녕 관심조차 갖지 못한다.

따라서 영유아들의 발달단계를 고려하여 그들에게 알맞은 놀이나 작업을 제공하는 일이 중요하다.

나. 놀이나 작업과정에서 강화자로서의 기능

영유아는 부모의 칭찬이나 인정받기를 원하나 나이가 들면서 부모의 인정을 받으려는 욕망이 동료또래들의 인정을 받으려는 욕망으로 변한다. 또래들로부터 인정을 받으려는 욕구가 동료 영유아들 간의 원활한 상호작용으로 이어진다. 이때 나타나는 영유아의 행동특성은

첫째, 미소를 지으며 도와주고 대화를 통해서 또래에게 주의와 관심을 표현한다.

둘째, 말이나 신체적인 접촉을 통해서 또래들에게 애정을 표현하여 또래를 수용한다.

셋째, 또래의 행동을 따르거나 모방하여 아무런 생각없이 상대의 놀이를 그대로 따라함으로써 또래를 강화시킨다. 이상의 3가지 유형의 행동특성이 표출될 때는 이러한 행동을 계속 강화하여 줌으로써 영유아들 간의 상호작용을 활발하게 유도해야 한다.

ㄷ. 영유아와 교재 · 교구 간의 상호작용

영유아는 교재 · 교구를 통하여 다양한 놀이를 체험하며 교재 · 교구에 호기심을 가지고 탐색하며 활발한 상호작용이 이루어진다. 유아교육기관에서의 학습은 상호작용, 즉 영유아 간의 상호작용, 영유아와 교사 간의 상호작용, 영유아와 교재 · 교구 간의 상호작용으로 이루어지는데 그 중 학습성이 가장 높은 상호작용이 영유아와 교재 · 교구 간의 상호작용이다.

다시 말하면 교사와 영유아 간의 상호작용 과정에서 교사가 영유아에게 교사가 의도하는 학습목표를 지도하는 부문도 있지만 영유아와 교재 · 교구 간의 상호작용을 통하여 교사가 의도하는 학습목표를 구현하는데 더욱 효과적일 수 있다. 다시 말하면 교재 · 교구 내에 교사가 기대하는 학습목표구현을 위한 제반 학습내용이 담겨있기 때문이다.

유아교육에서 학습은 놀이를 통해서 이루어져야 하고 그 놀이는 교사가 의도하는 학습목표구현에 직접적으로 영향을 주는 교재 · 교구를 선정해 주는 일이다. 이와 같이 교사가 영유아에게 제시한 해당 교재 · 교구의 활용을 통하여 학습효과를 최대한으로 지향할 때 영유아와 교재 · 교구의 상호작용이 극대화되는 것이다. 따라서 이를 위해서는

가. 교사가 의도하는 학습목표 구현에 직결되는 교재 · 교구를 영유아들에게 제공하는 일이다, 교사가 영유아들에게 제공하는 놀이는 단순히 순간적으로 영유아들에게

흥미와 즐거움을 주는 유희적 놀이에만 국한해서는 안 된다. 즉, 지금 현재 진행되고 있는 생활주제와 관련하여 주제가 노리는 학습목표를 구현시킬 수 있는 교육적 놀이로 이끌어야 하며 그렇게 되게 하기 위해서는 학습목표구현에 직결되는 교재·교구를 선정하여 제공해야 한다.

나. 영유아들에게 제공되는 교재·교구의 수량은 적절해야 한다.

교재·교구의 수량이 영유아 수에 비해 지나치게 적을 때 영유아들은 해당 교재·교구를 독점하려고 동료 유아들 간에 분쟁과 투쟁으로 이어져 오히려 원활한 영유아와 교구 간의 상호작용을 차단시키고 그리고 동료 유아들 간의 상호작용까지도 저해하는 결과를 가져온다. 또한 반대로 교재·교구의 양이 지나치게 많으면 영유아들간의 협동놀이를 제한하여 영유아들간의 상호작용이 제한된다.

다. 제공되는 교재·교구의 안전성에 유념해야 한다.

영유아들이 교사가 제공해준 교재·교구의 활발한 상호작용을 통하여 교사가 의도하는 교수적 성과를 지양하기 위해서는 영유아들이 마음 놓고 가지고 놀 수 있어야 하며 이를 위하여 영유아에게 안전성이 보장되어야 한다.

라. 교재·교구놀이에 충분한 공간이 확보되어야 한다.

모든 교재·교구 놀이에 적절한 놀이공간이 확보되어야 한다. 공간이 너무 좁거나 혹은 지나치게 넓으면 교재·교구와의 상호작용은 물론 영유아 간의 상호작용도 제한하게 만든다.

마. 가정의 놀이기구를 대여하여 영유아놀이의 연속성을 갖도록 한다.

특히 신입영아의 경우, 유아교육기관에의 원활한 적응지도를 위하여 각 가정에서 가지고 놀던 놀이기구를 유아교육기관에 비치하여 영유아놀이의 연속성을 기하여 학기초 입원영유아의 적응지도에 임할 수 있다.

바. 어머니와의 공동놀이 공간을 확보해준다.

영유아는 어머니와의 격리불안을 많이 느끼고 그리고 학기 초 유아교육기관에의 원활한 적응지도를 위하여 어머니와 영유아가 같이 공동놀이를 하거나 같이 생활할 수 있는 비밀스러운 공간을 제공해준다.

사. 다양한 놀이를 시도할 수 있도록 유인책을 강구한다.

영유아들의 놀이를 통한 학습의 효율성을 도모하고 영유아 상호 간의 원활한 상호작용을 유도하기 위해서는 다양한 유인책이 필요하다. 특히, 놀이기구 부근에 놀이기구를 사용하는 방법이나 교육적 가치 등을 동영상으로 제작하여 제시해두면 영유아들이 해당 놀이기구에 대한 놀이의욕을 갖게 된다.

(2) 준비자, 계획자

교사가 자유선택놀이 활동 지도과정에서 볼 때 자유선택놀이 활동을 지도하기 위해 준비과정에서 개입하는 노력이 자유선택놀이 지도과정에서 개입하는 노력에 비해 월등히 크다.

자유선택놀이 활동은 영유아들의 요구와 기대에 따라 영유아들이 선택한 놀이 활동을 교사의 개입이 없이 영유아들이 주도적으로 이끌어가는 학습형태이다. 따라서 교사는 모든 자유선택놀이 활동을 영유아들에게 전적으로 일임하고 심지어는 영유아들이 자유선택놀이 활동을 하는 동안 학급사무를 보거나 밀린 다른 업무처리에 할애하는 교사가 더러 있다. 이는 대단히 위험한 생각이다. 영유아들에게 학습활동의 선택권과 주도권을 위임하면 할수록 교사는 영유아들의 자유선택활동놀이를 위한 준비과정은 물론 자유선택활동놀이가 진행되는 과정에서도 치밀한 관찰을 통하여 적절한 시간에 적절한 개입을 하는 등 적극적으로 학습활동에 참여해야 한다. 따라서 본 절에서는 자유선택 활동놀이에서 준비자, 계획자로서의 교사가 어떻게 개입해야 하는가에 대해 생각해보기로 한다. 자유선택활동놀이에서 준비자, 계획자로서의 개입은 자유선택활동놀이과정에서 유아들이 자유선택놀이를 선정하고 그리고 자유선택놀이 활동계획을 세울 때까지 교사가 준비해야 할 역할(개입)로 역할(개입)의 내용은 아주 광범위하고 그리고 상당히 긴 시간동안에 이루어진다. 준비자, 계획자로서의 교사는 일반적으로 다음과 같이 8개의 단계에 걸쳐 개입할 수 있다.

① 자유선택놀이선정

영유아들이 자유선택활동 지도를 위해서 교사가 제일먼저 해야 할 일은 영유아들에게 제공할 자유선택놀이를 선정하는 일이다. 자유선택놀이는 해당 월 또는 주간에 이루어지는 학습활동의 일환으로 이루어지는 놀이로서 월간 또는 주간 주제학습목표구현에 직결되어야 한다.

ㄱ. 월간 주제를 분석하여 학습요소를 몇 개 단위로 분류하여 주간활동주제로 진술한다.

ㄴ. 학습요소별로 지도해야 할 활동내용을 분석하여 활동내용별로 지도내용과 교재 · 교구를 분석한다.

ㄷ. 분석된 활동내용 중에서 자유선택놀이 활동으로 지도될 수 있는 내용을 선정한다.

② 자유선택놀이 소요 시간추산

자유선택놀이가 선정되면 언제 얼마동안 전개할 것인가를 생각한다. 특히 이 과정에서는

ㄱ. 영유아의 실태, 학부모의 요구와 기대, 교육과정 월별, 주별, 일별계획, 날씨, 교재 · 교구확보상황에 따라 융통성 있게 실시하도록 한다.

ㄴ. 하루일과 중에서 이루어지므로 하루일과 중 어느 때 진행할 것인가를 생각한다.

ㄷ. 자유선택놀이시간은 오전 또는 오후일과 중 어디에 편성할 것인가를 생각해야 한다.

ㄹ. 자유선택놀이시간은 놀이 성격에 따라 계획되고 충분한 시간을 확보해 준다.

ㅁ. 실외선택놀이는 간식 또는 점심시간 이후에 실시한다.

③ 자유선택놀이 공간확보

위의 과정을 통하여 선정된 놀이를 할 수 있는 놀이공간을 확보할 때 고려할 점은

ㄱ. 교실 공간의 크기를 적절히 배분하여 흥미영역을 설치한다.

ㄴ. 기존의 흥미영역을 이번에 실시하려는 자유선택놀이의 성격에 맞게 재정비한다.

ㄷ. 흥미영역 안내판을 설치한다.

ㄹ. 흥미영역 설치장소의 안전성을 고려한다.

ㅁ. 유아관찰에 적절하게 흥미영역을 배치한다.

④ 자유선택놀이의 교재, 교구 준비

활동 주제목표구현에 최적한 교재·교구를 아래 요령으로 선정해야 한다.

ㄱ. 유아의 발달수준에 맞아야 한다.

ㄴ. 시각적 유인성이 있어야 한다.

ㄷ. 조작, 활용기능이 순차적이며 쉬워야 한다.

ㄹ. 교재·교구는 견고하게 제작되어야 한다.

ㅁ. 안전하고 위생적으로 처리되어야 한다.

ㅂ. 교재·교구의 제작의도가 분명하여야 한다.

ㅅ. 만족감과 성취감을 주어야 한다.

ㅇ. 보관·관리가 용이해야 한다.

ㅈ. 크기가 유아가 사용하기에 적절해야 한다.

⑤ 자유선택놀이 교재·교구 배열 및 전시

교재·교구 배열 및 전시 시 고려할 사항은

ㄱ. 기존(공통)놀이 교재·교구는 해당 흥미영역에 늘 배치하여야 한다.

ㄴ. 교재·교구를 동시에 너무나 많이 배치하거나 전시하지 않는다.

ㄷ. 영유아가 이동하기 힘든 교재·교구는 책상이나 선반 위에 고정시켜놓고 현장에 가서 놀이에 활용한다.

ㄹ. 교재·교구장이나 선반에 배치·전시하는 방안도 연구해야 한다.

ㅁ. 지금 당장 놀이활동에 필요한 교재·교구는 유아의 눈에 잘 띄게 배치한다.

ㅂ. 교재·교구는 활용성, 이동간편성, 안전성을 고려하여 배치한다.

⑥ **자유선택놀이 및 교재 · 교구 안내**

영유아들이 자유선택놀이를 진행하기 위하여 자유선택놀이 계획을 세울 수 있도록 흥미 영역별로 자유선택놀이 내용과 이에 소요되는 교재 · 교구를 안내하는 단계이며, 이 단계에서 고려할 사항은 다음과 같다.

ㄱ. 놀이명과 놀이 실시에 필요한 교재 · 교구를 동시에 안내한다.
ㄴ. 놀이명, 놀이내용, 교재 · 교구에 대한 설명은 일반적으로 대집단으로 이루어진다.
ㄷ. 유아상호 간의 토의, 토론과정을 중시해야 한다.
ㄹ. 필요에 따라 교재 · 교구의 명칭과 내어주는 장소만 안내해 주고 유아들이 활용할 때 또한 교사에게 도움을 청할 때 교사나 사용해 본 유아로 하여금 소개하도록 한다.
ㅁ. 한번 안내된 교재 · 교구의 위치는 정확하게 이해하고 필요시에는 활용하도록 한다.
ㅂ. 교재 · 교구의 사용경험을 공유화한다.

⑦ **자유선택놀이 사전 관련경험 제공하기**

자유선택 놀이과정에서 보다 심화된 놀이가 진행될 수 있도록 놀이내용에 대한 관련경험을 제공하는 단계로 다음사항을 고려한다.

ㄱ. 현장에 직접 가서 관련경험을 체득시킨다.
ㄴ. 놀이에 관련된 모든 경험을 제공할 필요는 없다.

⑧ **자유선택놀이 지도계획 수립**

앞의 절차를 밟아 최종적으로 자유선택 놀이계획을 수립하는 단계로서 이 단계에서 고려할 사항은 다음과 같다.

ㄱ. 자유선택놀이 지도계획은 주간계획이나 일일계획 안에 포함시킨다.
ㄴ. 메모식으로 자유서택놀이 지도계획을 세워 지도해도 좋다.
ㄷ. 학부모에게 안내하여 협조를 얻어 연계지도 한다.

2. 전이기법

1) 전이의 개념

'한 상황에서의 학습이 다른 상황에서의 학습이나 문제해결에 미치는 효과'를 전이라고 하는데(이용걸, 1978), 전이효과는 반드시 촉진적이 아니라 억제적일 수도 있다. 그래서 전이는 보통 정적 전이와 부적 전이로 구별된다. 부적 전이는 곧 간섭현상으로 다음 학습에 나쁜 영향을 준다. 어린이집에서의 다양한 경험을 한 영유아가 가정이나 유치원, 초등학교에서 점점 발전되고 있다면, 이것은 정적 전이가 이루어진 현상이다.

2) 전이의 조건

전이의 조건은 학습자료의 유사성, 학습내용에 포함된 원리의 동일성, 학습자료 내의 조직이나 관계성의 유사성 등이다.

(1) 학습자료의 유사성

학습자료가 유사할 때 두 학습 간에는 전이가 일어난다. 그 전이의 정도는 유사도가 높을수록 전이도가 높아진다.

(2) 반응의 유사도

어떤 자극에 대한 반응이 같거나 유사할 때는 다른 자극이라도 그 자극 간에는 전이가 일어난다. 즉, 학습 자료가 다르더라도 결과가 같으면 그 학습자료들 간에는 정적 전이가 일어난다. 이와 반대로 자극이 같아도 반응이 다르면 같은 두 자극 간에는 부적 전이가 일어난다.

(3) 학습 간의 시간적 간격

선행학습과 후행학습 간의 시간적 간격은 전이의 조건이 된다. 이 요인은 절대적 조건은 아니지만 학습자료의 유사도와 그 학습자료의 학습된 정도 간의 함수관계로 결정된다. 즉, 학습자료의 유사도나 학습된 정도에 따라 두 학습 간에 동일한 시간적 간격이라도 정적 전이가 일어날 수도 있고, 부적 전이가 일어날 수도 있다.

(4) 학습의 정도

선행학습의 정도가 뒤따르는 후행학습의 전이도에 크게 영향을 미친다. 즉, 선행학습이 충분히 이루어질수록 후행 학습에 크게 전이된다.

(5) 학습자의 지적 능력

학습자의 지적 능력 또한 전이에 큰 역할을 한다. 즉, 지능이 높을수록 정적 전이가 잘 일어나고, 지능이 낮을수록 전이되지 않거나 부적 전이가 일어난다.

3) 전이기법 적용의 실제

〈표 Ⅴ-22〉 전이기법의 실제

활동주제	전이기법	자료 및 특기사항
1) 다섯 작은 꾀꼬리 -손 유희와 노래 부르며 -수 개념 익히기	• 다섯 작은 꾀꼬리, ~나무에 앉아(손으로 표시) • 한 마리 날아가(엄지손가락 구부려서 표시) • 넷 남았네(손가락 네 개 표시), ~~ • 꾀꼬리 꾀꼬리 날아, 하나 남았네, 꾀꼬리 꾀꼬리 날아가 버렸네. • 꾀꼬리 꾀꼬리 참 예쁘다. (두 손을 가슴에 모으고) • 꾀꼬리 꾀꼬리 날으네. (왼팔, 오른팔 번갈아 위, 아래로 흔든다)	• 동요 : '다섯 작은 꾀꼬리'악보 (녹음 방송) 다섯 작은 꾀꼬리 나무에 앉아, 한 마리 날아, 넷 남았네. 꾀꼬리 꾀꼬리 참 예쁘다, 꾀꼬리 꾀꼬리 날으네. 손 유희 큰 그림 게시
2) 동시 : 토끼와 거북이 -반대개념 익히기	• 영유아가 코이는 시차를 이용하여 손으로 크다, 작다, 높은 곳, 낮은 곳을 표시해 본다. • 동물 중에 느린 것은? 빠른 것은? • 북으로 빠르게, 느리게 쳐본다. • 북소리에 맞추어 손뼉을 쳐본다. • 토끼는 빠르게, 거북이는 느리게 • 동물이 가는 모양을 말로 표현해 보자. • 토끼는 깡총 깡총, 거북이는 엉금 엉금 • 영유아와 문답식으로 대화한다(앞부분 : 교사, 뒷부분 : 영유아) • 역할을 바꾸어서 해본다. • 처음부터 끝까지 해본다.	• '토끼와 거북이' 동시 • 토끼와 거북이를 각각 움직일 수 있게(다리에 끈을 단다) 제작 • 할로우 블록 2개에 풀, 나무, 바위 등을 그려 붙임
3) 방향체조	• 손 위로 올리고, 손 위로 올리고 박수 짝짝(교사가 동시 시범) • 손 옆으로 벌리고, 손 옆으로 벌리고 박수 짝짝 • 손 앞으로 내밀고, 손 앞으로 내밀고 박수 짝짝 • 손 아래로 내리고, 손 아래로 내리고 박수 짝짝	• 유아 체조음악 녹음
4) 교구 정리하기 : 새 노래 '치우는 시간' 배우기	• 영유아들이 놀잇감을 다 치우고 난 뒤 모여 앉는다. • 아직 덜 치워진 놀잇감이 있음을 보여 준다. • 자동차(혹은 인형)는 어디에 갔다 놓아야 할까? • 장난감들이 집으로 돌아갈 시간이구나. 누가 치워볼까? • 교사가 '치우는 시간' 노래를 불러 본다. 음악소리에 맞춰 영유아와 함께 부른다. • 교사가 '인형들은 어디?', '자동차는 어디?' 부분을 부르면, 영유아들은 '장난감은 집으로 돌아갈 시간'을 부른다. • 노래를 배운 영유아들이 장난감을 제자리에 정리한다. • 교사가 칭찬하고, 놀이한 뒤에는 장난감을 잘 치우자고 한다. • 처음부터 끝까지 다함께 '치우는 시간' 노래를 불러본다.	• 〈치우는 시간〉 (김진영 작사곡) 인형들은 어디? 자동차는 어디? 장난감은 집으로 돌아갈 시간 • 자동차 1대, 인형 2개 • 흥미영역별 교구정리함

5) 음률 : 대근육활동 : 북소리에 맞추어 걷기	• 빠르게도 쳐보고, 느리게도 쳐본다. • (북을 보여주며) 이것이 무엇일까? 어떻게 소리를 낼까? 발문~. • 북소리를 들어본다. • 북소리에 맞추어 크게, 작게, 천천히, 빠르게 손뼉을 쳐 본다, • 모두 북소리에 맞추어 걸어 본다(교사는 북의 속도와 크기를 잘 배열하여 쳐준다).	• 북, 북채 • 북소리에 맞추어 걷기를 통하여, 음률감각을 익히고, 대근육 운동능력을 기른다.
6) 노리, 손유희 : '엄지 어디 있소'의 변형	• 오른손에는 오리, 왼손에는 토끼 손 인형을 낀다. • '토끼 어디 있어, 오리 어디 있어'노래를 부른다. • 여기 나와 있어, 할 때, 오른손 오리가 나오면서 흔든다. • '어떠하오 오늘' 할 때 토끼가 인사 • '재미많소 오늘' 할 때 오리가 인사 • 깡충깡충 뛰어가오, 할 때 토끼가 깡충깡충 뛰어 들어간다. • 뒤뚱뒤뚱 걸어가오, 할 때 오리가 뒤뚱뒤뚱 걸어 들어간다, • 영유아 이름을 불러 둘이 함께 손잡고 실외로 나가게 할 수 있다.	• 동물 손 인형(토끼, 강아지, 오리, 닭) • '엄지 어디 있소' 악보 녹음자료
7) 음률활동 : 발끝으로 걷기-머리, 어깨, 무릎, 발 노래 부르면서 문제 해결	• 머리, 어깨, 무릎, 발, 노래를 부르며, 교사의 발문에 응답하기 • 쥐가 잠자는 고양이를 깨우지 않고 지나가려면 어떻게 해야 할까? • 영유아가 소리 내지 않고 걸을 수 있는 방법은 무엇인가? • 앉아서 녹음기소리를 들으며 손끝으로 걸어 본다. • 서서 발꿈치를 땅에 대지 않고 발끝으로 걸어 본다. • 다양한 방향(앞, 뒤, 왼쪽, 오른쪽)으로 걸어 본다. • 탬버린 소리에 맞추어 천천히, 빨리 걸어 본다. • 피아노 소리에 맞추어 다양하게 움직여 본다.	• 쥐, 고양이, 손가락 인형, 녹음기, 테이프 • '머리, 어깨, 무릎, 발' 동요곡
8) 손유희 : 흔들흔들 짝짝	• '흔들흔들 짝짝'노래를 불러 본다, • 노랫말에 따라 손을 움직이며 손유희를 해본다. • 흔들흔들 : 두 팔을 앞으로 내밀고, 흔들흔들 • 짝짝 : 손뼉 치기 2회 • 아기 눈-노래에 맞추어 식지로 가리킨다. • 아기 코-노래에 맞추어 식지로 가리킨다. • 아기 입-노래에 맞추어 식지로 가리킨다. • 아기 귀-노래에 맞추어 식지로 가리킨다. • 뿍뿍 아기 뺨 : 두 볼을 불룩하게 • 노랫말에 '아기'대신 영유아의 이름을 넣어서 해본다.	• '흔들흔들 짝짝' 노래 악보 녹음기 • 피아노 또는 우쿠렐레 • '아기 눈' 노래악보, 녹음테이프
9) 손유희 하면서 짧은 이야기 짓기	• "우리 모두 다함께 손뼉을 (짝짝)~." • "우리 모두 다함께 만세 해 (만세)~." • "위로 위로 위로~ (손을 위로)~." • "앞으로 앞으로 앞으로~ (손을 앞으로)~."	• 〈우리 모두 다함께 손뼉을〉 노래 악보, 녹음기

출처 : 이상금 외(1999), 유치원교사용지도서, 교육활동 지도자료, 교육부.

제 Ⅵ 부

유아교수-학습활동의 실제

제Ⅰ부에서 제Ⅳ부까지에서는 유아교육기관에서 효율적인 교수-학습지도를 위한 관련된 학문적 탐색 내지 여건 조성에 관한 내용을 다루었다면 제Ⅴ부와 제Ⅵ부에서는 이미 다루어진 관계이론과 조성된 여건을 기반으로 하여 실제 유아교육현장에서 이루어지는 교수-학습활동의 실제적인 방법과 기술을 다룬다.

교수-학습활동의 방법과 기술은 당해 유아교육기관에서 설정한 교육(보육)목표를 구현하기 위한 실천적이며 실제적인 지도기술이나 지도방법으로, 이러한 지도기술이나 지도방법의 소지 여하에 따라 교사의 전문성 여부를 가늠하게 되므로 교사가 지녀야 하는 핵심적인 자질이다. 따라서 제Ⅵ부에서는

1. 유아들의 일상생활지도의 내용은 무엇이며 어떻게 지도할 것인가?
2. 유아들의 건강생활교육의 내용은 무엇이며 어떻게 지도할 것인가?
3. 유아들의 안전교육의 내용은 무엇이며 어떻게 지도할 것인가?
4. 유아들의 기본생활습관교육의 내용은 무엇이며 어떻게 지도할 것인가?
5. 학기 초 어린이집 적응지도 프로그램은 어떻게 구성하여 운영할 것인가?
6. 실내·외 자유선택놀이는 어떻게 운영할 것인가?
7. 이야기 나누기와 주의집중지도기법을 어떻게 운영할 것인가? 등 7개 영역에 걸쳐 유아교육기관에서 설정한 교육목표 구현을 위한 교수-학습지도의 실천적이며 실제적인 지도 기술과 방법에 대하여 기술한다.

제 1 장 일상생활활동지도

유아들은 영아들에 비해 일상생활활동이 유아 주도적으로 이루어지기는 하나 아직도 교사의 의도적인 지도가 필요하다. 그리고 영아기에 이루어지는 일부 일상생활활동이 유아기에 접어들면서 일부는 없어지기도 한다. 대표적인 활동이 수유 및 이유, 기저귀 갈이, 배변지도 등이며 그 외의 활동에서도 영아에 비해서는 다소 적극적이며 유아 주도적으로 이루어지는데, 이것은 유아들의 자연적인 발달에 따른 적응과정이다.

1. 연령별 유아 일상생활활동 지도내용

유아 일상생활활동 지도내용은 연령별로 특수성은 없으나 유아들의 안전적응을 위해서 유아의 연령이나 월령에 따른 발달수준에 따라 교사의 개입수준이 다를 뿐이다. 유아 연령별 일상생활 지도내용을 표로 제시하면 〈표 Ⅵ-1〉과 같다.

〈표 Ⅵ-1〉 연령별 유아 일상생활활동 내용

구분 연령	일상생활활동 내용											
	등원	휴식 및 낮잠	점심	간식	점심 전 손 씻기, 이 닦기	정리 정돈	화장실 가기	주의 집중	전이	평가	대기유아 지도	하원 지도
3세	○	○	○	○	○	○	○	○	○	○	○	○
4세	○	○	○	○	○	○	○	○	○	○	○	○
5세	○	○	○	○	○	○	○	○	○	○	○	○

3~5세 전 연령에 걸쳐 일상생활활동 내용이 동일하지만 유아의 연령이나 월령에 따른 발달과 기능의 차이에 따라 교사의 개입수준을 달리해야 한다.

2. 일상생활활동 내용별 지도방법

지도방법을 지도목표, 지도주안점, 평가요소로 구분하여 기술한다.

1) 등원

유아교육기관의 일과는 등원하면서부터 시작한다. 대부분 유아교육기관에서 등원시간을 일정하게 정해 놓고는 있으나 부모의 출근시간, 도보, 등원버스 이용 등의 상황에 따라 등원시간이 달라 먼저 등원한 유아들에 대한 지도, 등원 시 유아들을 맞는 교사태도나 언행, 건강상태확인 등 해야 할 내용이 많다. 등원 시 유아들을 맞는 교사의 태도에 따라 유아들의 하루일과활동의 참여수준이 달라진다.

(1) 지도목표

① 하루일과를 효율적으로 운영하기 위한 준비를 한다.
② 학부모로부터 유아지도에 필요한 정보 및 자료를 수집한다.
③ 바른 생활습관 정착을 위한 실천적 기회를 제공한다.

(2) 지도주안점

① 등원 시 유아들의 동태(건강상태, 심리상태, 신체 이상 유무)를 파악한다.
② 일과계획표를 현관에 게첨하여 학부모들이 하루일과를 이해할 수 있도록 한다.
③ 교사, 동료 유아들을 대하는 예법을 알고 실천하도록 한다.
④ 등원하는 유아들의 마음을 즐겁게 하는 방법을 강구하여 적용한다.
⑤ 일찍 등원한 유아들에게 제공할 활동내용, 놀이기구 정비 및 안전에 유의한다.
⑥ 사물함, 신발장의 정리정돈상황을 확인하고 지도한다.
⑦ 유아들을 안내한 학부모에 대한 예의를 갖추고 공지사항을 전달한다.
⑧ 유아지도에 필요한 사항을 기록, 교실 출입문 옆에 설비된 보관함에 넣어둔다.

(3) 평가주안점

① 등원 시 유아들의 동태 확인내용 및 방법의 적절성
② 유아들의 예절, 규칙의 준수상황

2) 휴식, 낮잠

휴식과 낮잠은 유아들이 다양한 활동에 참여하는 동안 누적된 피로와 긴장을 풀어 다음 활동의 효율성을 높이기 위한 활동으로 교육적 가치가 높다.

(1) 지도목표

① 유아들의 피로를 풀어주어 활기찬 일상생활을 도모한다.
② 유아들에게 새로운 활력을 불어넣어주어 학습의 효율성을 도모한다.
③ 피로회복을 통한 영유아들의 건강생활을 도모한다.

(2) 지도주안점

① 동적인 활동과 정적인 활동을 균형적으로 편성하여 피로가 자연스럽게 이완되게 한다.
② 휴식시간에 잠든 유아는 깨우지 말고 잠을 그대로 지속하도록 한다.
③ 휴식과 낮잠은 정해진 시간에 이루어지도록 한다. 그리고 실외놀이 후에는 휴식을 꼭 갖게 한다.
④ 유아들은 개인별로 잠자는 패턴이 있으므로 개별적인 패턴을 존중해준다.
⑤ 낮잠이나 휴식시간에 조용한 음악을 틀어주고 조명도 너무 밝지 않게 한다.
⑥ 낮잠을 자기 전에 화장실을 다녀오도록 하고 낮잠 잘 때 자리를 비우지 않는다.
⑦ 온도가 덥거나 추울 때 적절히 조절해 준다.
⑧ 낮잠을 자지 않는 유아에게는 강제로 재우려 하지 말고 다른 활동을 제공하여 낮잠 자는 동료 유아에게 방해가 되지 않게 한다.
⑨ 교실 한 영역에 쿠션이나 담요를 배치하여 낮잠이나 휴식을 취하도록 한다.
⑩ 종일제를 운영하는 기관에서는 요와 이불을 준비하여 오후 1~2시간의 낮잠시간을 제공하여 충분히 휴식을 취하게 한다.
⑪ 유아들은 자기 몸이 피곤해도 휴식을 취할 줄 모르므로 교사가 잘 배려하여 낮잠을 자게 지도한다.

(3) 평가주안점

① 유아 개개인의 특성과 요구를 고려한 낮잠방법의 개별화 상황
② 낮잠 시설, 기구, 환경의 정비상황
③ 낮잠을 원치 않는 유아에 대한 조치방법의 적절성

3) 점심

점심은 영유아들에게 필요한 양과 질의 영양을 제공함으로써 영유아들의 신체적, 정서적, 사회적, 정신적 성장 · 발달을 도모하므로 국가적인 차원에서 관리 · 감독을 하고 있다.

(1) 지도목표

① 양질의 영양공급을 통한 유아들의 신체적, 정서적, 사회적, 정신적 성장 · 발달을 도모한다.
② 올바른 식생활방법과 예절을 습관화시켜 즐거운 식생활이 이루어지게 한다.

(2) 지도주안점

① 반드시 동료 유아들과 함께 점심을 먹을 수 있도록 지도하고 연령이 증가함에 따라 바른 식생활습관과 식사예절 지도계획을 세워 체계적으로 지도한다.
② 점심시간은 20~30분 정도 소요되나 음식의 종류에 따라 조정한다.
③ 유아들의 실정에 따라 유아 도착시간에 아침을 제공하기도 한다.
④ 식사시간을 통하여 교사와 유아, 유아 상호 간에 긍정적인 상호관계를 유지하게 하여 친밀감을 형성시켜준다.
⑤ 음식을 강제로 먹이지 않고 식사환경을 즐겁게 만든다.
⑥ 영양식을 제공하여 건강생활을 유지하게 한다.
⑦ 식단을 치밀하게 계획하고 식재료 및 조리과정의 위생적 처리를 도모한다.
⑧ 식사에 이르기까지 참여하는 관련 분들에게 감사하는 마음을 갖게 한다.
⑨ 식사량에 대하여 지나치게 관심을 나타내거나 강요하지 않는다.
⑩ 유아들이 싫어하는 음식은 조리법을 개선하여 제공한다.

(3) 평가주안점

① 식사지도의 개별화
② 식사 후 처리상황

4) 간식

유아들은 한꺼번에 먹을 수 있는 음식량이 적기 때문에 하루에도 3~4시간의 반일제 프로그램에서는 1회, 연장제 프로그램에서는 1회의 점심과 1회의 간식을, 종일제 프로그램에서는 1회의 점심과 2회의 간식이 주어진다.

(1) 지도목표

① 식사로 인한 부족 영양소의 보충으로 유아건강을 증진시킨다.
② 간식과정을 통해 동료 유아 간, 교사·유아 간의 원활한 친밀성을 형성한다.

(2) 지도주안점

① 영아들은 자유간식으로, 나이든 유아들은 일정한 시간에 집단간식으로 지도한다.
② 간식의 종류와 양은 다음 식사에 지장을 주지 않도록 계획하고 소요시간은 1회에 15~20분 정도로 하여 하루일과 속에서 융통성 있게 운영한다.
③ 유아들의 간식은 집단을 원칙으로 하되 유아 개인적인 특수성에 따라 개별간식도 병행할 수 있다.
④ 5세 유아의 집단간식 시에는 간식 당번을 운영하여 봉사정신을 함양시킨다.
⑤ 간식지도를 통하여 동료 유아들 간, 유아와 교사 간에 상호작용을 통하여 친밀감을 갖도록 지도한다.
⑥ 숟가락 사용법, 식기 정리하기 등을 연령에 따라 체계적으로 지도한다.
⑦ 간식 전에는 손 씻기, 음식을 먹으면서 말하지 않기, 간식시간에 돌아다니지 않기 등 식사예절을 연령에 따라 체계적으로 지도한다.

(3) 평가주안점

① 간식시간의 적절성
② 유아특성을 고려한 간식지도
③ 유아 상호 간의 친밀성 도모

5) 점심식사 전 손 씻기, 식사 후 이 닦기

모든 음식물에는 세균의 접근이 용이하여 음식물 섭취과정을 통한 발병이나 세균감염을 미연에 방지할 수 있도록 위생관리에 주력하여 지도해야 한다.

(1) 지도목표

① 위생습관의 생활화와 질병 예방력을 배양하여 유아의 건강생활을 도모한다.
② 손 씻기, 이 닦기 방법을 체계적으로 지도한다.

(2) 지도주안점

① 식사 전에 손 씻기를 생활화한다.
② 손 씻기가 용이하지 않은 경우, 물수건을 이용하도록 한다.
③ 이 닦기에서 교사가 시범을 보이며, 3세 이후에는 치약을 사용하도록 한다.
④ 식사 전 손 씻기, 식사 후 이 닦기를 한 유아를 격려해 준다.
⑤ 음식물을 손으로 집어 먹지 않도록 한다.
⑥ 식사 후에 이 닦기를 생활화시키고 여건이 안 되면 물 양치질을 시킨다.

(3) 평가주안점

① 식사 전후 손 씻기, 이 닦기 이행상황
② 음식물에 의한 세균접근 방지대책

6) 정리정돈

교구나 자료로 활동한 후는 물론 의자에 앉아 교사의 이야기만을 듣고 난 후에도 자기가 앉은 의자를 바로 놓아야 하는 등 하루의 일과활동 중에서 정리정돈습관을 정착시킨다.

(1) 지도목표

① 정리정돈의 필요성을 이해하고 활동 후에는 정리정돈할 내용을 찾아 실천하도록 한다.
② 정리정돈의 방법, 절차를 익히어 한정된 시간에 효율적으로 처리하는 능력을 기른다.

(2) 지도주안점

① 정리정돈을 해야 하는 이유, 정리정돈을 한 후의 느낌을 이해시킨다.
② 정리정돈시간은 10~15분 정도로 하고 정리정돈 후 기다리는 시간을 많이 주지 않는다.
③ 일과활동별, 일과장소별로 정리정돈의 방법과 절차를 이해시킨다.
④ 정리정돈에서는 결과보다 과정을 더 중시한다.
⑤ 개별정리정돈과 집단정리정돈에 따른 시기, 방법, 절차를 이해시킨다.
⑥ 자기가 사용하지 않은 교구나 교재도 정리하도록 격려한다.

⑦ 정리정돈이 쉽도록 교재, 교구가 있어야 할 위치를 그림이나 색깔로 표시해준다.
⑧ 완성하지 못한 작품은 한 데 모아두었다가 다음날 완성하도록 한다.

(3) 평가주안점

① 개별정리정돈방법의 적합성
② 집단정리정돈방법의 적합성
③ 정리 · 정돈 신호의 적합성

7) 화장실 가기

유아들이 대소변을 보는 것은 유아 일과활동 중에서 점심, 간식에 이어 유아들의 건강생활 유지에 직접적인 영향을 주는 일과활동이다.

(1) 지도목표

① 생리적 욕구를 충족시키고 더불어 심리적으로 편안함을 느끼게 한다.
② 올바른 배변생활습관을 정착시키어 건강생활을 도모한다.

(2) 지도주안점

① 생리적 욕구를 충족시키고 더불어 심리적으로 편안함을 느끼게 한다.
  • 절약하기 • 질서 지키기 • 용기 사용하기 • 청결 유지하기
② 화장실에서의 대소변을 보는 과정을 통해 자연스럽게 성교육을 실시한다.
③ 화장실 내에 설비된 다양한 기구나 용품의 위생적 관리 및 사용법을 이해시킨다.
④ 화장실 내부는 밝고 친근감을 느끼는 색채를 이용하여 구성한다.
⑤ 화장실 내부는 유아의 안전성을 우선적으로 고려한다.
⑥ 화장실에서 수돗물 사용하기, 휴지 사용하기 등 교육 및 생활지도를 위한 내용을 그림이나 도해물을 게첨한다.
⑦ 대소변을 실수한 유아가 친구들로부터 놀림을 받지 않게 배려한다.
⑧ 일정한 간격을 두고 규칙적으로 화장실을 갈 수 있도록 주의를 환기시킨다.

(3) 평가주안점

① 화장실 사용예절의 적절성
② 화장실 시설 · 설비의 적절성

③ 화장실 가기 지도의 적절성

8) 주의집중

주의집중이란 '교수-학습활동에서 영유아들이 생각을 한 군데로 모아 학습목표나 학습활동에 초점화시키는 주의나 환기작용'이다. 교수-학습활동에서 교사의 행동을 관찰하고 교사처럼 행동하는 데는 영유아가 교사의 행동에 주의를 기울이느냐 기울이지 않느냐의 주의집중 태도가 중요한 변수이다.

(1) 지도목표

① 학습목표나 학습활동에 초점화시키어 학습의 효율성을 도모한다.
② 유아들 주변에서 필요한 자극과 불필요한 자극을 선별하고 필요한 자극만을 취하는 방법을 지도한다.

(2) 지도주안점

① 교수-학습자료는 그림, 도표, 영상, 녹음자료 등 다양하게 제시한다.
② 추상적인 것보다 실물, 사례, 실험 등 구체적인 예시자료를 제시하여 지도한다.
③ 특이한 자극, 갈등상황이나 참신한 문제 사태를 제시한다.
④ 다양한 주의집중기법을 활용한다(노래, 수수께끼, 손유희, 게임 등).
⑤ 유아 생활주변에서 필요한 자극을 취하고 불필요한 자극을 버리는 방법을 이해시킨다.
⑥ 주의집중을 강제로 이끌기보다 흥미롭게 이끌어 가야 한다.
⑦ 주의집중이 되면 바로 끝낸다. 주의집중시간이 길면 본 활동을 방해한다.
⑧ 주의집중을 서두르면 유아들이 당황하고 주의집중시간이 길면 다음 활동을 방해한다.

(3) 평가주안점

① 주의집중시기의 적합성
② 주의집중방법의 적절성

9) 전이

전이란 하루의 일과가 진행되는 동안 한 가지 활동이 다른 활동이 시작되기까지 이어지는 시간 동안에 이루어지는 활동으로 효율적인 전이활동은 소모적이며 불필요한 활동시간을 최소화시키는 것이다.

이와 같이 전이활동은 뚜렷한 목표의식이 없이 이루어지는 활동을 최소화시키는 활동으로, 예를 들면 '기다리는 시간'이 대표적이다.

(1) 지도목표

유아학습활동이 단절 없이 연속적으로 이루어져 소모적이고 불필요한 시간을 최소화시키어 학습의 효율성을 도모한다.

(2) 지도주안점

① 활동상황에 따라 전이기법을 다양하게 적용하는 방법을 이해한다.
② 전이활동을 위한 교사의 역할을 충분히 이해하고 실천한다.
③ 일찍 다음 활동을 준비한 유아에 대한 대책을 이해하고 지도한다.
④ 전이활동을 최소화시키는 방안을 강구한다.
⑤ 전이시간과 정리정돈활동이 동시에 이루어지게 계획한다.
⑥ 전이과정이 빠르고 효율적으로 이루어지도록 지도한다.
⑦ 전이활동은 다음에 이루어지는 활동내용과 관련이 깊을수록 좋다.

(3) 평가주안점

① 전이기법 적용의 적시성
② 전이기법 적용의 적합성

10) 평가

일상생활활동 평가는 당일 일과생활활동 전반에 관한 평가와 하루일과에 편성된 하나 하나의 일과생활활동이 종료된 직후에 이루어지는 단위 일과별 평가의 두 유형이다. 그러나 하원 즉전에 일상생활활동 전반에 관한 평가는 당일 이루어진 일과활동 중에서 핵심적이며 재미있게 다루어진 일상생활활동에 대하여 이루어지는 것이 좋다.

(1) 지도목표

① 일일 일과활동에 대한 종합적인 평가를 통해 하루생활에 대한 문제점을 찾고 이에 따른 해결방안을 모색한다.
② 일일 일과활동별로 평가를 통하여 바람직한 일일 일과활동 방향을 정립한다.

(2) 지도주안점

① 일일 일과활동전반에 관하여 총체적으로 이야기 나누기를 한다.
② 단위일과활동에 대한 느낌에 대하여 이야기 나누기를 한다.
③ 이야기 나누기는 즐거웠던 일, 새로 터득한 사실을 중심으로 한다.
④ 이야기 나누기를 듣고 교사는 다음에는 어떻게 지도할 것인가를 궁리한다.

(3) 평가주안점

① 일일 일과 평가방법의 적절성
② 일일 일과활동별 평가방법의 적절성

11) 하원지도

하루일과가 끝나면 교사는 일상적으로 그날의 일과를 되돌아보고 유아들을 안전하게 귀가시켜야 한다. 따라서 교사는 하원 전에 그날의 일과활동에 대하여 개인별로 회상시키고 다음날 활동에 대한 총체적 이해를 통하여 오늘과 다음날 일과와의 연계적 활동이 이루어지도록 지도하여야 한다.

또한, 하원을 돕는 유아모들과 유아의 학습활동, 행동특성에 대한 상담을 통하여 가정에서 유아학습지도 시 적용하도록 한다.

(1) 지도목표

① 유아들의 안전한 귀가를 위하여 제반계획을 치밀하게 수립하여 시행한다.
② 귀가 시 자기 소지품이나 작품, 가정연락사항을 잘 정리하는 습관을 정착시킨다.

(2) 지도주안점

① 유아들이 귀가 시에 지참해야 할 물건을 잘 챙기도록 지도한다(소지품, 가정통신문, 제작 작품 등). 그리고 교사는 유아의 지침상황을 최종적으로 확인한다.
② 귀가 전에는 5~10분 동안 교사와 유아들이 만나는 시간을 갖는다.
③ 교사는 하루일과 중 특정일과내용을 중심으로 유아들과 이야기 나누기를 한다.
④ 부모에게 특별히 알릴 사항, 공지사항 등을 미리 준비하여 전달하고 유아상담을 효율적으로 진행한다.
⑤ 부모로 하여금 유아지도에 필요한 다양한 정보와 자료를 입수한다. 상담시간이 부족할 경우에는 기록하여 보관함에 넣어두도록 한다.

⑥ 주말에는 가정통신문을 작성하여 가정학습지도에 활용하도록 한다.

⑦ 학부모들이 다음날 이루어질 학습내용에 대하여 자세히 안내하여 준비하도록 한다.

⑧ 귀가지도는 부모가 데리러 오는 유아, 걸어서 귀가하는 유아, 버스로 귀가하는 유아 등 다양하므로 적절하게 귀가시킨다.

⑨ 특수한 상황에 놓인 유아의 귀가상황에 대하여 관심을 갖는다.

(3) 평가주안점

① 귀가계획 수립상황

② 귀가 시 필요한 물건 정리정돈 상황

③ 부모를 통한 교육적 정보수집 상황

12) 대기유아 귀가지도

등원 시보다 하원 시 유아 안전사고율이 더 높으므로 치밀한 계획을 세워 지도해야 한다. 특히, 부모의 요구나 특수성에 따라 유아들의 하원이 동시에 일제히 이루어지지 않는 유아, 일정시간 동안 유아교육기관에 잔류해야 되는 유아 등 대기유아에 대한 지도가 안전하게 이루어져야 한다.

(1) 지도목표

① 부모들의 사정에 따른 유아교육기관 대기유아에 대한 추수지도를 실시한다.

(2) 지도주안점

① 통합보육공간을 확보하고 대기유아를 위한 환경을 적절히 구성한다.

② 대기시간 중 유아 개별활동 프로그램을 다양하게 구안하여 지도한다.

③ 대기유아가 스스로 활동하도록 다양한 방법으로 유도한다.

(3) 평가주안점

① 통합보육공간 확보 상황

② 통합보육 프로그램의 적절성

제 2 장 건강생활교육

영아기에 이어 유아기에 건강한 생활을 유지시키는 것은 이후 아동기나 성인기의 건강을 유지하는 기초가 되므로 적절한 영양공급, 정상적인 신체발달 지도 등을 비롯하여 질병에 대한 면역이나 저항력을 길러서 일생 동안 건강생활을 유지하도록 해야 한다. 특히, 유아기에 신체 · 정서 · 인지 · 정신적인 결함은 이후 성인이 되어 더 큰 장애를 초래할 수 있으므로 이에 대한 영유아기의 건강지도는 대단히 중요하다.

유아기의 건강생활교육은 영아기의 건강생활교육을 기반으로 심화 · 확충된다.

1. 건강생활교육목표

유아 건강생활교육목표는 누리과정의 신체운동 · 건강영역에서 '건강한 생활습관'을 길러 실내외에서 신체활동을 즐기고, 건강하고 안전한 생활을 하도록 하는데 있다.

2. 유아 건강생활교육 지도내용 및 방법

유아 건강생활교육은 0~2세 영아와 마찬가지로 크게 2가지로 분류된다. 하나는 누리과정의 신체운동 · 건강영역의 '건강하게 생활하기' 범주내용에 따른 지도와 또 하나는 유아의 일상생활에서 당면하는 건강생활문제에 대한 지도이다. 그러나 위의 2가지 지도내용은 유아교육기관에서는 하나의 활동주제로 통합하여 지도하고 있다. 본 절에서는 누리과정에 의한 건강생활교육 지도요령과 일상생활 속에서 건강관리방안으로 구분하여 기술한다.

1) 누리과정에 의한 건강생활지도

유아안전생활지도는 누리과정의 신체운동 · 건강영역에서 다루어진다. 누리과정의 신체운동 · 건강영역에서 건강생활지도를 위한 (1) 목표 및 내용범주 이해하기, (2) 내용범주에 국한하여 설명하기로 한다(3~5세 연령별누리과정고시 제2019-152호 2019.7.24).

(1) 목표 및 내용범주 이해

신체운동 · 건강영역의 목표와 내용범주는 유아가 다양한 신체활동에 즐겁게 참여하고, 청결과 위생, 즐거운 식사, 적당한 휴식을 통해 건강한 생활습관을 기르며, 일상에서 안전하게 생활하는 방법을 배우고 실천하는 내용으로 구성되어 있다. 특히 유아건강생활지도를 위해서는 '건강하게 생활하기'에 바른 태도로 즐겁게 음식을 먹는 내용을 새롭게 포함하였으며 기존 누리과정의 배변이나 낮잠 등 유아의 일상생활과 관련된 내용은 '교수 · 학습'의 '바' 항을 통해 하루일과전체에서 지원할 수 있게 하였다. 그리고 '건강하게 생활하기'는 유아가 스스로 몸과 주변을 깨끗이 하고, 즐겁게 식사하며, 자신의 신체리듬에 맞게 휴식을 취하고, 질병을 예방하는 다양한 방법을 실천하는 내용이다.

(2) 내용범주 : 건강하게 생활하기

내용범주 : 건강하게 생활하기

목표 건강한 생활습관을 기른다.

내용
- 자신의 몸과 주변을 깨끗이 한다.
- 몸에 좋은 음식에 관심을 가지고 바른 태도로 즐겁게 먹는다.
- 하루 일과에서 적당한 휴식을 취한다.
- 질병을 예방하는 방법을 알고 실천한다.

내용 이해	유아 경험의 실제
자신의 몸과 주변을 깨끗이 한다. 유아가 손을 씻고 이를 닦는 등 몸을 깨끗이 하는 적절한 방법을 알고 실천하며, 자기 주변을 깨끗하게 정리정돈하는 내용이다.	시금치무침 요리 활동 중에, 교사는 유아가 데친 시금치를 맛보고 싶다고 하여 맛보게 한다. 유아들이 "맛있어?", "맛없지?", "난 시금치 안 좋아해. 안 먹을래." 라고 말하며 인상을 찌푸린다. 교사가 "시금치에 양념 옷을 입혀 맛있게 변신시켜 줄까?"하고 말한 후, 유아들에게 직접 깨소금, 참기름 등의 여러 양념을 넣고 손으로 무쳐 보게 한다. 유아들은 "우와! 좋은 냄새 난다.", "맛있겠다!", "저도 주세요."라고 말한다.

내용 이해	유아 경험의 실제
몸에 좋은 음식에 관심을 가지고 바른 태도로 즐겁게 먹는다. 유아가 몸을 건강하게 하는 음식에 관심을 가지고, 음식을 소중히 여기며, 제자리에 앉아서 골고루 즐겁게 먹는 내용이다.	
하루 일과에서 적당한 휴식을 취한다. 유아가 피곤하거나, 몸이 아프거나, 몸을 많이 움직여서 쉬고 싶을 때, 적절한 휴식을 취하는 내용이다.	유아들은 바깥 놀이터에서 신나게 놀이한 후 교실로 돌아오자마자, “선생님, 정말 더워요. 에어컨 틀어 주세요.”라고 다급한 목소리로 요청한다. 교사는 “그래. 선풍기도 켜 놓을게. 그런데 땀을 많이 흘렸으니 얼굴이랑 팔을 씻는 것은 어떨까?”하며 에어컨과 선풍기를 켠다. 유아들은 얼굴과 팔, 손을 씻고 들어와 “이젠 좀 쉬자!”라고 말하며 교실 바닥에 앉기도, 눕기도 한다.
질병을 예방하는 방법을 알고 실천한다. 유아가 질병의 위험으로부터 건강을 유지할 수 있는 다양한 생활 방식(몸을 청결히 하기, 날씨와 상황에 알맞은 옷 입기, 찬 음식 적당히 먹기, 정해진 시간에 자고 일어나기, 따뜻한 물 마시기 등)을 경험하는 내용이다.	 유아: 선생님, 나 감기에 걸렸어요. 교사: 어떡하니, 많이 아파? 유아: 네. 열도 났어요. 그래서 엄마가 따뜻한 물을 넣어 주셨어요. 교사: 그렇구나. 따뜻한 물이 감기에 좋지. 오늘은 따뜻한 물을 자주 마셔 봐. 감기가 금방 나을 거야.

3. 유아 건강관리

3~5세 유아의 건강관리는 0~2세 영아의 건강관리에서와 같이 영양관리, 건강생활습관지도, 질병관리지도, 정신질환관리지도, 식생활행동관리지도, 식품안전지도 등 아주 광범위한데, 그중 영양관리와 건강생활관리에 국한하여 기술하기로 한다.

1) 영양관리

유아기의 영양관리는 영아기에 이루어져 왔던 영양관리를 지속적으로 유지 · 진행해나가면서 유아의 발달적 특성을 고려하여 이에 적응하기 위한 영양관리방안이 첨가된다.

(1) 유아의 영양소필요량

유아기는 급격한 활동량의 증가, 신체 · 정서 · 사회 · 인지적인 면의 발달과 성장, 특히 두뇌발달이 급진적으로 이루어지는 시기로서 이에 적절한 영양공급이 이루어져야 한다.

① 유아의 영양소필요량의 산정

최근 한국영양학회(2005)에서는 한국인의 영양섭취기준을 〈표 VI-2〉과 같이 제정 · 발표하였다.

〈표 VI-2〉 유아의 1일 영양섭취기준(Dietary Reference intakes)

구분	연령별	에너지	당질	지질	단백질			섬유	수분	비타민 A			
		EAR	AI	AI	EAR	RDA	AI	AI	AI	EAR	RDA	AI	UL
유아	3~5세	1,400			15	20		17	1,400	210	300		700
	6세(남)	1,600			20	25		19	1,700	290	400		1000
	6세(여)	1,500			20	25		18	1,600	270	400		1000

구분	연령별	비타민 D		비타민 E		비타민 K	비타민 C				나이아신			
		AI	UL	AI	UL	AI	EAR	RDA	AI	UL	EAR	RDA	AI	UL
유아	3~5세	10	60	6	130	30	30	40		500	5	7		10
	6세(남)	10	60	7	180	45	40	60		700	7	9		15
	6세(여)	10	60	7	180	45	40	40		700	7	9		15

구분	연령별	비타민 B_6				엽산				비타민 B_{12}			티아민		
		EAR	RDA	AI	UL	EAR	RDA	AI	UL	EAR	RDA	AI	RDR	RDA	AI
유아	3~5세	0.6	0.7		35	150	180		300	0.9	1.1		0.4	0.5	
	6세(남)	0.7	0.9		45	180	220		400	1.1	1.3		0.6	0.7	
	6세(여)	0.7	0.8		45	180	220		400	1.1	1.3		0.5	0.6	

구분	연령별	리보플라빈			칼슘				인				나트륨	철			
		EAR	EDA	AI	EAR	REA	AI	UL	EAR	RDA	AI	UL	AI	EAR	RDA	AI	UL
유아	3~5세	0.6	0.7		400	600		2500	390	500		3000	1.0	5	7		40
	6세(남)	0.7	0.9		550	700		2500	550	700		3000	1.2	7	9		40
	6세(여)	0.6	0.7		550	700		2500	450	600		3000	1.2	7	9		40

※ EAR(평균필요량), RDA(권장섭취량), AI(충분섭취량), UI(상한섭취량)
출처 : 한국영양학회(2005).

② 유아 1인 1회 분량

유아들은 한 번에 영양섭취기준에 따른 음식을 섭취할 수 있는 양이 제한적이어서 일반적으로 하루에 3회의 식사와 오전과 오후 각각 1회의 간식을 포함하여 5회에 걸친 음식을 제공하여 1일 영양섭취기준에 도달하게 된다.

1일 영양섭취기준 도달을 위한 1일 식사분배는 일반적으로 아침 5~30%, 오전 간식 5~10%, 점심 30%, 오후 간식 10~15%, 저녁 25~30%로 나누어 급식하는 것이 좋다.

한국영양학회에서 제시한 3~5세 유아 1인 1회 분량은 〈표 Ⅵ-3〉과 같다(임미혜 외, 2017).

〈표 Ⅵ-3〉 식품군별 대표식품 및 3~5세 유아의 1인 1회 분량

식품군	열량	식품군별 주요 식품 및 1인 1회 분량(g)[1)]
곡류	210	밥 1작은 공기(130g), 백미(55g), 국수 1/2대접(건면 5g), 냉면국수 1/2대접(생면 75g), 떡국용 떡 1인분(80g), 모닝빵 2개(60g)
고기[2)]·생선·달걀·콩류	50	육류 1/2접시(생 30g), 닭고기 1/2조각(생 30g), 생선 1/2토막(30g), 콩(10g), 두부 1조각(40g), 달걀 1/2개(30g)
채소류	10	콩나물 1/2접시(생 35%), 시금치나물 1/2접시(생 30g), 배추김치 1/2접시(생 20g), 버섯(생 15g), 미역(생 15g), 김 1장(2g)
과일류	25	사과 중 1/4개(50g), 귤 중 1/2개(50g), 참외 중 1/4개(100g), 바나나 1/2(50g), 수박 1/2쪽(100g), 오렌지주스 1/4(50g)
우유·유제품류	60	우유 1/2컵(100g), 호상요구르트 1/4컵(50g), 액상요구르트 1/2개(75g), 아이스크림 1/4컵(50g)
유지·당류	20	식용유 1/2작은술(2.5g), 버터 1/2작은술(2.5g), 마요네즈 1/2작은술(2.5g), 설탕 1/2큰술(5g), 물엿 1/2큰술(5g), 잼 1/2큰술(5g)

주 1) 식품의 중량은 가식부 기준이며, 익히기 전 무게임
2) 쇠고기와 돼지고기는 살코기 기준임
출처 : 이영미 외(2013). 생애 주기영양학. 양서원.

③ 기본영양소의 기능

유아에게 필요한 영양소는 어른과 같이 대략 6종류로 단백질(흰 지질), 지방(지질), 탄수화물(당질), 무기질(광물질), 비타민, 수분 등이다. 그리고 영유아에게 중요한 영양소는 단백질로서,

특히 동물성단백질 및 무기질 등의 칼슘과 철분 등이다. 각 영양소별 기능은 〈표 VI-4〉와 같다.

〈표 VI-4〉 주요 영양소별 기능

순	영양소별	주요 기능
1	수분	수분은 음식물 중 가장 중요한 열요소로서 대사물질의 운반, 체온조절, 이온의 평형 및 여러 가지 세포기능을 발휘하는 역할을 함
2	단백질	단백질은 내장, 근육, 피부, 혈액, 모발, 손톱 등을 만드는 데 필요하고 또 발육을 도움
3	지방	지방은 세포를 구성하는 지방산의 원료, 에너지원으로 그리고 지용성 비타민(비타민 A, D, E, K)의 흡수를 도움
4	탄수화물	탄수화물은 주로 에너지원으로 사용되는 영양소이며 간장이나 근육에 글리코겐의 형태로 지장되어 있다가 필요에 따라 이것을 포도당으로 변화시켜 이용함
5	비타민	비타민은 칼로리의 근원이 되는 것은 아니지만 유아의 성장이나 신체기능을 유지하는 기능
6	무기질	우리 몸의 성분으로 또는 생리기능을 조절하는 데 필요한 무기질에는 약 12종이 있음. 이 무기물질은 출생 시에 체중의 3%이었던 것이 점점 증가하여 성인이 되면 약 4~35%를 차지함

④ 유아 영양상태 및 대책

유아의 1일 영양섭취기준은 실질적으로 유아의 소득계층에 따라 영양섭취량이 권장량에 비하여 지나치게 많거나 또는 지나치게 적은 것으로 나타났다(정미라 외, 2017).

ㄱ. 저소득층의 유아는 에너지, 단백질, 칼슘, 철분, 리보플라빈 등의 영양소의 섭취량이 부족하고 동물성식품의 섭취비율이 권장량에 비해 낮다.

ㄴ. 도시 중산층이나 고소득층 유아는 철분을 제외한 모든 영양소의 섭취량이 권장량을 충족하거나 오히려 초과 섭취하는 것으로 나타났다.

ㄷ. 현재 경제소득 계층 간, 지역 간에 유아 영양섭취상황이 양극화되고 불균형을 이루고 있는 점은 불가피하지만 이러한 상황을 유아교육기관에서 제공하는 유아급식에서는 충분히 고려하여야 한다.

ㄹ. 현재 유아교육기관에 대한 감사·감독내용은 인사, 재정, 시설관리영역에 우선하여 식단계획, 식재료 보관상황에 대한 감사·감독이 철저히 이루어져야 한다.

2) 건강생활지도

특히, 유아기에는 비만관리, 치아관리, 질병관리, 응급처치에 주력해야 한다.

(1) 비만관리

요즈음 소득계층에 따른 영양공급의 차이, 유아 개인적, 신체·정서적 특성에 따른 영양의 불균형 등은 유아의 성장·발달에 지대한 영향을 주며, 특히 유아 영양문제로서는 비만,

편식, 식품알레르기, 납중독 등이 있다.

① 비만의 개념

비만이란 '체내에 필요한 에너지보다 과다 섭취하거나 섭취된 에너지보다 적게 소비함에 따라 발생하는 인체 내의 에너지 불균형상태'를 말한다. 따라서 체질량지수(Body mass index: 체중(kg)을 신장(cm)이 제곱으로 나눈 값)가 25 이상이면 비만으로 진단하며 표준체중을 이용한 비만 판정법은 〈표 Ⅵ-5〉와 같다.

〈표 Ⅵ-5〉 소아의 연령별 표준체중과 표준신장

$$비만도 = \frac{계측체중 - 신장별\ 표준체중}{신장별\ 표준체중} \times 100$$

체중미달 : -20% 이하
저체중 = -10% 이하
정상 = -10% ~ +10%
과체중 = +10% 이상
비만 = +20% 이상

② 비만의 원인

유아기에 비만이 되는 것은 영양의 과다섭취에 비하여 영양소모를 위한 신체활동의 부족이나 그릇된 식사습관에 의한다. 비만의 원인은

ㄱ. **식사나 간식 중 과다한 영양섭취**

가. 설탕이 많이 든 음료수, 과자류를 너무 많이 섭취한다.

나. 고열량음식, 특히 당분과 지방의 섭취가 과다하다.

다. 튀김이나 스낵류 같은 기름진 음식을 즐긴다.

ㄴ. **유전적 요인**

가. 비만인 가족 중에 비만현상이 많이 일어난다.

ㄷ. **증후성비만**

가. 신체의 질병으로 인해 비만이 되는 경우가 증후성비만이다.

나. 실외운동을 싫어하거나 주위에 유아운동공간이나 시설 · 기구가 없기 때문이다.

ㄹ. **운동부족**

가. 실내에서 주로 놀이를 하므로 운동량이 적은 편이다.

나. 실외운동을 싫어하거나 주위에 유아운동공간이나 시설 · 기구가 없다.

ㅁ. **스트레스 해소**

정신적 스트레스를 받는 경우, 이를 해소하기 위해 음식을 과식한다.

ㅂ. **호르몬이상**

지방합성을 촉진하는 인슐린, 성장호르몬 등의 분비에 변화가 생겨 지방대사에 이상이 생김으로써 비만이 된다.

ㅅ. **빠른 이유식**

이유식을 지나치게 빨리 시작하여 과잉영양섭취로 비만이 될 수도 있다.

③ 비만의 후유증

ㄱ. 유아의 비만은 성인의 비만으로 이어지기 쉽다.
ㄴ. 성인이 되어 정상적인 성장·발달을 저해한다.
ㄷ. 유아비만은 성인병을 가져올 우려가 있다.
ㄹ. 심리, 정서적 문제를 일으킨다.

④ 비만의 치료

ㄱ. **식사요법**

가. 체중의 증가율을 줄인다.

㉠ 유아의 신체발달상황을 수시로 관찰하고 측정하여 체중 대 신장의 비율이 일정수준을 유지하도록 식사를 관리한다.
㉡ 일시에 많은 양의 체중을 감량하려고 하면 문제가 생길 수도 있다.

나. 유아비만의 예방, 치료 위주의 식단을 운영한다.

㉠ 단백질·무기질·비타민 등의 영양소는 부족하지 않도록 노력한다.
㉡ 저지방 스낵 고르는 법과 적절한 1인 분량을 확보하는 방법을 지도해 준다.
㉢ 유아가 식기에 담은 음식을 전부 먹도록 강요하지 않는다.
㉣ 생선류, 고기류 및 콩제품은 많이 먹어도 좋으나 지방분은 최소화한다.
㉤ 채소나 해초류를 잘 이용하여 양적 분량을 조정하도록 한다.
㉥ 음식의 맛을 싱겁게 하고 재료의 단맛을 살려서 설탕류를 사용하지 않게 한다.
㉦ 우유에는 유아 발육에 필요한 모든 영양소가 들어 있으니 1일 1컵씩 마시게 한다.
㉧ 살을 뺀다고 굶거나 영양섭취를 소홀히 하면 심각한 후유증을 유발한다.
㉨ 자신의 양만큼만 먹도록 하여 식기를 반드시 비우도록 강요하지 않는다.

ㄴ. **운동요법**

가. 텔레비전 시청시간을 조절한다.

㉠ 유아의 신체활동을 저해하는 요인이 과대한 텔레비전 시청으로 운동량이 적어지기 때문이다. 따라서 텔레비전 시청시간을 줄여주어야 한다.

㉡ 텔레비전을 시청하면서 음식을 먹으면 유아가 포만감을 느끼지 못하여 많이 먹게 된다. 간식을 먹지 않고 바른 자세로 시청하도록 한다.

나. 비만치료와 방지를 위해 신체적 활동이 필수적임을 이해시키고 유아 스스로 노력하도록 한다.

㉠ 유아 신체활동으로 자전거 타기, 술래잡기, 줄넘기, 집안일 돕기 등이 있다.

ㄷ. **심리요법**

가. 비만한 유아가 자신의 외모에 대하여 주위 사람들로부터 편견으로 마음의 상처를 받지 않도록 한다.

나. 비만유아가 또래들로부터 거부와 차별을 받지 않도록 지도한다.

다. 비만 부모가 무의식중에 텔레비전을 보면서 간식이나 음식을 먹는 모습을 유아에게 보여서는 안 된다. 유아들은 나쁜 식습관을 부모로부터 배우는 부분이 많다.

(2) 치아관리

치아관리에서 가장 중요한 일이 충치를 예방하는 일이다. 충치는 빠른 경우, 2세 이전의 영아에서부터 나타나는데, 주로 앞쪽 윗니가 썩거나 위쪽 첫 번째 어금니가 썩는 등 일찍부터 발생하므로 영유아의 전 기간 동안에 걸쳐 충치관리에 주력해야 한다.

① 치아의 기능

ㄱ. 치아는 소화기능을 돕는다.

영유아가 건강한 치아를 지니고 있으면 치아로 음식을 자르거나 씹는 데 어려움이 없으나 충치가 있으면 불가피하게 덜 자르거나 씹는 음식물을 위장으로 바로 보내게 되어 소화될 수 있는 상태로 음식물을 만들기 위해 위장의 활동이 더욱 강화되어야 하므로 결과적으로 위장에 장애를 초래할 수 있다.

ㄴ. 발음을 돕는 기능을 한다.

치아는 유아가 언어발달에서 발음이 되는 역할을 하므로 정확한 발음을 배우는 데 중요한 기능을 한다. 예를 들면, 위쪽의 앞니가 충치로 없어지면 앞니의 뒤쪽에 혀를 대고 발음하기가 어려워지는 등 치아에 충치가 생기면 불확실한 발음습관이 형성된다.

ㄷ. 안면의 형태를 유지하고 안면근육발달을 돕는 기능을 한다.

건강한 이가 있는 한쪽으로만 씹게 되면 얼굴모양에 영향을 주기도 하고, 또한 한쪽의 안면근육발달만을 촉진함으로써 정상적인 안면근육발달을 저해한다.

② 충치 발생요인

ㄱ. 세균 번식

영유아는 세균에 대한 저항력이 약하다. 특히, 충치는 입 속에 있는 뮤탄스라는 세균에 의해 발병되며 이 뮤탄스의 세균을 근본적으로 없애는 방법이 없다.

ㄴ. 식품의 점착도

모든 음식은 입 안 치아와 제일 먼저 만난다. 뿐만 아니라 음식을 자르고 씹는 과정에서 음식의 일부가 치아에 점착되게 된다. 점착된 음식물에는 당분이 포함되어 있고 이러한 당분이 치아에 남아 있는 동안에 당분을 좋아하는 세균이 번식함으로써 충치가 발생한다.

ㄷ. 점착성이 높은 식품의 과다 제공

과거의 식단은 섬유소성 물질이 많이 포함된 식품으로 충치 발생이 비교적 제한적이었으나 오늘날의 식품은 대부분 정제되어 치아에 잘 붙는 점착성이 높은 식품을 과다하게 제공하는 데서 충치가 발생한다.

ㄹ. 빈번한 식사 제공

옛날보다 오늘날의 유아들에게 충치가 더 많이 발생하는 이유는 정규식사 외에 간식이 하루에도 여러 차례 제공됨으로써 치아 표면에 식품이 점착되는 경우가 많음에 따라 정규식사나 간식 후마다 이 닦기를 소홀히 하여 충치가 발생된다.

ㅁ. 당류식품의 과다섭취

가정이나 유아교육기관에서도 영유아 중심의 식단을 구성하다보니 자연히 당류식품을 많이 먹게 되고 또한 간식 시에는 사탕이나 과자 같은 감미식품이 제공된다. 이러한 음식이 치아의 표면에 점착되어 입 안에 있는 뮤탄스를 변형 박테리아가 당류를 분해하면서 치아의 상아질을 부식시켜 충치가 발생된다.

ㅂ. 성인들과의 입맞춤

부모나 교사가 영아의 입에 뽀뽀뽀를 할 경우에도 충치균이 옮아갈 수도 있다.

③ 충치 예방방법

ㄱ. 치아영양식

치아 건강을 위해서는 칼슘과 단백질이 절대적으로 필요하다. 더욱 중요한 것은 모든 영양소를 균형 있게 섭취하도록 식단을 구성한다.

ㄴ. 세균에 대한 저항력 배양

치아건강을 위해서는 세균에 의한 저항력을 길러 주는 일이 중요하다.

세균에 대한 저항력을 기르기 위한 영양식으로는 칼슘과 단백질이다. 그리고 치아 주변에 당분이 점착되지 않도록 양치질을 습관화시킨다.

ㄷ. 당류식품 제한하기

당류식품을 먹을 때 치아의 표면에 음식물의 점착이 잘 이루어지고 또한 당류식품의 점착이 충치 유발 가능성이 높으므로 당 농도를 고려하여 식단을 짜야 한다.

ㄹ. 간식 횟수 제한

점심과 오전, 오후 각각 1회씩 간식을 제공하고 간식 후에는 반드시 물 양치질을 실시하여 음식물의 점착을 그대로 두어서는 안 된다.

ㅁ. 수유방법 고려

우유나 주스가 든 병 꼭지를 물고 잠들면 치아가 썩을 위험이 있다.

ㅂ. 치아 청결의 생활

치아의 충치 예방책은 최종적으로는 치아의 청결을 유지하는 일이다.

(3) 질병관리

전염병의 특성, 유형, 예방, 발생 시 대책의 순으로 기술한다.

① 전염병의 특성

ㄱ. 전염병은 동시 다발적으로 발생하여 유아 주요 사망원인의 하나이다.

ㄴ. 전염병은 적절한 예방과 치료를 강구하면 피해를 줄일 수 있다.

ㄷ. 성인이 부단한 관심을 가지고 늘 관찰하면 발명의 초기에 발견할 수 있다.

ㄹ. 전염병성이 있는 질병과 관련된 발진은 가슴, 등, 목, 팔 등의 부위에서 시작된다.

ㅁ. 법적으로 지정하여 국가차원에서 예방과 치료대책을 실시하고 있다.

ㅂ. 법적 전염병 환자를 발견하면 관계기관에 신고해야 한다.

② 법정 전염병의 유형

우리나라는 1954년에 전염병예방법을 처음 제정하여 법정 전염병의 종류를 정하고 전염병환자를 발견한 사람은 신고를 의무화하고 있다.

〈표 VI-6〉 법정 전염병

전염병 종명	병명
제1군	세균성 이질, 콜레라, 장티프스, 파라티프스, 장출혈성대장균감염증, 페스트(6종)
제2군	디프테리아, 파상풍, 백일해, 홍역, 유행성이하선염, 풍진, 소아마비, B형간염, 일본뇌염, 수두(10종)
제3군	말라리아, 결핵, 나병, 성병, 선홍열, 수막구균성수막염, 레지오넬라증, 비브리오패혈증, 발진티푸스, 발진열, 쯔쯔가무시증, 렙토스피라증, 브루셀라증, 탄저, 공수병, 신증후군출혈열, 후천성면역결핍증, 인플루엔자(18종)

③ 전염병의 예방

ㄱ. 교사나 부모는 유아들을 부단히 관심을 갖고 관찰한다.
ㄴ. 생활환경을 위생적으로 개선하고 필요한 예방조치를 취한다.
ㄷ. 전염성이 있는 질병과 관련된 발진은 목과 팔 등의 부위에서 시작되기 때문에 이런 부위를 부단히 관찰해야 한다.
ㄹ. 예방접종 시에는 접종 전에 열, 설사, 감기, 다른 질병의 감염 여부를 확인한다.
ㅁ. 유아 개개인에게 과거 예방접종 시 후유증이 있었는지 기록하여 두었다가 대처한다.
ㅂ. 접종 후에 반응(예 : 발열, 발진, 구토, 경련, 부기, 기타 반응)을 확인하기 위하여 오전에 접종하고 주말 접종은 가급적 피한다.
ㅅ. 예방접종 후 2~3일 정도는 목욕을 자제한다.
ㅇ. 유아교육기관에서 접종을 실시하는 경우, 학부모에게 사전, 사후에 통보한다.
ㅈ. 소아학회와 보건복지부가 정한 기본예방접종과 추가접종은 적기에 실시하여 면역성을 기르며 영유아의 예방접종계획은 〈표 VI-7〉과 같다.

〈표 VI-7〉 영유아의 예방접종계획표

분류	연령	예방전염병의 종류
기본접종	0~1주	B형간염
	0~4주	BCG
	2개월	B형간염, DPT, 소아마비
	4개월	DPT, 소아마비

	6개월	DPT, 소아마비
	9개월	홍역
	15개월	MMR
	3세	일본뇌염
추가접종	4~6세	DPT, 소아마비
	5~7세	B형간염
선별접종	필요에 따라 소아과 전문의와 상의하여 접종	인플루엔자, 장티푸스, 수두, 뇌수막염, 백신, 유행성출혈열, 폐구균 백신, 공수병, 콜레라

④ 전염병 발생 시 대책

첫째, 전염병에 걸렸을 때 격리문제로 유아교육기관과 학부모 간에 불필요한 갈등을 초래하거나 아픈 영유아나 영유아보호자의 자존심을 건드리는 일이 없도록 한다.

ㄱ. 격리가 필요한 전염병에 걸렸을 때는 전염병의 특성, 격리의 필요성 및 방법을 잘 안내하고 전염병으로 인한 좌절감을 갖지 않도록 한다.

ㄴ. 격리의 방법으로는 아픈 영유아를 정상적으로 등원시켜 양호실이나 기관 내 별도의 공간을 확보하여 보호치료를 시키는 것이 좋다.

ㄷ. 기관 내에 설치된 공간에 격리시키는 경우, 일반 영유아 및 학부모들에게 전염병 예방에 대한 교육을 병행시켜야 한다.

ㄹ. 기관 내의 격리공간을 확보하지 못한 경우, 가정 격리방법을 택할 수도 있다.

ㅁ. 전염병의 병균 잠복기관을 파악하여 격리기간과 등원기일을 정한다.

(4) 응급처치

기관 내에서는 질병이나 안전사고에 만전을 기하고 건강교육을 철저히 실시하고 있음에도 불구하고 불의의 사고로 발병하는 경우도 있으니 응급처치대책을 아울러 강구해야 한다.

① 응급처치의 개념 및 필요성

응급처치란 '영유아가 이미 발병하여 등원하였거나 불의의 사고로 발병하였을 때 전문적인 치료를 받을 수 있을 때까지 환자의 안정을 도모하고 병의 증세가 더 악화되지 않도록 취하는 조치'로서 응급처치의 중요성은 다음과 같다.

ㄱ. 전문적인 병원치료를 받을 때까지 병의 증세가 악화되지 않도록 한다.

ㄴ. 교사의 간호와 지도로 심리적 안정을 얻게 하고 완쾌될 수 있다는 확신을 갖게 한다.

ㄷ. 간단한 질병이나 상처는 양호교사나 담임교사의 치료로 완쾌시킬 수 있다.

② 응급처치방법

예기치 않았던 사고 발생 시에는 다음과 같은 요령으로 응급처치하여야 한다.

ㄱ. 기관 내에서 사고가 발생하는 경우, 응급처치요령을 매뉴얼화해 놓아야 한다.

가. 사고 유형별로 영유아가 치료받을 수 있는 병원과의 협조체제

㉠ 병원명, 위치, 전화번호 ㉡ 진료시간, 점심시간

㉢ 운송방법

나. 영유아 부모와 가족에게 알려주기

㉠ 비상연락망, 전화번호 ㉡ 전달내용 및 전달요령

㉢ 전달자

다. 보상처리

㉠ 보상처리기관 ㉡ 관리서류 정비요령 및 신청방법

라. 사고처리경과기록

㉠ 기록내용, 기록방법 ㉡ 대처방안

ㄴ. 미미한 사고의 경우, 유아가 편히 쉴 수 있는 양호실을 1층에 설치하고 유아용 침대, 각종 침구 보관장, 의료시설과 의료기구, 의약품을 정비해 둔다.

ㄷ. 교사는 사고 유형별 응급처리요령을 이해하고 활용한다.

제 3 장 안전생활교육

오늘날 안전 불감증으로 인한 안전사고가 부단히 발생하여 귀한 생명까지 잃는 사례가 허다하다. 특히, 유아기는 영아기에 비하여 활동적이며 호기심이 많아 주위의 모든 사물이나 기구를 함부로 다루게 되면서 불의의 안전사고로 이어지기도 한다. 또한, 유아기의 안전교육은 영아기 안전교육방법을 지속적으로 진행시키면서 유아기의 발달적 특성을 고려한 안전교육이 반영되어야 한다.

1. 안전교육의 현황

최근 통계청이 밝힌 사망원인은 우발적 사고가 많다. 우발적 사고의 빈도를 원인별로 보면 교통사고(35.9%), 추락(19.6%), 창상(12.7%), 화상(8.7%), 중독(6.3%), 이물질 흡입(6.2%) 순이며 우발적 사고유형은 놀이시설에 의한 사고가 가장 많았고 다음이 책상, 가구와의 충돌, 물건 취급부주의에 의한 사고, 높은 곳에서 떨어지는 추락사고의 순이다.

1) 지역에 따른 사고 현황

옥내사고는 지역차가 없으나 옥외사고는 농촌과 도시에서 서로 다른 양상으로 발생한다. 농촌지역의 유아사고로는 농약 중독이나 추락사고, 불놀이에 의한 화상이나 농기구로 인한 손상, 또는 농수로에서의 익사사고 등 농촌의 환경적 특성으로 인한 사고가 많다. 반면에 도시지역에서는 교통사고, 고층건물에서의 추락, 하수구에 빠지는 사고 등이 있으며 상가지역 교통이 빈번한 중심가, 도로 주변, 철도 연변 등 생활환경에 의한 사고가 많다.

2) 계절에 따른 사고 현황

겨울철에는 빙판 미끄럼에 의한 사고, 여름철에는 물놀이에 의한 익사사고가 많고 농촌의 경우, 여름철에는 농약사고 등 사고의 빈도와 종류가 계절별로 특성이 있다.

3) 연령에 따른 사고 현황

우발적 사고는 1~4세 영유아가 가장 많고 남아가 여아보다 많으며 사고 유형별로는 추락, 낙상, 교통사고가 가장 많고 그 다음이 화상, 약물중독, 기도나 식도 이물질 흡입의 순이며 기도나 식도 이물질 흡입에 의한 사고는 1세 이전에 많은 발생한다. 걸어다닐 수 있게 되면 구슬, 단추, 핀, 동전, 비닐제품조각 등 작은 물건이면 무엇이나 입에 넣어 삼킴으로써 질식 사고가 많이 일어난다. 유아기에는 책상이나 식탁, 계단에 올라가다가 추락사고, 뜨거운 물이나 난로에 의한 화상사고, 가위, 칼 같은 물건에 의한 상해사고, 약품 또는 유해물질에 의한 사고가 많다.

4) 부모의 관심 여하에 따른 사고 현황

사고는 부모의 양육태도, 자녀에 대한 무관심, 생활습관 등 가정환경과 밀접한 관계가 있으며 일반적으로 저소득층 가정에서 더 많은 사고가 발생한다. 특히, 유아의 사고는 어른과 유아의 부주의로 일어나는 경우가 많으며 대부분은 불가항력이라기보다는 세심한 주의와 안전지도로 예방할 수 있는 사고들이다.

2. 유아 안전생활교육목표

유아 안전생활교육목표는 누리과정의 신체운동 · 건강영역에서 '안전한 생활습관'을 길러 실내외에서 신체활동을 즐기고 건강하고 안전한 생활을 하도록 하는데 있다.

3. 유아 안전생활교육 지도내용 및 방법

3~5세 유아 안전생활교육 지도내용 및 방법의 하나는 누리과정 기본생활영역 내의 '안전하게 생활하기' 내용범주에 따른 내용을 지도하는 일이고 또 하나는 유아들의 일상생활 속

에서 발생하는 유아 안전사고문제에 대하여 지도하는 일이다.

위 2가지 내용은 결과적으로 유아교육기관에서는 하나의 주제로 통합하여 지도하게 된다. 본 절에서는 누리과정 내의 안전생활교육 지도내용과 방법에 대하여 기술하기로 한다.

1) 누리과정에 의한 유아안전생활지도

유아안전생활지도는 누리과정의 신체운동·건강영역에서 다루어진다. 누리과정의 신체운동·건강영역에서 안전생활지도를 위한 (1) 목표 및 내용범주 이해하기, (2) 내용범주에 국한하여 설명하기도 한다(3~5세 연령별 누리과정고시 제2019 152호 2019.7.24).

(1) 목표 및 내용범주 이해

신체운동·건강영역의 목표와 내용범주는 유아가 다양한 신체활동에 즐겁게 참여하고, 청결과 위생, 즐거운 식사, 적당한 휴식을 통해 건강한 생활습관을 기르며, 일상에서 안전하게 생활하는 방법을 배우고 실천하는 내용으로 구성되었다. 특히 유아안전생활지도를 위해서는 유아안전교육을 강조하고자 관련법령 및 지침에 제시된 내용을 최대한 반영하여 개정하였다.

그리고 '안전하게 생활하기'는 유아가 안전하게 놀이하고 생활하며, 자주 접하는 TV, 컴퓨터, 스마트폰을 바르게 사용하고 안전하게 다닐 수 있도록 교통안전규칙을 지키며 안전사고, 화재, 재난, 학대, 유괴 등의 위험한 일이 발생하였을 때 도움을 요청하거나 대처할 수 있는 방법을 경험하는 내용이다.

(2) 내용범주 : 안전하게 생활하기

내용범주 : 안전하게 생활하기

목표 안전한 생활습관을 기른다.

내용
- 일상에서 안전하게 놀이하고 생활한다.
- TV, 컴퓨터, 스마트폰 등을 바르게 사용한다.
- 교통안전 규칙을 지킨다.
- 안전사고, 화재, 재난, 학대, 유괴 등에 대처하는 방법을 경험한다.

내용 이해	유아 경험의 실제
일상에서 안전하게 놀이하고 생활 한다. 유아가 일상에서 위험한 장소, 상황, 도구 등을 알고, 안전한 놀이 방법과 놀이 규칙을 지키며 놀이하고 생활하는 내용이다.	한 유아가 미끄럼틀을 내려오려고 한다. 다른 유아가 미끄럼틀 아래서 바라보다가 올라가려고 한다. 이때, 미끄럼틀을 타고 내려오던 유아가 "야, 비켜, 다쳐!"하고 큰 소리로 외친다. 이 모습을 지켜본 교사는 유아

	들에게 다가와 안전하게 미끄럼틀을 타기 위한 약속을 정하자고 제안한다.
TV, 컴퓨터, 스마트폰 등을 바르게 사용한다. 유아가 일상에서 자주 접하는 TV, 컴퓨터, 스마트폰 등을 필요한 상황에서 적절하게 사용하며, 바른 자세로 이용하는 내용이다.	유아가 색종이를 반으로 접어 한 면에는 모니터를 그리고, 다른 한 면에는 컴퓨터 자판 모양처럼 그린다. 다른 유아들에게 "나는 지금 컴퓨터로 공룡에 대해서 찾아보고 있어." 하며 색종이 자판을 두드린다. 그리고 옆에 있던 친구에게 "같이 찾아볼래?" 라고 말한다.
교통안전 규칙을 지킨다. 유아가 안전한 보행 및 도로 횡단, 교통기관의 안전한 이용 등 교통안전 규칙을 알고 실천하는 내용이다.	3세 유아가 종이 벽돌을 이어 길을 만들고, 그 위에 교통 표지판과 자동차를 일렬로 놓는다. 만들어진 길을 바라보다 갑자기 팔이 움직이는 사람 모형 2개를 가져와 팔 한쪽을 반복적으로 들어올리고 내리며 "조심, 조심 지나가요. 자동차들은 우리가 건너면 지나가세요."라고 흥얼거린다.
안전사고, 화재, 재난, 학대, 유괴 등에 대처하는 방법을 경험한다. 유아가 안전사고, 화재, 재난, 학대, 유괴 등의 위험에 처한 상황을 알고, 주변에 도움을 요청하는 방법을 배우며, 평소 훈련에 따라 대피하는 연습을 하는 등의 안전교육과 관련된 내용이다.	 화재경보기 소리와 함께 지진 대피 방송이 들리자, 유아들은 재빨리 책상 아래와 벽 쪽으로 대피한다. 지진이 잠시 멈췄다는 안내방송 후 유아들은 교사의 안내에 따라 침착하면서도 신속하게 바깥으로 대피한다.

4. 유아 안전생활지도

유아 안전생활교육은 누리과정을 통한 지도와 유아 일상생활 속에서 안전생활을 지속적으로 지도해야 한다. 본 절에서는 3~5세 유아의 안전생활지도를 위한 안전사고 예방교육과 응급처치 방안에 대해 알아본다.

1) 안전사고 예방교육

안전사고 예방교육을 위하여 유아기의 발달특성, 유형별 예방교육에 대하여 기술한다.

(1) 발달특성에 따른 안전사고 예방교육의 방향

① 유아발달특성과 안전교육

유아의 발달특성에 따른 안전사고의 유형 간에는 밀접한 관계가 있다.

ㄱ. 유아가 자기중심적이고 상상력이 풍부하며 모험적이어서 TV 속의 만화나 캐릭터를 과감하게 흉내 내는 데에서 안전사고를 일으킬 수 있다. 예를 들면, 슈퍼맨을 흉내 내어 침대에서 뛰어내리는 경우이다.

ㄴ. 동료 유아 간의 상호작용이 활발해져 놀이하기를 즐기고 좋아하지만 유아들 모두가 자기중심성이 강하여 또래들과의 갈등이나 다툼과정에서 안전사고가 일어날 수도 있다. 예를 들면, 다투다가 밀치거나 옆에 있던 물건으로 동료 유아를 때리는 경우이다.

ㄷ. 유아는 대근육과 소근육 그리고 협응력이 발달하면서 다양한 작업활동에 참여하고 다양한 놀이기구를 활용하는 놀이에 참여하면서 작업이나 놀이에 활용된 기구나 도구에 의한 안전사고가 일어나기도 한다. 예를 들면, 가위질하다 손을 다치거나 세발자전거를 타다 넘어지는 안전사고 등이다.

ㄹ. 유아는 영아에 비해 자유롭게 뛰고 달릴 수 있어 활동 반경이 확대됨에 따라 다양한 위험상황에 부딪치나 자기중심적 사고로 위험상황에 대한 판단이 불가능하여 위험사고로 이어진다. 예를 들면, 횡단보도에서 유아가 손을 흔들면 차가 멈출 것이라 생각하고 무단횡단하는 경우이다.

② 안전사고 예방교육 원리

ㄱ. 유아의 안전교육은 유아의 발달 및 연령특성을 고려하여야 한다.

ㄴ. 놀이를 통한 안전교육이어야 한다.

ㄷ. 유아의 안전교육은 유아의 경험이나 일상생활과 관련된 것이어야 한다.

ㄹ. 하나의 주제 아래 각 영역의 활동을 통합적으로 계획하고 구성한다.

ㅁ. 실제 상황에 가까운 안전교육활동을 할 수 있도록 활동주제에 따라 다양한 교구와 매체를 활용한다.

ㅂ. 유아교육기관에서 이루어지는 안전교육활동의 효과를 높이기 위해서 가정과 연계교육이 이루어져야 한다.

ㅅ. 안전교육활동이 영유아의 행동변화로 이끌어질 수 있도록 지속적이고 반복적으로 실시해야 한다(중앙육아종합지원센터, 2016).

③ 주요 사고 유형별 예방교육의 실제

유아기 주요 안전사고 유형별 예방방법은 〈표 Ⅵ-8〉과 같다.

〈표 Ⅵ-8〉 유아기 주요 안전사고 유형별 예방방법

안전사고 유형	안전사고 증후	안전사고요인	안전사고 처리·예방방법
1. 추락 및 골절 사고	1) 유아들이 신체기능이 발달하고 행동반경이 넓어짐에 따라 유아 주위에서 높은 곳에 올라가 뛰어내리다가 물체와 충돌하거나 넘어져 신체 부위에 손상을 입는다.	(1) 높은 곳에 올라가 주위를 넓게 보고 놀이하는 것을 즐거워하며 반복적으로 뛰어내리는 것을 즐겨 한다. (2) 만화나 영화 캐릭터를 모방하여 높은 곳에서 뛰어내리기를 실연해 보다가 물체와 충돌하거나 바닥에 넘어져 상처를 입는다. (3) 환상과 실제를 구분하지 못하여 위험에 대한 예측능력이 없이 행동을 함으로써 불상사로 이어진다.	① 유아교육기관 내의 시설·설비, 교구·기구, 비품, 놀이기구 전반에 걸쳐 안전점검을 매일 실시한다. ② 유아교육기관 내의 모든 시설·설비, 교재·교구 제작 시 안전을 최우선 고려하도록 한다. ③ 유아의 강렬한 활동성을 건전한 놀이에 활동하도록 다양한 놀이기구를 구비하고 놀이방법을 지도한다. ④ 창가에 딛고 올라갈 수 있는 물건을 두지 않는다. ⑤ 유아의 키 높이와 움직임을 고려하여 출입문, 교구장을 설비한다. ⑥ 놀이기구의 모서리에 완충재를 부착하여 충돌로 인한 안전사고를 방지한다. ⑦ 만화나 영화 캐릭터에서 모방할 가능성 있는 내용에 대한 구체적인 설명을 통하여 실제 행동으로 이어지지 않도록 지도한다. ⑧ 유아들이 이동하거나 움직임이 있는 활동을 할 때 유아들 간의 간격을 고려하여 충돌하지 않도록 한다.
2. 교통사고	1) 유아들은 영아기에 비해 활동범위가 넓어져서 교통기관을 이용하기도 하고 아파	(1) 유아는 자기중심적 사고에서 벗어나지 못하므로 사물을 자신의 입장과 관점에서 봄으로써 위험한 상황에 대한 전체적인 판단	① 횡단보도에서 안전교육을 반복적으로 실시하여 체질화시킨다. ② 교통신호 준수훈련을 반

	트단지 내 도로 건너기, 시가지 횡단보도 건너기, 통행인 간의 마찰, 교통기관의 승하차 시 간단한 실수로 몸에 손상을 가져오게 된다.	이 불가능하여 안전사고로 이어진다. • 자동차에 부딪쳐도 자신은 안 죽는다. • 횡단보도를 그냥 지나가도 자동차가 자기를 비켜간다. • 교통표지판은 내가 횡단보도를 건너면 빨간불로 변할 거야 등	복적으로 실시한다. ③ 버스나 자동차를 탈 때는 반드시 안전띠를 착용한다. ④ 차량 탑승 전과 후에 차량의 앞이나 뒤로 지나가거나 머물지 않도록 한다. ⑤ 유아교육기관의 통원차의 승하차지침을 철저히 이해시킨다. ⑥ 유아 교통사고의 사례를 들려준다.
3. 실외놀이 사고	1) 유아는 운동기능이 발달함에 따라 다양한 실외놀이활동, 스포츠 활동을 즐기면서 실외놀이시설이나 놀이기구를 이용하여 놀이를 하는 중에 추락, 충돌, 게임 등의 사고로 몸에 상처를 입는다.	(1) 유아는 신체기능과 협응력, 자기주도성이 발달함에 따라 새로운 모험놀이나 대근육놀이를 과감하게 수행함으로써 안전사고가 발생할 수 있다. (2) 자전거나 인라인스케이트 타기는 대부분의 유아들이 즐기는 놀이이나 보호장구의 미착용, 다수 동료 유아들의 참여, 주의력 부족 등으로 크고 작은 사고로 이어진다. (3) 유아교육기관 내에 설비된 놀이기구 하나하나에 대한 안전사고 예방교육의 소홀, 다수 유아의 동시 이용 등으로 안전사고가 유발한다(종합놀이대, 정글짐 미끄럼틀, 그네, 시소, 탈 것, 장난감 총 등).	① 새로운 스포츠에 도전할 때는 기본적인 기능을 철저히 익히고 안전수칙을 숙지할 수 있도록 반복적으로 지도해야 한다. ② 대부분의 유아가 즐기는 자전거 타기는 안전한 장소에서 안전수칙을 지켜 타도록 한다. ③ 놀이기구는 유아의 연령과 발달단계에 적합한 기구를 제공해야 한다. ④ 각 놀이기구별로 지켜야 할 놀이규칙을 준수하도록 한다. ⑤ 놀이기구에서 놀 때는 절대 장난을 치지 않도록 지도한다. ⑥ 놀이기구 사용 시 유아들 간에 서로 밀거나, 때리고, 물건을 던지는 등의 갈등으로 이어지지 않도록 순서 지키기를 준수하도록 지도한다.
4. 자상 및 찰과상	1) 유아는 대근육과 소근육기술이 정교하게 발달함에 따라 다양한 작업활동, 상징적·창의적 놀이활동, 자유선택놀이활동 중에 유아 자신이나 동료 유아에게 긁힘, 할퀴, 베임, 탈구 등의 상해사고가 발생할 수	(1) 작업활동 중에 가위질을 하다가 종이나 가위로 손을 베일 수 있다. (2) 자유선택활동시간에 미술도구로 인해 긁힘, 베임, 그리고 파손된 교구나 뾰족한 연필심으로 인해 상처를 입을 수 있다. (3) 친구들과 놀다가 팔을 심하게 잡아당겨 탈구가 될 수 있다. (4) 친구들과 장난을 치거나 자리다	① 긁힘이나 배임사고는 유아의 부주의로 인해 많이 발생하므로 평소에 이에 대한 훈련을 통해 안전한 미술도구나 놀이도구 사용방법에 대한 이해를 시킨다. ② 할퀴 사고는 교사의 손톱이나 액세서리에 의해 유아가 다치기도 하므로 교

	있다.	틈을 하다가 상해사고가 일어날 수 있다. (5) 친구와 같이 놀이기구를 가지고 놀다가 넘어져서 놀이기구에 다치기도 한다. (6) 놀이기구 때문에 싸우다가 손으로 동료 유아를 할퀴는 사고가 일어난다.	사의 복장 및 손톱정리에 힘쓴다. ③ 유아 상호 간의 갈등요소를 사전에 해결해 주고 원활한 교우관계를 조성해 주어 동료 유아 간에 분쟁이 일어나지 않게 하며 분쟁의 해결방법은 신체적 공격보다 언어적으로 해결하도록 돕는다. ④ 당김 사고는 유아들 사이에 서로 밀고 당기는 몸장난을 치거나 교사가 무심코 유아의 팔을 당기면서 발생하므로 무심코 당기지 않도록 지도한다. ⑤ 유아 상호 간의 분쟁은 공간의 협소함과 적은 수의 놀잇감, 놀이과정에서 게임규칙준수나 역할분담에 대한 갈등으로 일어나므로 이때 유아 상호 간에 언어적으로 해결하도록 격려한다.

2) 응급처치

유아교육기관에서 불의의 사고가 발생한다면 처리해야 할 내용은

첫째, 응급처치

둘째, 보상처리

셋째, 원인분석 및 대책수립 등이다.

(1) 응급처치

응급처치란 불의의 사고가 발생하여 다친 유아가 있을 때 병원에서 전문적 치료를 받기 전까지 유아에게 제공하는 임시 의료적 조치로서 목적은

첫째, 적절한 응급처치는 유아의 고통을 덜어준다.

둘째, 상처의 회복을 빠르게 해주거나 치료를 쉽게 해준다.

셋째, 유아가 당황하지 않고 심리적 안정감을 갖게 한다.

등이며 주의할 점은

첫째, 환자를 편안하게 안정시키고 꽉 끼는 옷은 풀어주며 부상이 심한 경우에는 이를 부상자에게 보이거나 알려주지 않도록 한다.

둘째, 환자의 체온을 유지시키며 출혈 시에는 즉시 지혈시키고 감염이 되지 않도록 이물질의 접촉을 피한다.

셋째, 의식이 없는 환자, 복부에 심한 상처를 입은 환자, 출혈이 심한 환자에게는 먹을 것이나 마시는 물 등을 주지 않는다.

넷째, 부상자의 의식과 맥박상태를 재확인한다.

다섯째, 부상자 운반 시에는 손상 부위에 충격이 최대한 적도록 한다.

여섯째, 물에 빠진 환자는 토하게 하고 필요하면 인공호흡을 시킨다.

일곱째, 즉시 학부모와 상의해서 가능한 가까운 병원으로 이송한다(이인원 외, 2016).

(2) 보상협의

보상협의는 유아 치료가 종료된 직후 학교안전공제회(유치원)나 어린이공제회(어린이집)와 상해보험 등에 신고하고 사고발생경위서, 병원진단서 및 치료비 등 관련 서류를 제출한다.

그리고 학부모들에게 입원 당시 모든 유아가 안전공제회에 가입되어 있음을 안내해 주어야 한다. 안내문의 '예'를 제시한다.

〈안전사고 발생 시 어린이집이 갖는 책임한계에 관한 규정〉

① 입소 시 알레르기나 약물 부작용, 기타 건강상 유의점이 있는 영유아는 반드시 교사에게 알려주시기 바랍니다(보호자가 미리 알리지 않아서 생긴 사고는 원에서 책임질 수 없습니다).

② 본 어린이집은 영유아의 안전사고에 만전을 기하며 모든 원아들은 입소와 동시에 유아교육기관 종합보험에 가입됩니다. 만일 사고가 발생하였을 때에는 필요한 응급조치를 즉각 취하며 보호자에게 즉시 연락합니다.

○○어린이집

〈표 VI-9〉 보험의 종류 및 보상 범위

구분 / 보험종별	보험내용	시기	납부자	보험회사
상해보험	모든 영유아를 상해보험에 가입하고 보호자가 부담하는 것을 원칙으로 한다. 영유아들의 입소와 동시에 가입하여 안전사고나 기타 사고발생 시 도움을 받도록 한다.	입소 시	보육시설에 재원 중인 모든 영유아	어린이안전공제회
배상보험	모든 영유아의 상해에 따른 배상책임에 대비하여 배상보험에 가입할 수 있다.	입소 시	보육시설	어린이안전공제회

(3) 원인분석 및 대책협의

사고원인에 대한 철저한 분석과 이에 대한 대책, 처리결과를 기록으로 남겨 다음에 이런 사고가 발생하지 않도록 한다. '예'를 들면 〈표 VI-10〉과 같다.

〈표 VI-10〉 원인분석 및 대책

사고일	유아명	사고내용	원인	사고대책
2017. 6. 1.	○○○	○○○가 통원버스에서 내리다가 넘어져 다리를 다침	• 하원의 즐거움으로 유아가 뛰어내림 • 차창 밖에서 손을 흔드니까 기쁜 마음으로 빨리 내리려고 서두름 • 교사가 순간적으로 유아의 손을 놓침	• 유아는 승하차 시 항상 안정하도록 함 • 교사는 승하차 시 유아의 손을 꼭 잡아줌 • 어머니는 침착하게 유아를 기다림 • 등하원 시 인계과정에 관한 규정을 제정하여 각 가정에 배부함

(4) 사고 유형별 응급처치방법

① 외상

ㄱ. 피부에 생긴 가벼운 상처는 소독된 탈지면으로 소독약을 바르고 상처가 심하면 의사의 치료를 받도록 한다.

ㄴ. 불결한 곳에서 외상을 입으면 파상풍이 우려되므로 이에 대한 대책을 강구한다.

② 출혈

ㄱ. 상처에 2~3분간 출혈이 있는 경우는 무방하나 출혈이 심하면 조치를 취한다.

ㄴ. 소독된 거즈로 상처를 누르고 몸의 다른 부위보다 상처 부위를 높여 준다.

ㄷ. 지혈이 안 되면 상처를 누르고 붕대로 감아둔다.

ㄹ. 출혈이 심하거나 상처가 깊을 때는 의사의 치료를 받는다.

③ 화상

ㄱ. 1도 화상에는 피부 윤활제와 셀린이나 붕산연고를 엷게 발라준다.

ㄴ. 화상을 입는 부분이 크면 2%의 탄산수소나트륨에 적신 깨끗한 거즈나 수건으로 싸서 마르지 않도록 적셔주며 의사의 치료를 받는다.

ㄷ. 물집을 터뜨리면 안 된다.

ㄹ. 옷을 강제로 벗기지 말고 가위로 잘라서 화상을 입은 피부에 자극과 손상을 주지 않도록 한다.

④ 골절과 탈구

ㄱ. 유아를 움직이지 않게 하고 곧바로 병원에 가서 정형외과적 치료를 받는다.

ㄴ. 이동시켜야 할 경우, 부목으로 골절된 부분을 고정시켜 뼈가 움직이지 않도록 한다.

⑤ 머리의 타박상

ㄱ. 타박상의 경우, 15분 이내에 울음을 그치고 토하지 않거나 안색이 창백하지 않으면 안심해도 된다.

ㄴ. 몹시 아파하고 안색이 창백하며 토하고 식욕이 부진하며 조는 경우, 뇌손상이나 뇌출혈을 의심하고 반드시 의사의 치료를 받는다.

⑥ 질식

ㄱ. 이물질로 인한 질식의 경우에는 곧 가까운 병원에 가도록 한다.

ㄴ. 일산화탄소중독에 의한 질식의 경우에는 곧 신선한 공기를 마시게 하여 의식을 회복하도록 자극하며 심하면 병원으로 옮긴다.

⑦ 독충에 물렸을 때

ㄱ. 벌레나 독충에 물렸을 때는 암모니아수나 2%의 탄산수소나트륨용액을 바른다.

ㄴ. 물린 자리가 부어오르면 항히스타민 피부용 연고나 올리브유 등을 바른다.

⑧ 개에 물렸을 때

ㄱ. 상처 부분을 깨끗한 물이나 과산화수소로 닦아낸다.

ㄴ. 만약 광견병에 걸릴 우려가 있을 때는 즉시 예방주사를 맞아야 한다. 개를 10분간 묶어두고 관찰하여 개에게 이상이 없으면 예방주사를 맞지 않아도 된다.

⑨ **귀에 이물질이 들어갔을 때**

ㄱ. 미지근한 물을 귓구멍으로 넣어 세척해낸다.

ㄴ. 귀에 곤충이 들어갔을 때에는 전지로 귀를 비추어 나오게 하거나 물을 조금 떨어뜨려 곤충을 죽인 다음 귀를 씻어낸다.

ㄷ. 핀이나 철사 등으로 귀에 들어간 물질을 꺼내려 들면 안 된다.

제4장 바른 생활(기본생활습관)교육

습관이란 '한 가지 일을 되풀이함으로써 어떤 틀에 박힌 행동이 우리 몸에 배게 되는 것'을 말한다. 이러한 기본생활습관은 영유아기에 그 기본적인 틀이 형성되는 시기로서 이 시기의 교육은 대단히 중요하다. '세 살 버릇 여든까지 간다.'라는 말은 영유아기에 형성된 기본생활습관은 성인이 되어서도 몸에 완전히 배어 흐트러짐이 없이 잘 지켜진다는 뜻에서 나온 말이다.

유아기의 기본생활습관지도는 영아기의 기본생활습관지도에 이어 연속적으로 이루어짐으로써 기본생활습관 형성의 기초적인 틀이 형성되게 한다. 따라서 본 장에서는 유아기 기본생활습관교육의 특성, 누리과정 5개 생활영역과 기본생활습관교육의 관계, 유아기 기본생활습관 지도내용, 기본생활습관 지도계획, 기본생활습관 지도방법 등에 걸쳐 다음에서 기술하기로 한다.

1. 유아기 기본생활습관교육의 특성

유아기 기본생활습관교육의 특성을 영아기 기본생활습관교육과 관련하여 지도내용, 지도방법, 연계교육면 등 3가지 측면에서 고찰해보기로 한다.

1) 지도내용 면

유아가 사회생활을 하는 가운데 지켜야 할 기본생활습관영역은 일반적으로 예절, 질서, 청결(위생), 절제(절약), 화합, 안전, 식생활(영양, 배변) 등 7개 영역에 걸쳐 다양하나 영아는 일상생활 반경이 유아들에 비해 협소하여 식사습관, 배변습관, 청결습관, 수면습관, 옷 입고 벗는 습관 등 영아생활에 필수적인 영역이 한정되어 있으나 유아들의 기본생활습관 지도내용은 영아기에 비하여 훨씬 광범위하고 기대하는 행동의 수준도 높다.

2) 지도방법 면

영아들에게 주의집중을 요구하고 놀잇감을 동료 영아에게 양보하게 하고 조용히 걷고 떠들지 말라는 등 집단생활규범을 지도하는 것이 아니라 가정에서와 같이 영아 자신이 자기주도적인 놀이를 통해 재미있게 놀 수 있도록 하는 등 돌봄 위주의 균형적인 통합교육으로 지도된다. 유아들에게도 이상에서 밝힌 다양한 방법으로 지도하되 규범과 행동을 강조하면서 유아 자신의 판단과 선택을 통해서 유아 자신이 주도적으로 행동을 습득하도록 교사나 부모는 지지하고 지원하는 조력자의 역할을 더욱 강화한다.

3) 연계교육 면

유아교육은 영아교육을 통해 형성된 기본생활습관교육을 더욱 수준과 질을 제고시키고 학습활동이나 학습경험을 확대하여 제공해 나가면서 기본생활습관지도내용이나 지도방법이 연계되어 지도되어야 한다. 영아교육과 유아교육의 지도내용이나 지도방법 면에서 연계가 되어 있지 않음은 바로 양 연령층의 지도내용이나 지도방법이 단절되어 있음을 의미한다. 만일에 이러한 단절이 이루어진다면 영아교육에서 유아교육으로 이행되는 유아들은 학습에서 심한 트라우마를 겪게 되는 것이다.

2. 누리과정 5개 생활영역과 기본생활습관교육의 관계

3~5세 누리과정은 기본생활습관과 창의 · 인성교육을 강조하되, 이를 별도의 영역으로 구분하지 않고 누리과정의 전 영역에서 지도되며, 특히 유아기부터 질서, 배려, 협력 등 실천 위주의 기본생활습관지도가 이루어져야 한다.

또한, 기본생활습관과 인성은 하루아침에, 그리고 특정 시간에 집중적을 지도한다고 이루어지는 것도 아니고 모든 공간과 시간 속에서 통합적인 과정으로 지속적으로 이루어져야 한다.

이상에서 밝힌 바와 같이 기본생활습관교육이 누리과정의 5개 생활영역에서 그중에서도 신체운동 · 건강영역에서는 건강하고 안전한 생활습관을, 의사소통영역에서는 원활한 언어

사용습관을, 사회관계영역에서는 친구, 공동체 구성원들과 서로 돕고 예의 · 규칙 등 사회적 가치를 알고 지키는 것을 강조하고, 또한 유아들의 일상생활 속에서 부단히 통합시켜 지도되어야 한다.

3. 유아기 기본생활습관 지도내용

유아교육기관에서 지도되어야 할 기본생활습관 실천덕목은 예절, 질서, 청결, 절제(절약), 화합 등 7대 영역으로 영역별 개념, 실천덕목을 제시한다.

1) 예절

유아들은 자기중심적이어서 다른 사람의 생각이나 감정을 이해하지 못하므로 상호작용을 통해 자기중심성에서 벗어나도록 도와주고 부모의 적극적인 개입으로 일상생활 속에서 부단히 지도되어야 하는데, 실천덕목은

(1) 인사 잘하기
(2) 부모님 잘 섬기기
(3) 어른 공경하기
(4) 바르고 고운 말 쓰기

2) 질서

유아가 집단생활을 할 때 공공의 규칙이나 질서를 이해하고 이를 실천함으로써 민주사회의 가치개념 형성과 민주적인 생활행동이 습관화될 수 있도록 지도해야 하는데, 실천덕목은

(1) 규칙을 잘 지키기
(2) 교통질서 잘 지키기
(3) 공중도덕 잘 지키기

3) 청결(위생)

청결은 자기 몸에 대한 청결과 주변에 대한 청결, 나아가서 우리 생활에서 발생하는 자연환경의 오염을 방지해야 하는 환경보전교육으로 직결시켜야 되는데, 실천덕목은

(1) 단정한 옷차림하기
(2) 깨끗한 생활하기(손 씻기, 양치질, 머리 빗기 등)
(3) 소지품을 잘 정돈하기
(4) 자연환경 보호하기

4) 절제(절약)

유아에게는 욕망이나 충동과 같은 본능적인 행동을 적절하게 조절 또는 억제하는 절제력을 길러 주어야 한다. 절제의 덕이 경제적 생활 면에 반영될 때 이른바 검소의 미덕으로 나타난다. 유아의 절제생활의 습관화 지도는 언제나 인내만을 강요하기보다 적정한 상황에서 상호작용을 통해 자기중심성에서 벗어나는 힘을 길러 주어야 하는데, 실천덕목은

(1) 바른 몸가짐 갖추기
(2) 부지런하고 검소하게 생활하기
(3) 물건을 아껴 쓰기
(4) 서둘지 않고 참고 기다리기
(5) 거짓 없는 생활하기

5) 화합

사람은 자기 이익이나 편안함보다도 친구나 이웃을 생각하고 호의를 베풀며 용서하고 사랑하여 서로 정의적인 결합을 이루고 화합하는 생활을 함으로써 애향, 애국심으로까지 이어지게 됨을 알게 한다. 또한, 친구나 이웃을 사랑하고 고장을 사랑하고 보다 더 나은 대인관계, 보다 더 살기 좋은 고장을 가꾸려는 노력이 있어야 함도 지도해야 하는데, 실천덕목은

(1) 서로 사이좋게 힘을 합하기
(2) 남을 도와주기
(3) 내가 맡은 일 다하기
(4) 고장과 나라를 사랑하기

6) 안전

안전교육이란 '유아 스스로 위험으로부터 자신을 보호할 수 있도록 안전지식과 태도, 기능을 익히게 하여 건강한 생활을 영위할 수 있도록 도와주는 교육으로서 궁극적으로는 자신에 대한 보호뿐 아니라 타인의 생명을 존중하는 등 인간 개개인의 존엄을 배우는 교육'으로 이를 위한 실천덕목은

(1) 안전하게 놀이하기

① 놀이기구나 놀잇감, 도구의 바른 사용법을 알고 안전하게 사용하기
② 안전한 장소를 알고 안전하게 놀이하기
③ TV, 인터넷, 통신기기 등의 위해성을 알고 바르게 사용하기

(2) 교통안전규칙 지키기

① 교통안전규칙을 알고 지키기
② 교통수단을 안전하게 이용하기

(3) 비상시 적절히 대처하기

① 학대, 성폭력, 실종, 유괴상황 시 도움을 요청하는 방법을 알고 행동하기

② 재난 및 사고 등 비상시 적절하게 대처하는 방법을 알고 행동하기 등이다.

7) 식생활(영양, 배변)

식생활이란 '인간생활에서 먹는 것과 관련된 것을 총괄하여 이르는 말'로서 인간의 생활 중에서 생명의 유지 및 생체의 활동에 필요한 영양분을 섭취하기 위해서 여러 가지 음식을 먹는 일로서 넓은 의미에서는 음식물과 이것을 가공하는 조리 및 조리에 필요한 기구와 식기 및 식사예법을 지도해야 하는데, 실천덕목은

(1) 적당량의 음식물 골고루 먹기
(2) 몸에 좋은 음식을 선택하여 먹기
(3) 음식을 소중히 여기고 식사예절 지키기
(4) 청결습관지도
(5) 배변습관지도

4. 기본생활습관 지도계획

각 유아교육기관에서는 기본생활습관교육을 효율적으로 운영하기 위하여 각 기관의 운영철학, 유아·유아모의 실정과 요구를 반영한 기본생활습관 지도계획을 세워야 하는데, 최우선적으로 전항 (4)항에 제시된 기본생활습관교육의 내용을 참고하여 당해 기관에서 유아들에게 지도해 주어야 할 기본생활습관 지도내용을 〈표 Ⅵ-11〉과 같이 선정해야 한다.

〈표 Ⅵ-11〉 기본생활습관 지도내용(예)

덕목	영역	기본생활습관 지도내용
1. 예절	1. 인사예절	1) 때와 장소에 따라 인사말을 바르게 하기 2) 바르게 인사하기
	2. 가정생활예절	1) 어른께 물건을 드릴 때는 두 손으로 공손히 드리기 2) 어른이 말씀하실 때는 조용히 듣기 3) 형제자매 간 서로 사랑하기 4) 식탁에서 어른이 수저를 든 후 식사하기
	3. 사회생활예절	1) 우리를 도와주는 분께 감사하기 2) 내 차례가 올 때까지 기다리기 3) 친구들끼리 사이좋게 지내고 양보할 줄 알기 4) 사람이 모인 곳에서 조용히 말하기
	4. 국가에 대한 예절	1) 국기에 대한 경례와 자세를 바르게 하기

2. 질서	1. 자기 물건 정리정돈	1) 가방, 모자 제자리에 정리하기 2) 신발은 신발장에 정리하기 3) 자기가 사용한 물건 및 교구 제자리에 놓기
	2. 내가 할 수 있는 일	1) 바깥놀이 후 놀이기구 정리하기 2) 꽃밭 물주기 및 동물 먹이 주기 3) 내가 사용한 교구 청소하기
	3. 교통질서 지키기	1) 유치원 버스에서 차례로 승·하차하기 2) 하원 시 우측통행하기 3) 건널목에서 열차 차단기 확인하고 건너기
	4. 공공시설물 바르게 사용하기	1) 수돗물 사용 후 수도꼭지 잠그기 2) 화장실 사용 후 뒤처리 잘하기 3) 놀이터에서 차례 지키기

기본생활습관 지도내용 선정 시 고려할 점은 다음과 같다.

첫째, 가급적 기본생활습관의 전 영역에 걸쳐 선정해야 한다. 지도영역은 예절, 질서, 청결(위생), 절제(절약), 화합, 안전 식생활(영양, 배변) 등 7영역이다.

둘째, 현재 유아들이 잘 지켜지지 않는 내용을 우선적으로 선정한다. 현재 잘 지켜지지 않는 습관내용을 선정하여 지도계획에 포함시킨다.

셋째, 구체적이며 행동적인 용어로 기술해야 한다.

넷째, 학부모의 요구와 지역의 실태를 고려하여 선정한다.

각 기관에서 지도해야 할 기본생활습관 지도내용이 7개 영역별로 선정되면 이를 지도하기 위한 총체적인 기본생활습관 지도계획을 세운다. 기본생활습관 지도계획은 반드시 지도내용을 근간으로 하여 활동주제 중심의 기본생활습관 지도계획으로 월별, 주별로 수립하며 〈표 Ⅵ-12〉는 그 한 '예'이다.

〈표 Ⅵ-12〉 기본생활습관 지도계획

월	주	활동주제	중점지도내용	활동방법	덕목
3	4	바르게 인사해요	• 선생님께 바르게 인사하기 • 친구와 만나고 헤어질 때 인사하기	• 놀이활동 • 노래	예절
	5	차례 지키고 기다리기	• 화장실에서는 줄을 서서 차례를 기다리기 • 놀이할 때도 차례를 기다리기	• 게시물 • 놀이활동	질서
4	1	친구와 사이좋게 지내기	• 친구에게는 나쁜 말이나 욕을 하지 않기 • 친구와 싸우거나 친구의 장난감을 빼앗지 않기	• 그룹토의 • 그림자료(게시)	질서
	2	인사하기	• 인사할 때는 바른 자세로 공손하게 하기	• 노래	예절
	3	동·식물을 사랑해요	• 내 주위에 있는 꽃과 나무를 꺾지 않기 • 개와 고양이 같은 동물을 사랑하기	• 그림자료(게시) • 놀이활동	절제

	4	다른 사람도 생각해요	• 우리를 도와준 분께 감사하기 • 다른 사람에게 도움을 받았을 때는 "감사합니다"라고 말하기	• 이야기 나누기 • 그룹토의 • 동화	예절
	5	단정한 옷차림	• 자기 물건 잘 정리정돈하기 • 혼자서 옷을 바르게 입고 벗기 • 신발을 제자리에 놓기	• 노래	질서

5. 기본생활습관 지도방법

기본생활습관 지도방법은 유아교육기관에서 대체적으로 적용하고 있는 방법으로 첫째, 기본생활습관이 적용되는 1일 생활 장면에서 지도하는 방법, 둘째, 교수-학습지도를 통해 지도하는 방법을 차례로 소개한다.

1) 1일 생활 주요 장면별 기본생활습관 지도

기본생활습관은 가정, 유아교육기관, 사회 등 유아들의 1일 생활공간에서 적용해야 하는 생활실천덕목들이다. 따라서 해당 생활실천덕목(기본생활습관)이 적용되는 일상생활공간에서 직접적으로 지도하는 것이 효율적이다. 생활공간이 바로 기본생활실천덕목(기본생활습관)을 적용하는 생활현장이기 때문이다. 생활실천덕목(기본생활습관)을 현장실천 중심의 지도를 위해서는 먼저 어떤 생활장면에서 어떤 생활실천목표(기본생활습관)를 지도할 것인가?에 대하여 〈표 Ⅵ-13〉과 같이 사전에 계획해야 한다.

〈표 Ⅵ-13〉 유치원 1일 생활 주요 장면별 기본생활습관 지도내용(우리별 유치원)

유치원 1일 생활 주요 장면별	기본생활습관 지도내용	관련 덕목	관련 생활주제	비고
1. 등원 시 지도	1. 신발 바르게 정리하기	청결	유치원과 친구	
	2. 예의 바르게 인사하기	예절	유치원과 친구	
	3. 옷과 가방 정리하기	청결	나와 가족	
2. 화장실 사용지도	1. 순서 지키기	질서	나와 가족	
	2. 아껴쓰기	절약	나와 가족	
3. 간식과 점심지도	1. 식사예절 지키기	예절	유치원과 친구	
	2. 스스로 식사 준비하기	절제	나와 가족	
	3. 식사 정리하기	절제	나와 가족	
	4. 편식 안 하기	절제	건강과 안전	
	5. 여러분에게 감사하기	예절	우리 동네	
4. 휴식과 낮잠지도	1. 휴식	절제	유치원과 친구	
	2. 낮잠지도	절제	건강과 안전	

5. 자유놀이지도	1. 순서 정하기	질서	나와 가족	
	2. 양보하기	예절	나와 가족	
	3. 놀이규칙 준수하기	질서	나와 가족	
	4. 놀잇감 정리정돈하기	질서	유치원과 친구	
6. 귀가 시 지도	1. 자기 물건 스스로 챙기기	절제	나와 가족	
	2. 옷을 바르게 입기	예절	나와 가족	
	3. 예의 바르게 인사하기	예절	유치원과 친구	
	4. 신발 바르게 정리하기	청결	유치원과 친구	

〈표 VI-13〉에 의한 실제 지도의 '예'는 다음에서 제시한다.

(1) 등원 시 지도

유아가 등원할 때 교사가 유아들을 대하는 태도는 세 가지 입장이다.

① Morning inspection

유아들의 안색을 비롯하여 거동상태를 점검하는 등 건강상태를 확인한다.

② Guidance

등원 장면에서 지도할 수 있는 기본생활습관 정착 여부를 확인한다.

[그림 VI-1] 유아 맞이하기

③ Rapport

교사는 유아를 웃는 상태로 맞이하면서 친밀관계를 유지한다. 특히, 등원시간에 지도할 수 있는 내용은 신발 바르게 정리하기, 예의 바르게 인사하기, 옷과 가방 정리하기 등이다.

ㄱ. 신발 바르게 정리하기

[그림 VI-2] 신발장

가. 현장지도 : 현관 앞의 일정한 공간에서 유아들을 차례로 들여보내되 한 명씩 재미있는 개별 인사를 나누는 동안 유아가 차분히 신발을 정리할 수 있도록 시간을 부여하는 방법이다. 예를 들면, 검지를 마주 대고 '손가락 뽀뽀'를 할 수 있으며 교사가 정해준 높이만큼 점프하여 교사의 손바닥에 유아의 머리를 닿게 하는 방법도 있다. 이렇게 시간차를 두어 차례로 질서 있게 들여보

내기는 신발을 바르게 정리하는 습관을 지도하는 적절한 방법이다(이대균 외, 2010).

나. 교육 관련 지도 : 학년 초에 신발을 바르게 정리하기에 대한 이야기 나누기를 통하여 신발 바르게 놓기에 대한 실천의욕을 갖도록 한다. 특히, 잘 정돈된 신발장과 아무렇게나 흩어져 있는 신발장 사진을 보여 주며 깨끗한 신발을 신발장에 넣도록 하는 실천의욕을 갖도록 지도한다.

다. 계속적인 지도 : 모든 기본생활습관은 완전히 정착될 때까지 계속적으로 지도한다.

ㄴ. 예의 바르게 인사하기

가. 과제분석법 : 인사하는 방법을 한꺼번에 설명하고 지도하는 것이 아니라 여러 단계로 나누어 한 단계 한 단계를 천천히 연습해 보게 하는 방법이다. 예를 들면 다음과 같다(이대균 외, 2010).

첫째, 1m 정도의 거리에서 멈춘다.

둘째, 상대방의 눈을 바라보고 공수한다.

[그림 Ⅵ-3] 예의 바르게 인사하기

셋째, 허리와 고개를 숙여 "안녕하세요"라고 말한다.

넷째, 허리를 편 후 상대방의 눈을 본다.

나. 교사의 수범적 행동 : 유아들을 볼 때마다 교사가 먼저 인사를 한다.

다. 게시환경 : 인사하는 방법을 그림으로 그려 벽면의 빈 공간에 첨시한다.

ㄷ. 옷 걸어두기

옷 걸어두기는 매일 이루어지는 내용으로 한 번 철저하게 지도하면 그 뒤에는 유아 스스로 할 수 있게 된다.

[그림 Ⅵ-4] 개인 수납장

(2) 화장실 사용지도

화장실 사용 지도에서는 순서 지키기와 아껴 쓰기 습관을 중점적으로 지도하여야 한다.

① 순서 지키기

화장실에서 순서 지키기는 화장실의 구조에 따라 화장실 안에서 줄을 서서 기다리거나 화장실 입구에 한 줄로 서서 순서를 기다리는 습관을 지도한다. 또한, 유아들이 변의가 있을 때는 언제든 용변을 볼 수 있도록 지도하여 용변 때문에 당황하고 부득이 순서를 어기는 일이 없도록 한다.

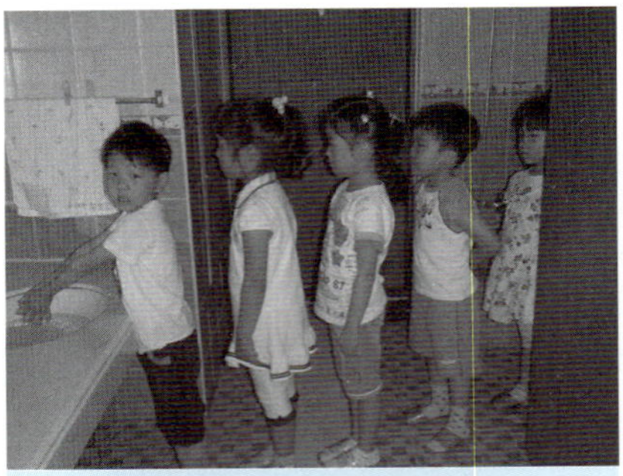

[그림 VI-5] 순서 지키기

② 아껴 쓰기

화장실에서 사용하는 물건은 화장지, 물, 비누, 페이퍼 타월, 개인 수건 등으로 이러한 물건들을 아껴 쓰는 습관을 정착시켜야 한다.

ㄱ. 이야기 나누기 : 절약생활이 왜 필요한지 일상생활경험을 상기시켜 토의하게 한다. 물자의 부족이 우리 생활에 미치는 영향을 토의하여 물자 절약의 필요성을 갖게 한다.

ㄴ. 환경물 게첨 : '물을 아껴 써요', '비누칠할 때는 물을 잠그기' 등 화장실에서 사용하는 물건에 대하여 절약을 촉구하는 표어를 적절한 장소에 게첨한다.

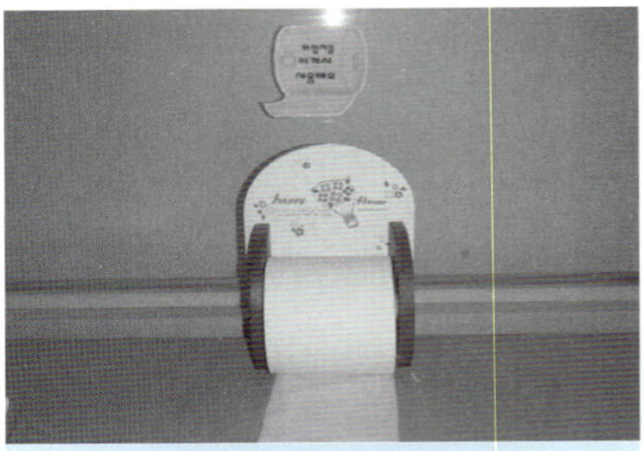

[그림 VI-6] 아껴 쓰기 표식

ㄷ. 사용기준량 제시 : 화장실에서 사용하는 물건에 대하여 어느 정도씩 사용해야 되는가에 대한 기준을 제시한다. 특히, 화장지는 휴지걸이대 밑에 해당 길이만큼 내려오는 색지를 붙여 유아들이 양을 가늠하기 쉽게 한다.

(3) 간식과 점심지도

간식과 점심시간에 지도해야 할 기본생활습관 지도내용은 식사예절 지키기, 스스로 식사 준비하기, 식사 정리하기, 편식 안 하기 등이다.

① 식사예절 지키기

ㄱ. 이야기 나누기 : 지금까지 식사 중에 이루어지고 있는 식사예절에 대하여 이야기 나누기를 통해 잘못된 식사예절을 찾아내고 이에 대한 대책을 강구한다.

ㄴ. 식사예절 : 식사 중 소곤소곤 말하기, 입을 가리고 말하기, 음식을 삼킨 후 말하기, 바르게 앉아서 먹기, 트림이나 방귀 뀌는 행동 삼가기, 옆 유아와 식사 속도 조절하기, 옆 유아가 식사를 마칠 때까지 조용히 앉아 있기 등

ㄷ. 교사의 수범적 행동 : 교사는 항상 식사예절에 대해 수범을 보인다.

② 스스로 준비 및 정리하기

ㄱ. **급식실에서 식사하는 경우**

가. 유아가 잔반을 덜 수 있는 용기와 사용한 식판과 젓가락, 숟가락을 정리하는 자리를 마련해 주어 스스로 정리할 수 있는 환경을 만들어 준다.

나. 자신이 먹은 자리를 스스로 닦는 습관을 갖게 한다.

다. 휴지를 이용하여 흘린 밥풀을 주울 수 있고, 흘린 음식물은 젖은 걸레를 비치해 주어 스스로 닦을 수 있도록 한다.

[그림 VI-7] 식탁 닦기

ㄴ. **교실 배식의 경우**

책상에 붙어 있는 이름표에 스티커를 붙여 주어 깨끗이 정리한 유아에게 칭찬을 해 준다.

③ 편식 안 하기

ㄱ. 이야기 나누기 : 식생활경험을 발표시켜 편식의 경향을 알아보고 VTR 시청을 통해 편식이 건강에 해로움을 이해시켜 음식 골고루 먹기를 습관화시킨다.

ㄴ. 부모상담 : 부모와 상담하여 각 유아의 식생활습관을 알아보고 식생활상의 문제점에 대한 대책을 강구한다.

(4) 휴식과 낮잠지도

① 휴식

ㄱ. 활동과 활동 사이의 전이활동(transtive activity)시간이므로 자유선택활동시간에 유아가 스스로 선택하도록 한다.

ㄴ. 교실 공간 구성 시 휴식영역에 편안하고 넓은 소파와 쿠션, 이불 등을 준비해 준다.

ㄷ. 교사는 휴식 분위기를 조성해 주고 유아의 컨디션에 따라 세심하게 고려해 준다.

② 낮잠지도

ㄱ. 낮잠시간의 길이는 3세 유아의 경우 점심식사 후 1~2시간, 4~5세 유아는 30분~1시간 정도가 적당하다.

ㄴ. 휴식이나 낮잠을 원하지 않는 유아는 자신들이 좋아하는 활동을 하도록 한다(예 : 동

화 읽기, 만들기, 그리기, 음악 듣기 등).

ㄷ. 낮잠은 다음과 같이 단계별로 지도한다.

가. 낮잠 전 : 화장실 다녀오기, 잠이 들 때까지 그림을 읽어 주기, 조용한 음악 듣기 등

나. 낮잠 중 : 조용한 음악 틀어 주기, 유아의 어깨를 가볍게 두드려 주기

다. 낮잠 후 : 커튼을 열고 전등 켜기, 경쾌한 음악 들려주기, 이불·베개 정리

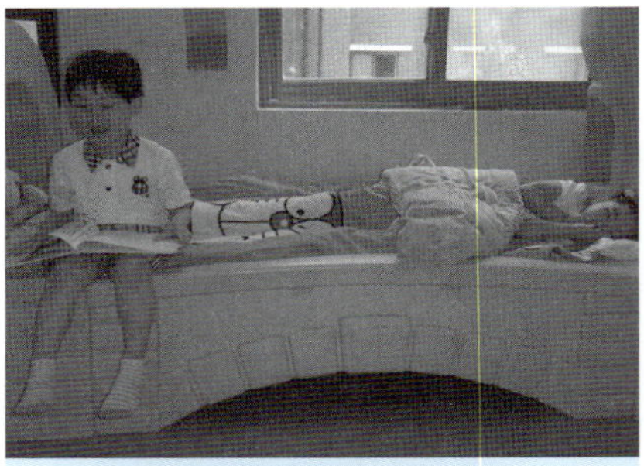

[그림 VI-8] 낮잠자기

(5) 자유놀이지도

자유놀이지도에서는 순서 정하기, 양보하기, 놀이규칙 준수하기, 놀잇감 정리정돈하기 등의 기본생활습관이 지도되어야 한다.

① 순서 정하기

순서 정하기는 놀이기구가 한정되어 있는 데 반하여 놀이기구를 선택하는 유아가 많기 때문에 필요하다. 그렇다고 유아들의 요구를 충족시킬 만큼 놀이기구 수를 확보하는 것도 무리이며 오히려 공급에 비해 수요가 많은 상황에서 유아들이 스스로 순서 정하기로 대처하게 한다. 순서 정하기는 유아들이 주체적으로 가위바위보 게임, 키순, 나이순, 성별 순 등 유아들의 합의에 따른다.

② 양보하기

양보하기는 순서 정하기나 순서 정하기 이전에 이루어질 수 있다. 양보하기는 자기의 욕구나 행동을 지연, 억제하는 자기통제력이 필요한 활동으로 희생과 인내가 어느 정도 필요하다. 다른 유아에게 기꺼이 양보하려는 생각은 이기적인 마음이 적을 때 증가한다.

③ 놀이규칙 준수하기

놀이규칙 준수하기에서 지도해야 할 내용은 다음과 같다.

첫째, 보편적인 규칙을 정하여 특정 유아에게 유리한 규칙이 되어서는 안 된다.

둘째, 놀이규칙은 유아의 행동이나 욕구를 제한하기보다 놀이 진행의 효율성과 흥미를 지속하기 위함이라는 것을 인식시킨다.

셋째, 놀이규칙은 경쟁성을 지양하고 협동심을 배양하는 방향으로 정하도록 한다.

④ 놀잇감 정리정돈하기

놀잇감 정리정돈하기에서 꼭 고려해야 할 사항은 다음과 같다.

ㄱ. 정리정돈은 다음에 놀이를 할 때 편리하게 하기 위함이라는 인식을 갖게 한다.

ㄴ. 유아들 스스로 정리정돈할 수 있는 환경을 구성하도록 교사의 격려가 있어야 한다.

ㄷ. 놀이가 자연스럽게 종료될 수 있도록 정리시간을 다음과 같은 요령으로 알려준다.

가. 핸드벨이나 트라이앵글 이용하기

나. 정리 준비 음악 틀어 주기

다. 교사가 피아노를 치며 '그대로 멈춰라' 음악에 맞춰 정리정돈하기

라. 정리정돈을 잘하는 유아에게 격려하기 등

(6) 평가 및 귀가

평가와 귀가지도는 1일 계획의 실천 여부와 문제점에 대한 대책을 강구함으로써 즐거운 기관생활을 유도하고(평가) 각종 토의와 안내를 통한 안전한 귀가를 지도한다(귀가).

① 평가

ㄱ. 하루일과에 대한 평가는 반드시 귀가 전에 해야 하는 것은 아니고 각 활동시간 중에 필요한 때에 언제든지 평가할 수 있다.

ㄴ. 평가시간은 5~10분 정도로 하고 교사는 유아들과 함께 하루를 지내면서 가장 재미있었던 일이나 힘들었던 일들을 회상하여 보고 그 이유와 대책을 의논한다.

ㄷ. 놀이계획표 용지에 놀이계획을 세운 유아는 자신이 세운 계획대로 하였는지 평가지에 표시하게 한다.

② 귀가

ㄱ. 귀가지도시간에는 특별한 전달사항이나 귀가 시 안전 등 다음날의 활동에 대하여 이야기 나누기를 한다.

ㄴ. 귀가할 때는 가방, 통지문이나 작품, 도시락 등의 소지품을 가지고 가도록 한다.

ㄷ. 교사가 부모에게 직접 또는 전화로 그날 있었던 상황에 대하여 자세히 알려주고 누가 누구와 귀가하였는지를 확인시켜 준다.

ㄹ. 귀가 시에는 다음 사항을 철저히 지도한다.

가. 자신의 물건 스스로 챙기기

나. 옷을 바르게 입기

다. 예의 바르게 인사하기

라. 신발 바르게 정리하기

2) 교수-학습지도를 통한 기본생활습관 지도

교수-학습지도를 통한 기본생활습관 지도는 주로 유아교육기관의 활동실 내에서 누리과정 5대 영역의 기본생활습관 형성을 목표로 이루어지는 모든 주제활동을 말하는 것으로 자세한 내용은 관련 장을 참고하기 바란다.

제5장 어린이집 적응지도

유아들은 대부분 놀이방에서 양육 위주의 보육을 받거나 가정에서 가족들의 보살핌 위주의 가정보육을 받다가 유치원이나 어린이집 등의 시설보육으로 전환됨에 따라 이행되는 과정에서 유아들은 적응상 많은 스트레스를 경험하게 된다. 특히, 유아들은 유아교육기관의 새로운 환경, 새로 만나는 교사, 동료 유아에 대한 막연한 불안감, 어머니와의 일시적인 이별로 인한 격리불안 등을 겪는다.

영아 어린이집 적응지도에서 기술한 관계이론이나 실제지도방안 등을 근간으로 한 연계 선상에서 유아 어린이집 적응지도에 대하여 기술한다.

1. 유아 적응지도의 특수성

유아기는 유아의 연령이나 월령에 따라서 발달이나 성장의 급격한 변화를 가져오는 시기로서 유아의 신입 초기 적응지도에서는 영아 초기 적응지도와 비교하여 다음과 같은 특성을 고려하여 지도하여야 한다.

1) 유아반은 놀이방의 시설보육경험이 있는 유아, 가족 중심의 가정보육경험만을 한 유아 등 2개 성향의 유아들로 구성되므로 이에 따른 지도방법이 달리 모색되어야 한다.

2) 3세 유아의 자연적 · 발달적 적합성에 따른 적응교육이 이루어져야 한다.
영아반의 영아와 유아반의 유아는 연령이나 월령에 따라 신체, 정서. 인지. 언어. 사회성 등의 제반 발달이나 성장이 급격이 이루어지는 시기로서 영아반의 적응지도와는 달리 3세 유아발달의 적합성에 따른 적응지도계획이 수립 적용되어야 한다.

3) 학부모의 특수성에 따른 적응지도 프로그램 운영에 차별성을 두어야 한다.
가정보육에서 바로 시설보육으로 이행한 학부모와 놀이방 등의 시설보육에 참여시킨 경험이 있는 학부모, 과거 부모교육의 참여, 영아 적응지도 프로그램 참여 등 학부모의 특성에 따른 적응지도방법이 달라야 한다.

4) 영유아 간에 적응지도목표수준의 차별성에 따라 적응지도 프로그램 목표가 달라야 한다. 3~5세는 0~2세 보육실 적응방법 외에 유아의 학습 지향적이며 집단위주의 규범과 질서가 존중되는 형식적 교육집단으로의 적응 지도가 병행되어야 한다.

2. 적응지도 전략

유아들의 유아교육기관에서의 원활한 적응을 위해서는 각 기관별로 다양한 적응 전략을 시행하게 된다. 특히, 환경 구성, 가정통신, 교사와 유아 간의 라포르(Rapport) 형성, 학기 초 프로그램 운영에 따른 형성·진단 평가 실시, 교사와 학부모 간의 유대감 갖기 등으로 지도한다.

1) 환경 구성

학기 초에 새로운 원아를 맞는 기관에서 환경 구성은 필수적이며 입원식이 열리는 강당, 기관에 들어오면서 처음으로 접하는 현관, 활동실의 환경 구성은 신입원아들에게 차후 이어지는 적응교육에 밀접한 영향을 준다.

① 구성원칙

ㄱ. 입원하는 유아들을 진심으로 환영하는 느낌이 들게 한다.
ㄴ. 유아들에게 편안한 느낌이 들며 가정과 같은 분위기가 들게 한다.
ㄷ. 놀이 활동을 촉진시킬 수 있는 환경을 정비한다.
ㄹ. 유아들이 호감을 갖고 새 학기 분위기를 들게 하는 색상을 활용한다.
ㅁ. 가정환경과 연계적으로 구성하여 환경에 의한 저항감이 없도록 한다.

② 구성방안

ㄱ. 현관 입구 및 강당

현관 입구와 강당에는 신입원아의 입원을 환영하는 문구와 풍선으로 장식하여 유아들의 입원에 따른 긴장감을 해소시킨다.

ㄴ. **활동실 정비**

가. 가정에서 즐겨 하던 놀이활동을 학부모를 통해 사전에 파악하여 상당기간 가정에서 놀이기구나 완구류를 가져와 활동실에 비치하여 가정과의 연계놀이를 유도한다.

나. 활동실 내의 각종 놀이기구나 교구에 대한 사용 또는 활동 모습을 사진이나 비디오로 촬영하여 해당 놀이기구나 교구 옆에 틀어 놓아 주고 놀이 참여를 유도한다.

다. 활동실 내의 각종 놀이기구나 교구에 대한 교육적 가치를 설명문으로 안내하여 부모와 같이 직접 놀이를 해보도록 유도한다.

라. 부모와 유아가 함께 할 수 있는 놀이공간을 확보하여 같이 활동실 내에서 즐거운 추억을 남길 수 있도록 한다.

마. 유아들이 좋아하는 애니메이션 캐릭터를 이용하여 게시판을 꾸민다.

바. 사물함이나 신발장에 유아의 사진을 게첨하여 이름표를 만들어 준다.

사. 가족사진을 교실 벽면에 붙여 유아가정의 분위기를 느끼게 한다.

아. 커튼이나 쿠션 등으로 아늑하고 편안한 교실 분위기를 조성한다.

자. 유아가 심리적으로 안정감을 느낄 수 있는 색상 톤을 활용하여 활동실을 꾸민다.

㉠ 파란색 : 불안한 마음을 가라앉히는 등 편안함을 준다.

㉡ 빨간색 : 자유롭게 행동하고 반응의 속도를 빠르게 하며 협동을 통해서 이루어지는 놀이나 작업에 도움이 된다.

㉢ 주황색 : 주위 환경에 잘 순응하게 하고 어색한 분위기 극복에 도움이 된다.

2) 가정통신

유아교육기관에서 학부모들에게 전달되는 가정통신은 각 기관에서 일반적으로 이루어지는 의사소통방법이나 그 효율성은 아주 지대하다. 이는 유아교육에 전문성을 가진 교사가 당해 기관이 노리는 보육목표 구현을 위해 의도적으로 진행되는 교육활동 수행과정에서 학부모들에게 필수적인 교육정보를 제공하는 의사소통방법이기 때문이다. 학기 초 가정통신의 내용은 유아들이 기관에서의 원활한 이행을 돕는 내용으로 구성되어야 한다.

(1) 학기 초 적응지도를 위한 부모의 역할에 관한 내용

학기 초 기관에 적응지도를 위한 부모의 역할에 대한 가정통신의 '예'는 다음과 같다.

〈예 1〉 입원 전까지 가정에서 지도해 주세요

안녕하세요. 키드키즈 유치원 행복한 교사 김사랑입니다.
사랑스러운 효주를 저희 원에 맡겨주셔서 정말 고맙습니다.
효주가 우리 원에 조금 더 빨리 적응할 수 있도록 부모님께서 입원 전까지 아래와 같이 도와주세요.

① 원에 대한 긍정적인 이야기를 많이 들려주셔서 좋은 이미지를 갖게 도와주세요.
- 효주는 키드키즈 유치원(어린이집)에 다니게 될거야!
그곳에는 친구들도 많이 있고, 우리 효주를 도와주실 친절한 선생님도 계시단다.
그곳에서는 즐거운 일이 많이 생길 거야.

② 부모님과 유아가 유치원 가는 길 함께 걸어보세요.
- 이 길로 가면 효주가 앞으로 다니게 될 유치원이 나오게 된단다.
유치원에서는 얼마나 재미있는 일들이 많을까?

③ 규칙적인 습관을 길러주세요.
- 일찍 자고 일찍 일어나는 습관을 길러주세요.
그리고 배변훈련, 식습관, 차례 지키기 등 규칙적인 생활을 할 수 있도록 배려해 주세요.

④ 원에서 보내는 유인물을 확인해 주세요.
- 원에서 가정으로 보내는 행사계획, 가정통신문, 출석카드 등을 항상 점검하셔서 자녀의 원만한 원 생활을 위하여 협조해 주세요.

⑤ 유치원을 미리 방문해 원의 분위기와 환경에 친해질 수 있게 도와주시고 원의 위치를 정확히 알려주세요.
- 교통신호 보는 법과 신호등 없는 길에서 건너기 등에 대해 설명해 주세요.
그리고 모르는 사람이나 위험한 곳에 가지 말라고 단단히 일러주세요.
또 길을 잃을 경우를 대비해 집 전화번호나 부모님의 휴대전화번호 등을 꼭 외우게 해주세요.

출처 :키드키즈 유치원.

3) 교사와 유아 간의 라포르(Rapport) 형성

유아교육기관에 입원을 앞둔 유아들의 최대 관심은 자기들을 맡아 지도해 줄 선생님에 대한 호기심이다. 따라서 선생님과 유아들 간에 라포르를 형성시켜 주면 입원 후 기관 적응에 도움이 될 것이다. 그 방법으로 유아들에게 편지를 보내는 일이다.

유아들은 어머니와 같이 선생님이 보낸 편지내용을 중심으로 선생님의 인자하고 따뜻한 모습을 그림으로 그리거나 이야기를 해보도록 하여 개원 후에 유아들이 상상한 선생님의 모습을 중심으로 '우리 선생님'에 대한 이야기 나누기를 통하여 우리 선생님을 다정하고 따뜻하며 포근하고 사랑스러운 선생님으로 인식시키어 교사에 대한 불안감을 제거함으로써 학기 초의 원활한 적응을 도모하자는 것으로 편지내용의 '예'를 들면 다음과 같다.

❑ 우리 선생님이 보낸 편지

효주야, 안녕. 키드키즈 유치원 행복반 선생님이에요. 추워서 두 볼과 코끝이 빨개지는 겨울에는 해님도 일찍 숨어버리더니 요즘엔 해님을 만날 수 있는 시간도 참 많이 길어진 거 같아요. 알록달록 예쁜 빛깔의 봄이 우리 곁으로 아주 많이 다가 온 것 같아요. 다음주 월요일 2월 28일은 키드키즈 유치원에서 효주의 선생님을 만나는 날이에요. 우리 효주는 어떤 어린이일까? 활발하고 씩씩한 어린이일까? 아니면 조용하고 차분한 어린일까? 우리 효주는 어떤 놀이를 좋아할까? 선생님은 효주에 대해 궁금한 게 너무 많아요. 우리 얼른 만나서 신나고 재미있게 지내요. 그리고 선생님이 어떤 분일까? 어머니와 같이 이야기해보고 그림으로 그려봐요. 그럼 개원식날 가지고 오세요. 2019. 2. 15. 효주를 보고 싶어 하는 행복반 선생님이

출처 : 키드키즈 유치원.

4) 유아 학기 초 적응 프로그램 적용에 대한 형성 · 진단 평가

유아교육기관에서 학기 초 유아의 원활한 적응을 돕기 위하여 기관에서 제작된 학기 초 적응 프로그램을 유아와 학부모를 대상으로 적용하는데, 이때 해당 유아의 적응상황에 대하여 수시로 형성 평가하여 그 결과를 현재 진행 중인 적응 프로그램 적용에 반영하는 방안이다. 물론, 해당 유아의 적응상황을 교사가 점검 또는 평가할 수도 있지만 부모로 하여금 활동실이나 가정에서 자녀들을 대상으로 관찰 평가하도록 하여 그 결과를 교사가 평가한 결과와 종합 분석하여 유아의 학기 초 적응 프로그램 시행에 활용한다. 유아의 적응상황을 교사와 학부모가 서로 다른 평가장면과 평가기준을 가지고 평가할 때 유아의 적응상황은 보다 객관적이고 합리적인 결과를 얻을 수 있다. 이때 학부모의 자녀에 대한 평가는 간편하면서도 평가시행에 따른 부담을 주지 말아야 한다. 질문서의 '예'를 제시한다.

❑ 학부모의 유아 적응 정도를 파악해 보는 설문

자녀가 유치원 생활에 어느 정도 적응하고 있는지 알아보기 위한 설문입니다. 입학한 이후 지금까지 어린이의 생활을 잘 점검하여 다음주 월요일까지 보내주세요. 1. 유치원에 가는 일은 즐거워하나요? (1) 아주 좋아한다. ( ) (2) 조금 좋아한다. ( )

(3) 잘 모르겠다. ( )
(4) 가끔 가기 싫어한다. ( )
(5) 매우 가기 싫어한다. ( )

2. 아침에 시간 맞춰 잘 일어납니까?
(1) 혼자서도 잘 일어난다. ( )
(2) 깨우면 잘 일어난다. ( )
(3) 잘 모르겠다. ( )
(4) 잘 일어나지 않아서 깨우기가 힘들다. ( )

3. 아침에 어머니와 잘 헤어집니까?
(1) 언제나 잘 헤어진다. ( )
(2) 가끔 안 떨어지려 한다. ( )
(3) 모르겠다. ( )
(4) 매일 안 떨어지려고 한다. ( )

4. 유치원에서 친구를 사귄 것 같습니까?
(1) 자주 이야기하는 걸 보니 사귄 것 같다. ( )
(2) 이야기는 잘 하지 않지만 사귄 것 같다. ( )
(3) 친구 이야기가 없으니 친구를 사귀지 않은 것 같다. ( )
(4) 친구가 없다고 이야기한다. ( )

5. 친구를 사귀었다면 어떤 친구인지 적어주세요.

6. 유치원 생활 중에 어떤 것을 좋아하고 싫어하는지 있다면 무엇인가요?
(1) 좋아하는 것 ( )
(2) 싫어하는 것 ( )

7. 유치원에서 있었던 일들을 집에 와서 이야기하나요?
(1) 매일 이야기한다. ( )
(2) 가끔 이야기한다. ( )
(3) 별로 이야기하지 않는다. ( )

8. 원에서 지낸 이야기를 한다면 주로 어떤 내용입니까?
(1) 친구 이야기 ( )
(2) 선생님과의 생활 ( )
(3) 놀았던 일 ( )
(4) 교육활동내용 ( )
(5) 기타 ( )

9. 유치원에서 급식하는 것에 대하여 자녀는 어떻게 생각하나요?
(1) 맛있다고 한다. ( )

(2) 먹는 것을 힘들어한다. ( )
(3) 급식을 안 했으면 좋겠다고 한다. ( )

10. 아이가 힘들어하는 부분이 있으면 구체적으로 적어주세요.

11. 입원 후 달라진 점이 있으면 적어주세요.

12. 자녀의 유치원생활 적응상황에 대하여 하고 싶은 말씀이 있으면 적어주세요.

앞에 제시한 형성 평가자료가 학기 초에 적응지도 프로그램을 투입한 후 지도과정 중에 이루어지는 과정 평가라면 진단 평가는 적응지도 프로그램이나 유아 개인별 지도 프로그램 제작을 위한 사전 평가로서 유아에 대한 다양한 정보와 자료를 입수하기 위함이다. 이때 부모 면담과 질문서를 통한 결과를 분석하여 유아 개인별 프로그램 구성과 개별지도자료로 활용한다. 확보해야 할 정보나 자료내용은

① 유아가 어떤 놀이를 좋아하나요?
② 유아는 어떤 노래를 좋아하나요?
③ 유아가 기분이 좋을 때 어떤 행동을 하나요?
④ 유아가 불안할 때 어떤 행동을 보이나요?
⑤ 유아가 어떤 행동이나 물건에 불안을 느끼나요?
⑥ 유아가 좋아하는 놀이나 물건은 무엇인가요?
⑦ 친구들은 몇이나 되며 일주일에 몇 번 정도 어울리나요? 등을 들 수 있다.

5) 교사와 학부모 간의 강한 유대감 갖기

교사와 유아 어머니가 강한 유대감을 가지고 활동실에서 유아교육활동에 적극적으로 참여하는 상황을 인지한 유아는 유아교육활동에 적극적으로 참여하고 학업성취지향적이며 자존감이 강해진다. 교사와 학부모 간에 친밀감과 강한 유대감을 가지고 있다는 확신을 갖게 할 수 있는 활동으로서는

① 교사와 유아 어머니가 서로 미소 지으며 대화하기
② 교사와 유아 어머니가 서로 전화로 대화하기
③ 교사와 유아 어머니가 서신을 주고받기
④ 유아와 어머니가 공동놀이나 활동 시 교사가 어머니에게 미소 지으며 조언하기
⑤ 등·하원 시 교사와 어머니가 악수하고 인사하기 등을 유아에게 보여 주는 일이다.

3. 부적응행동 유형별 지도 사례

기관에서 기초 적응교육을 실시한 후에도 적응이 어려운 일부 유아에 대해서는 부적응행동을 교정하여 적응이 잘 이루어지도록 한다. 부적응행동 유형별 지도방안은 다음과 같다.

1) 아이가 원에 오기 싫어합니다

교사가 먼저 유아에게 다가간다. 이름을 불러주고 "안녕"하고 인사하여 유아에 대한 관심을 보인다. 상황에 따라 안아주거나 손을 잡아 주어 스킨십을 통한 안정감을 갖게 한다. 기관에 처음 입원한 유아들의 경우에는 전혀 다른 세계에 대한 불안을 보이기도 한다. 교실에서 자신의 물건이 있다는 것을 알려준다(개인 신발장, 옷장, 출석판 등에 유아의 사진과 이름을 붙여주면 좋다). 유아가 좋아하는 놀잇감을 보여 주는 것도 좋은 방법이다. 신입원아가 원에 오기 싫어하는 경우는 원 경험이 전혀 없어 엄마와 떨어질 때 불안감을 보이거나 낯선 환경이 두렵기 때문이다. 따라서 교사가 먼저 가정환경조사 등을 통해 유아의 개별 특징을 알아두는 것이 좋다.

2) 엄마와 떨어지지 않아요

원 경험이 전혀 없는 유아의 경우에는 대부분 엄마와 떨어지지 않으려고 한다. 엄마와 손을 잡고 원에 등원했더라도 엄마를 가지 못하게 하는 경우가 많으며 이때 교사가 무조건 떼어놓으면 다음날 원에 가지 않겠다고 집에서부터 떼 쓰기 마련이다. 이에 대한 지도방법으로 첫날은 교실에서 엄마와 함께 수업에 참여하고, 둘째 날은 엄마가 교실에서 유아가 생활하는 것을 관찰한다. 셋째 날은 교실 밖 복도에 의자를 두고 앉아 기다리며 엄마가 아직 원에 있다는 사실을 기억하게 한다. 그렇게 조금씩 아이와의 거리를 떨어뜨리면 2주 또는 한 달 후 완전히 적응하게 된다.

3) 친구들과 어울리지 못해요

친구와의 어울림에 힘들어 하는 유아에게 짝꿍이 필요하다. 여섯 명 정도를 한 모둠으로 정하고, 모둠별로 자신의 모둠 이름을 정할 수 있도록 한다. 이때 되도록 모둠의 수를 짝수로 정하는 것이 좋다. 짝꿍과 모둠활동은 유아들에게 소속감을 주는 좋은 방법이다. 다음에 짝꿍과 모둠을 활용한 그룹게임을 진행하는데, 그룹 게임은 유아들이 빨리 친해질 수 있는 기회가 되는 활동이다. 성격이 너무 소극적이어서 친구들과 어울리지 못하는 경우에는 교사가 함께 놀이에 참여하다가, 서서히 다른 친구들을 불러 함께 놀 수 있도록 배려한다. 만약 교사의 관심을 끌기 위해 친구들과 어울리지 않는 유아라면, 교사 옆에 있을 때보다 친구들과 어울릴 때 칭찬과 관심을 보여 준다.

4) 말을 하지 않는 유아가 있어요

낯선 환경 때문에 또는 너무 내성적인 성격으로 말을 하지 않는 유아가 있다. 이런 유아일수록 자신과 친한 사람에게 말을 잘한다. 따라서 이 유아와 이야기를 하기 위해서는 교사의 인내심이 많이 요구된다. "네가 말하고 싶은 것이 있을 때 언제든지 선생님에게 이야기해."라는 허용적인 분위기를 만들어 준다. 만약 어느 한순간 작은 소리로 이야기하더라도 칭찬해 주며 자신감을 가질 수 있도록 도와준다.

5) 정리정돈을 잘 하지 않는 유아가 있어요

대부분의 유아들은 자신이 놀았던 놀잇감을 잘 정리한다. 하지만 정리정돈하는 것을 싫어하는 유아가 있다. 유아가 정리하는 것을 싫어한다고 해서 그냥 방치할 수는 없다. 먼저 정리정돈시간에는 정리노래를 불러주고 정리정돈하는 유아의 이름을 불러주면서 칭찬해 준다. 정리정돈하지 않는 유아를 혼내는 것보다 정리를 잘 하는 유아를 칭찬해 주는 것이 좋다. 그리고 정리시간에 정리를 하지 않는 유아에게는 "넌 무엇을 정리하고 싶니?", "너는 무엇을 하고 싶니?" 등의 말을 걸고 행동으로 이끌어 주는 것이 좋다. 특히, 쌓기 영역이나 소꿉영역, 미술영역 등 정리하는 데 시간이 많이 걸리는 영역에는 미리 정리시간을 알려준다. 유아의 이름을 부르며, 정리하는 것을 도와주도록 유도하는 것도 좋은 방법이다.

6) 교사를 무서워해요

유아가 선생님을 무서워한다면 교사의 입장에서 반드시 반성할 필요가 있다.

물론 어느 정도까지는 교사의 권위가 필요한 경우도 있지만, 그렇다고 선생님이 무서워 원에 오기 싫어한다거나 선생님 가까이에 가지 못하는 것은 문제가 있다. 일단 유아가 교사를 무서워하거나 싫어한다고 해서 교사도 유아를 싫어해서는 안 된다. 미소를 짓고 상냥하게 유아를 대하고, 함께 놀아주거나 손을 잡아 주는 등의 스킨십도 좋은 방법이다. 개별로 유아와 이야기를 나누거나, 아주 사소한 것이라도 관심을 보이는 것이 중요하다.

7) 친구를 이유 없이 때리는 유아가 있어요

친구를 때리는 행위는 맞는 유아나 때리는 유아 모두에게 상처가 된다. 특히, 의견 충돌이나 다툼이 없는 데도 이유 없이 친구를 '툭' 때리는 경우가 있는데, 이럴 때는 먼저 친구의 몸도 내 몸과 같이 소중하다는 것을 인식시켜 준다. 때린 유아의 기분은 어떤지 물어보며 유아들의 생각을 이야기하도록 한다.

4. 신입원아 적응 프로그램 적용의 '예'

1) 프로그램의 목적

아직 어린 나이에 어린이집을 다니고, 낯선 교사나 친구들과 함께 집단생활을 하는 것은 유아에게 매우 큰 사건이다. 영유아가 보호자와 헤어지는 것을 두려워 하지 않고 어린이집을 안전하고 편안한 장소로 느낄 수 있도록 적응기간을 통해 어린이집 생활에 잘 적응해 가는 과정이 꼭 필요하다.

> **격리불안?**
>
> 영유아들은 부모와의 강한 애착으로 인해 부모와 떨어지게 되는 경우 불안감이 있다.
> 점차 어린이집에 적응하면서 불안이 줄어들어 부모가 자리를 떠나도 별다른 문제없이 다른 성인과 함께 지낼 수 있게 된다. 한편, 영유아의 성향이나 엄마와의 애착이 형성되는 과정이 영유아마다 제각기 달라 어린이집과 교사에게 적응하는 모습과 기간은 차이를 보일 수 있다.

2) 진행원칙

(1) 유아와 보호자가 함께 프로그램에 참여한다.
(2) 유아의 적응에 필요한 기본적인 활동(예 : 점심, 낮잠 등)을 경험하게 한다.
(3) 적응 프로그램은 1~2주 정도를 기본으로 하되, 유아의 개인차를 고려하여 융통성 있게 진행한다.
(4) 적용기간 초기의 보육시간은 약 2~3시간에서 점진적으로 늘려간다.
(5) 유아의 연령, 기질, 발달, 애착, 적응상태, 어린이집 상황, 가정상황 등에 따라 기간과 방법을 달리한다.

(6) 단기간에 적응시키는 것이 중요한 것이 아니라 유아의 적응상태를 고려하여 차근차근 진행한다.

(7) 적응이 늦다는 것은 문제가 있다는 것이 아니라 주변 상황이나 사물, 사람 등에 민감할 수 있음을 말하며 민감함은 때론 낯선 상황에 대한 판단과 지각능력이 예민하다는 것을 의미할 수도 있음을 이해해야 한다.

신입원아 적응 프로그램 이렇게 해요

- 보육시간은 초기에 하루 2~3시간 정도에서 점진적으로 늘려간다.
- 아이의 적응에 필요한 기본적인 활동을 경험하는 데 중점을 둔다.
- 적응기간은 일반적으로 2주 정도 걸리지만 개인차를 최대한 고려하여 융통성 있게 진행한다.

3) 부모님의 역할

(1) 처음부터 혼자 있기는 힘들어요.
처음 며칠간은 유희실에 함께 들어오셔서 아이가 안정감을 느끼도록 도와주세요.

(2) 이제는 엄마, 아빠가 안 보여도 놀 수 있어요.
아이가 유희실에서 지내는 것이 조금 편안해지기 시작하면 엄마, 아빠는 아이가 울어도 인사를 나누고 나갑니다.

(3) 엄마, 아빠가 데리러 오실 것을 알아요.
엄마 아빠가 아이가 울어도 현관에서 인사를 한 후 아이를 두고 가셔도 됩니다. 데리러 오시기로 약속한 시간을 지켜주세요. 그러면 아이는 안정감을 느끼고 낮잠과 일과를 적응하게 된답니다.

4) 신입원아의 초기 부적응행동의 예

(1) 어린이집에 가지 않겠다고 떼쓴다.
(2) 어린이집 현관에 들어서기만 하면 울기 시작한다.
(3) 또래와 어울리지 않고 시무룩하다.
(4) 교사와 상호작용을 하지 않으려 하며 반응이 없다.
(5) 어린이집에서는 간식이나 식사를 하지 않으려고 한다.
(6) 어린이집에서는 낮잠을 자려 하지 않는다.
(7) 울음이 잦고 자주 칭얼댄다.

(8) 밤에 자지 않고 울면서 깬다.
(9) 신체적 증상이 없음에도 불구하고 아프다고 한다.
(10) 대소변을 가리던 영아가 대소변을 가리지 못한다.
(11) 집에서 어린이집에 대한 좋지 않은 감정을 직접적으로 표현한다.

5) 신입원아 적응을 위한 배려

(1) 원에서의 배려

① 부모와 교사가 친밀한 관계임을 느끼도록 즐겁게 대화한다.
② 흥미를 끌만한 놀잇감 또는 음식을 준비한다.
③ 신발장이나 개인 사물함에 사진과 이름을 붙여두어 소속감과 안정감을 갖게 한다.
④ 가정에서의 습관을 수용하며 아이의 다양한 욕구와 관심을 존중한다.
⑤ 적응 초기에는 유아가 탐색할 기회를 충분히 제공하고, 신체적 접촉을 서두르지 않는다.
⑥ 가정에서 유아가 좋아하는 베개나 인형, 장난감 등을 가져오게 한다.

(2) 부모님의 배려

① 아이에게 원과 교사를 소개한다.
② 부모와 교사가 친밀한 관계임을 느끼도록 즐겁게 대화한다.
③ 적응 초기에는 적응에 필요한 기본적인 활동을 경험하게 한다.
④ 헤어질 때는 아이에게 꼭 인사를 하고, 정해진 약속시간을 잘 지킨다.
⑤ 잠들기 전에 원 생활에 대해서 이야기를 나누어 아이 마음의 긴장을 풀어준다.
⑥ 지속적인 애정을 표현해 준다.

부모님께

유아들에게 불안증세가 나타날 수 있습니다. 유아의 불안 증세에 너무 민감하게 반응하고 대처할수록 더욱 불안해 할 수 있습니다.
원의 환경, 선생님에 대한 신뢰를 가질 수 있도록 지켜봐주시면 적응에 도움이 됩니다.

출처 : http://blog.daum.net/fox3144/7560669

제6장 실내 · 외 자유선택놀이지도

0~2세 영아의 놀이가 완전히 영아 자신의 개별적인 흥미와 요구에 따라 선정된 개별과제에 따른 놀이로서 진행과정에서 상당부분 교사의 개입이 불가피한 놀이임에 비해 3~5세 유아의 놀이는 개별과제보다 소수그룹 유아들의 협력과제 해결에 초점을 맞추어 유아 상호 간의 협력과 공동노력으로 해결을 시도하는 협력적인 놀이로 전환되면서 교사의 개입을 거의 배제하는 등 유아 주도적인 놀이로 발전된다.

3~5세 유아의 실내 · 외 자유선택놀이지도는 제Ⅲ부 제2장과 제Ⅴ부 제6장 0~2세 영아의 실내 · 외 자유선택놀이지도에서 밝힌 내용을 기초로 하여 ① 단계별 · 연령별 자유선택놀이지도, ② 자유선택놀이 활동 시 교사의 개입과 상호작용에 국한하여 기술하기로 한다.

1. 단계별 · 연령별 자유선택놀이지도

자유선택활동은 일반학습활동의 전개과정과 같이 도입, 전개, 종결의 3단계를 밟아 이루어진다. 그러나 모든 유아학습활동에서 불가피하게 교사의 주도성이 개입되지만 자유선택활동에서는 교사의 개입을 배제하고 유아의 주도적인 학습활동으로 이끌어져야 한다.

단계별 · 연령별 자유선택활동 전개 모형을 제시하면 〈표 Ⅵ-14〉와 같다.

〈표 VI-14〉 자유선택활동 지도모형

단계	활동의 주안점	활동방법	연령별 지도주안점
1. 계획 단계	1) 주제가 노리는 학습목표를 유아들이 자유선택놀이활동을 통하여 구현될 수 있는 계획을 수립하도록 한다. 2) 유아들의 흥미와 요구를 중시한 개별협동놀이를 선택하도록 유도한다.	(1) 유아 자유선택놀이계획 세우기 안내지도 (1) 주제학습활동 전개 (2) 자유선택활동 소개 (3) 자유선택활동방법 알아보기 (4) 자유선택활동규칙 알아보기 (5) 자유선택활동과제 및 대상 선정 (6) 자유선택놀이계획 확정	3세 유아는 개별놀이, 4~5세 유아는 협동놀이로 발전하도록 지도
2. 전개 단계	1) 유아들이 주도적으로 놀이를 하도록 유도한다. 2) 교사는 가급적 유아 놀이지도에서 최대한 소극적으로 개입한다. 3) 유아 스스로가 긍정적인 인식과 자신감을 갖게 한다. 4) 통합적 활동으로 다양한 목표를 구현한다.	(1) 유아 중심의 주도적 자유선택놀이 전개 ① 유아 개인 혹은 소집단별 놀이과제 확인 ㄱ. 구두로 확인하기 ㄴ. 놀이계획 및 평가표 활용하기 ② 놀이방법, 놀이규칙 확인하기 ③ 유아 주도적으로 자유선택놀이 전개 ㄱ. 유아, 교사, 교구와의 원활한 상호작용 유도 ㄴ. 흥미, 즐거움이 지속되는 유아활동 지속 ㄷ. 인지, 정서 등 다양한 측면이 강조되는 통합활동 전개 2) 유아 주도적 자유선택활동을 돕는 교사의 역할 수행 ① 상호작용자 ② 지지자, 격려자 ③ 분쟁조정자 ④ 교구공급자 ⑤ 안전관리자 ⑥ 놀이확장유도자 ⑦ 과정평가자	3세는 구두확인, 4~5세부터는 놀이계획 및 평가표 활용
3. 정리 정돈 단계	1) 정리정돈하는 기본생활습관을 정착시킨다.	(1) 정리정돈하기 ① 사용한 교재·교구를 제자리에 갖다 놓기 ② 파손·훼손된 부분이 없나 확인하기 ③ 결과물을 전시 또는 보관하기	3세 유아는 교사와 협력하여 정리하고 4~5세 유아는 스스로 정리하기
4. 평가 하기	1) 당초 놀이계획에 대한 전체적인 평가를 실시하여 다음 활동에 적극적으로 활용한다.(유아)	(1) 평가내용 및 방법 ① 평가내용 ㄱ. 과제목표에 대한 도달상황 ㄴ. 과제해결과정의 적절성 ㄷ. 규칙의 준수상황 ㄹ. 소집단 동료들 간의 협력상황 ㅁ. 미완성과제 처리 및 정리정돈상황	3세 유아는 구두로 발표하도록 하고 4~5세 유아는 구두로 발표하기는 물론 자유선택활동계획 및 평가표 활용하기

		② 평가방법 ㄱ. 자유선택활동계획 및 평가표 활용하기 ㄴ. 소감록 쓰기 ㄷ. 작품에 대하여 느낌 말하기 ㄹ. 이야기 나누기(대집단활동) (2) 평가내용 및 방법 ① 평가내용 ㄱ. 주제활동목표의 도달도 ㄴ. 유아활동계획 수립과정의 타당도 ㄷ. 유아활동에 대한 교사역할의 합리성 ② 평가방법 ㄱ. 관찰, 평정표, 유아평가표 등	

위 4단계에 걸쳐 활동방법과 요령에 대하여 주요한 내용만 기술하기로 한다.

1) 계획단계

교사가 교육활동계획을 세워서 학습활동을 이끌어 나가면 유아들은 교사가 유도하는 방향으로 유아학습활동에 참여하기 마련이다. 물론 유아학습활동이 진행되는 과정에서 교사들은 어떻게 하면 유아들의 주도적인 학습활동으로 진행되도록 할 것인가에 대하여 부단히 관심을 가지고 학습활동을 이끌어 간다. 그러나 자유선택활동은 교사의 지도나 개입이 없이 유아들이 주도적으로 이끌어 가야 하는 개별 또는 협동학습으로 이를 위해서는 유아들이 학습목표, 학습내용, 학습방법을 완전히 이해해야 유아들이 교사의 지도나 개입이 없이 주체적이며 주도적으로 자유선택활동을 이끌어 갈 수 있으므로 학습계획이 치밀하게 세워져야 하는데 이에 대한 교사 전략은 다음과 같다.

(1) 주제학습활동 전개

유아들의 자유선택활동계획을 세우는 방법은 다양하지만 교사가 대집단학습 형태로 이끄는 주제학습활동을 통하여 계획을 세우는 방법이 일반적이다.

예를 들면, '우리들이 사는 마을'에 대하여 학습을 한다면 교사는 우선 이야기 나누기를 통하여 우리 마을에 있는 관공서, 집 모양, 도로, 고적 등에 대하여 유아들의 생활경험을 떠올리면서 '우리들이 사는 마을'에 대하여 보다 구체적인 이해를 돕기 위하여 자유선택활동으로 이어지도록 유도한다. 교사가 본시 학습활동 주제와 관련하여 예상한 자유선택학습활동 내용은 다음과 같다.

① 마을의 중요 도로 그려보기
② 마을에 있는 관공서(우체국, 동사무소)의 위치 그려보기
③ 우체국과 동사무소에서 하는 일 알아보기
④ 집 모양 만들어 보기 등이다.

(2) 자유선택활동 소개

교사는 대집단 학습형태로 이루어지는 주제학습과정에서 다양한 자유선택활동을 할 수 있음을 이해시키고 하나 하나의 자유선택활동을 다음과 같은 요령으로 소개한다.

① 교사는 유아들의 흥미를 유발할 수 있도록 소개한다.
② 활동명은 행동적이며 구체적인 용어로 진술되어 유아들이 즉시 활동의 방향을 알 수 있도록 진술한다.
예 : 우리 마을의 주요 도로를 그림으로 그려봐요.
③ 너무 구체적으로 소개하여 시간이 많이 소요되거나 유아들에게 활동과정에서 탐색이나 사고 기회를 차단시키어 흥미를 잃지 않게 해야 한다.
④ 소개되는 활동은 어느 영역에서 이루어져야 하는지 유아들이 찾아내도록 한다.

(3) 자유선택활동방법 알아보기

자유선택활동의 소개에 이어서 어떤 방법으로 활동해야 되는지에 대하여 유아들과 다음과 같이 협의하여 활동방법 알아보기가 자연스럽게 이루어져야 한다.

① 자유선택활동을 하는 데 필요한 교구는 무엇인가? 교사가 준비한 교구 중에서 찾아보게 한다.
② 제시된 교구를 가지고 어떻게 활동하는지에 대하여 이야기한다.
③ 유아들이 다양한 활동방법을 이야기하도록 하고 제시된 방법의 타당성을 검토한다.
④ 교사가 사전에 계획한 방법으로 유아들의 의견이 종합되도록 유도해야 한다. 그러나 유아들의 다양한 활동방법을 발표시키는 기회는 반드시 주어야 한다.
⑤ 활동과정에서 강압적인 방법보다는 민주적인 방법으로 유도하고 지나치게 교사 위주로 방법을 제시하여 유아들의 활동에서 몰입과 참여를 방해하지 않는다.
⑥ 유아가 제시한 놀이방법 중 위험한 방법은 반드시 위험성을 알도록 하고 안전한 방법으로 진행하도록 한다.

(4) 규칙 정하기

자유선택활동에서 유아들이 개별놀이활동을 하든, 협동놀이활동을 하든 간에 규칙이 있

어 그 규칙을 지킴으로써 준법정신을 배양하는 기회가 된다. 특히, 유아기에는 규칙을 실생활 장면에서 실천 중심의 준법지도가 더욱 효과적인 것으로 자유선택놀이과정에서 규칙을 지키는 습관을 배양한다는 것은 의미 있는 일이다.

① 규칙을 지키는 방법, 어겼을 때의 조치에 대하여 유아들 스스로 토의하도록 한다.
② 규칙은 학기 초에 철저히 훈련시키어 1년 동안 부단히 습관화되도록 한다.
③ 규칙은 개별놀이, 협동놀이 그리고 흥미영역별로 구체적으로 정하도록 한다.

(5) 자유선택활동과제 및 대상 선정

앞의 과정을 통하여 교사가 제시한 주제에 따른 자유선택활동 과제, 활동방법, 활동교구, 활동규칙이 정해지면 유아들로 하여금 자유선택활동과제를 개별 또는 협동으로 구분하여 선택하도록 한다.

(6) 자유선택놀이계획 확정

이상의 과정을 거쳐 유아들은 자유선택놀이계획을 종합적으로 수립한다. 따라서 어떤 영역에서 어떤 교구를 가지고 어떤 놀이를 하며 어떤 규칙을 준수해야 하는지 이해하고 협동놀이의 경우, 누구와 같이 놀이를 한다는 계획이 수립된다. 계획확정과정에서 고려할 점은

① 놀이계획에는 놀이진행에 필요한 사전 정보입수를 위한 계획도 포함시킨다.
② 학기 초에는 복잡한 놀이활동을 제공하기보다 유아들이 즐겁고 재미있게 활동이 이루어지도록 계획한다.
③ 활동은 하루에 끝나는 것보다는 2~3일 혹은 1주일 정도 지속적으로 실시하는 계획도 포함시킨다.
④ 개별활동은 하루에 2~3가지 활동을 계획할 수도 있다.

2) 전개단계

전개단계는 유아들의 계획단계에서 수립한 자유선택놀이계획에 의거 실제 활동으로 진행하는 단계로서 자유선택놀이의 4단계 중에서 가장 본질적이며 핵심적인 활동단계이다.

자유선택놀이는 유아들이 수립한 놀이계획에 의거 그들이 교사의 지도나 개입이 없이 주체적이며 주도적으로 이끌어 가게 하는 일이 가장 중요하다.

그러나 유아들의 흥미와 요구에 따라 활동이 전개되는 주도성을 전폭적으로 부여함으로써 노는 시간으로 전락할 우려가 있다. 따라서 교사가 유아들의 주도적인 자유선택활동에 어느 정도 개입할 것인가가 중요한 일이다. 전개단계에서 유아와 교사가 고려할 점은 다음

과 같다.

(1) 유아활동

자유선택활동은 유아들이 자유선택놀이계획 및 평가표를 작성하고 해당 놀이영역에서 놀이활동에 참여하면서부터 시작된다. 따라서 유아들 자신이 다음과 같은 생각과 다짐을 가지고 놀이에 임하도록 훈련되어야 한다.

① 놀이계획에 대하여 다시 한번 생각해 본다.
　가. 놀이의 목적은 무엇인가?
　나. 놀이하는 데 필요한 교구는 무엇이고 어떻게 사용할 것인가?
　다. 놀이방법과 순서는 어떠한가?
　라. 놀이 중 지켜야 할 규칙은 무엇인가?
② 놀이에 참여하면서 나의 생각과 의견을 서슴없이 이야기하고 동료 유아들의 생각이나 의견도 존중한다.
③ 동료 유아들과의 좋은 관계를 유지하고 즐겁고 자율적이며 자신감을 가지고 활동에 임한다.
④ 타 영역활동을 방해하지 않고 활동과정에서 교사에게 가급적 지도를 받지 않는다.
⑤ 항상 새롭고 지금까지 해오던 방법이 아닌 다른 방법은 없는가 궁리하도록 한다.

(2) 교사활동

자유선택활동시간에 교사는 유아들로 하여금 흥미와 즐거운 마음을 가지고 유아들이 주도적으로 자유선택활동을 이끌어 가도록 최소한도의 개입으로 지지·격려하는 자세로 임하며 이때 고려할 점은 다음과 같다.

① 학습목표 구현

자유선택놀이활동이 유아들의 흥미와 요구를 존중하면서 유아 주도적으로 진행되므로 자칫 잘못하면 무조건 놀리는 학습으로 오인하기 쉽다. 일반적으로 유아교육활동에서 교사는 주제가 노리는 학습목표 구현에 초점을 맞추어 학습을 진행하기 때문에 별문제가 없으나 자유선택활동에서는 유아 주도적으로 이끌어 가는 학습으로 놀이 자체에 치중함으로써 학습목표 구현에 소홀할 우려가 있다. 따라서 유아들이 교사의 의도적인 개입이 없어도 주제가 노리는 학습목표를 어떻게 구현시킬 것인가에 관심을 가지고 자유선택활동을 진행시켜야 한다.

② 놀이계획에 대한 충분한 이해

어떤 교사는 놀이학습을 유아들에게 전적으로 맡기고 교사는 다른 업무처리에 전념하는 경우가 더러 있다. 자유선택놀이는 주제학습의 일환으로 주제목표를 구현시키기 위한 학습 활동이므로 유아놀이계획에 대하여 철저하게 이해하고 현재 진행되고 있는 유아놀이활동이 어떤 상황인가? 학습목표 구현에 직결시켜 진행되고 있는가?에 대하여 부단히 관찰하여 유아들과 적절한 상호작용과 개입으로 유아놀이활동의 올바른 진행자가 되어야 한다.

③ 놀이참여 기피 유아에 대한 지도

교사는 자유선택놀이과정을 관찰하여 놀이에 참여하지 못하는 유아에 대한 원인을 파악하여 다음과 같은 요령으로 또래놀이에 참여하도록 개입해야 한다.

1단계 혼자 지내기(또래의 놀이 쳐다보기, 혼자 놀이하기, 교사 따라다니기)

2단계 또래에게 관심 보이기(또래의 놀이영역 배회하기, 또래의 놀이를 따라하기)

3단계 또래에게 다가가기(특정 또래와 친숙해지기, 친숙한 또래와 어울리기, 또래에게 다가가기, 또래의 제안 받아들이기)

4단계 한두 명의 또래와 놀이하기(놀이에 수동적으로 따라가기, 놀이에서 의견 제시하기)

5단계 또래놀이집단에서 놀이하기(놀이집단에 참여하기, 친구들의 놀이 도와주기, 놀이를 제안하며 주도적으로 놀이하기)의 순차적인 과정을 밟아 지도한다(이원영 · 손은애, 2006).

④ 놀이내용의 순차성

놀이내용의 순차성이란, 시기에 따라서 유아들에게 제시하는 놀이내용을 다르게 계획한다는 말이다. 물론 그렇게 되기 위해서는 활동주제 선정 시부터 고려되어야 한다.

예를 들면, 학기 초에는 '다정한 친구'라는 활동주제를 선정하여 복잡한 활동을 제공하기보다 유아들이 즐겁고 재미있게 참여할 수 있는 내용으로 선정한다. 예를 들면, 놀이내용으로 유아들 간에 서로 이름이나 특징을 익히지 못했기 때문에 친구의 이름을 활용한 놀이나 사는 곳 등 유아들의 개별적인 특성을 반영한 놀이활동을 단순화시켜 제공함으로써 친밀감과 상호적 관계를 돕는다.

⑤ 놀이의 반복성

유아들은 새로 접하는 자유선택놀이에 대한 호기심도 있지만 지금까지 이루어진 자유선택놀이에 대한 관심이 더 많은 경우가 있다.

따라서 교사는 주간계획에 의한 새로운 놀이활동으로 진행시키려 하나 유아들이 이를 거부할 때 유아들의 요구를 수용해 주어야 한다. 자유선택놀이활동은 하루에 끝나는 것보다 2~3일 혹은 1일 정도 실시하는 것이 좋다.

⑥ 도전과 안전

교사는 자유선택놀이에 대한 활동목표, 활동내용, 활동교구를 선정할 때부터 이미 활동방법과 활동결과가 예상되어 있다.

예를 들면, 블록을 이용하여 다리를 구성하고 터널을 구성하는 활동을 기대하고 유아들에게 활동목표와 활동내용, 활동방법이 안내되었지만 유아들은 이에 만족하지 않고 아주 높은 아파트를 구성하기를 원한다. 뿐만 아니라 유아들은 수중의 가옥을 생각하여 연못 속에 블록을 쌓아 집을 짓는다. 이러한 유아들의 무한한 도전을 유아의 안전 때문에 차단시키는 경우를 들 수 있다. 이러한 도전과 안전 중에서 어떠한 판단을 내려야 하느냐?는 교사가 신중을 기해야 할 과제이다. 유아의 도전에 대하여 안전에 대한 지나친 우려는 유아들의 창의적 사고를 제약하는 결과가 된다.

⑦ 기본생활습관 형성의 산 교육장

자유선택놀이 시 유아들이 규칙을 지키도록 해야 함은 물론, 자유선택놀이 중에는 서로 협력하고 협동하고 예절을 지키고 질서를 지키며 양보하고 봉사하고 남을 배려하는 행동을 실천할 수 있는 산 교육장이다. 따라서 교사는 이러한 기본생활습관의 이행상황을 부단히 관찰하며 적절한 시기에 개입하여 지도해야 한다.

⑧ 분쟁 갈등에 대한 적절한 개입

자유선택놀이는 계획단계에서 놀이내용, 방법, 교구, 규칙 등을 유아들이 상호협의과정을 통하여 결정한 후 또한 놀이진행과정에서 이들 계획들이 수정 · 보완해야 할 내용이 발생하기 마련이다. 그중 규칙을 지키는 일은 유아들의 입장에서 보면 당장의 욕구를 유보하고 자기 통제를 해야 하는 등 힘든 일로서 당초 계획처럼 잘 지켜지지 않아 분쟁으로 이어지는 일이 빈번하다. 이때 교사는 심판이나 판단해 주는 사람이 아니고 유아 상호 간에 합의와 조정에 의해 그들 스스로 해결하도록 안내하는 수준의 개입에 한정지어야 한다.

⑨ 적절한 상호작용, 개입

자유선택활동이 효율적으로 진행되게 하기 위해서는 유아와 유아 간의 상호작용, 유아와 교구와의 상호작용, 유아와 교사와의 상호작용이 적절히 이루어져야 한다. 또한, 유아교육기관에서 이루어지는 모든 유아교육활동이 유아 중심 교육으로 전개되어야 한다고 하나 실제 운영 면에서 교사 주도성을 완전히 배제하기란 불가능한 일이다. 자유선택활동은 유아 주도성으로 이끌어 가는 학습으로 과연 교사 개입이 전혀 없이 이루어질 수 있을까?에 관한 문제이다. 그러나 전혀 개입하지 않는다는 것은 불가능한 일로서 유아들의 적절한 상호작용을 유도하고 학습활동과정에서 적절한 개입은 자유선택활동의 질을 가늠한다.

3) 정리정돈단계

우리의 일상생활에서 모든 일에는 끝 부분이 있고 이 끝 부분을 잘 마무리해야 하는 일이 있듯이 자유선택놀이활동에서도 활동 종료 후에는, 특히 유아들이 사용했던 교재 · 교구를 제자리에 정리정돈하는 기본생활습관을 정착시키는 일이 중요한 일이다.

유아들이 하루에 한 가지 자유선택활동하는 경우, 끝마무리로서 교구를 정리 · 정돈해야 하지만 하루에 2~3개의 자유선택활동을 하는 경우에도 다른 영역으로 옮기기 전에는 반드시 교구를 정리해 주고 이동하여야 한다.

교사는 유아들이 교구의 정리정돈을 쉽게 할 수 있도록 바구니나 쟁반 등을 이용할 수도 있고 교구를 담을 그릇에는 그림, 사진, 명칭 등을 표시해 둠으로써 정리정돈을 쉽게 할 수 있도록 돕는다. 정리정돈은 단순히 활동이나 작업의 뒤처리가 아니라 책임, 일처리 후의 보람, 마무리하는 습관 등 좋은 인성을 기르는 학습의 장으로 활용되어야 한다.

4) 평가단계

마지막으로 자유선택활동 평가를 하면서 자유선택놀이활동을 마무리한다. 평가에는 유아의 놀이 평가와 교사의 놀이 평가로 나누어 생각할 수 있다.

(1) 유아의 놀이 평가

유아의 놀이 평가는 자유선택활동이 끝난 후 개별적, 소집단 혹은 대집단으로 모여 놀이의 성과를 확인하고 문제점을 찾아 다음 놀이계획 수립에 활용한다.

일반적으로 유아놀이 평가는 정리정돈이 끝난 다음 대집단으로 한자리에 모여 놀이 평가 시간을 갖는다. 유아들은 자신의 활동모습을 회상하며 활동모습에 대하여 이야기하고 느낌을 말한다. 자신이 제작한 작품을 동료 유아들에게 보여 주고 놀이시간에 일어난 일이나 느낌을 말하도록 한다. 평가 시 고려할 사항은 다음과 같다.

① 유아들이 적극적으로 참여하도록 한다

유아들은 자유선택놀이활동에는 적극적이지만 마무리 단계인 정리정돈이나 평가시간에는 소극적인 자세를 보인다.

그러나 유아 평가는 자유선택놀이과정을 다시 한번 떠올려 당시의 활동상을 회상시킴으로써 당시의 즐거움을 또 다시 느끼게 되어 즐거운 시간이 될 수 있다.

놀이 평가에서 작품에 대한 느낌은 물론, 놀이과정에서 잘한 점, 부족한 점을 찾아 다음 놀이과정에 반영시켜야 한다.

② 평가과정에서 다양한 방법을 활용한다

자유선택활동이 끝나면 평가는 일정한 장소에 대집단으로 모여 이루어지기 때문에 유아들이 제작한 작품 외에 당시의 정황을 떠올릴만한 단서가 없다.

따라서 교사는 유아들의 놀이과정에서 중요한 부분을 사진이나 동영상으로 남기어 유아들에게 회상의 단서를 제공함으로써 풍부한 평가활동이 이루어질 수 있다.

③ 평가과정에서 활동목표의 구현이 어떻게 이루어졌는가?에 대하여 유아들을 통하여 확인 평가한다

자유선택놀이는 학습목표를 구현하기 위한 수단이고 방법이다. 따라서 이번에 전개한 자유선택놀이를 통하여 주제가 노리는 목표에 어느 정도 도달되었는가?를 평가한다.

④ 평가과정에서 기본생활습관 형성과 관련된 내용도 병행하여 평가한다

자유선택놀이과정에서도 그들이 정한 규칙을 잘 이행했는지, 그리고 놀이과정에서 자연스럽게 이루어지는 예절, 봉사, 협동, 질서 등에 걸쳐 꼭 지켜야 할 기본생활 덕목들이 있는바 이런 덕목들이 어떻게 지켜졌는가 하는 관점에서 유아 자신들의 생활모습을 되돌아 보아야 한다. 예를 들면, '정리정돈을 잘하는 영희', '교구 사용의 차례를 기다리는 철수'의 사진이나 동영상을 보여줌으로써 기본생활습관 형성의 모습을 평가할 수도 있다.

⑤ 평가는 부정적인 평가보다는 긍정적인 평가에 주력한다

유아들이 잘못한 점이나 아쉬운 점을 찾기보다 잘한 점, 즐거웠던 점을 살펴본다.

⑥ 놀이계획 및 평가표를 누가적으로 기록하여 활용한다

놀이계획 및 평가표에 자신이 하고 싶은 놀이를 계획란에 ○ 표시하고 평가란에는 놀이를 하고난 후 자신의 감정에 일치된 표정에 ○ 표시한다.

(2) 교사의 놀이 평가

교사의 놀이 평가는 결국은 유아의 놀이 평가를 통하여 이루어진다.

즉, 교사가 당초에 기대했던 학습목표를 도달했는가, 그리고 학습목표 도달을 위한 놀이계획이 적절하고 유아들의 놀이활동과정이 합리적이었는가? 유아들의 놀이가 효율적으로 이루어질 수 있도록 흥미영역의 구성이나 제시된 교구는 적절했는가 등 유아들의 성취수준과 놀이계획에서부터 놀이과정 전반에 걸쳐 평가하여 평가결과를 다음 이루어지는 자유선택활동계획 수립에 참고하여야 한다.

2. 교사의 놀이개입 전략

제Ⅵ부 제6장 자유선택놀이에서의 교사의 개입에서 이에 관련된 이론을 기술하였고 또한 자유선택놀이에서 '교사의 놀이개입 전략'에 대하여 〈표 Ⅵ-15〉와 같이 제시한 바 있는데, 그중 몇 가지 개입 전략에 국한해서 자세히 설명하기로 한다.

〈표 Ⅵ-15〉 교사의 놀이개입 전략

단계별	개입 전략	개입수준	
		영아	유아
1. 준비단계	1) 계획·조력자	○	○
2. 전개단계	1) 동기 유발자	○	○
	2) 관찰자	○	○
	3) 상호작용자	△	○
	4) 분쟁해결자	△	○
	5) 칭찬·격려자	○	○
	6) 공동 놀이자	○	△
	7) 안전관리자	○	○
	8) 자료 제공자	△	○
	9) 감독/교수자	○	△
	10) 확장·지원자	△	○
3. 종결단계	1) 평가자	△	○

위 교사의 개입 전략 중 확장·지원자, 지지·칭찬·격려자로서의 개입요령에 대하여 구체적으로 설명하기로 한다.

1) 확장·지원자

확장·지원자란 확장과 지원의 합성어로 확장이란 '범위, 규모, 세력 따위를 늘려서 넓힘'(국어사전) 그리고 지원이란 '지지하여 도움'(국어사전)으로 유아들 자신이 주도적으로 수집한 놀이계획에 의거 그들의 형식과 방식에 따라 유아 중심의 개방적인 놀이가 성공적으로 전개되는 놀이과정을 관찰하면서 교사의 비지시적인 제안이나 질문으로 유아의 놀이를 발전적으로 확장할 수 있도록 개입하는 교수 전략이다.

(1) 교사의 개입상황

확장 · 지원자로서 유아놀이과정에서 교사가 개입하는 상황은 유아들이 자신들의 놀이계획대로 활발하게 놀이가 이루어지는 과정에서 다음과 같은 상황에 도달했을 때 개입한다.

① 현재 진행 중인 유아놀이를 보다 발전적이며 심화 · 확장시켜 유아들로 하여금 보다 흥미롭고 즐거운 놀이로 발전시킬 필요가 있을 때 교사는 개입한다.

예 • 상황 : 가을철에 현장학습을 나가서 주워온 여러 가지 낙엽을 관찰하면서 모양을 그림으로 그리고 그 모양과 색깔을 다른 물건과 비교하여 말해 본다.
• 교사의 개입 : 비슷한 모양의 낙엽들끼리 분류하고, 종이에 풀로 붙여 '작은 낙엽 모음 책'으로 편집한다.

② 유아의 놀이과정에서 순간적으로 문제가 발생하여 다음 단계로 진행되지 않을 때 유아들의 동의를 얻어 문제를 해결하는 데 개입한다.

예 • 상황 : 가을동산에서 주워온 낙엽을 종이에 붙여 '작은 낙엽 모음책'을 만들고 있다. 그런데 낙엽에 풀을 묻혀 종이에 붙이는데 자꾸 떨어진다.
• 교사의 개입 : 붙이려는 대상 물질이나 재료에 따라 붙이는 접착제가 다르다. 종이에 낙엽을 붙일 때 풀보다 더 강력한 접착제로 붙이도록 한다.

③ 유아들이 진행시키고 있는 놀이과정에서 교사의 의중에 인식하고 있는 학습목표를 구현시킬 수 있는 절호의 기회에 교사가 개입한다.

예 • 상황 : 유아들이 현장학습을 통하여 가을동산에서 주워온 여러 가지 나뭇잎을 모아 비슷한 모양끼리 분류하기, 나뭇잎을 그려보기, 나뭇잎을 종이에 붙여 '작은 낙엽 모음책' 만들기 놀이를 순서대로 진행시키고 놀이를 종료하려 한다.
• 교사의 개입 : 교사는 이때 개입하여 여름철에는 모든 나뭇잎이 푸른데 가을에는 모든 나뭇잎이 왜 노랗게 변하였을까?의 문제제기로 단풍이 드는 이유를 유아들 간의 토론으로 이어 가을에 단풍이 드는 이유를 알게 한다.

④ 평소에 교사와 상호작용이 적은 특정 유아의 놀이과정에 개입하여 교사와 유아 간에 라포르가 형성되도록 상호작용을 갖게 한다.

예 • 상황 : 평소에 말이 없고 친구들과도 잘 어울리지 않는 영수가 퍼즐 맞추기 놀이를 열심히 하고 있다.
• 교사의 개입 : 영수가 재미있게 퍼즐놀이를 하고 있네. 또 다른 모양으로 맞출 수 있을까? 하고 격려하면서 다른 놀이활동으로 유도한다.

⑤ 유아가 흥미롭게 놀이를 하면서 옆에 지켜보던 선생님에게 같이 놀이를 하자고 제의할 때 기꺼이 개입한다.

예 • 상황 : 영수가 '색 모양 맞추기' 놀이를 열심히 하고 있을 때 교사가 영수는 색 모양 맞추기 놀이를 열심히 하고 있구나, 재미있겠구나 하니 선생님 같이 해요 하고 영수가 교사를 자신의 놀이에 초대한다.

• 교사의 개입 : 이때 교사는 참여하되 '이것으로 ~하면 ~되겠구나', '하려면 어떻게 해야 할까?' 등과 같이 질문이나 단서를 제공하여 유아의 놀이를 심화 · 확장시킨다.

(2) 교사의 놀이개입상 고려할 점

교사가 확장 · 지원자로서 교사의 놀이상황에 개입하여 보다 발전적이고 심화 · 확장시켜 본시 주제활동이 노리는 학습목표를 구현시키는 즐거운 놀이가 되게 하기 위해서 교사가 특히 유의할 점은 다음과 같다.

① 진행 중인 유아의 놀이활동에 교사가 개입하는 경우, 놀이의 방향은 유아가 주도하며 교사는 이에 따른다. 다만 유아가 요구하는 사항이나 행동에 대하여 교사가 반응하지만 교사는 유아에게 언어적 자극을 통해 유아의 놀이를 확장시키도록 암시만 해준다.

② 교사는 특정한 정보나 자료를 제공하여 논리적 사고를 격려하고 유아의 놀이를 보다 성숙시켜 유아의 발달과 학습을 극대화시킬 수 있다.

③ 교사는 유아의 놀이를 관찰할 때는 가장 가까운 거리에서 적극적으로 관찰하며 유아의 놀이에 방해가 될 만한 언동이나 활동을 하지 않는다.

④ 교사는 주제가 노리는 목표를 유아놀이를 통해 구현시키기 위해 관련 활동을 너무 직설적으로 주입하지 않는다.

⑤ '이렇게 해라'가 아니라 '이런 방법으로 해보면 어떻게 될까?'라는 형식으로 유아놀이에 대한 지시적 개입은 절대 지양한다.

⑥ 유아놀이를 확장하고 지지해 주기 위해서는 유아의 놀이과정을 가장 가까운 거리에서 유아들과 밀착 관찰하여 유아들의 놀이를 심화 · 확장하거나 교사가 의도한 학습목표 구현에 직결시키기 위해 적절한 정보와 자료를 수시로 제공해준다.

⑦ 유아의 제의에 따라 공동놀이자로 참여할 때는 유아가 모든 놀이를 주도해 나가고 교사는 소극적인 참여자로서 새로운 방향을 시사해 줌으로써 지금까지 유아의 흥미를 경감시키는 일이 없도록 하여야 한다.

⑧ 교사개입은 유아놀이의 방향을 전환시키기 위함이 아니고 현재 진행되는 방향에서 보다 놀이를 활성화시키고 풍부화시키는 데 의의가 있다.

⑨ 교사는 유아의 놀이경험을 심화 · 확충시키기 위해 개입시기, 개입방법, 놀이시간, 놀이 공간, 놀이자료, 놀이정보를 언제 어떤 방법으로 제공할 것인가에 초점을 두어야

하므로 유아놀이과정에 밀착되어 정확한 관찰을 해야 한다.

⑩ 교사의 유아놀이에 대한 개입은 활동주제 목표구현에 초점을 두되 이것을 지나치게 강조하지 말고 또한 전 놀이과정에서 규칙 지키기, 예절, 준법 등 기본생활습관지도에 주력해야 한다.

⑪ 논리적 사고를 자극하는 확산적 발문을 해야 한다.

ㄱ. 유아들의 다양한 사고, 탐구적이며 창의적인 사고를 격려할 수 있고

ㄴ. 하나의 답이 아닌 여러 개의 답이 나올 수 있어 교사와 유아 간의 상호작용이 활발해지며

ㄷ. 교사와 유아들 간에 질문과 대답과정에서 다양한 유형의 사고력을 증진시킬 수 있는 확산적 발문이어야 한다.

2) 칭찬 · 격려자

(1) 개념

칭찬은 '어떤 행동을 잘한다고 추어주거나 좋은 점을 들어 기리는 것'을 말하고, 격려란 '용기나 의욕을 북돋우어 힘을 내게 하는 것'을 말하고 칭찬이나 격려는 내적 동기를 강화시켜 주고 기쁨, 흥미, 욕구, 명랑함 등의 긍정적인 정서의 기초를 다지는 효과적인 방법이다.

(2) 칭찬 · 격려의 방법

① 칭찬

칭찬은 교사의 정적 강화의 방법으로서 가장 빈도가 높은 강화자극의 하나이다. 칭찬하는 방법이 훌륭한 교사는 교수-학습활동에 임하는 영유아의 행동을 하나하나 면밀히 관찰하며, '무엇을 칭찬할 것인가?, 어떻게 칭찬할 것인가?'를 늘 검토하면서, 칭찬을 통한 행동수정에 주력해야 한다. 교사가 칭찬을 할 경우 유의할 점과 실례를 들어보면 다음과 같다.

ㄱ. 칭찬할 이유가 분명히 있을 때 칭찬한다.

예 '○○가 혼자서 응가를 참 잘했어요, 우리 다 함께 '칭찬' 노래 부르자~.'

ㄴ. 칭찬하는 특별한 이유를 영유아에게 밝힌다.

예 '친구를 잘 도와주었어요, 친구들 모두 손뼉~.'

ㄷ. 칭찬을 받을 만한 성취를 나타냈을 때 칭찬한다.

예 '우와! 그림을 잘 그렸네!'

ㄹ. 힘든 과제를 성공적으로 수행했을 때 칭찬한다.

예 '우리 반이 ○○을 아주 잘했어요, 서로 손뼉 쳐주자! 짝짝짝!'

ㅁ. 타인과의 비교가 아닌, 자신이 이전보다 더욱 향상되었기 때문에 칭찬받는 것임을 알게 한다.

예 '○○이가 오늘은 안녕! 하고 인사 잘하네!' 안아준다.

ㅂ. 그의 노력과 능력 때문에 성취되었다는 것을 칭찬한다.

예 '좋은 방법이에요.'

ㅅ. 영유아가 하고 있는 일이 다 끝난 다음에, 그 일의 수행기술, 태도가 훌륭했음을 칭찬한다.

예 '와! 탑 쌓기를 똑바르게 높게, 쌓았네, 만세!'

ㅇ. 자기 일을 잘하는 유아에게 '할 수 있다는 기쁨'을 갖게 칭찬한다.

ㅈ. 여러 가지 긍정적인 비언어적 메시지(미소, 눈맞춤, 안아주기, 상표주기, 칭찬리본, 헹가래, 칭찬노래)를 사용하여 칭찬한다.

ㅊ. 칭찬은 긍정적인 말투(유쾌한, 상냥한, 즐거운, 사랑스런, 지지하는 말투)로 칭찬한다.

ㅋ. '무엇을', '어떻게' 칭찬할까? 의도적인 칭찬계획을 가지고 칭찬한다.

② 격려

격려는 영유아에게 기쁘게 해주기보다는 주도성, 자신감 그리고 자신의 결과물을 객관적으로 보는 능력을 발달시킨다. 교사의 격려방법은

ㄱ. 영유아가 자신의 생각을 말할 때 주의 깊게 들어주고 이야기하도록 격려한다.

ㄴ. 영유아에게 스스로 계획할 기회를 제공하고 자유롭게 표현하는 것을 격려한다.

ㄷ. 영유아와 지지적인 상호관계를 형성하고 또래관계를 격려한다.

ㄹ. 영유아가 또래 간의 문제를 스스로 해결할 수 있도록 격려한다.

ㅁ. 영유아가 보인 행동에 대한 구체적인 의견을 제시해 준다.

ㅂ. 영유아의 계획과 생각에 관해 정보를 이끌어 내기 위한 질문을 한다.

ㅅ. 영유아의 아이디어를 반복하고 행동을 모방한다.

ㅇ. 영유아의 아이디어를 기록하거나 녹음한다.

ㅈ. 영유아의 최근의 말과 행동에서 다른 사건이나 정보의 연관성을 찾아낸다.

ㅊ. 긍정적인 말투(배려하는 말투, 지지하는 말투)로 긍정적인 메시지를 사용, 격려한다.

ㅋ. 여러 가지 긍정적인 비언어적 메시지(미소, 눈맞춤, 안아주기, 팔 벌림, 고개 끄덕임, 터치, 다가섬 등)를 통해 격려한다.

ㅌ. 영유아의 아이디어나 결과물을 또래나 가족과 함께 보면서 사건을 촬영하여 자긍심을 높여준다.

3. 자유선택놀이영역별 교사의 개입 전략

3~5세 유아를 위한 자유선택놀이영역의 설치요령에 대해서는 제Ⅳ부, 제2장에서 상세히 기술하였다. 따라서 본 절에서는 기 설치된 자유선택영역별로 유아놀이가 진행되는 과정에서 교사가 어떻게 개입할 것인가?에 대하여 생각해보기로 한다.

1) 쌓기놀이영역

(1) 운영목적

① 무겁고 큰 블록을 옮기고 쌓는 과정을 통하여 대·소근육의 발달과 눈과 손의 협응력을 길러준다.

② 동료 유아들과 공동놀이가 가능하여 상호작용을 통하여 협동, 양보, 사회성발달에 효과적이다.

③ 블록을 이용한 다양한 물체를 구성해 봄으로써 균형감, 안정성 그리고 비교, 측정의 경험을 통해 예측하고 판단하는 능력을 기를 수 있다.

④ 블록을 통한 일대일 대응, 부분과 전체의 분류, 서열화 활동을 통하여 크기, 길이, 넓이의 개념을 학습할 수 있다.

⑤ 작품의 완성과정을 통하여 자신감, 성취감, 긍정적 자아개념을 길러준다.

⑥ 물리적 지식과 조작기술을 습득하고 과학적 지식과 원리를 습득시킬 수 있다.

(2) 교사개입

① 유아를 밀착 관찰하여 유아의 쌓기놀이 발달단계를 확인하여 다음 단계로 이어 진행하도록 유도한다. 일부 유아들은 자기가 혼자 잘할 수 있는 쌓기놀이만을 계속 반복함으로써 다음 단계로의 이행을 두려워하거나 기피한다. 이러한 유아들에 대해서는 유아의 발달단계에 맞는 쌓기놀이를 하도록 권유한다.

② 쌓기놀이를 싫어하거나 기피하는 경우는 할 줄을 몰라서, 실패에 대한 두려움 때문에, 소음이 싫어서, 쌓기는 남자들만이 하는 놀이라는 편견 때문에, 정리정돈할 물건이 많아서, 지금하고 있는 놀이가 좋아서 등 그 원인이 다양하다. 따라서 유아들이 싫어하거나 기피하는 원인을 정확히 파악하여 원인에 따른 교사의 개입이 있어야 한다.

③ 쌓기놀이영역에는 다양한 블록 외에, 예를 들면 모형 교통기관(자동차, 비행기, 기차, 배,

우주선 등), 각종 소품(각종 직업을 나타내는 모형 사람들, 동 · 식물들, 집, 산, 나무, 동물가면, 교통표지판 등), 기타 블록 만들기 할 때 아이디어를 제공하는 책자, 팸플릿, 역할놀이 용품 등이 다양하게 동시에 제공될 때 창의적인 쌓기놀이로 발전시킬 수 있다.

④ 협동놀이가 가능한 활동영역으로 유아들 간의 활발한 상호작용을 통하여 바람직한 교우관계, 협동, 질서, 양보, 언어능력 등을 배양할 수 있는 학습현장으로 활용한다.

⑤ 쌓기놀이영역에는 많은 교구가 활용되므로 충분한 정리정돈시간 확보, 정리정돈방법 안내가 필요하다.

2) 역할놀이영역

(1) 운영목표

① 유아들은 다양한 상황에서 다양한 역할을 수행해가면서 사회적 기술과 사회적 인식을 높인다.

② 자신이 알고 느끼는 것을 자유스럽게 표현해 봄으로써 창의력, 의사소통능력, 상상력을 배양한다.

③ 유아 자신들이 가지고 있는 긍정적 · 부정적 정서표출을 통하여 정서를 발달시키고 사회조망능력을 향상시킨다.

④ 다양한 직업에 대한 역할 수행을 통하여 사회적 직업에 대한 이해수준을 제고시킨다.

(2) 교사개입

① 다양한 역할놀이에서 등장하는 주인공들의 언어소통방법, 표정 등에 대하여 좋은 모델링이 되어준다.

② 역할놀이과정을 관찰하면서 상호작용은 적절한지, 자료의 활용상황은 적절한지, 전 유아가 적절하게 참여하는지 등을 관찰하여 적절한 시간에 개입하여 지도한다.

③ 역할놀이 주제에 대한 충분한 정보를 알고 있어야 역할놀이가 형성화될 수 있다. 이를 위하여 이야기 나누기, 현장견학, 동화 듣기, 외부인사 초빙학습 등을 통해 역할놀이에 필요한 아이디어를 얻을 수 있다.

④ 역할놀이 참여를 원하는 유아들이 많다. 역할놀이별로 소요인원수를 미리 안내한 후 역할 놀이판에 희망을 표시하여 적정 인원이 선정되도록 한다.

⑤ 역할놀이영역에서는 역할놀이에 소요되는 교재 · 교구와 소품들이 많이 소요되어 넓은 공간 확보가 필요하고 역할수행과정에서 언어표현이 활발하고 소음이 발생할 수 있으니 소꿉놀이영역과 인접하여 배치한다.

⑥ 유아들의 역할놀이 진행 중에 교사는 한곳에 지나치게 오래 머물면서 관찰하므로 타 영역에서의 유아놀이관찰을 소홀히 해서는 안 된다.

⑦ 역할놀이 영역배정 중 대부분의 유아들의 선호하는 역할을 차지하려는 과정에서 분쟁의 소지가 발생할 수도 있다. 이때에 유아들 스스로가 해결하도록 중재한다.

⑧ 역할놀이에 소요되는 교재·교구나 소품이 많이 소요되므로 정리정돈시간을 충분히 부여하고 유아 스스로 처리하는 습관을 갖도록 한다.

3) 조형놀이영역

(1) 운영목표

① 다양한 재료를 활용하여 그리기, 만들기, 꾸미기 등 예술경험활동을 통하여 창의적 표현력을 기른다.

② 한 가지 조형작품을 구상에서부터 작품제작의 전 과정을 혼자서 주도적으로 수행함으로써 집중력과 완성감, 자존감을 기른다.

③ 그리기, 가위질, 묶기, 칠하기, 만들기 등의 다양한 미술활동을 통하여 대·소근육을 발달시킨다.

④ 동료들과의 상호작용을 통하여 협동, 양보, 배려, 물자절약, 질서, 차례 지키기 등의 사회적 기술을 체득시킨다.

(2) 교사개입

① 다양한 재료를 준비하여 다양한 작품을 제작할 수 있고 다양한 작품활동을 통해 또한 다양한 창의력을 배양시켜 준다.

② 유아들의 그리기, 만들기, 꾸미기의 소재는 유아들이 과거의 즐거운 경험에서 나오므로 과거의 즐거움을 다시 맛볼 수 있게 한다.

③ 그리기, 만들기, 꾸미기에는 많은 기법이 필요하고 다양한 재료는 또한 다양한 활용방법을 필요로 한다. 그리기, 만들기, 꾸미기 기법을 지도하는 것이 조형작품의 획일화를 초래할 우려가 있으니 처음에는 그리기, 만들기, 꾸미기에 필요한 기법과 다양하게 제공한 자료의 활용방안에 대하여 지도해 주어야 한다.

④ 조형작품은 하루에 완성하지 못하는 경우가 있다. 따라서 과정물을 보관할 수 있는 공간 그리고 완성된 작품의 전시공간도 확보해 주어야 한다.

⑤ 유아들의 창의적이고 독창적인 작품활동을 격려해줌으로써 창의력 계발에 주력한다.

4) 언어영역

(1) 운영목표

① 자기의 생각이나 느낌을 바르게 표현하는 능력과 태도를 기른다(말하기).

② 다른 사람의 말과 행동에 주의를 기울여 집중하여 듣는 능력과 태도를 기른다(듣기).

③ 글자에 관심을 가지고 쓰기의 기초기능을 기른다(쓰기).

④ 글자에 관심을 가지고 간단한 동화, 동시를 읽을 수 있는 기초기능을 기른다(읽기).

⑤ 말하기, 듣기, 쓰기, 읽기의 종합적인 언어능력을 배양하여 의사소통기술을 향상시킨다(의사소통기술).

(2) 교사개입

① 기계적인 언어학습(글자 보고 쓰기, 교사 따라 읽기 등)보다 언어놀이를 통하여 유아들이 흥미롭고 자연스럽게 언어학습이 이루어지도록 한다.

② 손 인형, 인형극 틀 등을 마련해서 유아들이 다양한 상황에서 이야기를 지어보고 표현해 보는 기회를 제공한다.

③ 교사가 의도적으로 언어교육을 이끌기보다 자연스럽게 유아들이 언어학습에 관심을 가질 때 언어교육을 도입한다.

④ 듣기, 말하기, 읽기, 쓰기 영역을 균형적으로 지도하고 언어활동영역에도 4가지 영역의 자료들을 균형적으로 배치한다.

⑤ 편지 쓰고 받기를 실시하여 유아들로 하여금 언어교육의 절실성을 생활 속에서 느끼도록 한다. 처음에 글씨를 못 쓰는 경우에는 교사가 대신 써 준다.

⑥ 듣기, 말하기, 읽기, 쓰기 등 4개 언어영역을 통합적으로 학습이 이루어지도록 한다.

⑦ 녹음기는 각 버튼에 색깔(빨강, 노랑, 초록 등)로 표시해 주고 색깔로 연결하여 되돌리기, 멈추기 등을 유아가 혼자서 작동하는 등 시청각 기교재를 적극 활용한다.

5) 과학영역

(1) 운영목표

① 주변의 사물이나 자연현상에 대하여 의문과 호기심을 가지고 이를 해결하려는 의욕을 갖게 한다(탐구의욕).

② 의문과 호기심을 해결하기 위한 관찰, 비교, 측정, 예측 등 과학하는 방법을 체득시킨다(과학하는 방법).

③ 주변 사물에 대해 주의 깊게 탐색·탐구하려는 과학적인 문제해결능력을 배양한다(문제해결능력).

④ 주변 사물이나 자연현상에 대한 탐색 탐구를 통해 자연현상에 대한 과학적인 기초개념을 체득시킨다(과학적 기초개념).

(2) 교사개입

① 교사는 유아들이 흥미와 호기심을 자극할 수 있는 과학적 환경과 자료를 월 또는 주간 주제 학습과 관련하여 흥미영역에 설비해 놓아야 한다.

② 관찰, 예측, 토의, 실험, 분류, 창안 등 다양한 과학하는 방법을 체득시켜 능동적이며 자발적인 과학활동이 이루어지도록 지도한다.

③ 유아들이 과학탐색활동이나 과정에서 실수해도 존중하고 격려해 주어야 한다.

④ 실험이나 관찰을 하기 전에 가설이나 예상을 세우고 최종적으로 관찰이나 실험을 통해 이법화시킨 후 개념을 정리해 나가는 과학적 과정을 중시한다.

⑤ 과학적 탐구과정에서의 모든 발문은 확산적 발문이어야 한다.

6) 수·조작놀이영역

(1) 운영목표

① 유아의 손가락, 손, 팔, 눈의 기능을 촉진시키면서 각 기능 간의 협응을 조정한다.

② 다양한 수학적 놀이를 통하여 수학적 개념과 태도를 형성시킨다.

③ 분류, 수, 이해, 순서, 공간, 측정 등에 대한 다양한 경험을 체득한다.

④ 다양한 조작활동을 통하여 창의적 사고력을 증진시킨다.

(2) 교사개입

① 유아에게 제시하는 수·조작놀이기구는 난이도의 수준에 따라 다양하게 제작되어 있으므로 놀이기구의 수준과 유아의 발달수준이 적절해야 한다.

② 수·조작영역에 배치할 수 있는 교구는 수놀이교구(수 막대, 수세기, 못과 판, 수 카드와 빨래집게 등), 조작놀이용품(퍼즐, 구슬과 끈, 끈 끼우기 판, 포개지거나 끼워 맞추는 놀잇감 등), 일상생활용품(다양한 형태의 병과 뚜껑, 냄비와 뚜껑, 열쇠와 자물쇠 등), 게임자료(주사위와 게임판 바둑판과 바둑알, 각종 게임카드 등) 등 다양하므로 영역별로 균형에 맞게 자료를 정비해 둔다.

③ 수·조작놀이영역 중 게임의 말, 퍼즐 조각은 분실의 위험이 많으므로 정리정돈시간에

조각이 있는지 꼭 확인한다.

④ 수 · 조작놀이영역에는 다른 영역에 비해 교사가 제작한 교구가 많은 영역이다. 한번 제작한 교구는 상품화된 교구에 비해 견고성이 약하니 보관에 유념해야 한다.

⑤ 세트로 제작된 놀잇감 중 유아의 수준을 고려하여 부속품 하나를 빼거나 다른 것으로 대체할 수 있고 놀이방법을 약간 수정하여 창의적인 놀이가 되도록 유도한다.

⑥ 수 · 조작놀이영역의 교구활동에서 다른 영역에 비해 교사의 시범이 많이 보여야 하는 영역이나 최대한 유아 스스로 활용방법을 찾아내도록 지도하는 것이 좋다.

7) 음률놀이영역

(1) 운영목표

① 음악 감상하기, 노래 부르기, 악기 다루기, 음악 듣고 표현하기 과정을 통해 창의적 표현력을 기른다.

② 다양한 음악에 맞춰서 신체활동을 함으로써 대 · 소근육을 발달시킨다.

③ 동료 유아들과 함께 음악활동을 함으로써 사회적 관계를 유지할 수 있다.

④ 다양한 음악적 표현 및 감상활동을 통하여 정서가 순환되고 감수성이 길러진다.

⑤ 음악소리와 악기소리를 통해 듣기 기술과 주변 소리에 대한 변별력을 길러줄 수 있다.

⑥ 생각이나 느낌을 음악이나 춤으로 자유롭게 표현함으로써 창의성을 계발한다.

(2) 교사개입

① 유아들의 개인차를 고려해서 음악활동을 도입하며 모든 유아들이 음악활동에 동참하면서 음악을 즐기도록 지도해야 한다.

② 악기 파손방지를 위해 악기에 대하여 상당기간 탐색하도록 한다.

③ 유아들이 자신의 생각이나 느낌을 자유롭게 표현하고 다양한 악기소리를 자유자재로 연주할 수 있도록 허용적인 분위기를 조성해준다.

④ 민요, 동요, 클래식, 명화음악 등 다양한 CD을 제공하여 감상의 기회를 제공해 주고 다른 시간에도 틀어주어 정서순화뿐 아니라 음악을 익히도록 지도한다.

8) 모래 · 물놀이영역

(1) 운영목표

① 물 · 모래는 무정형의 물질로 변형, 원상복귀 그리고 특별한 놀이방법 안내 없이도 유

아들이 자유자재로 놀이를 할 수 있어 카타르스적 효과가 있어 즐거움을 준다.

② 투입하는 놀이기구에 따라 과학놀이, 수학놀이, 체육놀이 등이 가능하여 다양한 놀이 학습이 이루어질 수 있다.

③ 다양한 물체를 구성하는 과정에서 대·소근육발달을 도모할 수 있다.

④ 특별한 교구, 규칙, 협력과정이 없이 협동놀이가 가능하며 협동놀이과정을 통하여 다양한 사회적 기능을 향상시킬 수 있다.

⑤ 물·모래의 감촉 그 자체로 유아들에게 정서적 안정감과 즐거움을 준다.

(2) 교사개입

① 다양한 교구를 제공하여 다양한 놀이가 이루어지도록 유도한다.

ㄱ. 다양한 종류의 컵, 저울 : 수학놀이

ㄴ. 물에 뜨는 물건, 가라앉는 물건 : 과학놀이

ㄷ. 다양한 소품 : 역할놀이

ㄹ. 게임도구 : 게임놀이

② 모래놀이장에서의 규칙을 정하여 꼭 준수하도록 한다.

ㄱ. 물·모래를 아무데나 뿌리지 않기

ㄴ. 물·모래를 밖으로 내보내지 않기

ㄷ. 놀이도구는 놀이영역 내에서만 사용하기

ㄹ. 물·모래를 머리에 넣지 않기

ㅁ. 물·모래가 몸 안에 들어가지 않게 하기

ㅂ. 물·모래놀이 후 반드시 손 씻기

③ 실외 물·모래놀이장의 청결·위생처리에 신경을 쓴다(특히, 짐승의 대소변).

④ 물·모래영역에 옷이나 모자를 벗어 걸어 놓을 수 있는 시설을 설비한다.

9) 목공놀이영역

(1) 운영목표

① 목공도구, 자료의 활용·제작·구성과정을 통하여 대근육, 소근육, 집중력, 협응력을 길러 줄 수 있다.

② 작품 제작, 구성과정에서 다양한 순차적 사고가 필요한데, 이를 통하여 과학적 사고력을 배양할 수 있다.

③ 자신이 제작·구성한 작품을 보고 희열감, 만족감을 느끼고 자존감을 형성시켜 줄 수

있다.

④ 다소 위험한 도구 사용방법을 이해하고 예상치 않은 안전사고를 예방할 수 있는 능력을 길러준다.

⑤ 동료 유아와 공통작업과정을 통하여 협동, 공동사고, 양보, 질서 등 사회적 기술을 학습할 수 있다.

(2) 교사개입

① 목공놀이는 목공기구나 재료의 활용·제작과정에서 위험요소들이 많으므로 사전에 이에 대한 주의점, 규칙 등에 대해 주지시킨 후 제작에 들어간다.

② 목공놀이는 작품의 결과보다 목공놀이과정에서 즐거움을 느끼도록 지도한다.

③ 목공놀이는 자칫 안전사고가 발생할 우려가 크므로 교사는 놀이과정을 밀착 관찰하여야 한다.

④ 목공기능이나 기술은 개인차가 크므로 유아의 발달이나 기술수준에 따라 제작 재료를 구분하여 제공하고 사전활동으로 목공소를 견학할 수도 있다.

⑤ 목공놀이는 소음이 많이 발생하고 넓은 공간이 필요하므로 실외에 설치하여 활용한다.

제 7 장 이야기 나누기 · 주의집중지도기법

하루일과는 주제와 각 활동들이 서로 통합되어 일일 일과활동으로 편성되어 운영되고 있는데, 그중 이야기 나누기는 모든 유아교육활동에서 매일과 같이 이루어지는 핵심 교육활동이다. 또한 주의집중이란 하나 이상의 자극에 대하여 선택적으로 초점을 맞추는 것으로 주의집중은 학습의 효율성을 결정하는 활동으로 이야기 나누기와 주의집중에 대한 이해가 필요하다.

1. 이야기 나누기 지도

1) 개념

하루의 일과 중 대집단활동으로 매일과 같이 이루어지는 이야기 나누기는 '교사가 주도적으로 이끌어 가는 교수-학습방법의 한 유형으로 동일한 주제에 대하여 유아 상호 간의 협의, 토론의 과정을 거쳐 결론을 도출해 하는 교수-학습방법'이다.

2) 교육적 가치

(1) 주변 사물이나 현상에 대한 유아의 지식과 흥미의 범위를 넓혀 준다.
(2) 동료 유아 간에 이야기 나누기 과정에서 동료 유아의 이야기를 경청하는 태도를 기른다.
(3) 호기심을 가지고 탐색하는 과정에서 유아의 탐구능력과 태도를 길러준다.
(4) 생각이나 느낌, 경험 등을 언어를 통해 자유자재로 표현하는 능력을 길러준다.
(5) 서로 견해가 다름을 인정하고 합의점을 찾아내며 개념을 더 명확히 할 수 있다.

(6) 토론, 협의과정에 대한 이해로 학습방법을 체득할 수 있다.

(7) 교수 주도로 당초계획대로 학습이 진행되어 학습의 효율성을 거양할 수 있다.

3) 내용

이야기 나누기 시간에서는 일상생활에서 경험했던 일, 주제와 관련된 활동, 교사가 전달하고 싶은 내용 등이 다루어지는데, 특히 주요 활동내용은 다음과 같다.

(1) 일과계획 및 평가하기

일과계획은 교사가 월간, 주간, 일별계획에 따라 당일 진행될 일과에 대하여 유아들과 같이 협의하는데, 협의는 이야기 나누기를 통하여 이루어진다. 당일 진행시키려는 일과내용이 중심이 되기 때문에 자연히 교사가 주도하고 일과 평가는 하루의 일과를 마치고 그날의 특정사건에 대한 느낌이나 생각, 기분을 이야기 나누기로 평가한다.

(2) 정보 전달하기

교사는 새로운 정보를 유아들에게 전달할 때가 많다. 이때에도 이야기 나누기를 통하여 이루어진다. 예를 들면, 감기가 갑자기 유행하는 시기가 되면 감기 예방에 대한 가정통지문을 가지고 이야기 나눌 수 있다.

(3) 활동실 내의 주요 사항 결정하기

활동실 내에서 돌발하는 각종 사건에 대하여 이를 해결하기 위해 규칙을 만들 필요가 있을 때 이야기 나누기를 통해 주요 사항을 결정한다. 예를 들면, 유아들 상호 간에 놀이교구를 먼저 타려고 싸우다가 영수의 코피가 터졌을 때 이야기 나누기로 규칙을 만든다.

(4) 주제학습 진행하기

월간 생활주제에 근거하여 주간 활동주제, 일별 활동주제가 선정되고 일별 활동주제가 노리는 목표를 구현하기 위하여 학습활동을 진행하는데, 이때 학습활동은 주로 이야기 나누기를 통하여 이루어진다. 도입단계부터 종결단계에 이르기까지 전 과정을 이야기 나누기로 진행하고, 도입단계에서 유아들에게 이야기 나누기를 통하여 학습활동계획을 전달하고 활동주제목표 구현을 위하여 유아들이 소집단활동으로 이끌어간 뒤 종결단계에서 유아들이 대집단으로 모여 이야기 나누기로 정리 평가를 하기도 한다.

(5) 경험 나누기

새로운 소식이나 주말에 지낸 이야기 등 유아 자신들이 겪은 경험을 이야기한다. 이러한 경험 나누기는 전항에서 밝힌 주제해결학습과 관련하여 진행할 수 있다.

(6) 새로운 교구 소개하기

교사는 주제학습에 관련하여 유아들이 사전에 탐색하여야 할 교구에 대하여 놀이방법, 놀이상의 유의점 등에 대하여 유아들과 이야기 나누기를 한 후에 관련 흥미영역에 진열한다.

(7) 토의하기

주제활동에 관련된 내용이나 학급에서 해결하여야 할 사항에 대하여 토의시킨다. 이때도 이야기 나누기를 통하여 이루어진다.

(8) 자유선택활동계획 수립 및 활동결과 발표

자유선택활동을 진행하기 전에 활동실시에 따른 사전계획을 세우는 데 그리고 자유선택활동을 종료하고 활동결과를 발표할 때도 이야기 나누기를 통하여 이루어진다.

4) 이야기 나누기 진행

이야기 나누기를 진행시키는 데에는 대화의 요건만 충족시키면 되겠지만 보다 효율적인 이야기 나누기를 실시하기 위해서는 먼저 이야기 나누기 지도계획을 세우고 다음에는 수립된 지도계획에 의거 이야기 나누기를 실행하고 실행한 후 평가하며 평가결과를 다음에 이어지는 이야기 나누기 계획 수립에 반영하는 등 일련의 순환적 과정을 밟는다. 다음에서 계획수립, 실행, 평가과정별로 절차와 방법을 설명하기로 한다.

(1) 이야기 나누기 지도계획 수립

모든 유아교육활동은 당해 유아교육기관에서 편성된 교육과정에 의해 이루어지고, 또한 교육과정의 핵심은 생활주제학습활동이다.

또한, 생활주제학습활동을 효율적으로 운영하기 위해서는 연간 계획안, 월간 계획안, 주간 계획안, 일일 계획안을 수립하여 실제지도에 임하게 된다. 다음에서 주간 계획안, 일일 계획안을 차례로 그 '예'를 제시한다.

① 주간 교육계획안

〈표 Ⅵ-16〉 주간 교육계획안

주제		친구가 있어 좋아요		목표	친구의 소중함을 알고 친구와 사이좋게 지낸다.	
기본생활습관		차례 지키고 기다려요.		교통안전	길을 건널 때는 좌우를 살펴요.	
인성교육		친구를 도울 수 있어요.		이번 주 동시	달라질래요.	
요일		월요일(26일)	화요일(27일)	수요일(28일)	목요일(29일)	금요일(30일)
소주제		친구가 있어서 좋아요	친구와 나는 달라요	친구와 사이좋게 지내요	친구 간에 지켜야 할 약속이 있어요	친구와 물건을 나누어 써요
자유선택활동	언어	컴퓨터상자와 친구이름들		기쁜0얼굴 슬픈0얼굴	친구 간에 지켜야 할 약속이 있어요	친구와 물건을 나누어요
	수학		키가 큰 친구 작은 친구			
다 함께 하는 활동	이야기 나누기	나와 친구들	친구와 나는 달라요	친구와 사이좋게	친구 간에 지켜야 할 예의	나누면 좋아요
	동화	외톨이 사자는 친구가 없대요			친구 찾기	
평가계획						
가정통신		• 친구들과 사이좋게 놀게 해 주세요. • 동시는 저녁에 잠자기 전에 들려주어 외울 수 있도록 해 주세요.				

자유선택활동에는 언어와 수학 그리고 다 함께 하는 활동에는 이야기 나누기 외에 동화, 동시, 작업, 신체활동, 음악, 게임, 우리 가락 악기 등이 있다. 주간 교육계획안 작성 시 고려할 사항은 다음과 같다.

ㄱ. 교육과정에 제시되어 있는 생활주제 및 활동주제를 중심으로 통합적으로 작성한다.

ㄴ. 지역사회의 요구에 따라 필요한 생활주제를 정하고 다양한 활동을 골고루 안내한다.

ㄷ. 요일별로 자유선택활동시간에 각 흥미영역에서 하는 활동 그리고 하루일과 중에 이루어지는 집단활동들을 구체적으로 명시한다. 이야기 나누기가 집단활동 중에서 제일 먼저 고려되는 등 가장 중요한 활동이다.

② 일일 일과활동계획안

일일 일과활동계획안은 하루 동안에 이루어지는 모든 활동을 순서적으로 계획한 것으로 주간 교육계획안에 근거하여 계획한다. 일일 일과활동계획안의 '예'를 들면 다음과 같다.

〈표 VI-17〉 일일 일과활동계획안

사례 1(반일제)	사례 2(반일제)	사례 3(종일제)
8:45~9:00 등원 9:00~10:30 놀이계획 및 자유선택활동, 자유간식 10:30~10:40 정리정돈 10:40~10:55 대집단활동(이야기 나누기, 평가) 10:55~11:30 소·중·대집단활동(동화, 게임, 음악 등) 11:50~12:00 평가 및 귀가	8:45~9:00 등원 9:00~10:10 놀이계획 및 자유선택활동 9:50~10:00 정리·정돈 10:00~10:30 대집단활동(이야기 나누기, 평가) 10:30~10:50 간식 10:50~11:20 대·중·소집단활동(동화, 게임, 음악 등) 11:20~11:50 실외놀이 11:50~ 12:00 평가 및 귀가	8:00~9:00 등원 9:00~11:00 놀이계획 및 자유선택활동, 자유간식 11:00~11:10 정리·정돈 11:10~12:00 실외놀이 12:00~12:15 대집단활동(이야기 나누기) 12:15~~12:25 점심 준비 12:15~13:30 점심/이 닦기/조용한 활동 13:30~15:00 자유선택활동 및 자유간식 16:30~16:45 정리정돈 16:45~17:00 평가 및 귀가 17:00~18:00 개별귀가

운영하는 일과 유형에 따라 대개의 경우 오전에 이야기 나누기가 계획되어 있다.

③ 이야기 나누기 전개모형

이야기 나누기는 다음과 같이 3단계 교수-학습과정을 밟아 진행된다.

〈표 VI-18〉 이야기 나누기 전개모형

단계	핵심활동
1. 도입	1) 학습목표, 학습내용, 학습방법에 대한 이해 • 주제 제시 : 오늘 활동할 주제 제시 • 관련 경험 상기 : 주제에 관련된 유아들의 경험 상기, 재생, 발표 • 사실자료 투입 : 사실자료 투입으로 주제를 명료하게 함 • 문제의 초점화 : 오늘 학습할 주제에 대한 학습문제와 학습방법을 이해시킴
2. 전개	1) 학습문제의 해결을 위하여 다양한 활동을 전개 • 탐색 : 감추어진 사실이나 현상 등을 알아내기 위하여 더듬어 찾음 • 토의 : 어떤 문제에 대하여 대화를 통해 검토하고 토의함 • 관찰 : 예리한 관찰력으로 사물을 깊이 꿰뚫어 봄 • 집단사고 : 집단구성원이 집단으로 토의·토론하여 결론을 얻음

	•추체험 : 남이 체험한 것을 본인이 직접 해봄 •실연 : 몸으로 실제로 해봄 2) 학습문제해결 및 심층적인 이해활동 전개 •중·소집단활동(예 : 동화듣기, 실험, 극화 등) •자유선택활동전개
3. 정리	1) 학습활동내용의 정리 2) 차후 실천계획 수립 및 실천의욕 갖기 3) 활동과정의 평가 및 반성

(2) 이야기 나누기 실행

앞 ②절에서 밝힌 바와 같이 이야기 나누기 준비과정이 종료되면 〈표 Ⅵ-19〉의 이야기 나누기 학습활동계획안과 같이 이야기 나누기를 진행한다.

〈표 Ⅵ-19〉 이야기 나누기 학습활동안

활동명	스스로 손과 몸을 깨끗이 해요	대상	3세 유아
활동목표	•배변 후 규칙적으로 손을 씻는 습관을 갖도록 한다. •스스로 이 닦기를 시도 한다.		
관련범주	기본생활 〉 건강한 일상생활하기 〉 몸을 깨끗이 하기 〉 스스로 손과 몸 씻기		
활동자료	•비누, 물, 수건, 종이 휴지, 배변 후 손 씻기 그림 •영아용 칫솔, 치약, 양치컵, 거울 등, 이 닦기 그림		
활동방법	도입 : ① 배변 후의 손 씻기와 청결 위생에 대해 이야기하기 •"응가하고 나서는 무엇을 해야 할까요?" •"손 씻기요." •예! 알아 맞췄어요 -우리 함께 손뼉 치자, 짝짝짝!!!, 한 번 더 짝짝짝!!!, 또 한번 더 짝짝짝!!! •"그래요 손을 씻어야지요." •"대변을 보고 나면 손에 병균이 묻기 때문에 비누로 깨끗이 손을 씻어야 해요." 전개 : ② 교사는 손 씻기 하는 순서와 방법을 이야기한다. 손을 씻는 이유와 씻는 방법에 대하여 이야기한다. •손을 씻어 본 적이 있나요? -언제 손을 씻지요?, -손을 안 씻으면 어떻게 되지요? 질문을 하여 자유롭게 이야기한다. •(그림자료를 보면서) -손 씻기 전 소매 걷기, -물을 틀고 비누칠하기, -손 깨끗이 씻기, 수돗물 잠그기, -수건으로 손 닦기, -소매 내리기 등 손 씻기 전과 후의 과정에 대한 방법을 함께 이야기해 본다. •영아가 스스로 손을 씻도록 하며, 손을 씻는 바른 방법을 시범을 보이며, 손 씻는 방법에 대해 설명해준다. •"(영아가 닦는 것을 살펴보며) ○○가 거품을 잘 헹구고 있구나. 손가락 사이도 닦고 있네. 그럼 물을 잠가볼까요?" -교사가 (영아의 머리를 쓰다듬어 주며) -아주 잘 했어요!!! •〈우리는 손을 씻어요〉 노래를 부르며 손 씻는 모습을 흉내 낸다. ③ 수유나 식사 후 이 닦기에 대한 이야기를 한다.		

<table>
<tr><td></td><td>• 영아가 이 닦기를 스스로 혼자 할 수 있는 경험을 제공한다. 교사의 시범과 적절한 도움을 준다.
• ○○가 앞니를 혼자서 닦고 있네. 선생님도 같이 해볼게요.
• (영아를 보고 웃으며) 치카치카 치카치카. - 우리 함께 손뼉 치자, 짝짝짝!!!
• 수유, 식사 후 영아의 월령에 맞는 칫솔을 이용하여 이를 부드럽게 닦아준다.
• 이유식을 한 영아는 입 안을 물로 헹구어 내도록 하고, 세수하기를 함께 하도록 세심하게 보살펴 준다.
• 얼굴도 깨끗이 닦아보자, 선생님이 도와줄게요.
정리 : ④ 몸을 깨끗이 닦고, 이를 닦은 후의 느낌을 이야기한다.
• 깨끗이 닦고 나니 기분이 어때요, 기분이 아주 좋지요, 상쾌하다고 해요.
• 모두 따라 해봐요, 아! 상쾌하다~.
• 아! 상쾌하다~.
• 오늘은 손 씻기 하기, 이 닦기 하는 것을 배웠지요, 예~
• 오늘도 재미있었지요?, 예~
• 모두 집에 가서도 엄마랑 한번 해보세요, -할 수 있지요?!</td></tr>
<tr><td>확장 및 유의사항</td><td>• 손 씻는 방법을 카드로 제작하여, 세면대 거울 앞에 붙여두어 올바른 손 씻기가 습관화될 수 있도록 지도한다.
• 영아 스스로 양치질 후 사용한 치약과 칫솔, 컵도 깨끗이 헹구어 스스로 정리하는 경험을 할 수 있는 기회를 제공한다.</td></tr>
</table>

① 도입단계에서 고려할 점

교사의 가장 중요한 역할은 유아들에게 활동주제에 대하여 확실히 이해시키는 일이다. 유아들에게 활동주제를 이해시키기 위해서는 유아의 흥미를 자극하고 호기심을 일으키도록 동기화가 필요하기 때문에 다음과 같은 방법으로 활동주제를 도입해야 하며 고려할 점은

ㄱ. 교사는 활동주제에 관련지어 유아의 사고와 흥미를 자극하는 질문을 할 수 있고 직접 이야기를 할 수 있다. 예를 들면, 유치원 주변을 산책하면서 계절에 따른 생활환경이 어떻게 변화하는지를 이야기하면서 활동주제를 도입할 수 있다.

ㄴ. 계획하지 않은 우연한 경험으로부터도 주제를 도입할 수 있다. 예를 들면, 놀이터에서 먼저 그네를 타겠다고 다투는 일이 있으면 자연스럽게 질서와 양보에 관한 내용을 주제로 이끌 수 있다.

ㄷ. 지역사회의 문화행사를 주제로 도입할 수 있다. 즉, 유아들이 지역사회 문화축제, 알뜰장터, 불우이웃돕기 행사 등을 주제로 도입할 수 있다.

ㄹ. 시청각자료를 통해서 주제를 도입할 수 있다. 즉, TV, 영화, 슬라이드 등이 도입단계에서 사용될 수 있고 신문, 잡지 등의 최근 이슈가 되는 내용을 주제로 도입할 수 있다.

ㅁ. 현재 진행 중인 활동주제에 관련된 활동이 새로운 활동주제로 도입될 수 있다. 예를 들면, 교통기관에 관한 활동주제에서 배가 다루어지고 바다에서 사는 생물, 항구의

모습이나 어민 등의 생활이 활동주제로 이어질 수 있다.

ㅂ. 교사가 주제에 관련된 새로운 환경을 구성하면서 활동주제가 도입될 수 있다. 즉, 교실게시판에 활동주제에 관련된 실물이나 모형을 전시함으로써 유아의 흥미와 호기심을 자극하면서 활동주제로 도입할 수 있다.

② **전개단계에서 고려할 점**

활동주제에 따른 학습목표를 구현하기 위한 활동에 초점을 맞추어 진행시켜야 하며 고려할 점은

ㄱ. 학습목표를 구현시키기 위해서 교사는 일방적으로 학습활동을 학습목표 구현의 방향으로 이끌어 가지 말고 탐색, 토의, 통찰, 집단사고, 추체험, 실연 등 다양한 활동을 통하여 유아들이 적극적으로 참여하는 가운데 유아들 스스로가 주도적으로 학습목표에 접근하도록 유도한다.

ㄴ. 학습목표에 도달시키기 위한 유아 주도적인 학습방법으로 자유선택놀이를 활용할 수도 있다.

ㄷ. 학습목표 구현을 위해 유아들에게 제공되는 모든 경험들은 유아들의 생활 주변에서 일어날 수 있는 생활자료들이어야 한다.

ㄹ. 이야기 나누기 과정에서 이루어지는 모든 질문이나 응답처리요령이 유아수준에 적절하게 이루어져야 한다.

ㅁ. 학습활동에서 주제에 관련된 시청각 기교재를 활용하는 방안도 강구되어야 한다.

③ **정리단계에서 고려할 점**

학습목표의 구현상황과 학습 진행과정상에서의 문제점, 그리고 앞으로의 학습활동 방향에 초점을 맞추어 정리되어야 하는데, 정리단계에서 특히 고려할 점은

ㄱ. 학습목표 도달상황을 문답, 실연을 통하여 확인하고 학습활동을 통하여 학습된 원리나 개념들을 더욱 확실히 정착시키도록 한다.

ㄴ. 학습활동주제와 관련하여 학습내용에 대하여 느낀 점, 생각한 점, 더 알고 싶은 내용에 대하여 이야기하도록 한다.

ㄷ. 학습결과를 활용하여 우리 생활을 개선하거나 적용하는 방안에 대하여 발표시킨다.

ㄹ. 다음에 학습될 활동주제나 이에 따른 준비사항에 대하여 예고할 수 있도록 한다.

5) 이야기 나누기 운영상 고려할 점

(1) 쉽고 명랑하며 유머 있는 말을 하고 유아의 경험을 중심으로 문답식 질문을 한다.

(2) 이야기 도중 유아들의 의견을 무시하지 않으며 유아들이 말을 많이 하도록 동유도 한다.
(3) 가르치고자 하는 것은 자료를 준비하고 실험을 할 경우에는 하루 전에 자료를 준비하도록 한다.
(4) 내용을 극화하여 효과를 극대화시킬 수도 있다.
(5) 이야기 나누기 시간을 매일 하거나 전체 학급의 유아가 동시에 참여해야 한다는 생각을 바꾸어야 한다.
(6) 모든 유아들이 참여할 수 있도록 배려하고 발표 시 수줍음을 타는 유아에 대한 배려가 있어야 한다(손가락인형, 손 인형, 막대인형 활용).
(7) 유아들의 주의를 집중시키는 방안을 연구하여 적용해야 한다.
(8) 유아들에게 수렴적 질문과 확산적 질문을 적절히 하며 또한 질문의 개별화로 유아수준에 맞게 질문을 해야 한다.
(9) 유아들에게 질문을 한 후에는 생각할 수 있는 시간을 주어야 한다.
(10) 다양한 교수기법, 즉 발문기법, 대화기법, 상호작용기법, 동기유발기법, 칭찬 · 격려기법 등을 연구하여 이야기 나누기 과정에서 활용해야 한다.

2. 주의집중기법

1) 개념

주의집중은 반두라(Bandura, 1977)의 관찰학습(observational learning)의 4가지 과정인 주의집중과정, 파지과정, 재생과정, 동기화과정의 첫 번째 과정으로서 개인이 모델의 행동을 주의하고, 중요한 측면들을 재인식하며, 뚜렷한 특징들을 서로 변별해야만 관찰학습이 가능하다. 관찰학습에서 주의집중의 정도를 결정짓는 요인은 모방될 자극의 강도, 크기, 명료성, 참신성 등을 들 수 있다. 따라서 영유아의 주의집중이란 '교수-학습활동에서 영유아들의 생각을 한 군데로 모아 학습목표나 학습활동에 초점화시키는 주의나 환기작용'이라고 볼 수 있다.

2) 주의집중 전략

(1) 주의집중을 위한 기본 원리

영유아에게 주의집중하도록 하는 최선의 방법은 학습자극을 적절히 변화시켜 주어야 한다는 것이다. 예컨대, 손뼉 치기, 높은 소리 내기, 책상 두드리기 등과 같은 자극을 활용할 수 있다. 주의집중은 학습활동의 모든 과정에서 계속 유지되어야 하며, 그러기 위해서는 자료 제시기법을 다양하고 빈번히 변화시켜 주어야 한다.

(2) 주의집중을 위한 기법

주의집중력을 유지시키는 기법으로 유머, 잠시 멈춤, 학습양식의 변화, 다양한 제시방식 등이 있는데 다음에 제시하는 기법은 현장 적용성이 크다.

① 교수자료의 제시기법을 그림이나 도표, 영상, 녹음자료 등으로 다양하게 한다.
- 그림이나 도표를 영상으로 제시할 때는 잠시만 보여 주고, 자주 바꾼다.

② 추상적인 것보다 실물, 사례, 일화, 실험 등 구체적인 예시자료를 활용한다.
- 추상적인 전류의 흐름을 설명할 때, 수돗물의 흐름으로 비유하여 설명할 수도 있다.

③ 특이한 자극 및 갈등상황이나 참신한 문제를 제시한다.
- 주의집중력은 현 상태에서 급격한 변화가 있을 때 유발된다. 예컨대, '온 세상에 자동차가 모두 없어진다면 어떻게 될까?'라고 한다면, 호기심과 주의집중이 일어난다.

④ 익숙한 경험과 생소한 경험들을 동시에 제공한다.
- 낯설고 기대하지 않았던 경험들을 적절히 제공해 주어야 한다.

⑤ 경험요소들을 비유적 방법으로 제시한다.
- 낯선 것은 친숙한 것으로, 친숙한 것은 낯선 것으로 만들 수 있는 비유법을 적용하여야 한다.

3) 주의집중시간

마일스(Miles, 1933)의 연구에 의하면, 주의집중시간은 3~4세아는 약 8초, 5세아는 16.3초, 6세아는 27.5초밖에 응시를 하지 못하지만, 흥미를 끄는 놀이에서 주의집중을 유지할 수 있는 시간은 상당히 길어져서, 1세아는 약 21분, 2세아는 약 27분, 3세아는 약 50분, 4세아는 약 83분, 5세아는 약 97분 정도까지 증가한다고 하였다. 따라서 흥미를 끄는 놀이나 계기가 마련된다면 매우 오랜 시간 동안 주의를 집중시킬 수 있다.

4) 주의집중기법의 실제

영유아교수-학습활동에 적용한 실제 사례들을 제시한다.

〈표 VI-20〉 영유아교수-학습활동에서 교사의 주의집중기법 실천 사례

활동주제	활동내용	교사의 주의집중기법	교수자료 및 특기사항
1) 즐거운 유치원	동화 : 도널드의 유치원 첫날	자유롭게 손뼉 치다가 신호악기 소리에 멈춘다.	테이블 인형(도널드, 토끼, 요술할머니, 사자, 개구리 등)
2) 놀잇감	그림동화 : 영희와 장난감	'잘 치우는 어린이' 노래 다 함께 부르기	'영희와 장난감' 그림동화, '잘 치우는 어린이' 노래 악보
	새 노래 배우기 : 치우는 시간	주먹을 쥐었다 폈다, 여러 번 해본다.	자동차, 인형 등, '치우는 시간' 악보
3) 바닷속의 생물	이야기 나누기 모여 앉기	'어디에서 나나' 노래를 불러 주의 환기	바닷속 그림, 소라, 조개껍데기, 김숙경 '어디에서 나나' 악보
	염전 둘러보기	'어디에서 나나' 노래를 변형시켜 부르기	김, 미역, 오징어는 염전에서 만들기
	출석 부르기	'열 작은 아이' 노래를 부르면서 출석 확인	유아 앞으로 다니며, 한 명씩 악수하며 노래 부른다. 열 번째 유아는 자리에서 일어서게 한다.
4) 물놀이	이야기 나누기 모여 앉기	'바윗돌 깨뜨리기' 노래 부르면서 주의집중	물에 뜨는 것, 가라앉는 것, 물 놀이 경험 있는 유아의 발표
5) 냄새상자	이야기 나누기 모여 앉기	교사가 향수병을 들고 교단에 선다.	물에 뜨는 것, 가라앉는 것, 물놀이 경험 있는 유아의 발표
		손을 들어보세요, 박수 3번 쳐 봅시다.	짝짝짝, 반짝 반짝 손 내리고 선생님 보세요.
6) 혼자 할 수 있어요.	동화 : 혼자 할 수 있을까요	반에 있는 물건의 이름을 대며, 손가락으로 가리켜본다('OO은 어디 있나' 노래 부르며)	'혼자 할 수 있을까요' 그림 동화
	새 노래 : 졸려졸려	손뼉을 크게 또는 작게 쳐 본다.	손 인형, 손가락 인형, 트라이앵글, '졸려졸려' 악보
7) 맛있는 간식	동화 : 맛있게 먹어요.	자석판에 간식접시, 컵, 포크 그림 자료를 붙인다.	자석을 붙인 간식접시, 컵, 포크그림자료, 자석동화
8) 사이좋게 지내요	동화 : 아기사자 머리 깎기	신호악기 소리가 몇 번 울리는지 알아맞힌다.	그림동화 : 아기사자의 머리 깎기, 신호악기
	생일 축하활동 등	'주먹 어디 있소' 손 유희	생일 축하 준비물, 고깔모자, 선물 등
9) 동물	새 노래 : 병아리	부분 보고 전체 알아맞히기 (닭, 병아리)	새 노래 : 병아리(안희욱)
	동화 : 닭의 볏과 개의 다리, 돼지의 코	세 동물의 소리 내어 보기(아빠닭, 엄마 닭, 강아지, 돼지소리)	그림동화 : 닭의 볏과 개의 다리, 돼지의 코
10) 여름	음률 : 손유희 : 여름 냇가	손유희 및 노래 : '여름 냇가'	손 유희 : '여름 냇가' 악보
	게임 : 자리 바꾸기	'곰 세 마리' 노래 후 차례로 인사시킨다.	다른 색의 옷을 입은 곰 인형 3개
11) 추석	손 유희 : 흔들흔들 짝짝	흔들흔들(두 팔 내밀고), 짝짝(손뼉 치기 2회)	다른 색의 옷을 입은 곰 인형 3개
12) 신나는 겨울	동화 : '잃어버린 장갑'	수수께끼를 내어 알아맞히기를 한다.	부직포 벙어리장갑, 테이블 인형 (여우, 토끼, 곰, 개구리, 할아버지)
	동화 : 빨, 파, 노 도깨비	색 셀로판지로 만든 '송이'인형을 가지고 도깨비 이야기 유도	송이인형, 막대인형(빨강 도깨비, 파랑 도깨비, 노랑 도깨비)

출처 : 류근우 외(1999). 교수행동의 효율화-유치원교육의 수업장학. 전라북도 교육연구원.

참고문헌

김명희 외(2011). **영유아교수학습론**. 양서원.

김진영 외(2013). **유아를 위한 교수·학습방법론**. 양서원.

김정원 외(2013). **영유아를 위한 교수·학습방법**. 공동체.

김경철 외(2016). **놀이지도**. 양서원.

권옥자 외(1992). **창의적인 교재·교구활동집**. 보육사.

권영례 (2001). **유아를 위한 교수·학습방법의 이해**. 양서원.

김정규 외(2002). **유아교과교재연구 및 지도법**. 정민사.

고정곤 외(2011). **보육교사론**. 양서원.

고정곤 외(2017). **유아교과교육론**. 양서원.

고정곤 외(2014). **유·초등교육론**. 양서원.

고정곤 외(2013). **교직실무**. 양서원.

고정곤 외(2015). **유아사회교육**. 양서원.

고정곤 외(2009). **교육과정 및 평가**. 양서원.

고정곤 외(2015). **보육과정**. 양서원.

고정곤 외(2018). **보육학개론**. 양서원.

김희태 외(2017). **아동관리**. 양서원.

교과부 (2013). 3~5세 연령별 누리과정 해설서. ㈔한국시청각장애인연합회.

교과부 (2013). 3~5세 연령별 누리과정 교사용 지도서. ㈔한국시청각장애인연합회.

교과부 (2013). 3세 누리과정, 교사용 지도서(11권). ㈔한국시청각장애인연합회.

교과부 (2013). 4세 누리과정, 교사용 지도서(11권). ㈔한국시청각장애인연합회.

교과부 (2013). 5세 누리과정, 교사용 지도서(11권). ㈔한국시청각장애인연합회.

박찬옥 외(2016). **놀이지도**. 양서원.

보건복지부(2014). 제3차 어린이집 표준보육과정 지침서. ㈔한국시각장애인연합회.

보건복지부(2014). 제3차 어린이집 표준보육과정 해설서. ㈔한국시각장애인연합회.

박병락 (1986). **발문법원론**. 세광출판사.

박성익 (1999). **교수·학습의 이론과 실제(Ⅱ)**. 교육과학사.

신혜은 외(2014). **유아교수학습방법**. 양서원.

서은경 외(2013). **영유아를 위한 교수·학습방법**. 정민사.

신옥순 외(2005). **유아교육학개론**. 학지사.

임미혜 외(2017). **아동건강교육**. 양서원.

이혜경 외(2016). **아동안전관리**. 양서원.

양옥승 외(2003). **사회·표현·탐구적 놀이**. 정민사.

이숙재 (2000). **개정 유아를 위한 놀이의 이론과 실제**. 창지사.

이대균 외(2008). **자유선택활동의 효율적 운영**. 양서원.
이은해 외(2013). **유아교수학습방법**. 양서원.
엄정애 (2012). **영유아교수방법**. 교문사.
이순형 외(2009). **영유아교수방법**. 학지사.
임부현 외(2009). **영유아교수학습론**. 양서원.
이통우 (2006). **지식의 구조와 교과**. 교육과학사.
이정환 (1993). **유아교육의 교수학습방법**. 교문사.
이영자 (2004). **유아교수 · 학습방법**. 창지사.
이현옥 외(2009). **영유아 교수방법론**. 공동체.
정석기 (2010). **좋은 수업설계의 실제**. 원미사.
정미라 외(2017). **건강 및 영양공급**. 양서원.
채종옥 외(2014). **놀이지도**. 양서원.
허경철 외(2001). **교수행동과 학습의 효율성**. 교육과학출판사.
홍순정 외(2010). **아동관찰 및 행동연구**. 교문사.
한은숙 외(2014). **영유교수 · 학습의 이론과 실제**. 정민사.

Bruner, J. S.(1972). *Pattern of Growth*. Psychology applied to teaching. Boston. MA : Houghton company.
Kahan, J.(1981). The second Year : cambridge. Harvard university press.
Spodek, B., Saracho, o. N., & Davis, M. D.(1987). Foundation of early child hood education : Teaching three, Four, and five- early old children, Englewood cliffs. Nj : Prentice-Hall.

저자 소개

■ **고정곤**

원광대학교 대학원 교육학석사
전라북도 교육청 교직과장·교육과장
군산 서해초등학교장, 서해대학교 겸임교수
서울시교육청 유아교육위원
〈저서〉 보육과정, 유아사회교육, 유아교과교육론, 보육교사론 외 다수

■ **이영희**

원광대학교 교육대학원 교육학석사
원광대학교 대학원 문학박사
현, 서해대학교 유아교육과 교수
〈저서〉 보육학개론, 아동미술, 놀이지도, 유아미술교육 외 다수

■ **남은영**

계명대학교 교육대학원 교육학석사
유치원, 어린이집 운영
전, 성덕대학교 유아교육과 겸임교수
현, 가톨릭상지대학교 사회복지과, 경북전문대학교 사회복지과 겸임교수
〈저서〉보육과정 외 다수

■ **장지현**

건국대학교 대학원 교육학석사
안양대학교 대학원 교육학박사 과정 수료
현, 경인여자대학교 아동건강보육과 초빙교수
〈저서〉 영유아를 위한 현장실천중심의 보육과정, 예비교사가 알아야 할 보육실습의 이론과 실제 외 다수

■ **홍성희**

전남대학교 대학원 교육학박사
현, 전남도립대학교 유아교육과 초빙교수
〈저서〉 유아교육과정, 유아교육개론 외 다수

■ **한현지**

대구가톨릭대학교 대학원 심리학박사
현, 성덕대학교 아동보육복지과 교수
〈저서〉 영유아발달, 아동권리와 복지 외 다수

영유아교수방법론

1판 1쇄 인쇄 — 2020년 2월 10일
1판 1쇄 발행 — 2020년 2월 14일

저　　자 - 고정곤 이영희 남은영 장지현 홍성희 한현지
발 행 인 - 강철원
발 행 처 - 양성원
주　　소 - 경기도 파주시 검산로 173번길 29-20
전　　화 - 031-946-3861(代)
팩　　스 - 031-946-3864
이 메 일 - tnwpub@naver.com
홈페이지 - tnwpub.co.kr
출판등록 - 2015년 8월 31일 제 2015-000211 호

ISBN 979-11-6126-254-3

정가 20,000원